周蓓 主編

『民國專題史』叢書

金兆豐 著

河南人民出版社

清史大綱

本書始于建州部族之建立，迄于清室遜位及民國肇興，較爲詳盡地叙述了有清一代各朝的内政、外交與文治武功，兼及疆域、財政、官制等方面，共16章。作者熟諳清代典章制度，利用《清實録》的史料撰寫清史著作

圖書在版編目(CIP)數據

清史大綱 / 金兆豐著. —鄭州 : 河南人民出版社, 2016. 10
(民國專題史叢書 / 周蓓主編)
ISBN 978-7-215-10460-0

Ⅰ. ①清… Ⅱ. ①金… Ⅲ. ①中國歷史-清代
Ⅳ. ①K249.07

中國版本圖書館 CIP 數據核字(2016)第 256619 號

河南人民出版社出版發行
(地址:鄭州市經五路 66 號 郵政編碼:450002 電話:65788063)
新華書店經銷 河南新華印刷集團有限公司印刷
開本 710 毫米×1000 毫米 1/16 印張 32.5
字數 375 千字
2016 年 10 月第 1 版 2017 年 1 月第 1 次印刷

定價 : 211.00 圓

出版前言

中國現代學術體系是在晚清西學東漸的大潮中逐步形成的。至民國初建，中央政治權威進一步分散和削弱，加之新文化運動帶給國人思想上的空前解放，新學的啓蒙，新知識分子的産生，民國學術如草長鶯飛，進入一個自由而蓬勃的時代。中國傳統學科乃中國學術之根基與菁華所在，民國學人采用『取今復古，别立新宗』之方法，引入西方的學術觀念，積極改造，使史學、文學等學科向現代學術方向轉型。此外，大力推介西方社會科學的新學科和自然科學，在學習、借鑒乃至移植西方現代學術話語和研究範式的過程中，逐漸建立中國現代學科，使中國的學科門類迅速擴展。一時間，新舊更迭，中西交流，百花齊放，萬壑争流，開創了中國現代學術的源頭。

伴隨知識轉型和研究範式轉換而來的，還有學術著作撰寫方式的創新。中國古代的著作向來以單篇流傳，經後人整理匯編後，方以成册成集的面目出現并持續傳播。直到十九世紀末，東西方的歷史編撰體裁不外乎多卷本的編年體、紀傳體和紀事本末體等，章節體的出現標志着近代西方學術規範的産生和新史學的興起。章節體具有依時間順序，按章節編排；因事立題，分篇綜論；既分門别類，又綜合通貫的特點。以章、節搭建起論述之框架，結構分明，邏輯清晰，較傳統的撰寫體裁容量大、系統性强。它的傳入，使中國現代學術體系從内容到形式被納入了全球化的軌道。民國時期專題史的研究、譯介、編纂、出版恰恰是在這樣的背景下欣欣而發，是學術的實驗場，也是歷史的記録儀。編選『民國專題史』叢書的初衷正是爲了從一個側面展示中國學術從傳統向現代過渡的歷史進程。

專題史是對一個學科歷史的總結，是學科入門的必備和學科研究的基礎，也是對一個時代艱深新鋭問題的解答，是學術研究的高點。民國專題史著作中，既包含通論某一學科全部或一時代（區域、國别）的變化過程的，又囊括對一時代或一問題作特殊研究的，還有少部分是對某一專題的史料進行收集的。原創與翻譯并重，翻譯的底本大多選擇該學科的代表著作或歐美大學普及教本，兼顧權威性和流行性，其中日本學者的論著占據了相當比重。日本與中國同屬東亞儒家文化圈，他們在接納西方學術思想和研究模式時，已作了某種消化與調適，從思維轉換的角度看，更便于中國借鑒和利用，他們的著作因而被時人廣泛引進。

與當代學術研究日趨專業化、專門化、專家化的『窄化』道路迥乎不同的是，中國傳統學術崇尚『學問主通不主專，貴通人不尚專家』的通識型治學門徑，處于過渡轉型期的民國學術在不同程度上保留了這種特徵。民國學術大師諸學科貫通一脉、上千年縱横捭闔之功力自不待冗言，外交家著倫理政治史、文學家著哲學史、化學家著戰争史等亦不乏其人，民國專題史研究呈現出開放、融通、跨界撰述的特點。與此同時必須看到，自晚清以來，中國的命運就在外侮屢犯、内亂頻仍的窘境中跌宕彷徨，民族存亡仿若命懸一綫。這股以創建學科、總結經驗、解決問題爲指歸的專題史出版風潮背後，包裹着民國學人企望以西學爲工具拯民族于衰微的探索精神，及以學術救亡的愛國之心。梁任公曾言：『史學者，學問之最博大而最切要者也，國民之明鏡也，愛國心之源泉也。』這種位卑未敢忘憂國的歷史使命感和國民意識是今人無法漠視和遺忘的。

『民國專題史』叢書收録的範圍包括現代各個學科，不僅限于人文社會科學，學科分類以《民國總書目》的分科爲標準，計有哲學、宗教、社會、政治、法律、軍事、經濟、文化、藝術、教育、語言文字、中國文學、外國文學、中國歷史、西方史、自然科學、醫學、工業、交通共19個學科門類。本叢書分輯整理出版，内不分科，單本發行，方便讀者按需索驥。既可作爲大專院校圖書館、學術研究機構館藏之必備資源，也可滿足個人研讀或興趣之收藏。

與目前市場已有的一些專題史叢書相比，『民國專題史』叢書具有規模大、學科全、選本精、原版影印的特點。本叢書選目首重作者的首創、權威和著作影響力，尤其注重選本的稀見性。所謂稀見，即建國後没有再版，且多數圖書館没有收藏，或即便有收藏，也是歸于非公開的珍本之列予以保存，普通讀者難以借閱。部分圖書雖有電子版，但作爲學術研究的經典原著讀本，紙質版本更利于記憶和研究之用。本叢書精揀版本最早、品相最佳的原版圖書作爲底本，因而還具有很高的版本收藏價值。

『民國專題史』的著作是民國學者對于那個時代諸問題之探究，往往有獨到之處，無論其資料、觀點短長得失如何，要之在中國現代學術史的構建與發展進程中，自有其開宗立論之地位。

序

先兄雪蓀長余十九歲。余幼時能讀書識字，以至能綴字成文，多出先兄啓迪。年十八負笈杭州，先兄則以通籍居舊都。清宣統元年余升入京師大學堂，先兄時適提調大學教務，復受業焉。故先兄之於余，情則昆季而誼則師生也。惟時余方治自然科學，尤篤好化學，先兄則以治史去大學堂而專任國史館實錄館纂修事。余假歸先兄寓，輒令繕正史稿，間亦語以史法。余之好讀史自此始。民國成立，先兄以纂修宣統實錄留舊都，余則以先母老且病，輟學侍養。頻年聚首至是乃一相違。民國三年，余執教鞭於浙江之第七中學校，課餘讀太史公書，自謂有所得，輒妄疏其例，私以爲太史公傳帝王而名曰本紀，非以其爲帝王，特以其爲政教號令所從出而天下綱紀之所本耳，故項籍楚將，呂雉漢后，皆列本紀，因病安石以本紀歸帝王之非。値先兄歸省，輒以就正。先兄笑頷之，未及有以正之也。會清史館趙次珊館長電約先兄協修史事，幷促卽就道。余更妄以所見擬清史編例數則，呈先兄，其中一卽主以多爾袞那拉后入本紀。先兄正色謂此子一人之私言，不足爲定論。余乃知史自有法，不能竄以臆說也。先兄治史之謹嚴亦於是見之。由是復相違者數年。民國九年，余北上任北京高等師範學校講師，復得與先兄共晨夕；十二年任職外交部，居復與先兄比。先兄雅好蒔花木，清晨每煮茗手一卷坐花圃中，余往往趨侍。先兄時示以所撰述釐訂清史各稿，並詳語以取去得失。余時適受上海中華書局約，爲編歷史教本參考書，因乘間丐其指示史實訂正文字，幾於無一晨不相見，無一見不商量，遂密勤至移午。余雖質魯不能盡其學，然當時天倫之樂，固至今猶胸次盤旋不能去也。十七年余以餬口來海上，不意此一睽違，遂成永訣。蓋此後雖尺素時通，而先兄已老病侵尋，語多蕭瑟，至客歲廢曆中秋前一日，遂一瞑而不返矣。嗚呼！越旬仲兄郵其絕筆之遺著清史略來，囑有以付剞劂。余發封展讀，猶藹然平寓花圃一甌相對時，不知涕泗之何從也！摩挲遺稿，思遂湮沒，乃持商王伯祥先生。伯祥先生爲介於開明書店，易名清史大綱，幸獲以問世。今版成有日矣，伯祥囑以一言弁其耑。余自惟不學，負先兄多矣，遑敢復贊一辭，爰就生平之所親炙於先兄者，述其顛末如此。民國二十四年四月弟兆梓謹誌。

目錄

第一章　明清間關內外之大勢……一

一　清太祖之先世事略……一

建州部族之建置　清先世之紀略　附載清初世系表　太祖之勃興

二　復仇之舉……七

尼堪外蘭之敗　當時滿洲之形勢

三　海西之征服……一〇

九部聯軍之敗　扈倫四國之亡

四　東海之降附……一四

瓦爾喀庫爾哈之平定　窩集諸部之平定

五　太祖之稱汗……一九

稱汗前活躍之力量　稱汗時措施之方略　稱汗後兵法之訓練

六　汗業之所由成……二二

政治之組織　兵制之組織

第二章　金與明之戰爭……二五

一 金明戰爭之原因……二五
嫌隙之由來 誓師之七大恨 撫順清河之陷 四路之進攻
二 明兵之失敗……二九
薩爾滸之敗 北路南路之敗
三 遼瀋之役……三三
熊廷弼經略遼東 遼瀋之克捷
四 廣寧之役……三四
籌建三方之策 經撫之不和 廣寧之敗降
五 寧遠之役……三六
孫承宗與袁崇煥籌邊 寧遠之失敗
六 太宗繼起攻明……四〇
太宗之嗣統 金與明和議之相左 寧錦之克捷 太宗之忌袁崇煥
七 畿輔之戰……四八
滿軍之入塞 太宗之謀和 永平之敗遁
八 明疆事之壞……五一
新軍器之鑄造 大淩河之克捷 孔耿之歸降 旅順之降服
第三章 明失東藩……五七
一 太祖時與朝鮮之交涉……五七

太祖與朝鮮之關繫
二　太宗時與朝鮮之交涉……五八
朝鮮之克捷　和議之成功　附中江馬市之例　放還逃人之議略　與朝鮮宣戰之由來
三　朝鮮之征服……六四
朝鮮之不度時勢　南漢城之捷　懲敗盟之臣及江華島之役　李倧之出降　江華島之結果及朝鮮之紀恩碑　附載朝鮮紀恩碑
第四章　明失北援……七〇
一　蒙古之起源……七〇
蒙古之民族　蒙古之名稱及部類
二　內蒙古之兼併……七三
蒙古與明之關繫　蒙古與清之關繫　內蒙諸部之識略
三　內蒙古諸部之降附……七五
科爾沁之降　喀爾喀之降　札魯特之降
四　察哈爾之征服……八一
林丹汗爲明用　林丹汗失勢及喀喇沁會盟　林丹之敗與額哲之降
第五章　滿洲帝國之成立……八六
一　太宗之稱帝……八六

對內之集權　對外之統一　附功臣應以額宜都爲第一辨　滿洲之意義　大清之意義
二　清軍之入塞……九二
清軍入山海關　三次入塞與錦州之攻　盧象昇入衛與戰死　兩翼捷音與松山杏山之侵擾
三　松山及錦州之降……九六
屯田義州及多爾袞等獲罪　錦州之圍　松山之勝　洪承疇投誠
四　議和與再戰……一〇一
議和之顛末　和議之終梗　清軍下畿南山東州縣
五　太宗之事業……一〇五
太宗之病卒及繼承　太宗之度量及方略　太宗之文治及軍制
六　明亡清興之關鍵……一一〇
流寇之亡明　崇禎帝之殉國　李自成之據京與吳三桂之復仇　三桂之請援及趣兵　流寇之竄死　多爾袞之入京　明室之偏安　民兵之起滅
第六章　入定中原之政局……一一六
一　多爾袞之顛末……一一六
多爾袞之權勢　多爾袞之死與罪狀　論多爾袞之功罪
二　世祖之事略……一二三
世祖之遷都　世祖廢后及大婚禮　世祖之任法　世祖之愛民　世祖之取士　世祖之任官　內監之裁抑　世祖之崩

三　王公諸臣之識略……一四七

綜論人才之盛　諸王之佐命　相臣之輔政　言官之直諫

第七章　康熙時代之政局……一五九

一　康熙初年事略……一五九

聖祖之純孝　四大臣之輔政　蘇克薩哈之被冤　鰲拜之跋扈　裁十三衙門與立內務府

二　康熙朝之美政……一六七

紀聖祖法祖　紀聖祖重農　紀聖祖蠲租　紀聖祖崇儉　紀聖祖求諫　紀聖祖任賢上　紀聖祖任賢下

三　聖祖之文治……一九八

紀聖祖勤學　紀聖祖崇儒　紀聖祖論經史文學　紀聖祖論理學　紀聖祖論輿地　紀聖祖論曆算

四　聖祖之武功……二一二

三藩之變起　吳三桂之顛末上　吳三桂之顛末下　耿精忠之畔服　尚之信之畔服　附延孫齡之事略　臺灣之役　鄭經之叛服　朱一貴之叛亂　準部之經營　西藏之經營

五　聖祖之外交……二三一

俄羅斯來聘及尼布楚　歐人傳教之觀點　歐人通商之觀點

六　康熙朝之政況……二三三

治河之概略　東駕之巡幸　諸王之朋黨　諸臣之朋黨上　諸臣之朋黨下　儲位之不定　文

字獄之肇興

第八章　雍正朝之事實……二四八
一　世宗之綜覈……二四八
世宗之踐祚　朋黨之禁止　親藩之慘待　胤禩等之幽死　邏察之嚴密　貴族之抑止
二　世宗之治內……二五八
吏治之整飭　耗羨之歸公　賤籍之革除　免科與蠲租　軍機處與上書房　畿輔營田水利
田文鏡李衛之任用　鄂爾泰張廷玉之任用　岳鍾琪之任用
三　世宗之用兵……二六九
青海之征服　紀西北用兵決議及將帥得人　紀和通淖爾兵敗事　三音諾顏獨立及光顯寺大戰
四　世宗之外交……二七三
俄羅斯遣使來朝　恰克圖條約之訂立
五　雍正朝之大獄……二七五
年羹堯之獄　隆科多之獄　作詩之獄　試題之獄　論史之獄　注經之獄　選文之獄

第九章　高宗朝之實錄……二八〇
一　初年之政治……二八〇
高宗之踐祚　四大臣之輔政　因時之政策
二　高宗之內政……二八四

服御之節儉　貧民之賑貸　賦稅之蠲免　輸納之永停　丁額之繁盛　府庫之充盈　窮民之安置　玩愒之懲治　惡習之禁止　漢大臣中之顯著者　滿大臣中之顯著者

三　高宗之文治……三〇二

聖學之淵博　儒術之表彰　書籍之編纂　四庫全書之編集

四　高宗之武功……三〇七

準噶爾及土爾扈特之內屬　烏梁海及回部之統一　附紀香妃　貴州台拱苗之鎮定　四川大小金川之蕩平　臺灣之三定

五　西南諸國之服屬……三一五

中國與尼泊爾之關繫　中國與緬甸之關繫　中國與暹羅之關繫　中國與安南之關繫

六　高宗之外交……三一八

與俄新訂恰克圖互市條約　英使之要求及入覲

七　乾隆衰敝之肇端……三二一

游豫之無度　和坤之顯橫　官吏之貪黷　軍備之廢弛　財用之耗斁　慶典之鋪張　文字獄之續起

第十章　嘉慶朝之政局……三三四

一　仁宗之嗣位……三三四

建儲之禎符　太上皇之傳位及薨逝　仁宗之待和坤

二　仁宗之內治……三三八

和坤之罪狀及賜死　仁宗之睿謀　卻貢玉之隱衷　河工之整頓　崇實政不尙虛詞　親諸王
與尊師傅　尙賢上　尙賢下

三　仁宗時之內變……三四九

一曰苗疆之變　二曰川楚白蓮教之變　三曰海寇之變　四曰畿輔天理教之變　戡亂諸臣上
戡亂諸臣下　外交間生惡感

第十一章　乾嘉以前之狀況……三六二

一　疆域……三六二

乾嘉以前大勢

二　財政……三六三

乾隆間之收入

三　官制……三六三

乾嘉以前中央官制　中央官制略表　地方官制　地方官制略表　武職表　各省長官駐防表
官職區別綱要表　軍政

第十二章　道光朝之治略……三七三

一　宣宗之朝局……三七三

宣宗沖齡之聖武　宣宗之嗣位　曹穆二相之關繫　河工及鹽漕諸弊　整頓河工　綱鹽改票
試行海運

二 宣宗時之內變……三八三
回疆之亂起 西四城之克復 回疆善後之巔末
三 宣宗時之外變……三八六
鴉片輸入之沿革 林則徐之查辦 戰爭之開端 英政府之出兵與林則徐之戰備 義律擾海疆與琦善割香港 奕山又失敗與義律再擾海疆 援軍之無效與南京之條約 戰爭失敗之影響
第十三章 咸豐朝之政局……三九五
一 文宗之踐阼……三九五
建儲之由來 踐位後定明罰飭典 重同氣及敬師傅 正穆彰阿耆英之罪
二 文宗之內治……四〇〇
重儒學以正風俗 奢懲告以戒臣工 辦鈔法鑄錢及改海運 紀戊午科場大獄 收漕務章程及裁河員浮冗
三 文宗時之內變……四〇七
太平軍之原始 建都金陵時之極盛 太平軍之勢漸強 楊韋雜作清軍大振 李秀成陳玉成釋金陵圍 太平失機與清軍得勢
四 文宗時之外交……四一四
（一） 英法聯軍入北京……四一四
開釁原因及天津條約 第二次開釁原因及北京條約
（二） 俄人東西並進之侵略……四一八

俄人之改約 一爲愛琿條約 二爲天津條約 三爲北京條約

第十四章 同治朝之治略……四二一

一 穆宗卽位後之措施……四二二

穆宗之踐阼 顧命八大臣 正載垣端華肅順之罪 孝欽與肅順之齟齬 孝貞皇太后之儉德 惜圓明園之費及裁南河之員 設總理衙門及同文館 福州船政概略 中興名相 中興名將

二 穆宗朝之武事……四三三

太平軍之滅亡 捻變之顛末 回變之顛末

第十五章 光緒朝之多故……四三七

一 德宗之初政……四三七

穆宗龔逝與德宗繼統 孝欽后當國及吳可讀尸諫 廷臣集議及兩宮懿旨 垂簾訓政及樞臣樹黨

二 內變之迭起……四四六

新疆之紛擾 臺灣之膠葛 孝欽后專恣及戊戌政變 載漪釀亂及庚子拳變 俄日戰爭及中立政策 議約之糾結 憲局之紛紜

三 屬國之分離……四五七

其一緬甸 其二暹羅 其三安南 其四琉球 其五朝鮮

四 各國之交涉……四六三

中俄交涉　中德交涉　中英交涉　中法交涉　中日交涉　中伊交涉　中美交涉

第十六章　清季之狀況……四七一

一　光宣間之朝局……四七一

德宗晏駕與孝欽遺詔　宣統嗣位與載灃攝政　宣統時檄呈德宗遺詔　論親貴諸臣及憲局議張　改訂內外官制

二　外交之侵略……四八〇

各國投資之競爭　各國對華鐵路投資之變遷　鐵道築造表　鐵道投資表　粵漢川路與湖廣借款　日俄維持滿洲現狀二次協約

三　清室遜位及民國肇興……四八七

清末革命　鐵路風潮　六鎮兵變　清室退位　民國肇興　(甲)優待皇室八條　(乙)待遇清皇族四條　(丙)待遇滿蒙回藏七條　有清一代概論　清儒　學校　軍制　國用　刑律　禮樂　貨幣　客卿

第一章　明清間關內外之大勢

一　清太祖之先世事略

明初東部之疆宇．盡於開原鐵嶺遼瀋海蓋．其東北境則爲明政府實權所不逮．永樂時仿唐羈縻州之制．分建衛所．備具容名．因是女眞部落．得以滋育．其間各戴酋長．紛紜割據．清之先世．卽女眞別部之一也．

建州部族之建置　女眞之族．唐虞時．不咸山（卽今長白山）附近．有肅愼氏．來獻弓矢．其故地．漢魏謂之挹婁．後魏謂之勿吉．隋唐則謂之靺鞨．唐初有粟末黑水二大部．自大祚榮爲粟末部長．國勢漸強．乃建爲渤海國．黑水靺鞨嘗爲之役屬．渤海既滅．黑水族居混同江（卽今松花江）西南者．繫籍於遼．號熟女眞．居江東者．不籍於遼．號生女眞．以僻處東北．風俗極樸陋．其俗鷙悍．善騎射．夏則隨水草而居．冬則依山穴而處．亦不知有年月．有完顏部者．世居出虎水（出虎水土言金也．今名阿勒楚喀河．發源小白山之北．北流入松花江）之源．遼道宗時．部長烏古迺．禽獻遼叛臣．始爲節度使．其後嗣皆務開拓疆土．兵勢駸盛．遂雄諸部．又因部內無鐵．以重金購隣邦舊甲冑．用以製弓矢．備器械．其勢益不可遏．四傳至阿骨打．沈毅有大志．才叛遼．取契丹東北諸州（今吉林省地）．宋徽宗政和五年。遂稱帝。以居愛新水上。今瑚爾哈河在寧古塔城東南源出吉林烏喇東北流入混同江唐時謂之忽汗河金以後謂之金水河滿洲語金爲愛新水源於此因又謂之金源國號金。是爲太祖。攻克黃龍府。天祚親征。巳渡混同江。會有叛者。乃西還。太祖追敗之。進陷遼陽。於是東京州縣及熟女眞皆降於金。金稱帝凡百二十年。爲蒙古聯軍所攻亡。其遺族散居於混同江南北。各從其俗。元置萬戶府以鎭戍之。亦隨俗而治。巳耳。迄於有明。亦隸於統治權之下。迨成祖永樂中。海西女眞。今開原以北松花江附近一帶建州女眞自今伊蘭縣至渾江一帶野人女眞在黑龍江支流科爾芬河沿岸諸酋長。來歸附。明因以其地置衛一百八十四所。選其酋長爲衛指揮等官。其有願居中國者。則於開原設安樂州。遼陽設自在州。以處之。海西女眞爲完顏氏。金主姓之後建州女眞爲佟氏。建州海西。並以地而名。唯野人女眞。一曰生女眞。亦稱忽剌温野人。則以其文化粗野氏之。厥後野人女眞。逐漸南下。海西建州。皆爲其壓迫。亦往西南遷移。與明益迫近。永樂時。女眞野人頭目阿哈出從征有功。明廷以爲建州指揮使。賜姓李。名思誠。弟猛哥不花。累官毛憐衛都督同知。子釋家奴。累官建州衛都指揮僉事。釋家奴。卽永樂八年。賜名李顯忠者也。釋家奴子李滿住。襲父職。宣德四年三月。求入朝充宿衛。不許。初阿哈本以三姓爲根據。漸南移至婆豬江卽今之佟家江岸之兀剌山。正統元年閏六月。李滿住以數被忽剌温野人侵害。乞內徙遼陽草河。二年。春。詔許移駐蘇子河濱之竈突山今興京西之呼蘭哈達南。是爲建州衛新地。清皇室四譜。謂清不祖李滿住。而祖猛哥帖木兒。猛哥帖木兒者。亦建州夷。與阿哈出同時。大抵亦同族也。初居三姓對岸之斡朵里。尋南移。近圖們江。嘗被兀狄哈攻劫。走朝鮮。朝鮮王授以萬戶之職。後又授上將軍。永樂十年。於朝鮮鏡城之阿木河。立建州左衛。授以指揮使。移居焉。

此建州左衞創置之始。十四年二月入朝。賜宴。宣德元年正月。晉都督僉事。時弟凡察亦授職。七年三月。凡察以招撫遠夷。晉建州左衞都指揮僉事。八年二月。猛哥帖木兒晉右都督。晉凡察都指揮使。八月。猛哥帖木兒及子阿古被七姓野人攻殺。尋嫡子董山襲職。方難作時。凡察與猛哥帖木兒子童倉。率五百餘家遁朝鮮。朝鮮厚視之。凡察尋走還建州。依李滿住。蘇子河。朝鮮留其私屬。不肯遣。正統五年十月。敕許凡察與李滿住同駐。七年二月。別設建州右衞。以凡察爲都督同知。是爲建州右衞之始。成化三年九月。明出兵五道討建州。朝鮮遣將擊斬李滿住。及其子古納哈。凡察不知所終。或謂董山性狡悍。嘗以剛柔互濟之手腕。得兼建州衞及右衞都督。建州之勢頓強。其後董山以私事朝鮮。爲明廷所殺。（事在天順三年）詔以其子脫羅爲指揮。勢漸衰。而海西之勢力遂遠出建州上。初海西部族。爲野人所侵。南徙開原邊外。而以哈達爲代表。是爲海西衞新地。成化中。建州海西合窺疆圉。東邊從此不靖矣。其後王杲肆虐。尋被禽。（杲爲凡察後裔）時明之國力已遜於前。重以北與蒙古抗衡。南受倭寇侵掠。無暇顧及東北。而努兒哈赤適挺生於其間。獲創不世之偉業。此建州部族之由來也。

清先世之紀略　清儒援商鳦周縣之誼。謂清之先姓愛新覺羅氏。發祥於長白山。滿洲語曰果勒敏珊延阿林。（果勒敏譯言長也。珊延白也。阿林山也）高四百餘里。綿亙千餘里。風勁氣寒。奇木靈藥。應候挺生。山之東有布庫里山。其下有池。曰布爾湖里。（一作布爾湖開國方略作布勒瑚里）相傳有天女三。長曰恩古倫。次曰正古倫。三曰佛庫倫。浴於池。有神鵲銜朱果。置季女衣。季女含口中。忽已入腹。遂有身。尋產一男。生而能言。體貌奇異。及長。母告之故。因命之曰。「汝姓愛新覺羅。名布庫里雍順。天生汝以定亂國。其往治之。汝順流而往。卽其地也。」與小舠乘之。母淩空去。子乘舠順流下。至河步。迺登岸。折柳枝及蒿。爲坐具。端坐其上。是時其地有三姓。爭爲雄長。日搆兵相仇殺。亂靡由定。有取水者見而異之。歸語衆。衆往觀。皆以爲異。因詰所由來。答曰「我天女所生。天生我以定汝等之亂者。」且告以姓名。衆驚曰「此天生聖人也。不可使徒行。」遂舁至家。三姓者議曰「我等盍息爭。推此人爲國主。以女百里妻之。」奉爲貝勒。亂迺定。居長白山東俄漠惠之野俄朵里城。（日人內藤虎次郎謂俄漠惠爲今朝鮮會寧府蒞猛哥帖木兒移居會寧爲野人驅殺其遺族始散居蘇突山下卽建州三衛新設之地殆今所謂赫圖阿拉之興京是也開國方略作長白山北之俄朵里城誤）國號滿洲。是爲開基之始。數世而後。不善撫其衆。國人叛。族被戕。有幼子名范察者。（按范察爲孟特穆之弟開國方略不載其名非闕文也）遁於荒野。有神鵲止其首。國人追之。遙望鵲棲處。疑爲枯木。遂返。范察獲免。隱其身以終。自此後世俱德鵲。相戒勿殺害云。

數傳至肇祖原皇帝。諱都督孟特穆。志圖恢復。計誘先世仇人之後四十餘人。誅其半。執其半。索得舊業。釋之。始移居蘇克蘇滸河濱之呼蘭哈達山下。地曰赫圖阿拉。西距俄朵里城千五百里。生子二。長充善。次褚宴。充善生子三。長妥羅。次妥義謨。次錫寶齊篇古。錫寶齊篇古生子一。卽興祖直皇帝。名都督福滿。生子六。長德世庫。次劉闡。次索長阿。次卽景祖翼皇帝。次包朗阿。次寶實。景祖名覺昌安。明人書譯爲教場。或爲叫場。以其爲興祖第四子。故亦稱四祖。居赫圖阿拉地。三兄兩弟。分築五城。距景祖所居。近者約五里。遠者約二十里。環衞而處。統稱爲寧古塔貝勒。寧古塔。女眞語六箇也。與後之吉林境內地名寧古塔者絕遠。景祖生子五。長禮敦。次額爾袞。次齋堪。次卽顯祖宣皇帝也。次塔察篇古。是時近地部落中有名碩色納者生九子俱強悍又有名加虎者生七子俱輕捷多力二族恃其強侵陵諸路景祖既被明勅爲建州衛都指揮隸本衛夷酋王杲部下素多才智而其子禮敦又英勇迺率諸貝勒往征破碩色納子九人滅加虎子七人盡收五嶺東蘇克蘇滸河西二百里諸部自是國益強盛顯祖名塔克世明人書譯爲他夫景祖既隸杲麾下遂以孫女(禮敦之女)妻其子阿台卽阿太章京居古埒山寨(今鼓樓村東北)數犯遼瀋明總兵李成梁討之並授尼堪外蘭兵符帥遼陽廣寧兵分二路進景祖愍女孫被陷與子顯祖馳救遂掩殺阿台旋被尼堪外蘭譖構於成梁父子同遇害顯祖嫡妃喜塔喇氏阿古都督女是爲宣皇后生子三長卽太祖努兒哈赤也歲己未爲明嘉靖三十有八年次舒爾哈齊號達爾漢巴圖魯次雅爾哈齊繼妃納喇氏哈達萬汗所養族女生子一名巴雅喇號卓禮克圖庶妃李佳氏古魯禮女生子一名納穆爾哈齊號靑巴圖魯此其大略也

附載淸初世系表

- 布庫里雍順(始祖)
  - 范察(卽凡察)……都督孟特穆(卽猛哥帖木兒肇祖原皇帝)
    - 充善
      - 妥羅
      - 妥義謨
      - 錫寶齊篇古—都督福滿
        - (興祖直皇帝)
          - 德世庫
          - 劉闡
          - 索長阿
          - 覺昌安—(景祖翼皇帝)
            - 禮敦
            - 額爾袞
            - 齋堪
            - 塔克世(顯祖宣皇帝)
              - 努兒哈赤(太祖武皇帝)
              - 穆爾哈齊(封貝勒謚勇壯)
              - 舒爾哈齊(封親王謚莊)
              - 雅爾哈齊(封郡王謚通達)
              - 巴雅喇(封貝勒謚剛勇)
            - 塔察
          - 包朗阿
          - 寶實
    - 褚宴

太祖之勃興　太祖顯祖之長子也嘗自稱爲佟氏蓋自謂爲猛哥帖木兒之後猛哥姓童其二子曰童倉曰董山童與董佟爲一音之轉故多稱佟姓努兒哈赤明人書多譯努爲奴故爲醜辭不足訓宣皇后孕十三月而生先是望氣者言滿洲將有聖人出戡定衆亂統一諸國而履帝位及太祖生英敏異常童太祖實錄稱爲「龍顏鳳目偉軀大耳聲若洪鐘儀度威重騎射軼倫剛果能斷覩記不忘國人稱曰聰睿貝勒」此雖史氏頌揚之詞然綜其前後以觀雄才大略卓識宏量自是開創之英主也生十歲其母宣皇后崩繼妃納喇氏撫育寡恩年十九俾分居予產獨薄登山覩採松子人參攜至撫順市以賣以是諳悉漢人情狀顯祖知其有才德獨厚與之而仍辭讓諸弟其時滿洲崛起已用大秦文字旋因不便於用略爲更改加點畫爲滿洲文字太祖起復將中國有用之書籍翻成滿文朝夕習誦之用能運籌帷幄勝算獨操癸未（明神宗萬曆十一年）蘇克蘇滸河圖倫城有尼堪外蘭者既構明兵攻古埒城景祖率子往救既至命塔克世俟城外己獨入城欲攜女孫歸阿台不從李成梁攻城不能克尼堪外蘭請往招撫至城大呼給城中人有能殺阿台來降者即令爲城主城中人信之殺阿台以降成梁誘而屠之並害景祖及顯祖其時太祖年二十有五聞之大慟詰明邊吏明遣使謝過歸二祖喪與敕三十道馬三十匹封龍虎將軍復給都督敕書太祖曰害我祖若父者尼堪外蘭所構也必執以與我迺已使臣不允且曰「當令其爲滿洲國主」國人信之皆歸尼堪外蘭同族寧古塔諸祖子孫亦至堂子立誓欲害太祖以歸之尼堪外蘭又迫太祖往附太祖曰「爾吾父部下人也構明兵害我祖父予恨不能手刃汝豈反從汝偷生邪」

自是恨益深日夜思復祖父仇時蘇克蘇滸城主諾密納偕同部嘉穆瑚寨主噶哈善哈斯瑚沾河寨主常書及弟揚書四部長來歸太祖與之盟遣還是歲五月迺以顯祖遺甲十三副謀伐尼堪外蘭開創雄圖此其嚆矢已

二 復仇之舉

尼堪外蘭之敗 太祖志切復仇起兵攻尼堪外蘭與諾密納約以兵來會洛地噶善索長阿之第四子龍敦福滿之孫太祖之堂叔也私語諾密納之弟鼐喀達曰「明助尼堪外蘭築城嘉班（或譯爲甲版承德縣東百十里嘉班山之東）今爲滿洲主哈達萬汗又助之（明稱爲王台）爾何附聽睿貝勒乎」鼐喀達以告諾密納遂背盟期不至仍自率衆攻圖倫城尼堪外蘭攜妻子遁於嘉班遂克圖倫城得兵百人甲十三副而歸六月德世庫劉闡索長阿寶實等子孫忌太祖英武同謀害太祖夜半潛至城緣梯而上見太祖至遁去秋八月太祖追至嘉班尼堪外蘭奔往撫順所迤東河口臺其族屬及先附國人皆背之尼堪外蘭懼逃於鄂勒琿（或譯爲鵝爾渾今齊齊哈爾城西南三十餘里）築城居之寶實之子康嘉與綽哥塔覺善同謀糾合哈達國萬汗兵以渾河部兆佳城長理岱爲鄉導劫太祖所屬瑚濟寨而去分所獲於中途太祖部將安費揚古及巴遜率十二人追及敗之殺四十八人獲所掠而還甲申（萬曆十二年）春正月往攻兆佳城先是軍至噶哈嶺路險難登又值天鴻雪衆勸勿進兵太祖曰「理岱同姓兄弟也反爲哈達用詎可恕邪」遂鑿山爲磴軍士鱗次立以繩束馬曳之踰

嶺及是抵城下督衆登城攻克之獲理岱宥其死豢養之時龍敦搆太祖繼母之弟薩木占曰「爾姊今在吾家爾宜與吾合謀」薩木占惑之率族衆邀噶哈善哈思虎（努兒哈赤同母妹夫）於路殺之太祖怒率近侍數人收其骸骨歸移入室殮以所御冠履衣服厚葬之六月率兵四百攻瑪爾墩寨取之訥甲奔界藩時董鄂部（佟家江附近地）內亂太祖與衆計宜往攻衆諫曰「兵未可輕入幸而勝誠善倘有失奈何」太祖曰「我不先發彼復合好必加兵於我」七月率兵五百征之城垂陷會大雪罷攻命衆先還留十二人以從伏濃烟中城內謂兵已退引衆出太祖突出擊之斬四人獲甲二副適完顏部之遜扎沁廣袞來謁曰「翁鄂洛吾仇也乞一旅助我破之」太祖以兵夜馳赴之縱火焚城樓及村中廬舍自乘屋巔射城中城中鄂爾果尼潛射之中首貫胄傷入指許流血至足鏖戰不已敵有名羅科者乘烈焰潛匐突發一矢射太祖中之一矢貫胄一矢穿鎖子甲護項拔之鏃卷如鈎血肉並落迷而復甦者數四一晝夜血不止裹創厚寸餘迺乘垂下之城而還及創愈復攻克翁鄂洛城獲鄂爾果尼及羅科衆請誅之太祖曰「兩敵交鋒志在取勝彼爲其主乃射我今爲我用不又將爲我射敵耶如此勇敢之人奈何以射我故殺之」遂各擢爲牛彔額眞乙酉（萬曆十三年）春二月率兵略界藩無所俘獲引兵還界藩與薩爾滸棟嘉巴爾達四城之主合兵追襲其部長訥甲界藩寨長巴穆尼從步軍中疾馳至太祖見之單騎回擊訥甲訥甲刃已先及斷太祖所執鞭太祖揮刀斷其臂墜馬死復轉射巴穆尼斃之追兵逡巡卻立太祖引兵徐還不遺一騎夏四月又率步騎五百征哲陳部親執纛先近敵陣下馬驅馬回率弟穆爾哈齊及近侍延布祿烏淩

阿。直前衝擊。奮勇射之。殺二十餘人。敵兵爭渡渾河遁。既收軍。太祖曰。「今日以四人而敗八百人。此天助我也」。乃還。丙戌。（萬曆十四年）秋七月。再攻哲陳。託漠河城。値雷雨。罷。越數日。復往招撫之。下其城。馳征尼堪外蘭。攻克鄂勒琿城。値尼堪外蘭他出。索之不獲。城外有四十餘人。前行一人。戴氈笠。被青棉甲。太祖疑爲尼堪外蘭。奮身往追。爲四十人環逼。衆矢雨下。太祖被創三十餘。鏖戰不退。射殪八人。斬一人。餘皆竄遁。還至城內。斬漢人十九。又執被箭者六人。卽以其深入之令。轉告明邊吏。執送尼堪。否則興師。明邊吏使人復曰。「遣少兵來。卽執與汝」。於是命齋薩率四十人往。明人執尼堪。付齋薩斬之。而歸。復仇之舉至此完成。已明於是歲輸銀八百兩。蟒緞十五匹。並開撫順清河寬甸靉陽四關。通和好焉。

當時滿洲之形勢　先是女眞部落。大別爲四。(一)滿洲部。內分支部五。曰蘇克蘇滸河。曰渾河。曰完顏。曰棟鄂。曰哲陳。(二)長白部。內分支部三。曰訥殷。曰珠舍里。曰鴨綠江。二部皆明之建州衛也。在遼瀋之東。(三)東海部。亦稱窩集部。（又作渥集）內分支部二。曰瓦爾喀。曰庫爾哈。明之野人衛也。東際日本海。跨有今吉林及西伯利亞沿海州境。(四)扈倫部。內分支部四。曰葉赫。曰哈達。曰輝發。曰烏拉。明之海西衛也。當滿洲諸部之北。四部中以扈倫爲最強。與中國相結。明亦倚哈達爲南關。葉赫爲北關。爲朔邊之屏障。當太祖以武力復仇。於是懷其德而畏其威者。莫不稽首而附伏。如蘇完部主索爾果。率衆來歸。卽以其子費英東佐理政務。（後爲一等大臣世襲信勇公）雅爾古寨長扈拉瑚。率衆來歸。卽以其子扈爾漢爲養子。任侍衞。（賜姓覺羅後爲一等大臣世襲子爵）棟鄂部長何和禮。率衆來歸。卽以長女妻之。（後爲一等大臣世襲勇勳公）後薩爾滸之役。賴以克明。戊子。（萬曆十六年）九月。太祖率兵克完顏部。斬其城主岱度墨爾根。己丑。（萬曆十七年）正月。復取兆佳城。斬寧古親。於是建州環境五部皆服矣。辛卯。（萬曆十九年）之春。又遣兵略長白山之鴨綠江。盡收其衆版圖日廓。遂北向而與海西諸國角而據其巔。禮王雜錄。「何和禮以五萬人來歸」。此肊論也。何和禮先世自瓦爾喀遷棟鄂。屬哈達。世爲部落。所謂部長者。止一村一堡之長耳。一城之聚。安得有五萬之衆耶。當時海西四部。衆不過萬人。是以癸巳九部之師來侵。通計不過二三萬衆。卽後此己未薩爾滸之役。傾國之師。出禦明兵。亦止五六萬人。蓋招徠生聚三十年。乃得有此數。彼蕞爾一城。無五萬人明矣。檢查功臣傳大臣傳。皆無此語。

三　海西之征服

九部聯軍之敗　太祖既以兵統一建州。又收服鴨綠江路。國勢益振。時葉赫爲塞外諸國盟主。其貝勒納林布祿。恐不利於己。癸巳（萬曆二十一年）六月。遣使來言。欲分我地。言詞侮悖。太祖怒。遣書責之曰。「我乃滿洲。爾乃扈倫。爾國雖大。我豈肯取。我國卽廣。爾豈得分。且土地非牛馬。安可割裂分給。爾等皆執政之臣。不能各諫爾主。何靦顏來告耶」。因與太祖有隙。遂糾哈達貝勒孟格布祿。烏喇貝勒滿泰。輝發貝勒拜音達里。四國合兵。刧我戶布察寨。太祖率兵退之。斬十二人。獲甲六副。乃還。九月。葉赫貝勒布寨。納林布祿。哈達貝勒孟格布祿。烏喇貝勒滿泰之弟布占泰。輝發貝勒拜音達里。北嫩河蒙古科爾沁翁阿代莽古思．明安．錫北（或譯席北）部．卦爾察部．及滿洲長白所屬珠舍里路．長紆楞路．訥殷路．長搜穩塞克什九姓之國．合兵三萬．分三路來侵．太祖聞之．命武理堪（後爲前鋒將世管佐領）詗動靜．見敵兵壁渾河北岸．方夜爨．馳歸．夜過半矣．太祖令軍中旦日啓行．遂就寢．妃富察氏呼謂曰「九國兵來攻．何反酣寢耶．豈方寸亂耶．懼之耶」太祖曰「我果懼．安能酣寢．吾若負彼．天必厭之．安得不懼．今我順天命．安疆土．彼無故糾九國兵以侵害無咎之人．天必不祐也」酣寢如故．及旦．率諸貝勒大臣．詣堂子禱畢．率兵至古埒山（長白山支峯赤界藩山東）據險結陣．令各旗整兵以待．遣巴圖魯額亦都挑戰．葉赫兵罷攻城．引兵來戰．滿兵迎擊之．敵稍卻．布寨被殺．敵遂亂．衆奔潰．科爾沁貝勒明安馬被陷．棄鞍．裸身乘驏馬走．滿兵掩擊．積尸滿溝壑．追至哈達國柴河寨南．禽布占泰．太祖命釋其縛．賜猞猁猻裘．豢養之．是役也．斬四千級．獲馬三千匹．鎧冑千副．自此戎衣一怒．勢已如摧枯拉朽矣．

扈倫四國之亡　太祖削平諸部．始於哈達．輝發．烏喇．葉赫．所謂扈倫四國．卽明人所稱南關北關者也．九部之兵．既爲太祖所敗．葉赫懼．復遣使與滿洲修好．締媾婚姻．思以遠交近攻之策．統一扈倫．會哈達內訌．率兵攻之．哈達勢不支．乃乞援於明．先是葉赫數攻哈達．均賴明援得止．至是明不應．復請入扞邊．亦不許．不得已．始遣三子爲質．至滿洲告亟．己亥（萬曆二十七年）太祖命費英東．噶蓋率兵二千．駐防其地．納林布祿聞之．致書哈達．誘其貝勒曰「爾若執滿洲來援二將．贖所質三子．盡殲其兵．我卽妻汝．以所求之女．修前好焉」其酋孟格布祿惑其言．事旋洩．太祖統兵往征．貝勒舒爾哈齊自請爲先鋒．命領千人爲前隊既抵哈達。哈達兵出。太祖遂親督戰。克其城。大將揚古利生禽孟格布祿。太祖命勿殺。召之至。前賜以貂帽豹裘盡服。哈達屬城器械財物無所取。室家子女完聚如故。悉編入戶籍。遷之以歸。哈達國滅。而明失其南關。時輝發以族人附葉赫者衆。而部衆亦有叛謀。拜音達里乃以其臣七人之子入質滿洲。乞援。太祖發兵千人助之。葉赫貝勒納林布祿紿拜音達里曰。「若歸爾質子。吾卽反爾叛族。」拜音達里信之。思中立於滿洲葉赫二國間。乃索歸七臣之子。而以己子爲質於葉赫。納林布祿竟不歸其叛族。拜音達里復致書於太祖曰。「吾向者爲葉赫所誑。今願歸誠。乞賜一女爲婚。」遂許之。後背約不娶。太祖遣使詰之。拜音達里謂俟葉赫質子歸。因築城三層以自固。逮葉赫質子旣歸。亦不娶。欲恃堅城爲拒守計。丁未（萬曆三十五年）九月。太祖往征之。克其城。誅拜音達里父子。輝發國滅。烏喇布占泰旣爲滿軍所擒。翌年遣送歸國。適其兄滿泰父子被村民所殺。立布占泰爲國主。太祖以其弟舒爾哈齊之女妻之。旋復肆虐瓦爾喀部斐優城。其長策木特赫苦之。乞歸附。太祖卽命舒爾哈齊等率兵收其屯寨。布占泰發兵萬人要諸路。太祖又命長子褚英次子代善各率兵五百分二路擊之。烏喇大敗。是役代善最奮勇。首擒古英巴圖魯。賜號巴圖魯。譯言好漢。與元史稱拔都拔突霸都魯等類字異義同。夫以親藩儲貳之貴。尙必從事邊陲。武功懋著。始享此三字榮稱。後來軍營克一城奪一寨。卽請獎勇號。已失創制本意矣。踰歲乞和。復以親女妻之。布爾泰猶弗悛。且謀奪代善所聘葉赫貝勒布齋之女。又以鳴鏑射其妻。太祖聞之大怒。統兵取金川。並毀其臨河六城。布占泰窮蹙謝過。遂班師。未幾復以其子綽啓鼐及十七臣之子爲質於葉赫。圖娶代善所聘女。自此戰釁再起矣。癸巳。（萬曆二十一年）太祖率兵往征。布占泰擁三萬之衆。壁富勒哈城迎戰。滿軍矢發如雨。譟聲動天。烏喇大敗。太祖乘勝登西城樓。樹旗幟。時布占泰所屬。不滿百人耳。亟馳還。壁望見滿軍旗幟而大驚。乃投葉赫。烏喇國滅。

癸丑。（萬曆四十年）秋。九月。太祖遣使諭葉赫貝勒曰。「布占泰今投汝。汝其執之以獻。」使者三往。其貝勒金台石布揚古不從。太祖率兵征之。盡焚其所屬各城。及屯寨十九處。廬舍糧儲。收烏蘇降衆而還。金台石布揚古愬於明曰。「哈達輝發烏喇三國。滿洲已盡取之。今復侵我。其意卽欲侵明。取遼東以建國都。而開原鐵嶺。爲牧馬之場矣。」明遣使來言。令與葉赫修好。並遣游擊馬時柟。周大岐。率練習火器者。守衛葉赫東西二城。太祖聞之。欲致書於明。遂躬詣撫順所城。游擊李永芳出迎。導入教場。遂以書與永芳。略言。「葉赫渝棄前盟。將已字之女。悔而不予。今又留布占泰不吾與。吾所以征之。與汝國何嫌云云。」遂還。葉赫既得明援。竟以金台石之女。許字代善者。改適蒙古。事在萬曆四十四年。卽天命元年。太祖稱汗之歲也。越三年。太祖計取葉赫。非創明不可。乃藉口於前被明誅之祖若父。爲第一大恨。（詳見後章）誓師攻明。陷撫順。克清河。遂以天命四年。命大貝勒代善。率兵五千。往守扎喀關。以防明兵。而自將大軍攻葉赫。克大小屯寨二十餘而還。葉赫如明告急。於是遼東經略楊鎬。率兵二十四萬。四路進討。大敗於薩爾滸。損失亡算。明廷大震。是秋。遂克開原鐵嶺。擣葉赫之背。進偪其東西城。時貝勒金台石居東城。布揚古居西城。太祖乃令諸貝勒圍西城。而自將八旗兵圍東城。破其郭。呼金台石出降。不從。遂督兵攻城。軍士冒矢石穴。其城城墜，遂入城。兵復迎戰，又敗之。城中兵民俱降。金台石攜妻及幼子登所居高臺。滿軍持斧斤毁之。金台石縱火自焚屋宇，盡燬。滿軍疑其已死，令燬臺之兵撤火，燎金台石身自下，爲滿軍所執，縊殺之。時諸貝勒圍西城，招降不從。會東城破，布揚古與其弟布爾杭古大懼，遂開門降。大貝勒引布揚古來見，跪不恭，僅屈一膝，不拜而起。太祖親以金巵賜之酒，不恭如初，酒飲沾唇而已，又不拜而起。太祖謂大貝勒曰：「引爾婦兄去，回彼西城。」是日太祖深念久之，謂「吾貸其死，予以生全，未見有喜色，仍仇怨，且跪拜不少屈，此人可豢養耶？」夜縊殺之。布爾杭古以大貝勒故，宥其死，助葉赫防守之明游擊馬時柟及兵一千盡殺之。葉赫國滅，而明復失其北關。

四　東海之降附

瓦爾喀庫爾哈之平定　其時滿洲開拓疆土，東自海，西至明遼東界，北自科爾沁之嫩烏喇江，南暨朝鮮境。凡語言相同之國，俱徠服而統一之。乃復以兵力及懷柔政策平定東海。東海諸部在吉林寧古塔以東，東南濱日本海。其中有瓦爾喀者，在今烏蘇里江上流至綏芬河以西濱海一帶，皆其部落，與朝鮮咸鏡道接境。戊戌（萬曆二十六年）太祖命褚英與大臣費英東、噶蓋率兵一千，征服其所屬之安楚拉庫路屯寨二十餘，並招降萬餘人。越九年丁未正月，瓦爾喀部斐優城（琿春城北二十里）長策穆特黑以五百戶來降，命舒爾哈齊等率師收其屯寨。歸途並敗烏喇要擊之兵。初，瓦爾喀有流寓朝鮮者，太祖爲請於明，明諭朝鮮察還千餘戶。及太祖登汗位。天命十年。命族弟旺善。大臣達朱戶車爾格。統兵征瓦爾喀。俘獲甚衆。軍還。車駕出瀋陽城迎勞之。此太祖征服瓦爾喀之概略也。皇太極嗣位。改元天聰。十年。命大臣蒙阿圖。率官兵往征。尋遣人自寧古塔奏報俘降男千二百十九人。婦女二千六百八十四人。幼丁六百三人。獲人蔘貂狐猞猁猻等皮及牛馬甚多。太宗親出城十里迎之。先是七年。命吉思哈。武巴海。率兵征朝鮮接壤之瓦爾喀部。戒以優待降俘。毋淫婦女。踰歲奏捷。俘男女二千餘。太宗諭以俘獲人之戶。不必均隸八旗。察明不足之旗。分補撥蓋。先時俘獲。必編爲牛彔。分隸八旗。所以初制牛彔每旗二十五。後漸增至三十。至是以俘降備補充牛彔。不常增也。是歲冬。復遣大臣吳巴海荊古爾代往征。諭之曰。「聞尼滿地方。有千餘人。在彼築城屯駐。爾等宜往略之。至各屯戶多少。吳巴海盡知。可取者量力取之。有分達哩所居之屯。宜率鄉導往前。先取餘可次第略定。凡此諸屯。非有統帥哨防。不過泄泄然散處各村落。然其人雖愚。耳目頗衆。爾等自寧古塔啓行之日。即行防範。毋令彼知覺。伺其所在。以智取之。所有俘獲。當加意守視。時其衣食。勿令凍餒。夫攻略之後。或俘人逋逃。或自被戕害。皆由與彼同處日久。漫無防範。以及戮辱其婦女所致。前者正紅旗輝滿征瓦爾喀時。所爲多不義。爾等慎勿效尤。亦毋以其物力豐足。妄行多取。彼既服從。秋毫不可犯。」其所以體恤人情者至矣。九年四月。吳巴海等收撫男婦幼穉千一百五十八人。至十月。復征之。吳巴海率黃旗兵。自額赫庫倫額勒約索二處進。多濟里率紅旗兵。自雅蘭錫琳瑚葉三處進。扎福尼率藍旗兵。自阿庫里尼滿二處進。武什塔率白旗兵。自諾羅阿萬二處進。主帥各授以軍律一道。附載應取壯丁及鄉導人姓名。臨行。太宗諭多濟里曰。「爾所往之地多島嶼有可取者造船取之。如不可取。識之以爲後圖」諸帥旣出。至翌年三月凱旋。遣官迎宴之。敍功升賞有差。崇德改元二年。太宗方征伐朝鮮。命科爾沁扎魯特諸部兵出咸鏡道。往征瓦爾喀。以蒙古衙門承政尼堪等率每旗甲士十人導之出會寧。敗朝鮮平壤巡撫兵二千人。五月至烏喇。遣還蒙古兵。復命喀凱等二十四將分四路攻之。十二月奏捷。次年四月還師。及崇德四年。復收瓦爾喀餘衆五百人。初瓦爾喀部衆叛入熊島者甚多。太宗命朝鮮國王李倧以舟師攻之。生致其酋嘉哈禪等。鎖送盛京。乃遣薩爾糾等收其餘黨。至是瓦爾喀大部皆服。庫爾哈者。在呼爾哈河下流地。卽寧古塔城東南。源出吉林烏喇。東北流入混同江。唐時謂之忽汗河。金以後。謂之金水河。滿洲語爲愛新水。源於此。因又謂之金源。約當瓦爾喀部西北。己亥（萬曆二十七年）春正月。庫爾喀路長王格張格來朝。貢黑白紅三色狐皮。黑白二色貂皮。自此每歲朝謁。其長博濟哩乞婚。太宗嘉其率先歸附。以大臣女六。配其六長。丁未（萬曆三十五年）攻克東海庫爾哈路之杜庫塔城。（約在琿春城西百二十里地）其初已降附滿洲。太祖曾賜甲三十副。遣人以賜甲送窩集部。（黑龍江濱）爲其部人被樹以試射。又貪烏喇布疋。受布占泰之招撫。至是遂遣額亦都。何和禮。扈爾漢率兵往征。諭降不從。圍三日。攻克其城。並招降附近路長圖勒伸。額勒伸。令率五百戶來歸。天命三年。庫爾哈部長納喀達率百戶來歸。太祖遣人迎宴之。命願留者與願歸者分別聚立。賜願留者各男婦二十口。牛馬各十。錦裘及四時之衣。田廬器具皆備。部衆大悅。其願歸者。亦皆感激乞留。乃因還家者寄語其族屬曰。「國之軍士。欲攻伐以殺我等俘掠我家虜而上以招徠安集爲念。非欲俘獲而充賞。乃欲收我爲羽翼也。我鄉兄弟其相率而來毋晚。」次年。遣大臣穆哈連征之。又收其壯丁二千而還。其部長來降。出城親款之。賞賜分二等。十年。命第三子阿拜。第六子塔拜。第九子巴布泰率兵往征。至是凱旋。太宗出城宴勞之。至天聰七年。季思哈等俘男婦幼穉千九百五十八以歸。次年。復遣巴奇蘭薩木什喀征黑龍江之庫爾哈部。衆瀕行。太宗諭之曰。「此去道遠。愼毋怠忽。至俘獲之人。須善言撫慰。飲食甘苦。一體共之。則人心歸附必衆。且此地人民語言與本國同。攜之而來。用爲攻略。宜謂之曰。『爾之先人本皆我一國之人。載籍具在。爾等未知。是以甘於自外。久欲收服。特未暇耳。』」九年。巴奇蘭等凱旋。遣官迎宴之。五月。敍征黑龍江功。升賞有差。崇德二年。庫爾哈部託科羅氏克益克勒氏耨野勤氏至盛京朝貢。三年。復遣尼噶里等征之。所向皆捷。七年。命沙爾虎達葉赫朱馬喇征松阿里江之庫爾哈部。衆閏十一月。奏報招降男婦幼穉一千四百餘人。明年。命蘇章京阿爾津哈寧噶等復征黑龍江庫爾哈部。攻克三屯。招降四屯。俘獲男婦幼穉馬牛皮張甚多。於是庫爾哈部亦平。

窩集諸部之平定　東海諸部。以瓦爾喀庫爾哈爲大。其餘諸路。不過散居於二部外之屯寨而已。故窩集者。包有瓦爾喀庫爾哈與其餘諸路者也。自寧古塔東北行四百餘里。居庫爾哈河松花江兩岸者。爲庫爾哈部。亦曰諸雷部。自寧古塔東北行千五百里。居松花江混同江兩岸者。爲赫哲喀喇。又東北行四百五里。居烏蘇里松花混同三江匯流左右者。亦曰赫哲喀喇。卽使犬國。又東北行。逾混同江七八百里。

曰費雅哈。直至東北海濱。又六百里爲費雅哈部所居。此三部人綜稱曰烏稽達子。烏稽卽窩集也。蓋東海大別之爲三部。南緣鴨綠江圖們江之間及諸海島。爲瓦爾喀部。北緣大烏喇河松花江至混同江南岸爲庫爾哈部。正東抵長白山陰則爲窩集部。瓦庫二路既平。則窩集部之克服亦當時攻略政策之所必及者。丁未。（萬曆三十五年）命幼弟貝勒巴雅喇巴圖魯額亦都扎爾固齊費英東征窩集部。取赫席黑路俄漠和蘇魯路佛訥赫佗克索路屯寨。俘二千人還。次年復遣侍衞扈爾漢討瑚葉路。爲其匿降人也。時有歸附之綏芬路長圖楞爲雅蘭路人所掠。庚戌。（三十八年）又遣額亦都往取窩集部之那木都祿綏芬寧古塔尼瑪蘭四路。招其路長。旋師至雅蘭。遂襲取之。收萬餘人。辛亥。（三十九年）命第七子阿巴泰同費英東等征烏爾固辰穆稜二路。復俘二千人還。初窩集部路長僧額尼喀哩來歸。太祖賜甲四十副。置綏芬地。爲烏爾固辰穆稜二路兵所虜。遂遣庫爾哈長博濟哩往宣諭歸還。二路不從。至是始征之也。乙卯。（四十三年）窩集部東額里庫倫人寄語滿洲曰「人謂爾國驍勇可來與我國決一戰」太祖遣兵二千至顧納哈庫倫招之不服。遂布陣鳴鑼。越壕三層。毀其柵。攻克其城。並收撫其居民。編爲五百戶。乃班師。天命元年命扈爾漢安費揚古征東海薩哈連路。取三十六寨。八月。駐營黑龍江南岸。江水常以九月始冰。是日滿洲軍營近地距對岸二里許。冰結如橋。將士驚爲天助。引兵渡取薩哈連部十一寨。及還。冰橋已解。其西偏復如前結冰一道。滿軍既渡。冰盡解。又招服南岸使犬諸洛石拉忻三路路長四十人。九月師還。二年。東海緣邊諸部未降附者。遣兵悉收其民。其恃險抗命者。乘刳小舟二百盡取之而還。十年。遣大臣雅護喀等往征東海卦勒察部，俘獲二千人餘，如赫哲（黑龍江下流兩岸）鄂倫春（黑龍江下流西岸）亦皆面首嚮內。是時兵威所及，蓋已直抵海中庫頁島矣。其所以汲汲用兵於東海者，亦無非樹爪牙於同部，故每次攻伐，輒優待其部長，撫慰其民人，思以族類相同之衆，用爲攻略邊地之資，其用心亦至深遠已。

五　太祖之稱汗

稱汗前活躍之力量　太祖奮起於建州衰微時，其實並非建州衛世胄也。其祖覺昌安，父塔克世，本爲建州衛都指揮王杲部屬。杲叛明，塔克世爲明間諜，杲爲所擒，塔克世亦死於戰事。明因念塔克世功，即授以建州都指揮職。兵力漸强，征服鄰部，建州統一，始北出而與海西爭雄。及併有滿洲，降鴨綠，葉赫忘之約，扈倫全部及長白之珠舍里、訥殷，蒙古之科爾沁、錫伯、卦勒聯軍進攻，皆大敗。於是諸部以次多見併，或降附，唯葉赫得明助獨存。未幾，明又升太祖爲都督。時葉赫雖賴明援，然脣齒勢離，苟延旦夕，且東北攻略濱海之國，率皆奉命維謹，於是太祖遂有輕明之心。

稱汗時措施之方略　太祖先用明都督名義，號召各部，勢既盛，又作兵制，造文字，繕城郭，規模漸備，與明隱若敵國。爲脅明，遣廣寧總兵張承蔭巡邊還，遣通事董國蔭來索所居界外地，令柴河、三岔、撫安三路之田勿刈穫，且收邊民還國。太祖曰：「爾欲棄盟好，故爲斯言耳。若搆兵起釁，非獨吾國患也。汝國大兵衆，輒欲淩我，誰知大可以小，小可以大，皆由天意。況汝每城屯兵，勢不能多，若屯兵少，則適吾俘」一國蔭詞屈。遂去自此明侵其疆土。於邊外數處立碑石爲界。太祖遂諭各牛彔下出十人牛四頭。於曠土屯田積貯倉庫。復設官會計出入。至是益知明廷之易與。又重以歸附日衆。汗業遂成。衆貝勒大臣議上尊號。奉表勸進焉。丙辰。（萬曆四十四年）春正月壬申朔。大貝勒代善。二貝勒莽古爾泰。四貝勒及八旗貝勒大臣率羣臣集殿前。分八旗序立。跪進表章。侍衛阿敦巴克什額爾德尼接表。額爾德尼前跪。宣讀表文。尊爲「覆育列國英明皇帝」。上乃降御座。焚香告天。率貝勒諸臣行三跪九叩首禮。上復陞御座。貝勒大臣行慶賀禮。建元天命。卽以是年爲天命元年。建國號後金。時上年五十有八。卽頒訓辭貝勒大臣曰。「朕聞上古至治之世。君明臣良。同心共濟。惟秉志公誠。而去其私。則天心必加眷佑。地靈亦爲協應。蓋天無私。四時順序。地無私。萬物發生。人君無私。以修身則君德清明。無私以齊家則九族親睦。無私以治國則百姓乂安。由是協和萬邦。亦不外此。爲治之道。惟在一心耳。」又諭羣臣曰。「賢臣翊贊朝廷。必本忠誠之心。視國家如一體。質諸天地而無慚焉。蓋忠誠而慈惠則利濟必周。忠誠而敏達則庶務就理。忠誠而勇武則克敵奏功。施之凡事。皆可勝任。若慈惠而弗忠誠。施與必不公平。敏達而弗忠誠。更張適滋紛擾。武勇而弗忠誠。輕敵寡謀。益取敗而致亂。才具雖優。動輒獲咎。故明君治國。務求忠誠之人而倚任之也。」其諄諄訓諭。無非欲君去私而臣効忠。故當攻伐翁鄂洛。其臣有鄂爾果尼洛科者。射太祖中之被創。已而破其城。獲此兩人。咸不殺而官之。用以勸爲人臣者。蓋至是而叛明之心乃益決。

稱汗後兵法之訓練　稱汗之歲。其夏六月。先是明邊民每歲越境竊採蔘礦及樹木果蔬之屬。擾害無已。太祖曰。「昔與明立石碑。刑白馬。誓告上天。原欲禁其擾亂。今邊民數擾吾地。即戮之不爲過。」命達爾漢。扈爾漢。遇越邊竊採者殺之。時明以李維翰巡撫廣寧。太祖命綱古里方吉納往見。維翰執二臣械繫之。遣使來詰責。且堅索相抵。太祖不允。其人要請不已。太祖欲明釋我使臣。還於獄中取所俘葉赫十人至明撫順關殺之。明乃歸綱古里方吉納等。於是與明始交惡。天命三年春正月丙子。黎明。月將落。有黃氣貫月中。其光廣二尺許。月之上約長三丈。月之下約丈餘。太祖謂貝勒大臣曰。天意如此。今歲必征明矣。二月。定議征明。欲伐木治攻具。慮爲衆所覺。以繕治諸貝勒馬廐爲名。遣七百人伐木。三月。諭將士治甲冑。修軍器。其所伐木。恐明之通事或以事來見之易洩。竟用爲馬廐。四月。頒訓練兵法之書。兵法書今雖不傳。然其所向克捷。用兵神速。猶可想見其宏猷。且其訓諭之中。時露戰略。讀其諭貝勒大臣曰。「凡安居太平。貴乎守正。用兵則以不勞己。不頓兵。智巧謀略爲貴焉。若我衆敵寡。我兵潛伏隱僻地。勿令敵見。少遣兵誘之。如彼來。是中我計也。不來。則詳察其營壘遠近。遠則厚集兵力。近則直薄營門。使彼自擁塞而掩擊之。倘敵衆我寡。勿遽近前。宜稍退以待衆軍。衆軍既集。然後求敵所在。審機宜。決進退。此遇敵野戰之法也。至於城郭。當視其可拔則進攻之。否則勿攻。倘攻之不克而退。反損名矣。夫不勞兵而勝敵者。乃足稱爲智巧謀略之良將。若勞兵力。雖勝無取。蓋制敵行師之道。自居不可勝。以待敵之可勝。斯善之善者也。」就其要點觀之。在於不輕戰。不勞兵。頗握行軍之要。其所以有戰必勝者。亦罔不由此。又烏喇之役。羣臣再三請戰。太祖曰。「今日之役。我何難率爾等身先搏戰。但恐貝勒大臣或致一二被

傷實深惜之故欲計出萬全」又兵法之論云「若勞兵力雖勝無取」其所以不欲爲倖勝者正以其爲萬全之策也觀於此則其戰略可知已

六　汗業之所由成

政治之組織　太祖自丙辰建元以後益勤勞國政靡間晝夜每五日一視朝焚香告天宣讀古來嘉言懿行及成敗興廢所由訓誡國人以議政五大臣參決機密以理事十大臣分任庶務國人有訴訟先由理事大臣聽斷仍告之議政大臣覆加審問然後言於諸貝勒衆議既定猶恐或有冤抑令訟者跪上前更詳詢之明核是非故臣下不敢欺隱民情皆得上達國內大治蓋敷教明刑其詳其慎如此且也道路拾遺無或隱匿必歸之原主求之不得則懸之公署俾識而取之刈穫既畢始縱牧羣於山野無敢竊害者其於乙卯年令羣臣舉賢十五年令貝勒大臣子弟就學三年授舉人生員官階優免丁役此清廷興賢勸學之始甲寅年令國人屯田曠土此清廷重農貴粟之始五年六月設納言之木於門外此清廷下詔求言之始二年令詳慎訟獄此清廷明刑弼教之始八年勸羣臣勤職十一年勸諸貝勒毋習逸樂此清廷誡諭臣工之始以上均見之開國方略一隅肇造業業兢兢無怪歸附者之日衆考其時正明國末造君闇臣煬百度廢弛無復綱紀興亡之故蓋不待入關定鼎而早可瞭然已

兵制之組織　太祖以十三甲破尼堪外蘭薩爾滸之戰當時不過一小部落酋長起兵復仇而已丙戌

四月。破哲陳部諸路兵於界藩南山。乃以四人而敗八百人之衆。尤爲神武邁倫。四人者。太祖與弟穆爾哈齊。及近侍延布祿烏凌阿也。然擐戾執猛。破堅摧剛。亦尙無所謂成文法焉。逮夫削平諸國。卽有所謂牛彔之分編者。其制維何。蓋女眞人出兵校獵時。不計人之多寡。各隨族黨屯寨而行。至圍場每人出箭一枝。十人中擇一人領之。令毋離隊越次。卽稱爲「牛彔額眞」也。至辛丑年。（萬曆二十九年）始分編三百人爲一牛彔。設一牛彔額眞。尋改牛彔章京。卽後之佐領也。五牛彔設一甲喇額眞。尋改甲喇章京。卽後之參領也。五甲喇設一固山額眞。卽後之都統也。每固山額眞左右設兩梅勒額眞。尋改梅勒章京。卽後之副都統也。初設有四旗。旗以色爲別。曰黃。曰紅。曰藍。曰白。乙卯年。（四十三年）增設四旗。參用其色鑲之。黃白藍者。鑲以紅緣。紅者鑲以白緣。共爲八旗。每旗設總管大臣（固山額眞）各一。佐管大臣（梅勒章京）各二。其下甲喇牛彔隸之。自此始有八旗之組織。至行軍之法。地廣則八旗並列分八路。地狹則八旗合一路而行。軍士禁喧嚣行伍禁攙越。當兵刃相接時。被堅甲執長矛大刀者爲前鋒。被輕甲善射者從後衝擊。俾精兵立馬他處。相機接應。克敵後。敍功必以實。每一牛彔製雲梯二。出甲二十。備攻城。凡軍士自出兵日至班師。各隨牛彔勿離。離則執而訊之。管甲喇管牛彔官。不以所頒法令申誡軍士。各罰馬一匹。若諭之不聽。敢違令者論死。凡攻城。不在一二人爭先競進。若一二人輕進。致受重傷者。縱損身不爲功。迨列陣已定。若有先登者。卽馳告本旗大臣。俟一軍畢登。然後鳴螺。俾衆聽螺聲而並進焉。天命六年。兵至遼陽。壬戌日將落。左四旗諸將。使人馳告兵已登城。是夜。城內明兵列炬拒戰。翌旦。明兵復列楯大戰。又敗。右四旗兵亦登城。

八旗同集一處,沿城追殺,明經略袁應泰登城東北鎭遠樓督戰,見城破,卽自焚死,卽其明證也.且其示八旗軍士力行節儉,太祖嘗出獵,雪初霽,恐草上浮雪沾濕,攝衣而行,侍衞輩私語曰,「上何所不有而惜一衣耶」.太祖聞之笑曰,「吾豈無衣而惜之,吾常以衣賜汝等,與其被雪沾濕,何如鮮潔爲愈,躬行節儉,汝等正當效法耳」.自是八旗臣民,無敢以綺衣華服從事者,故論者謂當時無一事無良法,亦誠然也.

第二章　金與明之戰爭

一　金明戰爭之原因

嫌隙之由來　初，戊申春正月，太祖欲與明通好，往會明遼東副將及撫順所備禦，訂兩國臣民各守邊境之約，同勒誓辭於碑，刑白馬祭天，其辭曰：「兩國各守邊境，敢有竊踰者，無論滿洲漢人，見之殺無赦，若見而不殺，殃及不殺之人，明若渝盟，其廣寧巡撫總兵遼東副將開原道參將等官，均受其殃，滿洲渝盟，殃亦及之。」誓畢，遂建碑於緣邊諸地。及哈達滅亡，明失南關，故於北關之葉赫尤盡力保護，既遣礮兵爲之守衛，復駐軍於開原，以備不測。太祖聞之，欲致書於明，遂躬詣撫順所城，游擊李永芳出迎，太祖以書與永芳，歷訴其渝盟之罪，請明嚴守中立，以未得要領而還。甲寅，會明巡撫都御史郭光復到官，來責貢，遣使備禦蕭伯芝，僞稱大人，乘八人輿，盛具儀仗，至建州境，作威福，昌言天使下臨，須以禮接，述書中古來興廢之故，語多不遜。太祖厲橐鞬迎道左，供具甚豐，瞯伯芝喜，始徐問不貢之由。太祖曰：「建州每歲貢蜜，本部之蜜，猶中原之五穀也，五穀有不登之歲，將誰是詰耶？本部五年來花疏蜂少，是以不供，俟春枝花滿，釀熟蜂銜，復貢如初。」且厚賜伯芝，並轡而出，將別，太祖從馬上拍其肩笑曰：「汝固遼陽無賴蕭子玉也安得僞稱都督來我郊境我非不能殺汝顧不忍貽大國羞耳爲我致意巡撫後毋再作詐事」伯芝猥狽而歸巡撫亦閉門累日於是頓起對敵之心及旣登汗位即命扈爾漢執殺越邊竊採蔘礦者五十餘人至是嫌隙益深矣

誓師之七大恨　其時葉赫猶恃明援未下太祖欲統一建州必取葉赫非創明不可於是因黃氣貫月中遂定議征明乃令將士治甲冑修戰具壬寅率諸貝勒大臣統步騎二萬啓行鳴鼓奏樂謁堂子書七大恨告天曰「我之祖父未嘗損明一草寸土明無端啓衅邊陲害我祖父恨一明雖啓衅我尙修好設碑勒誓滿漢人等毋越疆圉敢有越者見即誅之見而故縱殃及縱者詎明復渝誓言逞兵越界衛助葉赫恨二明人於淸河以南江岸以北每歲竊踰疆場肆其攘奪我遵誓行誅明負前盟責我擅殺拘我廣寧使臣綱古里方吉納脅取十人殺之恨三明越境以兵助葉赫俾我已聘之女改適蒙古恨四柴河三岔撫安三路我累世分守疆土之衆耕田藝穀明不容刈穫遣兵驅逐恨五邊外葉赫獲罪於天明乃偏信其言特遣使臣遺書詬詈肆行陵侮恨六昔哈達助葉赫二次來侵我自報之天旣授我哈達之人明又黨之脅我還其國已而哈達之人數被葉赫侵掠夫列國之相征伐也順天心者勝而存逆天心者敗而亡豈能使死於兵者更生得其人者更還乎天建大國之君即爲天下共主何獨搆怨於我國也初扈倫諸國合兵侵我天厭扈倫起衅惟我是眷今明助天譴之葉赫抗天意倒置是非妄爲剖斷恨七欺凌實甚情所難堪因此七大恨是以征之」此文以滿洲文爲原文又譯爲漢文俾滿漢人民羣曉然於此

次開戰之理由。太祖拜天畢。焚其書。諭諸貝勒大臣曰。「此兵非我所樂舉也。首因七大恨。其餘小忿。不可殫述。陵迫已甚。因是興師。凡俘獲之人。勿去衣服。勿淫婦女。勿離異其匹耦。拒戰而死者聽其死。歸順者愼勿輕加誅戮。各嚴誡軍衆知之。」諭畢而行。是夕。軍屯古哷地。

撫順清河之陷　翌旦。軍分兩路而進。令左翼四旗兵取東州（承德縣東南百十里）瑪哈丹（興京西南二百十里）二處。太祖與諸貝勒。率右翼四旗兵及八旗護軍。馳趨撫順。圍其城。執一人。遺書致明游擊李永芳。勸之降。曰。「爾明衞助葉赫。發兵疆外。我是以興師而來。汝撫順所一游擊耳。縱戰亦必不勝。今告汝降。降則我兵卽深入。不降。是汝誤我深入之期。汝固多才智識時務者。我國廣攬人才。苟可驅策。猶將引用。結爲婚媾。況如汝者。有不益加優寵。與我一等大臣並列耶。汝不戰而降。使汝職守如故。猶恩養汝。汝若戰。則我之矢豈能識汝。徒死何益。且汝出城降。我兵卽不入城。汝之士卒。皆獲安全。勿謂予虛聲恫喝也。試思區區一城而不能下。何用興師爲哉。汝熟計之。勿因不忍一時之忿。而僨事失機也。」永芳得書。冠帶立城南門上。言納款事。又令軍士備守具。滿兵樹雲梯以攻。不移時。登其城。斬千總王命印等。永芳遂出降。固山額眞阿敦引謁太祖。太祖於馬上以禮答之。妻以阿巴泰（太祖第七子）之女。授爲總兵。使統轄降衆。並傳諭勿殺城中人。於是撫順東州瑪哈丹三城及臺堡五百餘。皆下。乃令諸將各營於所至之地。留兵四千。毀撫順城而歸。至嘉班。論功行賞。編降民爲一千戶。時有自山東山西江南浙江在撫順貿易者十六人。皆厚給資裝。書七大恨之言付之。遣還。其毀城兵亦至。護降民及所獲人口以歸。軍行至明邊。將屯謝里甸。明廣寧總兵。張承蔭。遼陽副將頗廷相。海州參將蒲世芳。游擊梁汝貴等追擊四十里。太祖還軍相拒。會大風西向揚塵。金軍乘勢縱擊。明兵逃歸者十無一二。金軍止損二人。承蔭等皆戰死。還至邊界。論功賞賚有差。並釋俘三人付以七大恨書遣還。五月進邊克撫安花豹三岔大小堡凡十一。招服崔三屯堡。其附近四堡攻克之。逾月。明廣寧巡撫李維翰。遣通事一人。從者五人。及前送書者一人來言修好。索還俘虜。太祖曰「征戰所俘者卽爲我民。雖一人不可還。若以我爲是。厚加饋贈則和。若以我爲非。則不必言和也。」七月遂率兵進鴉鶻關。圍清河城。拔之。守將鄒儲賢。張旆。及兵萬人殲焉。天命四年正月。率師征葉赫。命大貝勒代善偕大臣十六人。兵五千。往守扎喀關。以防明兵。而自統大軍深入其界。自克亦特城粘罕寨至葉赫城東十里。取大小屯寨二十餘。及蒙古游牧畜產。整兵而還。此時有書致明。略言「皇帝能正遼人之罪。撤出邊之兵。悉納吾言。釋吾恨而贈王號。我乃撤兵。原撫順所有敕書五百道。開原千道。可給我軍士。仍輸綵幣三千。金三百兩。銀三千兩。於吾左右」云云。明置之不理。二月命夫役萬五千人赴界藩運石築城。以騎兵四百衞之。以爲西行息軍地。

四路之進攻　明廷以撫順清河之役。與張承蔭等全軍之覆沒。大爲震怒。四月。大舉來侵。特起廢將李如柏。使統遼東兵。以兵部侍郎楊鎬任遼東經略。集兵瀋陽。攻取建州。至次年二月。始集遼陽。號稱二十四萬。分四路深入。總兵杜松。王宣。趙夢麟。率軍約三萬。自瀋陽出撫順關。緣渾河左岸入蘇子河之河谷。是爲左翼中路軍。廣寧道張銓監之。總兵李如柏。副將賀世賢。率軍約二萬五千。自清河出鴉鶻關。人與京老城。是爲右翼中路軍。遼陽道閻鳴泰監之。總兵馬林。副將麻岩。合葉赫援軍一萬五千。自開原出三岔口。入蘇子河流域。是爲左翼北路軍。開原道潘宗顏監之。總兵劉綎。率軍一萬。合朝鮮援軍一萬。自寬甸口出佟家江流域。入興京老城南。是爲右翼南路軍。海蓋道康應乾監之。崔一琦別監朝鮮軍。楊鎬任四路總指揮。駐瀋陽。鎬卽遣滿洲逃卒齎書與太祖。告以軍期。號稱大兵四十七萬。（據王在晉遼事實錄云。除朝鮮援軍外。實有八萬八千五百九十餘名耳。）書以三月二十四日至。而二十九日。杜松等已乘夜出撫順關。詗卒亦馳告。而南路又報寬甸劉綎兵先入邊境。太祖曰「彼使我先見南路有兵。是誘我兵而南也。其實自撫順來者。必重兵。亟宜拒戰。破此。餘不足憂也」遂親率貝勒大臣統城中兵約六萬。出禦明兵。而命代善先行。時清河路又告警。代善以是處路仄且險。敵軍必不能驟至。我兵宜先至撫順。以迎敵。遂與扈爾漢等過札喀關。以待大軍之集。以是當南路之師者。止殘卒數百。而八旗勁旅。幷力西向。其料敵亦可謂如神已。

二　明兵之失敗

薩爾滸之敗　三月朔。杜松一軍。既出撫順關。頓於薩爾滸山。其地在興京城西百二十里。松勇敢。以力戰名。詗知滿軍壁界藩。以扼西路。乃亟濟渾河。而水湍石不可筏。遂策馬逕渡。多溺死。松以二萬兵留本營。遣一萬攻界藩。時太祖發夫役萬五千。築界藩城。衛以兵四百。至是兵與役據吉林崖拒戰。太祖至界藩山之東。皇太極等建議曰：「是處衛兵僅四百，急增千人助之，俾馳下衝殺，而以右翼四旗夾擊之，其薩爾滸之兵則以左翼四旗兵當之足矣。」太祖曰：「今分右翼四旗之二，與左翼四旗合，先破薩爾滸之兵，則界藩之衆喪膽矣。再命右翼二旗兵遙望我兵自吉林崖馳下時，幷力一戰。」於是命代善、皇太極率二旗兵援界藩，而自將六旗兵攻薩爾滸本營。明兵開壁列陣，恃槍礮爲攻具，會大霧晦冥，兩軍不相見。明兵列炬以戰，金軍矢如雨下，發無不中，八旗無傷者。明軍轟擊柳林，爲摧而已。金軍乘勢踰塹拔柵，明軍大潰，死者枕藉。而是時金營所遣助吉林崖之千人，自山馳下，擊殺其右翼二旗兵，復夾攻明兵之在界藩山麓者。太祖又以六旗兵與合，環而攻之，無不勝。明兵卻，爲旗兵所擠，多入渾河，河水爲之不流。杜松、王宣、趙夢麟等皆戰死，奪獲器械旗幟無算。於是左翼中路軍所存亦僅矣。

北路南路之敗　是夜，左翼北路馬林軍聞警報，亟據尙間崖，距薩爾滸止數十里耳。環營三濠，火器列濠外，而騎兵爲承。又與別軍作犄角勢。潘宗顏一軍，頓斐芬山；龔念遂一軍，頓斡琿鄂漠，各去尙間崖止數里，皆列大車拒騎突，持堅楯禦矢。太祖率諸貝勒移軍北進，與念遂軍遇。皇太極引千騎橫衝之，步兵繼進，專攻一隅。明兵大敗，念遂等悉歿於陣。太祖知明兵壁尙間崖，亟馳赴之。明兵列陣以待。太祖令軍士先據山巔，向下搏擊。方欲登山，而馬林軍出，與濠外兵合。太祖知敵將迎戰，令勿登，下馬步戰。傳令未徧，而敵軍已自西突至。代善曰：「敵兵已進矣。」怒馬直入其陣。二貝勒阿敏、三貝勒莽古爾泰麾二旗兵繼之。於是六旗兵之後至者，皆不及列陣，縱馬馳突，人自爲戰，所向皆捷。時金軍已貫陣，出敵兵之背，與後至之六旗兵。前後夾擊。譟聲動天。敵不支。橫屍蔽山谷。馬林遁走。麻岩死焉。太祖益集軍士。馳赴斐芬山。攻潘宗顔軍。旗兵下馬仰擊。明兵以楯遮蔽。連發火器。旗兵乘勝突入。一軍盡覆。於是左翼北路軍亦敗。太祖至此乃得一意略南路。翌日命代善等統軍禦劉綎。而留兵四千守都城。以待李如柏軍。先是綎軍入棟鄂路。金駐防官托保額爾納爾赫率兵迎敵。被殲焉。明兵直偪興京。太祖亟遣大臣扈爾漢率兵千人。貝勒阿敏率兵二千人往禦。綎善治兵。正部曲行伍營陣。初擬以三月朔日進薄興京老城。乃因朝鮮援軍不至。致誤戎期。又慮杜松之攘己功也。而不知薩爾滸之役。太祖潛使降卒攜杜松令箭往。詭言松軍已薄敵城。趣其速進。綎以道險。乃分軍爲四。而自率精銳爲前軍。先入阿布達里岡。將登山列陣。而皇太極已引右翼兵先登。據高擊下。明兵殊死戰。代善又引左翼兵出山西。假杜松軍旗幟。被其衣甲。紿入敵營。前軍披靡。綎欲退整後軍。而勢已無及。遂戰死。後軍相繼覆沒焉。諸貝勒乃乘勢而圖南。時康應乾軍。及朝鮮軍。頓富察之野。競發火器。忽大風起。折木發屋。揚沙石。窈冥晝晦。烟塵反撲明營。滿軍乘之。明軍大亂潰散。而應乾乃得遁去。南路之師亦敗焉。先是明游擊喬一琦軍。爲扈爾漢等擊敗。一琦即率殘部。往依朝鮮援軍主帥姜功烈營。扈爾漢等復追擊之。功烈遂偃旗息鼓。遣人來告。謂「此來非吾願。昔我國爲倭凌侮。賴明輔助。獲退倭兵。玆爲報德。故奉調至此。爾撫我。我當歸附。」諸貝勒欲功烈出降。功烈遂執明兵以付之。一琦縊死。時楊鎬駐瀋陽。聞三路兵敗。亟檄李如柏還軍。是役也。明以傾國之兵。雲集遼瀋。又招朝鮮葉赫分路來侵。五日之間。悉被誅滅。宿將猛士。暴骸骨於外。士卒死者無算。太祖顧貝勒大臣曰「明以二十萬衆號四十七萬。分四路來戰。我不踰時破之。各國聞之。若謂我分兵拒敵。則稱我兵衆。若謂我往來剿殺。則服我兵強。傳聞四方。孰不聞我軍威者矣」既明且決。宜其躊躇而滿志也。

三 遼瀋之役

熊廷弼經略遼東　楊鎬既喪師。明廷以廷弼嘗按遼。諳邊事。特命代鎬經略。未出京。聞開原已失。馬林敗沒。上言「遼左京師肩背。河東遼鎮腹心。開原又河東根本。今已破。則北關（葉赫地西北）難保。朝鮮亦不足恃。遼瀋又何可守。乞速遣將。備芻糧。修器械。毋窘臣用。毋緩臣期。毋中格以沮臣氣。毋旁撓以掣臣肘。毋獨遺臣以艱危。以致誤臣誤遼兼誤國也」疏入報可。萬曆四十六年七月。甫出關。而鐵嶺復失。瀋陽及諸城堡軍民。一時盡竄。遼陽洶洶。廷弼兼程進。遇逃者。諭令歸。斬逃將劉遇節等三人。以祭死節之士。誅貪將陳倫。鐵嶺守將李如楨。如楨如柏弟也。以孤城難守。還頓瀋陽。擁兵不救。并劾罷之。遂督軍士造戰車。治火器。濬濠繕城。爲守禦計。法嚴令行。數月守備大固。又請集兵十八萬。分布靉陽。撫順。柴河（堡名鐵嶺縣東北）鎮江（堡名鳳凰城東南與朝鮮分界處）等要口。俾首尾相應。均如所請。及抵遼。即令僉事韓原美往撫瀋陽。憚不肯行。繼命僉事閻鳴泰至虎皮驛（一作十里河站在承德縣南）慟哭而返。廷弼乃躬自往撫。自虎皮驛至瀋陽。復乘雪夜赴撫順。時兵燹後。數百里無人跡。廷弼乃祭諸死事者。并相度形勢而還。所至招流移。繕守具。分置士馬。由是人心始安．廷弼有膽略．知兵．其治遼也．主固守不浪戰．唯性素剛直．好嫚罵．物情不甚附．給事中姚宗文向與同在言路．意氣相得．嗣以廷弼不薦己．心滋怨．及出閱邊廷．廷弼以其書生藐之．益不相能．比宗文還．疏陳遼土日蹙．詆廷弼廢羣策而雄獨智．復鼓其同類攻擊．必欲去之．於是給事中魏應嘉．御史顧慥．馮三元．張修德等．先後劾廷弼破壞遼疆．廷弼憤甚．上疏求勘．朝命給事中朱童蒙往．廷弼又言廟堂議論．全不知兵．疆場事．當聽疆場吏自爲之．何用拾帖括語．徒亂人意．爲及童蒙還．備陳廷弼功狀．末言功在存遼．勢有可紀．而遽爾乞歸．負君之罪．實無所逃．時頗以其言爲當．云廷弼在遼．守禦有法．滿軍深畏．廷弼停戰歲餘．適熹宗嗣統．聽忌廷弼者言．罷之．而代以袁應泰．遼東自此遂不支矣．

遼瀋之克捷　廷弼之在軍也．持法嚴厲．部伍整肅．士吏治軍簿至明．袁應泰雖嫻吏事．而短於將略．一以寬嬌之．又多所更易．是時蒙古諸部大饑．多入塞乞食．應泰下令招降．處之遼瀋二城．優其倉廩．與民雜居．議者多言收降過濫．恐中雜間諜．禍且叵測．宜徙之他處．應泰不聽．降胡多佔民居婦女．遼人大憤．太祖復厚撫遼人之往來其地者．於是降人與遼人．皆爲太祖之耳目矣．天命六年三月．太祖征明瀋陽．令軍士載營柵攻具．乘舟順渾河下．水陸並進．乙卯．滿軍連敗明兵七萬人．遂拔其城．後五日．太祖諭貝勒諸臣曰．「瀋陽已拔．敵兵大敗．今卽宜乘勢率衆長驅．以取遼陽．」遂鼓行而南．應泰聞警．乃盡撤奉集咸寧諸軍．悉力城守．幷決太子河．引水注濠．環以火器．而自率總兵侯世祿等．開城拒戰．戰敗．始斂兵．分陣固守．時金軍距城南七里駐營．太祖觀環城之水、西有閘口．乃令左翼兵掘之．復遣右翼兵塞城東水口。而自率兵布楯車於城邊。以衛衆軍。並令囊土運石。壅遏水口。工甫畢。四旗前隊進擊東門。明兵連發槍礮以拒。金軍渡濠進。鏖戰良久。明軍旋潰。金軍縱擊。至東門外。死者盈濠。塹水盡赤。時左翼兵奪武靖門橋。分擊守濠兵。明兵轟擊之。城上亦發火箭擲火罐。滿軍奮勇先登西隅。遂陷。右翼兵攻城北。步行兩濠間。運薪芻塡濠而戰。左四旗諸將使人馳告兵已登城。太祖遂撤攻城兵。以益登城之衆。是夜城內明兵列炬迎戰。昧爽復列楯大戰。又敗。右四旗兵亦登。沿城追殺。應泰至城東北鎭遠樓督戰。見城破。遂舉火焚樓而死。監軍道崔儒秀自縊死。分守道何廷魁率妻子投井死。總兵朱萬良副將梁仲善。參將王豸。房承勳。游擊李尙義。張繩武。都司徐國銓。王宗盛。守備李廷幹等俱沒於陣。巡按張銓被執。衆勸之降。且誘以峻秩。銓曰「我受朝廷厚祿。降則遺臭後世。汝國欲生我。我唯知有死而已。」皇太極反復開導。不從。聽其就縊。葬之。遼陽旣下。河東大小七十餘城居民俱薙髮降。夾道俯伏呼萬歲。太祖集貝勒諸臣議曰「天旣眷我。授以遼陽。今將移居此城耶。抑仍還我都城耶。」衆皆以還都對。太祖曰「國之所重。在土地人民。今還師。則遼陽必復爲敵兵據守。凡城堡居民。悉逃匿山谷。不復爲我有矣。舍已得之疆土而還。後必復煩征討。且此地乃明及朝鮮蒙古接壤要地。天旣與我。卽宜居之。」衆皆曰善。遂定議遷都。移遼陽。以官民居北城。皇室居南城。並詔諭各城堡安撫百姓。蓋已具開國之規模矣。

四　廣寧之役

籌建三方之策　初廷弼雖罷。明廷念其守遼功。仍議起用。及遼瀋繼失。京師大震。大學士劉一燝曰。使廷弼在。當不至此。熹宗乃貶馮三元等。而削姚宗文籍。詔起廷弼於家。而擢王化貞巡撫廣寧。廷弼至。乃議於廣寧厚集步騎制敵。全力列壘三岔河。（一曰三汊河即古遼河在海城縣西南）而於天津登萊各治舟師。分擾遼東半島緣岸。增設登萊巡撫。如天津制。而山海關特置經略。節制三方。（一）廣寧巡撫。統率陸軍。（二）天津巡撫。（三）登萊巡撫。統率海軍。均受經略節度。名曰「三方布置策」。疏上。遂命廷弼駐山海關。經略軍務。賜尚方劍。及行。熹宗宴之郊外。命文武大臣陪餞。異數也。先是化貞部署諸將。緣河設六營。營置參將守備。分守諸要害。議已上。廷弼謂今日但當固守廣寧。不宜分兵防河。兵分則力弱。倘一營不支。則諸營皆潰。又焉能守。化貞議遂不行。慍甚。盡委軍事於廷弼。廷弼請申諭化貞。不得藉口節制。坐失機宜。又言三方建置。須聯絡朝鮮。與登萊聲息相通。乞給臣空名劄付百道。募山東礦徒。有能結聚五百人以上者。即署守備都司。如此則一二萬勁兵可立致。朝議均如所行。

經撫之不和　未幾。金鎮江守將陳良策潛通明毛文龍。文龍遂引兵取其城。王化貞遽以大捷報。舉朝皆喜。敕命發天津登萊海軍二萬援文龍。化貞督廣寧軍四萬進據河上。合諸蒙古軍。乘機進取。廷弼遺書中朝。言兵力未集。文龍發之太早。亂三方並進之謀。誤屬國聯絡之算。時朝士方以鎮江爲奇捷。聞廷弼言。多不服。而化貞再疏請出師。且言勢在必克。兵部尚書張鶴鳴深以爲然。奏言時不可失。請令廷弼進駐廣寧。薊遼總督王象乾徙鎮山海。化貞即渡河進師。廷弼不得已出關。次右屯。（明置廣寧右屯衛後廢故城在錦縣東南）化貞無功而還。化貞爲人騃而愎。妄意降將李永芳可倚爲內應。復信西部言許助兵四十萬。遂欲以不戰取全勝。一切士馬甲仗糗糧營壘俱置不問。務爲大言以罔中朝。鶴鳴信仗之。所請無不允。而於廷弼奏輒從中阻格。廷弼憤甚。抗疏言臣有經略名而無其實。遼左事唯樞臣與撫臣共爲之。鶴鳴益恨。當是時廷弼主守。力言永芳必不可信。西部必不可恃。而化貞一切反之。絕口不言守。且謂仲秋之月可高枕而聽捷音。已而廣寧人見河冰合。紛傳兵至。奔竄四出。化貞乃始議守。而鶴鳴請敕廷弼出關策應。廷弼上言樞臣第知經略一出足鎭人心。而不知徒手之經略一出。其動搖人心更甚。言頗切至。鶴鳴銜之益深。廷弼乃議以重兵內護廣寧。令劉渠守鎭武（堡名廣寧縣東）祁秉忠守閭陽（城名廣寧縣西南）羅一貫守西平（堡名在鎭武東）已復爲出關之駐。先是化貞於八九十月皆一出。十一月再出。永芳不應。西部亦不至。果爲廷弼所料。廷弼乞敕化貞愼重舉止。化貞又上言臣願請兵六萬。一舉蕩平。時葉向高柄國。化貞座主也。頗右之。廷臣唯少卿何喬遠御史江秉謙周宗建等與廷弼合。餘皆袒化貞。令毋受廷弼節制。廷弼抗疏言「臣以東西南北所欲殺之人。適遘事機難處之會。諸臣能爲封疆容則容之。不能爲門戶容則去之。何必內借閣部。外借撫道以相困。」又言「經撫不和。恃有言官。言官交攻。恃有樞部。樞部佐鬬。恃有閣臣。今無望矣。」熹宗令羣臣議兩人去留。時中外俱知經撫不和。必誤封疆大事。而鶴鳴篤信化貞。請撤廷弼他用。帝不從。責再議。議未決。而滿軍已渡河矣。

廣寧之敗降　天命七年正月。太祖統師征明。乙卯次東昌堡。丙辰濟遼河。明防河兵遁走。丁巳進至西平堡。招明副將羅一貫降，不從。布梯楯進攻，克之，一貫死。會化貞遣游擊孫得功、參將祖大壽，合總兵祁秉忠赴援，廷弼亦檄總兵劉渠會師前進，抵平陽橋（廣寧東南一百二十里）。滿軍飛馳突入，奮射衝擊，得功遽奔呼曰：「兵敗矣！」諸軍皆走，秉忠及副將劉徵、參將黑雲龍皆死之，全軍盡沒。大壽走覺華島（今菊花島，遼東灣西側）。得功請降，得功素爲化貞心腹，及是欲生縛化貞以獻。時金軍頓沙嶺（廣寧縣東），未進。得功揚言兵已薄城，居民驚竄。參政高邦佐禁之不能止。化貞方闔署理軍書，不知也。參將江朝棟排闥入，大呼曰：「事亟矣，請公速去！」化貞莫知所爲，朝棟掖之出，上馬，僕二人徒步從，遂棄廣寧，踉蹌西去。先是廷弼已離右屯，次閭陽驛，聞敗，參議邢慎言請馳救，爲僉事韓初命所阻，遂退還。至是與化貞遇大淩河。化貞哭，廷弼微笑曰：「六萬衆一舉蕩平，今竟何如？」化貞慚，不能答。又議守寧遠及前屯（前屯衛故城，在寧遠西南），廷弼曰：「嘻，已晚。唯護難民入關可耳。」乃以己所將五千人授之，使爲殿，盡焚沿途廬舍積聚，與副使高出、胡家棟先後入關，獨邦佐奔至杏山驛，自縊。得功以廣寧迎降，太祖整軍入城，駐蹕巡撫公廨。一時望風而降者城堡凡四十餘，駐軍十日，移向山海關，至中左所（寧遠城西南），乃還。代善、皇太極奉命率兵往義州，移其戶口，至則閉門以拒命，招降不從，攻克之。明廷聞敗，鶴鳴懼罪，因自請視師。給事中侯震暘、少卿馮從吾、董應舉、何喬遠請逮廷弼、化貞，以伸國法。獄具，二人並論死。鶴鳴尋亦罷歸。已而魏忠賢黨門克新、石三畏等趣殺廷弼，遂棄市，傳首九邊。化貞竟不誅，遼事益不可爲矣。

五　寧遠之役

孫承宗與袁崇煥籌邊　遼東經略熊廷弼既死。明以王在晉代之。薊遼總督王象乾議邊。象乾主款蒙古。以捍東陲。而在晉則議棄關外。專守山海關。先是邵武令袁崇煥。以邊才被舉。擢兵曹。廣寧之敗。崇煥即單騎出關。徧閱形勢。還言資以車馬錢糧。崇煥一人足守此。廷議壯之。擢寧前參政。俾監軍關外。發帑金二十萬。令招散兵。崇煥至。則經理軍事。安置游民。夜行荆棘猛獸間。諸將服其勇。已而在晉議築城八里鋪。設守兵四萬人。崇煥非之。謂當守寧遠。政府不能決。大學士孫承宗。躬往相度之。是崇煥策。歸言在晉不足任。請自往督師。承宗才不亞廷弼。而器量過之。比到官。乃使崇煥築寧遠城。守關外地二百餘里。崇煥爲定規制。高三丈二尺。址廣三丈。令諸將分築。翌年工竣。誓與城共存亡。承宗復調遣將校。分戍錦州大小淩河松杏右屯諸要害。擴地二百里。幾復遼河以西舊地。在關四載。修邊堡。增器械。練兵十一萬。汰軍萬七千餘。省度支六十八萬。開屯田五千頃。而寧遠亦得崇煥之忠勤。遠近歸附。屹然成爲巨鎮。以太祖方營都瀋陽。又值承宗在邊。按兵不動者數載。而偏爲魏忠賢所齮。日夜讒間之。承宗自乞能。高第代之。第素恇怯。以關外必不可守。欲盡撤錦（即錦河）右（即右屯）諸城。守禦移關內。崇煥力爭。謂兵法有進無退。錦右動搖。則寧前震驚。關內亦失保障。而第意堅。且欲撤寧前二城。崇煥曰。我官寧前道也。當死此。我必不去。第不能奪。乃撤錦州右屯大小淩河及松杏塔守具。盡驅入關。委棄米粟十餘萬。軍民死亡載塗。

哭聲震野。而軍益不振。於是太祖得蹈瑕而攻關矣。

寧遠之失敗　天命十一年。正月。太祖統兵征明。庚申。次東昌堡。翌日。渡遼河。兼程而進。明錦州城守游擊蕭升等聞金軍至。皆焚其廬舍糧儲而遁。丁卯。至寧遠。越城五里。橫截山海關大路。駐營。縱所俘者入城。告曰。「我以三十萬兵來攻。此城破之必矣。爾衆官若降。即封高爵。」崇煥答曰。「汗何故遽爾加兵錦寧二城。汝國既得而棄之。吾修治而居。寧守地死。詎肯降耶。」太祖遂命軍中備攻具。薄城下。奮勇進擊。高第與總兵楊麒。擁兵不救。崇煥與總兵滿桂。參將祖大壽。嬰城固守。盡焚城外民居。攜守具入城。爲堅壁清野之計。更檄前屯及山海關。凡將士逃至者悉斬。人心始固。金兵失利。翌日。再攻。仍不克。金軍戴楯穴城。矢石雨下。不退。崇煥令閩卒羅立。發西洋巨礮。督屯通判金啓倧。以燃礮死。金軍傷游擊備禦各二人。兵五百。圍解。擢崇煥僉都御史。尋命巡撫遼東。駐寧遠。太祖被創。不懌者累日。是時聞寧遠城六十里外海中有覺華島。其山海關外兵丁糧餉。俱舟運於此。太祖命吳訥格。率蒙古八旗往襲之。參將姚撫民等統兵四萬。營於冰上。鑿冰十五里爲壕。衞以車楯。金軍從未鑿處進擊。敗其兵。盡斬之。又見二營列島上。並殲其守軍。焚其船二千餘。糧草千餘堆而還。太祖謂諸貝勒曰。「予自二十五歲征伐以來。戰無不勝。攻無不克。何獨寧遠一城不能下耶。」是役也。太祖以百戰百勝之老將。而敗於崇煥。忿愧之心。遏莫能止。其秋七月。就浴淸河湯泉。乘舟下大貲河。（即太子河）使人召大妃（孝慈皇后崩立烏喇國貝勒滿泰女爲大妃）至。迎入渾河。大妃至。泝流至靉陽堡。（距瀋陽城四十里）而死。時年六十有八也。崇德元年。上尊諡曰「武皇帝」。廟號「太祖」。

康熙元年改謚曰「高皇帝」其時皇儲未定長子褚英已死餘皆無恙宮廷爭立勢所必至也

六 太宗繼起攻明

太宗之嗣統 開國方略謂太祖初未嘗有必成帝業之心亦未嘗定建儲繼立之議太宗隨侍征討運籌帷幄奮武戎行鋤強服叛諸貝勒皆不能及又善撫億衆體恤將士無論疏戚皆開誠布公待之以是國中暨藩服莫不欽仰凡遇勁敵輒躬冒矢石太祖每諭令勿前諸貝勒大臣咸謂聖心有默注焉據此則太宗之嗣位可無疑義矣然考其時足以爲嗣位之爭者亦大有人在太祖既稱汗長子褚英已死即以次子代善弟舒爾哈齊之子阿敏五子莽古爾泰皇太極並爲和碩貝勒且皆參國務爲國人所敬愛又阿敏之弟濟爾哈朗年三十有一身經百戰握有重兵皆不無儲位之希冀惟征明念切咸以禦外爲要圖故能暫免鬩牆之衅耳天命七年三月太祖諭分主八旗諸貝勒曰「爾八人同心謀國或一人所言有益於國七人共贊成之庶幾無失當擇一有才德能受諫者嗣朕登大位」十一年八月庚戌太祖賓天大貝勒代善長子岳託第三子薩哈廉告代善曰「國不可一日無君宜早定大計四貝勒才德冠世深契先帝聖心衆皆悅服當速繼大位」代善曰「此吾素志也天人允協其誰不從」翌日代善出其議以示諸貝勒皆曰善遂合詞請上卽位太宗辭曰「皇考無立我爲君之命若舍兄而嗣立旣懼弗克善承先志又懼不能上契天心且統率羣臣撫綏萬姓其事綦難」辭至再三自卯至申衆堅請不已

然後從之。九月。庚午朔。太宗率貝勒大臣告天。行九拜禮。卽位。貝勒大臣及各官朝見。詔以明年爲天聰元年。太宗既卽位。欲諸貝勒共循禮義。交相儆戒。乃率諸貝勒及親族。誓告天地曰。「皇天后土。既佑相我皇考。肇立丕基。恢宏大業。今皇考龍馭上賓。我諸兄暨諸弟姪。以家國人民之重。推我爲君。惟當敬紹皇考之業。欽承皇考之心。我若不敬兄長。不愛弟姪。不行正道。明知非義之事。而故爲之。或因弟姪等微有過愆。遽削奪皇考所與戶口。天地鑒譴。若敬兄長。愛弟姪。行正道。天地眷佑」。諸貝勒亦誓曰。「我等兄弟子姪。詢謀僉同。奉上嗣登大位。宗社式憑。臣民倚賴。如有心懷嫉妬。將不利於上者。當身被顯戮。我代善阿敏莽古爾泰三人。若不教養子弟。或加誣害。必自罹凶孽。若我三人好待子弟。而子弟不聽父兄之訓。有違善道者。天地譴責。如能守盟誓。盡忠良。天地眷佑。我阿巴泰（皇七子）德格類（皇十子）濟爾哈朗（見上）阿濟格（皇十二子）多爾袞（皇十四子）多鐸（皇十五子）杜度（褚英長子）岳託（代善長子）碩託（代善次子）薩哈廉（代善三子）豪格（太宗長子）等。若背父兄之訓。而弗矢忠藎。天地譴責。若一心爲國。不懷偏邪。天地眷佑焉」。誓畢。太宗率諸貝勒向代善阿敏莽古爾泰三拜。不以臣禮待之。各賜雕鞍馬匹。

金與明和議之相左　太宗踐阼。以扎魯特部敗盟殺掠。私通於明。命代善阿敏等率師征之。復命冷格里阿山率師入喀爾喀巴林地。驅逐哨卒。縱火燎原。以張聲勢。時明寧遠巡撫袁崇煥遣李喇嘛及都司傅有爵等三十四人來弔。並賀卽位。藉覘虛實。會凱旋。車駕幸瀋陽。迎代善等。次鐵嶺樊河界。代善及諸貝勒率臣。以次跪行抱見禮。明使李喇嘛等亦奉命入見。畢。以次列坐。行飲至禮。乙酉。李喇嘛回。遣方吉納溫塔什並七人偕往因遺書曰「大金國皇帝致書於大明國袁巡撫曰『爾停息干戈遣李喇嘛等來弔並賀新君即位既以禮來我亦當以禮往故遣官致謝至兩國和好之事前皇考至寧遠時曾致璽書令爾轉達尙未見答汝主如答前書欲兩國和好當以誠信爲先爾亦無事文飾』」崇煥以書中金與明並寫不便入奏故仍付方吉納等齎回天聰元年正月太宗知攻明不易有功思以兵脅降朝鮮亦欲與明媾和專力南下復遣方吉納溫塔什遺書於崇煥略言「我之大恨有七端至於小忿何可悉數陵偪已甚用是興師今爾若以我爲是欲修兩國之好當以黃金十萬兩銀百萬兩緞百萬匹布千萬匹爲和好之禮既和之後兩國往來通使每歲我國以東珠十顆貂皮千張人葠千斤餽爾爾國以黃金一萬兩銀十萬兩緞十萬匹布三十萬匹報我兩國誠如約修好當誓諸天地永矢弗渝爾即以此言轉奏爾皇帝不然是爾仍願兵戈之事也」三月方吉納溫塔什偕明使杜明忠等齎袁崇煥李喇嘛書各一函其致崇煥書略云「遼東提督部院致書於汗帳下再辱書教知汗漸欲恭順天朝息兵戈以休養部落即此一念好生天自鑒之將來所以佑汗而昌大之者尙無量也往事七宗抱爲長恨者不佞寧忍聽之但追思往事窮究根原我之邊境細人與汗家之部落口舌爭競致啟禍端今欲一一辨晰恐難問之九原不佞非但欲我皇上忘之且欲汗並忘之也然十年苦戰爲此七宗不佞可無一言乎今南關北關安在遼河東西死者寧止十人仳離者寧止一老女遼瀋界內之人民已不能保寧問田禾是汗之怨已雪而意得志滿之日也惟我天朝難消受耳今若修好城池地方作何退出官生男婦作何送還是在汗之

仁明慈惠。敬天愛人耳。天道無私。人情忌滿。是非曲直。原自昭然。一念殺機。起世上無窮劫運。一念生機。保身後多少吉祥。不佞又願汗熟思之也。來書所開諸物。以中國財用廣大。亦寧靳此。然往牒所載。多取違天。亦汗所當酌裁也。方以一介往來。又稱兵於朝鮮。何故。我文武官遂疑汗之言不由衷也。惟汗堅意修好。再通信使。則懷簡書以料理邊情。有邊疆之臣在。汗勿憂美意之不上聞也」云云。致李喇嘛書略云「我佛教慈悲爲體。方便爲用。須要救濟衆生。消除嗔恨。若汗說七宗惱恨。固是往因。然天道不爽。一再說明。便可放下。佛說『苦海無邊。回頭是岸』。干戈早息。卽是極樂」云云。留其使至四月。遣還。答崇煥書略云「觀來書。謂我猶懷七恨。則前此遣使。果何所爲。又謂城池地方。作何退出。官生男婦。作何送還。是在汗之仁明慈惠。敬天愛人。夫理直在我。蒙天垂佑。賜其城池官民。今曰退還。是不願講和。有意激我之怒也。我國敬天愛人。遠近稔知。爾國人民土地。歸我之後。悉已奠定安集。若舉以還爾。是違天而棄人矣。又質問稱兵於朝鮮何故。遂疑汗言不由衷。夫我豈無故而征朝鮮乎。庚子年我兵東征時。我邊境屬國師旋時。朝鮮以兵阻我。我軍擊敗之。然亦未嘗因此宿怨也。其後烏喇伐取其城邑。朝鮮遣使求爲勸阻。遂令罷兵。乃朝鮮忘我大德。於己未歲無故稱兵。爲我所敗。幷還其所俘將士。冀仍修好。而朝鮮又無好言相報。且納我亡人。我猶遲之數年。彼卒不悔罪求和。今天誘其衷。已和好矣。然自李喇嘛通使以來。我亦未嘗有不征朝鮮之說。有何言不由衷。而爾疑之。爾詭言修好。仍遣哨卒偵視我地。收納逃亡。偪處近界。修葺城堡。是爾之言不由衷也。來書又言先開諸物。所當酌裁。夫講信修睦。不過藉此以成禮。謂爾國力有不支可酌減其半我國仍以東珠人蔘貂皮等物報之至前書尊爾皇帝如天李喇嘛書以我鄰國之君列於爾諸臣之下如此尊卑倒置皆爾等私心夫人君者上天之子也人臣者聽命於君者也今以小加大賤妨貴於分安乎我援以義理書中將爾明國皇帝下天一字書我下爾明國皇帝一字書爾明國諸臣下我一字以後當照此式寫若以爾國諸臣與我並書我必不受也」其第二書略云「報書方繕畢會爾國兩次有人逃來言爾修築塔山大凌河錦州等城又察哈爾使臣至所言亦然因是停止遣使卽將報書付爾使者杜明忠齎回茲因築城之故再為爾言之若果兩國議和先須分定疆域之界各自料理今爾遣使議和又修葺城垣潛圖侵佔得毋以前寧遠據凍攻之未墮自以為得志詐稱和好乘間葺城為戰守計乎爾縱能保守一二城他處之城及田畝禾黍能盡保耶倘蒙天眷佑以燕京與我爾主南奔身敗名裂為何如也爾等文臣如婦女之在閨中徒為大言以致喪師屋社從前爾國任用非人故河東河西之地盡失今尚以為未足戒而欲動兵戈耶」和議既定於是兩國使命往還遂各有要求之條件金之所要求者三（一）償金及歲幣（詳見前若明力不足可減半）（二）分定國界（山海關以內歸明遼河以東歸金）（三）規定國書格式（明帝不得與天並列明臣不得與金帝並列）而崇煥之所要求者（一）遼東之付還（二）撤攻朝鮮之兵據此以觀則兩方各主其是各不相讓其和議之無誠意概可知矣蓋太宗方用兵於朝鮮又以崇煥守禦有方未敢輕動而明之國力已敝崇煥知與滿兵戰未必有利亦思借此以為和緩之謀逮和議上聞朝旨不以為是雖崇煥持之甚堅而和議終不得要領乃汲汲於修葺城堡而金國征朝鮮之師膚功克奏舉國

皆降。以天聰元年四月凱旋。自是和議遂以破裂。

寧錦之克捷　金兵既下朝鮮。朝鮮遣使謝罪。並詗知毛文龍所據之皮島之易與。於是遂一意攻明。天聰元年。五月。太宗命貝勒杜度。阿巴泰居守。親征明。分兵三隊。命貝勒德格類。濟爾哈朗。阿濟格。岳託。薩哈廉。豪格。率精騎在前。自率三大貝勒統兵居中。而以攻城諸將爲後隊。直趨大凌河。守城兵遁。先鋒兵馳擊之。追至錦州城下。城門閉。明潰兵不得入。奔越錦州城。復遇金前隊兵。盡殺之。代善等率兵直趨錦州。圍其城。莽古爾泰率兵直趨右屯衛。各路兵並攜所俘獲會於錦州。距城一里駐營。明堡臺二千餘人來降。太監紀用。總兵趙率教。遣守備千總各一人。至。太宗曰。「欲降則降。欲戰則戰。爾太監可出城面陳衷曲。我每以爾邊臣平日欺我之情。無由自白。欲見爾太監言之。俾轉奏爾主。即攻拔爾城。我亦決不誅爾太監。或恐我兵誤加傷害。爾可自立記號。別居他所。」遂遣二使還。遺以書。即整理攻具。攻錦州城西面。乖。克明三面守兵來援。礮矢齊下。金軍退五里而營。遣人往調瀋陽兵。並使人詣太監處議和。至第三次。其使來言。欲往錦州面議。遂命綏古。劉興治往。至則閉城不納。次日。城中遣人來言。昨因夜晦。未便開城。今可於日間來議。二人復往。又不令入城。趙率教立城上言曰。「勝敗豈有常。聽天而已。」時崇煥遣使潛赴錦州。與紀用書。謂「調集水師援兵六七萬。將出山海。薊州。宣府兵亦至前屯。中後所。兵俱至寧遠。各處蒙古兵已至樓臺山。我即日進兵錦州。城中火器俱備。兵馬甚多。加意防守。何能攻克。」適爲滿軍所獲。盡得其實。命莽古爾泰等率偏師往衛塔山運糧。徙御營距錦州城西二里。並釋所獲漢蒙古人回錦州。次日，繫書於矢，射入城中，諭降。遣額駙蘇納選八旗蒙古士馬精壯者悉統之，截塔山西路，而自往寧遠迎擊敵兵，馳至城北岡。太宗諭諸貝勒曰：「此地偪近城垣，若卽進攻，難以盡力縱擊，可稍退以覘動靜。」於是退軍踰山岡，環視明兵，堅壘不動。太宗自率阿濟格等馳馬而進，敗其前隊騎兵，追擊至城下，大殪之。諸貝勒皆愧奮，不及冑，亦馳而進，分擊其步卒。濟爾哈朗、薩哈廉、瓦克達俱被創。金軍還駐雙樹鋪，復回錦州。六月，攻錦州城南面，因壕廣不得進，重以天氣溽暑，士卒死傷者多，乃毀大小淩河二城而還。是役也，崇煥奏捷，謂將軍滿桂之功居多云。

太宗之忌袁崇煥　寧錦克捷，崇煥方自以爲未有之邊功，而魏忠賢猶使其黨劾崇煥不救錦州，爲暮氣。崇煥乞休去，以王之臣代之。莊烈嗣統，忠賢伏誅，崇煥復督師薊遼，期以五年復遼全境。會川湖兵戍寧遠者缺餉譁變，崇煥馳至，捕斬首亂，餘撫定之。請令祖大壽仍駐錦州，副將何可綱隨以駐寧遠，而移薊鎭趙率教於關門。罷寧遠及登萊巡撫不設。時毛文龍總兵東江，崇煥恐其跋扈，設計殺之。然東江屹然巨鎭，自文龍死，勢日衰，其部下孔有德、尙可喜、耿仲明等俱降於金，心漸攜貳，不可用。其時太宗益忌崇煥才，以遼西有備，攻之不易得手，乃議取道蒙古，以搗直隸之背。天聰三年六月，諭外藩蒙古貝勒各率兵來會，復合喀喇沁等部，使爲嚮導，向明境進發。五日，抵喀喇沁之青城，乃頒諭曰：「予仰承天命，興師伐明，迎戰者不得不誅，歸降者雖雞豚勿擾，俘獲之人勿離散其父子夫婦，毋淫婦女，違者斬。毋伐果木，掠衣服，毀廬舍祠宇，及離纛私掠，違者鞭一百。毋食明人熟食，毋酗酒。山海關內多鴆毒，更宜謹愼。馬羸瘦煑豆飼之。肥者止秣草。凡採柴草。須集衆人舉一人爲首。離衆他往者。拏究。故違軍令。與不行嚴禁之管旗大臣。及領罪各官。並治罪弗貸」。又行四日。至老河。命濟爾哈朗岳託。率右翼四旗蒙古兵。攻大安口。阿巴泰阿濟格率左翼四旗蒙古兵。攻龍井關。而自統兵向洪山口進發。左翼兵攻克龍井關。至漢兒莊。明副將標下官李豐。率民薙髮出降。金軍乘城而營。潘家口守備金有光。遣中軍旗鼓范民良蔣進喬齊書降。遂進克洪山口。辛巳。薄遵化。明總兵趙率教。以兵四千來援。擊敗之。遺書巡撫王元雅。諭降。不從。四面圍攻之。克其城。元雅入署自縊死。太宗命參將英俄爾岱。游擊李思忠。文館范文程等。守遵化。大軍向燕京進發。趨薊州。至三河。獲一漢人。令持書招降。遣阿巴泰岳託率左翼二旗蒙古二旗兵。擊敗明總兵滿桂。侯世祿軍。順義知縣率衆來降。太宗至通州。渡河。駐營城北。傳諭各城。旋進軍牧馬廠。距燕京約二十里。牧馬圍降。更營於燕京城北土城關之東。滿桂侯世祿等。俱集德勝門。與金軍相拒。城上發礮助戰。誤傷桂軍。桂亦被創。入城休戰。金軍徙頓南苑。會袁崇煥率祖大壽。自山海關兼程入援。督各路勤王軍。壁廣渠門外。太宗巡視曰。「路隘且險。若傷我軍士。雖勝不足多也。」遂止弗攻。先是獲明太監二人。付與副將高鴻中等監收。鴻中遵太宗所授密計。坐近二太監。故作耳語。時楊太監佯臥竊聽。庚戌。縱楊太監歸。將鴻中言。詳奏明帝。帝以毛文龍事。不能無介介。又會廷臣亦多排崇煥者。遂下崇煥獄。大壽大驚。率所部奔錦州。毀山海關而出。七月。磔崇煥於市。

七 畿輔之戰

滿軍之入塞。先是祖大壽坐事當死。賴崇煥救免。禮部尚書成基命言於帝。取崇煥手書招之。督師孫承宗亦遣馬世龍追撫。密令上章自列。且立功贖督師罪。優詔答之。命大壽斂兵待命。崇煥既死。明廷特置文武兩經略。以尚書梁廷棟及滿桂爲之。頓西直安定二門。而命承宗移鎮山海關。時滿軍經海子而南。且獵且行。趨良鄉。克其城。復遣總兵吳內格克固安。回軍至蘆溝橋。副總兵申甫結車營以拒。滿軍繞出其後。盡殲之。遂南薄永定門。明帝趣桂出師。桂言衆寡勢殊。未可輕戰。中使復趣之急。不得已。乃督孫祖壽等移營南城外三里。列柵以待。次日昧爽。滿軍以精騎四面蹙之。桂與祖壽等俱戰死。黑雲龍麻登雲被擒。京師大震。滿將爭請攻城。太宗曰「取之若反掌耳。但以疆圉尚強。非旦夕可潰。得之易。守之難。不若簡兵練旅。以待天命」乃遣榜式達海齎書與明議和。達海等齎書一置德勝門外。一置安定門外。遂旋師通州。渡河駐蹕。自此掠薊州。降沙河。駐軍灤河。進薄永平。十旗兵環城立營。詷知劉興祚先趨太平寨。襲斬喀喇沁所掠之俘。與諸貝勒大臣議曰「朕思擒劉興祚。勝得永平。彼忘朕恩養。詐逃。仍被我擒未可知」遣阿巴泰濟爾哈朗率兵追之。見興祚趨山海關。阿巴泰圍其前。濟爾哈朗躡其後。陣斬之。生擒其弟興賢。太宗命興祚屍以殉。令副將阿山葉臣選。乘夜攻城。寅時進薄。樹雲梯。冒矢石槍礮奮戰。俄城上火藥暴發。明兵在北面者自焚擾。滿軍畢登。明兵備道鄭國昌。知府張鳳奇。推官羅成功。皆仰藥死，兵備道白養粹行人崔及第主事白養元等革職，而養粹即出降。太宗諭軍民薙髮，遣濟爾哈朗薩哈廉安撫人民，察驗倉庫，時天聰四年也。師向山海關移營，留濟爾哈朗薩哈廉守永平，傳諭曰「凡有舉動，唯求萬全，敵至勿輕出城，須秣馬以待，兵居城中，可分置漢人於一隅，撥予房屋，書其姓名於門。」更遣固山額眞那木泰等各率本旗兵往灤州，令游擊高鴻中庫爾纏率十人先往，誘令開城，隨麾大兵入。戊戌，貝勒杜度禦明兵馬來攻遵化，敗之。太宗自永平移駐三屯營城西山上，招降不從，焚其城外廬舍，達海等收復漢兒莊。其時明之援兵皆觀望，獨兵部侍郎劉之綸奮前，約總兵馬世龍吳自勉趨永平牽制，而親率所部直抵遵化，距城八里，屯娘娘廟山。世龍等違約，而滿軍以三萬騎迎戰。之綸發火礮（之綸自製并造新式戰車），頗有所擊傷，再發則礮炸，軍亂。左右請結陣徐退，之綸慨然曰「吾受天子厚恩，誓捐軀以報，戰不捷，死耳，敢言退者斬」乃再戰，自辰至酉，士殊死力鬬，矢盡，短兵接之。之綸知不可為，大呼曰死，死負天子恩，解佩印付家人曰「持此歸報朝廷」俄身被兩矢，遂死，全軍盡沒，世龍等擁兵不救。滿軍進拔遷安，皆留軍守之，並分軍向山海關，為守將官維賢力戰所御，攻昌黎撫寧，皆不下。

太宗之謀和　天聰四年二月太宗召降官麻登雲賈維鑰楊文魁孟喬芳楊聲遠臧調元賜宴，諭曰「明國君視將士如草芥，常驅之死地，朕屢使議和，竟無一言相報」登雲對曰「明國君幼冲，執政又復不忠，各圖自保，議和之事，懼不敢奏，奏之而聽固善，不聽，親族誅滅」太宗曰「若然，是天賜我機也，但駐兵屯守，民不得耕耨，朕心惻焉」己未，遺書明帝，略言「邇者師旅頻興，互相誅戮，生民罹禍實甚，欲盟諸天地共結和好使兩國子孫軍民奕世獲享太平不然何時止息兵戈以幾治安耶唯熟計而明示之」又以書諭錦州各官並遺明國諸臣略言「前曾六次致書議和而爾等不從夫得失者機也天予我以機我奈何棄而勿取我將於天所予之地耕屯以守爾八府之民能安意耕種耶爾等宜勿膠固今日之事唯和與戰和則爾國受福戰則爾國被禍其各啓迪爾主亟定和議可也」當是時京師道梗孫承宗祖大壽在東馬世龍及援軍在西承宗募死士緣海達京師始知關城尙無恙承宗遣將戍開平（地名在灤州西南與豐潤接界明永樂初徙開平衛於此）爲建昌（營名遷安縣東北有城）聲援太宗遂班師命阿巴泰濟爾哈朗薩哈廉偕文臣索尼等完我喀木圖率正白鑲紅正藍三旗守永平鮑承先白格率鑲黃鑲藍二旗守遷安以灤州爲邊地命固山額眞圖爾格那木泰偕榜式庫爾纏高鴻中率正黃正紅鑲白三旗守之又命察喀喇偕范文程率蒙古八旗將士守遵化乃取道冷口關而歸二貝勒阿敏等在遼河岸迎駕太宗遂遣阿敏碩託率兵往代守永平四城阿巴泰等還時世龍統諸路援軍二十萬躡其後承宗大壽等守山海關東西相應援

永平之敗源、五月馬世龍祖大壽率師攻灤州滿將那木泰圖爾格等各立汛地分陴固守阿敏等聞灤州被圍令巴篤禮率數百人赴援爲明軍所殲明軍以紅夷礮攻城城樓燬湯古岱等度力不支突圍奔永平遇明軍截擊陣沒者四百餘人時阿敏巳收遷安守兵及居民入永平城聞灤州失大驚殺新降官巡撫白養粹等十數人召遵化守將棄城偕遁明軍追擊之殺傷甚衆於是關內四城盡復太宗聞之大怒聚貝勒衆官宣諭阿敏等棄城罪並令永平退歸貝勒衆官在十五里外候訊唯士卒得入城收敗歸諸將。自總兵以下。備禦以上。俱繫之。其鎮守灤州三旗大臣。及鎮守永平三旗大臣。俱押赴所司。三旗聽勘。命諸貝勒大臣及官兵集闕下。令岳託傳旨宣諭阿敏罪狀十六條。諸貝勒大臣俱以其平日狂悖。議請誅之。太宗命從寬幽禁。奪所屬人口給濟爾哈朗。止給阿敏莊六所。園二所。並其子之乳父母等二十人。羊五百。乳牛及食用牛二十頭。滿蒙漢人二十名。以碩託不力行勸止。革貝勒爵。奪所屬人口給其兄岳託。止給在外一牛彔人及食口糧。牛彔下奴僕。其餘器物。免籍沒。湯古岱。那木泰。均免死。革職。奪所屬人口。籍其家。布爾吉坐不諫湯古岱。革職。奪所屬人口。圖爾格削一等總兵官職。解固山額真任。納穆免死。革職。解固山額真任。奪所屬人口。備禦松俄圖。游擊恩特免死。革職。籍其家。鞭一百。為奴。愛木布路免死。籍其家。鞭一百。並妻為奴。巴布泰及參將布山。備禦黑勒。倪馬察。郎什。均革職。追奪賜物。德爾得黑鞭五十釋之。阿敏遂於崇德五年十一月。憂忿而死。

八　明疆事之壞

新軍器之鑄造　火礮之製。本創自金。自昔有所謂震天雷者。用鐵器盛藥。以火點之。此火礮用鐵之始。迨明成祖。得交阯神機鎗礮法。而其器始多。厥後嘉靖復造郎機礮。（明人稱葡萄牙為佛郎機）發諸邊鎮。而外間始知製造之法。萬曆時又得大西洋紅夷礮。（明人稱荷蘭為紅毛夷）天啓中錫以大將軍號。遣官致祭。而礮之用乃大著。當初瀋陽之役。寧遠之捷。明兵以此擊傷滿軍者甚衆。太宗常思有以抵制之。而未得其當也。至是乃招明工匠製造紅夷大礮。天聰五年正月鑄成。鐫曰天佑助威大將軍。督造官總兵額駙佟養性。監造官游擊丁啓明。備禦祝世廕。鑄匠王天相竇守位。鐵匠劉計平也。其時明孫承宗議更理關外舊疆。并力先築大淩河城。而巡撫邱禾嘉違其節制。遂同右屯並築。是秋。會兵部尚書梁廷棟罷。代者爭言築城非計。盡撤班軍萬四千赴薊。止留防兵萬人。給粮萬石。承宗思以粮散軍委城而去。毋資敵。禾嘉又不可。未幾。滿軍來攻。時大淩雉堞僅完其半。太宗命諸將分赴汛地。環城掘壕。壕外築牆。牆上加以垛口。距牆內五丈餘地。又環掘壕。壕上鋪秫稭。覆以土。營外亦掘壕。而分軍截錦州之援。禾嘉率總兵宋偉吳襄等步騎四萬踰小淩河馳援。太宗分兵擊之。明兵四鼓趨大淩河。壁長山口。（錦州府城東南）太宗督兵二萬迎擊。偉等堅壁不動。乃率兩翼騎兵突陣。營中火器震天。飛矢雨下。滿左翼兵避鎗礮。隨右翼後而進。偉殊死戰不克。滿前鋒多死。時佟養性奉太宗命頓襄營之東。頻發大礮攻之。俄黑雲起。風從西來。襄縱火相偪。忽大雨反風。襄營燬先遁。偉督戰至晡。力不支引退。爲滿軍所殲。監軍道張春等被擒。圍城甫七日。太宗即遣書招祖大壽降。略云「爾國君臣。唯以宋朝故事爲鑑。並無一言復我。爾國非宋。我亦非金。彼一時。此一時。執膠柱鼓瑟之見可乎。」既而令營卒離城十里。手執旗幟。馳驟揚塵。礮聲不絕。僞爲錦州援兵。誘之。大壽即率兵出城。攻西南隅之臺。旋爲滿軍所敗。太宗復命侍臣赴瀋陽。取軍士衣服。欲爲持久計。至十月。城中援盡粮絕。至殺人馬以食。太宗命陣獲官二十三人。各以己意爲招降書。遣千總姜桂齋往大淩河。遺祖大壽。復以書三函遺大壽及何可剛張存仁。更令佟養性率五百人。載紅夷礮六。將軍礮五十有四。往攻魚子嶂臺，造礮後，是役始攜行，連攻三日，舉紅夷礮擊壞臺身垛口，參將王景降，周圍百餘里聞之，或降或逃，貲其糗糧，足供滿軍一月之用。

大淩河之克捷　是月癸丑，翟家堡降，次日克陳興堡，遣陣獲參將姜新往招祖大壽等，時大淩河城中糧餼薪盡，兵民相食，力竭計窮，大壽降志已決，思突圍出，詗知滿軍防守嚴，不易逸，太宗數遣人招降，未果，已而大壽義子澤潤，以矢射書中言「汗遣人招降，其時難以一言決，衆官恐降後見殺，副將何可剛謂汗去年得永平棄之不守，我等若降，縱不殺，亦必還軍，我等安往，又有逃人來言，汗於敵國之人，不論貧富皆誅戮，以此衆論紛紜，且祖總兵復以次子在燕京為念，前石副將廷柱來時，祖總兵即欲相見，衆官不從，今澤潤在內調停，似有五六分可成，同心者有副將四人，不便舉名，汗可令石副將來，祖總兵將以心腹事告之，此乃機密事，望汗密藏我書，毋令陣獲官員及往來傳語之漢官見之」於是太宗遣石廷柱往，過壕相見，大壽曰「人誰不死，但為國為家為身三者並重，今既不能報國，唯惜此身命，決意歸順，然身雖獲全，妻子不能相見，生亦何益，如欲進圖大事，當先設策取錦州，錦州得，庶可保吾妻子」太宗復使人告之，謂「爾等先降，錦州任爾計攻取」大壽遂令韓棟送己子可法來質，越數日，大淩河衆官皆與大壽同謀歸降，何可剛不從，大壽執之，令二人挾出城外，至金錦州營殺之，可剛顏色不變，不出一言，含笑而死，大壽遣人來誓，誓畢，太宗遣龍什詣大壽，言取錦州計，大壽云「我親至御前商議」至則太宗甚優禮之，遂定取錦州策，己巳，阿巴泰等偕大壽及所屬兵作潰奔狀，滿軍亦著漢裝，計取錦州，十一月朔，太宗與諸貝勒議曰：「與其留大壽，不如縱入錦州，令其獻城爲上策，即叛而不來，亦非我誤遣也。若不縱之使歸，倘別令人據守錦州寧遠，事愈難矣。」大壽於是晚渡小淩河，徒步而去。大壽既至錦州，即遣張有功齎奏至，言心腹人甚少，各處客兵甚多，撫按防禦甚嚴，是以遲誤。太宗以書報之，遂班師毀大淩河城。

孔耿之歸降　先是孔有德、耿仲明及李九成皆爲毛文龍部曲，文龍死，走入登州。登萊巡撫孫元化官遼久，素言遼人可用，乃以有德、仲明爲游擊，九成亦爲偏裨。至是大淩圍急，元化檄有德等赴援。抵吳橋，天大雨雪，衆無所得食，一卒攫王氏之雞犬以食，有德笞之，衆大譁。九成先賚銀市馬塞上，用盡無以還，適至，聞衆怨，遂與其子應元率部卒劫有德。有德從之，還兵大掠，陷臨邑、齊河、德平、陵縣，已復舍此陷青城、新城，而新城被禍尤酷。山東巡撫余大成聞變，遣兵往禦，連敗，乃移兵追賊，而元化軍亦至，與大成皆力主撫，檄賊所過郡縣無邀擊，於是賊佯許降，遂抵登州。元化遣張燾率遼兵駐城外，總兵官張可大發南兵拒賊，戰方勝，燾遽退，可大兵遂敗，燾兵半降賊，遣歸爲內應，士民爭請弗容入，元化不從，仲明及都司陳光福等夕舉火導賊自東門入城，遂陷。事在崇禎五年正月也。元化自剄不殊，與同城各官皆被執。唯可大殺其妾陳氏，而自縊於署。有德乃推九成爲主，己次之，仲明又次之，用巡撫關防，檄州縣兵餉，而令元化移書大成求撫。大成聞於朝，爲言官所劾，大成、元化俱革職候勘。元化尋爲賊縱歸，與大成俱下獄，大成論戍，元化棄市。明廷遂以徐從治撫山東，謝璉撫登萊，並駐萊州。時賊先已破黃縣，陷平度，還益兵攻萊。從治璉與總兵楊御蕃分陣固守。久之。外圍日急。諸援兵俱頓昌邑。不敢進。從治時以間出兵掩擊。頗有斬獲。而兵部尙書熊明遇復惑於撫議。諭從治毋遽出兵壞撫局。從治力言不可。三上疏於朝。朝議以兩撫臣並困圍中。改設總督。以侍郎劉宇烈任之。統馬步軍二萬五千。勢甚盛。而宇烈素無籌略。又日遣使議撫。賊亦以撫愚之。已而賊用元化所製西洋大礮攻城。從治中礮死。萊城益危。越兩日。璉復爲賊所誘出城被執。於是舉朝痛憤。專任朱大典督數萬兵討賊。有德遺戰於沙河（有二一在黃縣一在即墨下流並入海）。大敗。追至登州。築長圍困之。凡成出戰。被馘於陣。賊氣大沮。有德乃載子女財帛。先出海。仲明以單舸繼之。皆遁。明總兵黃龍以水師邀擊。有德仲明乃泛海降太宗。既至。進獻金銀等物。太宗賜宴。欲行抱見禮。諸貝勒僉曰。「禮待之可耳。不宜令抱見。」太宗曰。「航海衝敵。來歸於我。功孰大焉。當行抱見以示優異。」乃卒行之。授有德都元帥。仲明總兵官。賜敕印。

旅順之降服　孔有德耿仲明怒黃龍邀擊。必思報復之。會鴨綠江有警。龍遣水師往援。旅順空虛。有德等遂導滿軍襲其城。龍數戰皆敗。火藥矢石俱盡。自刎死。部將李惟鸞項祚臨等並殲焉。廣鹿島（寧海縣西北海中）副將尙可喜。故與龍相犄角。龍既死。亦來降。而孔耿尙三人。遂爲漢臣開國元勳焉。自是島上勢孤。久之。將士多敗沒。諸島雖有殘卒。不復成軍。明廷亦不更置帥。以登萊總兵遙領之而已。太宗命諸貝勒集滿漢蒙古諸臣諭曰。「廣鹿島尙副將。招撫長山石城二島。攜民來歸。非以我國衣食有餘。承天眷佑。彼自求附。八家貝勒已出粮四千石與之。凡積粟之家。可捐出協濟。仍給以價值。隨命多爾袞薩哈廉往迎之。

可喜三島官民至海州。太宗出迎十里外。可喜跪獻緞匹等物。太宗酌納之。並召入宮賜宴。仍命八家以次宴之。詔爲總兵官。賜敕印。及金軍再攻朝鮮。半島不守。皮島勢益孤。有德等夾擊之。守島總兵沈世奎戰死。皮島亦平。至此緣海遂無明國之重鎭已。

第三章　明失東藩

一　太祖時與朝鮮之交涉

太祖與朝鮮之關繫　朝鮮自太祖李成桂受明冊封.始爲中國外藩.至明神宗時.日本豐臣秀吉欲用武海外.假道朝鮮.驅其兵以躪明地.賂書朝鮮王李昖.請其爲前導.昖不聽.豐臣發軍十五萬.往攻之.遣先鋒加藤淸正小西行長等.率舟師陷其京城.昖奔義州.明以李如松爲防海禦倭總兵官.進克平壤城.行長遁.所失四道皆復.如松乘勝而驕.以輕騎趨碧蹄館.日本拒以短兵.敗還開城.越三載.日本軍復入朝鮮.毛利秀元浮田秀家等分略南三道.嗣以冬寒退釜山.緣海連營.爲聲援.明經略楊鎬先扼稷山.至是以大軍圍蔚山.淸正堅守.日本諸屯來援.鎬駭奔.未幾.豐臣卒.日本收兵入海.總兵劉綎追敗之.都督陳璘以舟師夾擊.焚其百餘艘.然日本軍卒脫歸.朝鮮亂七載.喪師數十萬.糜餉數百萬.而僅能保其社稷.以故深德明.方鎬之督師出塞也.時朝鮮王李琿在位.遣其將姜宏立等率兵二萬人助戰.戰敗出降.太祖乃使宏立部曲張應京及官屬三通事一.還國.使臣二與俱.書仇明七大恨事.更書其後詰責之.略言.「爾原與我國無郤.今何以兵助明.」書達.朝鮮王集諸臣議.至五月.遣使者一人.從三十八人.隨滿洲

使臣齎書至略言「貴國與明有仇因而征戰生民塗炭亦非善事明與我國猶如父子大義所在不可拒也事屬已往今勿復言自此以後克協大道同歸於善當亦明所深願吾二國各守疆圉復修前好云云」次年滿兵破北關降宰桑欲加兵於朝鮮李琿乞援於明明以遼鎭堵報朝鮮與滿洲講和遂謂琿陽衛陰順宜遣官宣諭或命將監護衆論莫衷一是琿疏辯言「二百年忠誠事大死生一節」詞至剴切已而滿軍克遼陽太祖猶遺朝鮮書云「今遼東官民皆已薙髮歸順降官悉服原職爾仍欲助明則已不然凡遼人之避兵渡鎭江而竄者可盡反之爾若納我已附遼民匿而不還惟明是助異日勿我怨也」亦不報謝方是時毛文龍據皮島屢出師襲擊緣海堡寨而鎭江城中軍陳良策與潛通執城守游擊佟養眞殺其子豐年並從者六十人叛投文龍其湯站險山二堡民亦執守堡官陳九階李世科叛投文龍文龍已頓朝鮮境朝鮮亦以糧餉相遺太祖憤甚命阿敏統兵勦之阿敏渡鎭江乘夜入朝鮮斬千五百級文龍僅以身免於是又怨及朝鮮矣

二　太宗時與朝鮮之交涉

朝鮮之克捷　天聰元年皇太極初即汗位以朝鮮不來弔賀爲詞欲大舉伐之初太祖遺書其國王李倧未答及滿軍攻瓦爾喀朝鮮又出境以拒感情日益破裂會太宗踐阼朝鮮人有韓潤鄭梅者亡命入瀋陽請爲嚮導攻其祖國於是滿軍遂攻朝鮮命阿敏等統兵以往太宗曰「朝鮮累世得罪我國理宜

聲討。然明毛文龍近彼海島。納我叛民。故整旅徂征。爾等此行。當兩圖之。」越數日。夜薄朝鮮義州。克其城。殺府尹李莞等。判官崔鳴亮自盡。殲其城中兵卒。俘其居民。是夜分軍擣毛文龍所居鐵山。文龍遁往島中。遂進定州。殺宣州牧使奇協、郭山郡守金搢。守將朴有健被擒。盡降其民。長驅而進。至安州。攻克之。屯兵秣馬。四日乃進征。至平壤。渡大同江。次中和。朝鮮遣使迎師。其來使即向所擒二將姜宏立、朴蘭英子。諸貝勒令各與其父相見。使者齎來書。謂我無故興師。太宗答朝鮮書。責以七罪。遣兵入昌城。擒殺副使金時若。復遣人致書。且謂「爾若引咎自責。以圖寧居。可速遣人來。事畢。我即退兵。我因雪恨征伐。非欲取土地人民也。欲修兩國之好。共享太平耳。」遣使後。息馬七日。進至黃州。朝鮮舉國震動。李倧遣前使並二使臣至。告曰。「吾王得貝勒書。特遣親信大臣前來。命我先來報知。」阿敏欲征都城。諸貝勒謂宜待其大臣至。總兵李永芳曰。「我等奉上命仗義而行。前與朝鮮書已言遣大臣盟誓。即班師。若背前言不義。」阿敏叱退之。於是大兵進至平山駐營。其時。倧以金尚容為留都大將。守京城。命都體察使李元翼、左議政申欽等奉世子𤦺遁往全州。而自奉廟社主走往江華島。嬪妃等從之。城內民多潰散。乃遣進昌君詣滿營議和。挾之至瑞興。詣朝叩見諸貝勒。請駐兵定議。阿敏曰。「若然。爾當指示我屯兵秣馬地。」使臣因指二屯。諸貝勒以為可。阿敏仍令吹角進征。岳託察其情。未易勸止。策馬往邀濟爾哈朗。至營共議。濟爾哈朗曰。「吾輩不可深入。離此三十里有平山城。可往駐之。以議和事。」遂領兵駐平山。是時。太宗耀兵遼河。聲勢烜赫。即明之援師。亦止圖牽制而已。

和議之成功。滿軍既壁平山。即留進昌君於營。別遣副將劉興祚率十人乘舟抵江華島。見李倧。倧端坐不出一言。興祚怒曰「汝奈何作此土偶狀邪」。倧赧然不能答。興祚曰「今日之事。成敗在於俄頃。爾欲修好議和。可遣親子弟一人往盟諸天地。汝國每年循禮貢獻。自定額數。事畢我軍即還」。倧曰「城下之盟。春秋恥之。汝國果行大義。當退兵而後議和」。興祚曰「汝如此支梧遲。則汝民受害。吾今此言實爲爾民。可即遣爾子弟行。毋遲」。倧遂遣族弟原昌君李覺並侍郎等官五人。隨興祚來營。進見諸貝勒。並獻馬百。虎豹皮百。棉紬苧布四百。布萬五千。設宴畢。覺等出。岳託濟爾哈朗阿濟格因議遣人令朝鮮王定盟。以告阿敏。因令八旗大臣集議。皆如岳託等言。乃命八旗大臣爲使。與劉興祚庫爾纏往令其議政判書等官議盟誓事。三日不決。倧延二使近其所居。往來共議誓詞。乃定。三月庚午。偕盟。焚誓詞。築盟壇江都西門外。倧以喪未至。宰臣李廷龜等代之。屆期。刑白馬黑牛。焚香。設酒肉骨血土各一器。名曰江都誓文。盟畢。約爲兄弟國。金爲兄。朝鮮爲弟。倧贈命使臣皮幣等物。餞送渡海。阿敏以己未與盟。縱兵虜掠三日。至平壤。衆貝勒更與覺等復申盟誓。貝勒及諸將俱躬擐甲冑。九拜天地。自此由大路出朝鮮境。秋毫無擾。太宗命報捷使庫爾纏馳赴軍中。宣諭謂朝鮮既經和好。其歸順之民。不可秋毫擾害。義州鎮江並留兵戍守。各以一大臣統之。駐防義州。江濱船隻。加意看守。勿致疏失。再當修書與朝鮮王。言我兵所以駐義州者。原爲防毛文龍。爾若不容文龍。我兵亦不駐義州。庫爾纏遂奉敕諭至安州。付阿敏。於是以覺爲質。凱旋而歸。並訂鴨綠江互市約。（即指中江之市）

附中江馬市之例　朝鮮爲外藩後。邊門商民亦有互市之例。謂之馬市。市設於中江。歲春秋仲月望後。朝鮮員役以牛貨濟陳於江干。駐防兵丁臺御夫以布七千五百十四段。易牛二百。鹽二百九十九包。海菜萬五千八百斤。海參二千二百斤。大小紙十萬八千張。綿麻布四百九十九段。鐵犂二百具。以京畿平壤黃海三道商各一人承辦。義州知府率員役領之。所具糗餌藁魚。稱之曰宴。其官商曰別將。（右見蒙古博明所著鳳城瑣錄）亦見當時懷遠之謨也。

放還逃人之識略　天聰元年五月。遣李覺等歸國。設宴餞之。並賜鞍馬裘帶等物。並命覺等各服所賜緋衣謝恩。覺等不從。劉興祚曰「以皇上恩賜之衣爾不肯服。殆不願歸耶。且拘縶於此何如」於是各服衣裘。行朝鮮禮謝恩。太宗命興祚等送之歸。並遺朝鮮國王李倧書。略言「自後爾國人民逃歸我國。我國之人。及陣獲朝鮮之人。逃至爾國。當各緝以歸還。毋或隱匿。致傷兩國和好」云云。倧即遣副將沈正笏朴蘭英。齎方物報謝。並奉書言不忍縛送被俘後逃歸之人。蓋謂朝鮮人之被俘者。仍爲朝鮮人。思家逃歸。不忍縛送也。此爲放還逃人問題之始。又請撤義州之兵。太宗遣大臣阿什達爾漢等偕往。復書許撤義州鎮兵。以義州復歸朝鮮。唯逃人必須交還原主。太宗之意以爲朝鮮俘虜不啻爲戰勝品。且已賜各將爲奴。不應脫逃也。未幾。倧以復還義州。遣使來謝。貢方物。太宗因諭令市糴米穀。旋復書言創殘之餘。未有米穀市糴。太宗復命參將英俄爾岱等同來使朴蘭英往。與書曰「我國糧石止本國人食亦已足用。但蒙古諸貝勒。攜部衆來降者不絕。概加贍養。所以米粟不敷。爾與毛文龍糧餉。已經七年。我豈似彼無故索取。唯今歲市糴一年。爾當發糧。當此窘乏之時。爾能助我。方見敦睦之誼。平安黃海二道。實經殘破。然所餘尚多。且六道仍如故。若願以糧相濟。從鴨綠江運亦可。海運亦可。吾兩國結好盟誓時。原議將逃回朝鮮人送還。爾並未送來。後爾弟歸國。復約送還逃民。亦未見送還。爾云兵駐義州。縱有逃民。無由得知。若撤兵回。各守封疆。有逃來者。便易稽察。自我兵撤還之日。逃往之數。已察出甚多。我等原約凡遇間諜。彼此必執而歸之。近定州外郎金惟同來作奸細。二十日方回。特此告聞。若如此行。恐致生亂也。」次年二月。倧復書言「金惟同非其所遣。因貢春季方物。並米二千石。更以一千石在中江平價市糴。」凡言「兩國遺民願贖其父母妻子者。各出米穀貨物以赴之」。是朝鮮於金國許贖之條。已承認之矣。已而金復詰問納逃人事。而朝鮮復書斷斷爭辯。兩國已生嫌隙。其後瓦爾喀部族散居於朝鮮者既多。在朝鮮視之。以為投我者。卽為我國人。而在太宗視之。則以布占泰為蒙古之苗裔。而瓦爾喀與我俱係女眞國之後。世系顯然。非同強索者比。由是嫌怨漸深。重以朝鮮人有出卜兒哈兔（今東間島）行獵者。有入灰扒（今輝發江一帶）偷採蔘者。有與毛文龍部卒共入寬甸而偷採者。皆為金人捕獲。縛送朝鮮。朝鮮雖嚴治之。致書道歉。而越境採蔘者仍不絕。致使國際間之感情日惡。亦未始非一種原因也。

與朝鮮宣戰之由來　自明殺毛文龍。東江諸島無主。太宗思乘虛襲之。天聰五年。遣滿達爾漢董納密送前所留朝鮮使人歸國。遺李倧書言「我今遣兵往征南海諸島。我兵素不諳操舟。爾國人操舟更勝於明。宜與堅大戰船。每船各撥給善操舟之人。如此則前衅可釋。爾助明人奚啻百次。皆灑血輸誠。今止助我一次。亦不可不輸誠也」。滿達爾漢董納密至朝鮮都城。候三日不見。且使人守其館門。於是佩弓矢。奪門出。王近侍追及。固勸之回。入見宗。宗曰「明猶吾父。撫我二百餘年。今征吾父之國。豈可相助以船。譬如他國與貴國爲難。亦有此借船之舉。貴國以爲何如」。卒不與。七年。孔有德耿仲明據登州。遣其黨張文煥等乘舟自蓋州登岸來降。太宗遣英俄爾岱等遺書宗徵粮。尋奏朝鮮聽明人計借兵倭國築城備我。於是集諸貝勒大臣議之。僉云置朝鮮而征明。八月朔。英俄爾岱等還。云朝鮮以粮濟我。其時衅猶未開也。蓋戰衅最近之因。則在朝鮮之不尊帝號。自天聰九年。多爾袞等征察哈爾歸。上獻歷代傳國玉璽。（自元順帝棄都城攜璽至沙漠後崩應昌府璽遂失越二百餘年有牧羊者掘地得之歸於元裔博碩克圖汗後國破歸於林丹汗多爾袞等征察哈爾時聞璽在蘇泰太后處得之）太宗焚香告天。受之。諸貝勒大臣與外藩諸貝勒請早正尊號。太宗曰內外諸貝勒大臣同心勸朕稱尊。朝鮮王乃兄弟之國。應與共議。當遣使告以此事。衆皆喜曰。誠如聖諭。遂於次年二月。八和碩貝勒及外藩四十九貝勒。各致書朝鮮國王。告以上聖德日隆。麻祥滋集。命戶部承政英俄爾岱齎書往。口傳一切事宜。遣親近子弟同來勸進。至則國王不接見。亦不納書。詭令至議政府議事。及設兵防守。諸使者於城中奪馬乘之。突門出。至途。國人遣人持報書追付。又以書諭其邊臣固守邊疆八道。英俄爾岱等奪之來獻。太宗覽書。知朝鮮決意斷絕。召諸貝勒大臣共閱之。皆怒。欲興兵。太宗曰。遣人持書往諭以利害。取其諸子大臣爲質。彼許諾則已。否則再議征討。至四月己卯。始建國號曰大清。改元崇德。羣臣恭上尊號曰寬溫仁聖皇帝。皆行三跪九叩禮。時朝鮮使臣羅德憲李廓。以供春季禮物至。獨不拜。太宗曰「朝鮮使臣無禮。難以枚舉。是彼國王有意搆怨欲朕先啓衅端殺其使臣加朕以敗盟之名不知朕斷不如此即兩國爭戰亦無殺來使之禮殺之則非義矣」遂遣之歸且厚賚之遺書責李倧且諭使臣曰「爾王知悔罪送子弟爲質不然兵臨爾境矣」此即清國最後之宣戰書也羅李二使行至通遠堡即委之而去

三　朝鮮之征服

朝鮮之不度時勢　先是英俄爾岱之使朝鮮也清猶以朝鮮爲兄弟之邦應與共議使朝鮮揆時度勢亦何至遽動干戈乃朝鮮國論沸騰僉議主戰以爲我之與天朝猶人子之於父母也奴賊即爲父母之仇人臣豈有與父母之仇約爲兄弟而置父母於相忘之域耶蓋朝鮮士夫羣染中朝士夫之習氣獨府尹崔鳴吉力排衆論以爲國家軍備不充徒主斥和甚爲危險萬一虜騎長驅生靈魚肉宗社播遷咎將誰任奈其勢甚孤卒無有以是言爲然者及至最後通牒已至而猶遣使臣拜米齋書赴清國詗察實情宜太宗怒而逐之也曰「爾王既不看朕書遣迴朕何爲復閱爾書耶」仍令帶迴並以前奪八道諭文示之曰「渝盟之端明在此書何故破我先盟若謂貴國爲樂山城則我當自大路直向京城其以山城可捍我乎貴國之所恃者江都也我若蹂躪八道其以一小島可爲國乎貴國之持議論者儒臣也其揮筆可以戰乎」拜米遂歸十一月冬至祀天於圜丘並以將征朝鮮告祭天地太廟遂頒行軍律令並傳檄朝鮮清國此次稱帝以爲征服滿蒙通聘朝鮮一切惟我所爲決無有抗拒之者而朝鮮不揣強弱竟

敢卻書不受。是朝鮮對明確表忠誠。而對清則實予人以難受也。此太宗所以二次之役勢在必行也。

南漢城之捷　太宗既將征朝鮮。外藩蒙古諸王貝勒率兵來會。乃命鄭親王濟爾哈朗留守。武英郡王阿濟格駐牛莊備邊。饒餘貝勒阿巴泰駐噶海城收集兵民防敵。次日車駕次沙河堡。命多爾袞豪格分兵從寬甸入長山口。復遣馬福塔勞薩等率兵爲商賈裝。潛往圍朝鮮國都。多鐸及貝子碩託尼堪等爲承。並使岳託超品公揚古利往助多鐸軍。九日太宗親率大兵距鎮江三十里駐營。命杜度及恭順王孔有德等護送輜重繼後。十日濟鎮江。至義州。十二日太宗至郭山城。其駐防定州游擊來援。度不能敵。自刎。郭山守臣遁。軍民皆降。十四日至定州。定州軍民降。命蒙古兵緣海略地。次日岳託奏師至平壤城。巡撫遁。十六日車駕至安州。以書諭其守臣釋勿攻。越三日進圍朝鮮國都。馬福塔等直抵王京。遇府尹崔鳴吉等於城內。鳴吉曰「爾等爲何而來」。馬福塔曰「我等奉皇上命與爾國王有事相議」。鳴吉曰「既爲議事來。俟啓王以禮迎」。遂設宴款待。以爲緩兵計。李倧卽乘隙潛遁南漢山城。馬福塔等率兵追之。多鐸岳託亦相繼至。合兵圍其城。二十七日太宗至臨津江渡口。先是天暖江岸冰泮。徒步亦不可行。是日大雨驟寒。冰堅甚。軍士俱不勞而渡。見者無不驚異。清軍既濟。命固山額眞譚泰等率騎兵入其王京。盡收其財物牲畜。而自率軍從渡漢江。直抵南漢城西駐營。方是時。城中都監大將申景禎守東城望月臺。御衞提調李曙守北門。御營大將元斗杓守北城。撫戎使具宏守南將臺。守禦使李時白守西將臺。水原府使具仁垕守南門。兵約萬二千人。糧萬四千三百餘石。倧以蠟書八道。檄諸道兵勤王。並遣使如明告急明以流寇披猖未暇東顧而國中東南諸道兵亦相繼敗北西北諸道又皆逗留不敢進倧勢乃窮蹙崇德二年正月朝鮮全羅道沈總兵等來援岳託擊卻之遣英俄爾岱馬福塔齎敕至南漢城責其君臣陽爲和順陰圖報復之罪次日朝鮮閣臣洪某李某齎書來請罪太宗置不答四日大兵渡漢江壁江岸孔有德等擕大礮至七日朝鮮全羅忠淸兩道兵來援頓南漢城外太宗遣多鐸揚古利相機迎戰揚古利中鎗創重而死（後追封武勳王）十日多爾袞豪格等率左翼兵來會杜度等亦護送礮車火器至自此星流霆擊所向風靡倧危城固守粮盡援絕不得已仍遣閣臣洪某等奉書請成

懲敗盟之臣及江華島之役　洪某等既至詣營謝罪其來書諉過羣臣專事詩書不習兵革又以受明厚恩名分已定故寧獲罪於貴邦不忍有負於明國倘於此時使倧得保宗社則子子孫孫永世不忘」云云太宗降敕責之曰「今爾有衆欲生耶急宜出城歸命欲戰耶亦宜速出一戰毋徒美言飾過爲也」十九日倧又遣洪某奉書略言重圍未解兵威可懼恐出城不免於死懇以古人城上拜天子之意結盟而退次日卽命英俄爾岱等齎敕以往諭令縛送主謀敗盟之人誅之以示警戒又聞倧妻子在江華島命多爾袞往取之先是南漢城中主戰主和兩派勢若水火崔鳴吉主和之論盈廷非之至山城被圍以國書致淸頗露願和之意金尙憲且裂書以叱鄭蘊彈劾尤不遺餘力主戰者推洪翼漢爲首謂臣自聞僭帝之說膽欲裂氣欲斷寧爲魯連死不忍汚口生請執殺虜使庶義伸而氣張倧頗主和議唯不願出城懼蹈不測太宗爲趣其歸降於是始有多爾袞之命二十二日多爾袞至江華島渡口朝鮮兵百餘艘

分爲兩翼清軍自中衝入。發紅夷大礮轟擊之。朝鮮兵潰。遂克其城。獲朝鮮王妃一。王子二。閣老侍郎各一。宗室七十六人。羣臣家屬百有六十六人。多爾袞頗優待之。亦趣其速降之一因也。

李倧之出降 二十四日。太宗降敕諭李倧曰。「爾不從出城。始有速攻江華島之命。若早聽朕言。何至於此。朕獲爾家室。諭爾前來。若再遲延。是自棄其家屬也。」越四日。倧以書奏誠心向順。太宗降敕諭之曰。朕覽來奏。知爾欲保全宗社。朕詔已出。寧肯食言。將盡釋前罪。永定規則。以爲子子孫孫君臣世守之信義。爾若悔過自新。不忘恩德。則當去明國之年號。絕明國之往來。獻納明國所與之誥命册印。躬來朝謁。以爾長子並再令一子爲質。諸大臣亦以子弟爲質。爾有不諱。則朕立爾質子嗣位。從此一應文移。奉大清國正朔。三大節及慶弔等事。俱行貢獻禮。遣大臣及內官奉表。其進表及朕降詔敕。或有事遣使傳諭。爾與使臣相見禮。爾陪臣謁見禮。及迎送餽使之禮。毋違明國舊例。朕若征明。調爾步騎舟師。限期不得有誤。朕今回師攻取皮島。爾可發鳥槍弓箭手及兵船五十來助。大兵將回。宜獻犒軍之禮。日本貿易。聽爾如舊。當導其使者來朝。朕亦將遣使與彼往來也。爾以既死之身。朕予生存。保全宗社。復還家室。當念朕再造之恩。日後子孫。毋違信義。則邦國永存矣。每年進貢一次。黃金一百兩。白銀一千兩。水牛角二百對。豹皮鹿皮各一百張。茶一千包。水獺皮四百張。靑鼠皮三百張。胡椒十斗。腰刀二十六把。順刀二十把。蘇木二百斤。大紙一千卷。小紙一千五百卷。五爪龍蓆四領。各樣花蓆四十領。白苧布二百匹。各色棉紬二千匹。各色細麻布四百匹。各色細布一萬一千四百匹。米一萬包。」倧接受此書。卽夜召大臣畢至。

乃定出城降服之議。越一日。宗棄兵械。服朝服。獻上明國所給敕印。出城歸降。降壇在漢江東岸三田渡。設黃幄。列美女。太宗辰刻出。發旗纛。前導奏樂。渡漢江。登壇。設鹵簿如儀。將士皆躬擐甲胄。宗自南漢城率文武羣臣。離南漢山五里許。徒步來朝。太宗命英俄爾岱馬福塔等迎於一里外。指示禮儀。引至儀仗下。宗率羣臣伏地請罪。贊禮官引宗及其諸子羣臣行禮。禮部官到至儀仗下。奏請李宗班次。太宗曰。「朝鮮雖迫於兵勢來降。亦一國之主也。」命近前坐於左側。其長子李溰坐於左班親郡王貝勒之下。次子李淏三子李濬坐於右班親郡王貝勒之下。坐定大宴。江華島所獲宗王妃子婦及羣臣妻子。命盡還宗。賜宗黑貂袍掛雕鞍馬匹。其大臣金瑬等各賜貂裘。宗率衆謝恩。命英俄爾岱等送之入王城。留湋淏二人爲質。二月朔。以島中所獲人畜財幣分贈諸將。次日班師。宗率羣臣出王京十里外跪送。奏請「積弱以來。所在懸罄。詔諭之貢。或非地產。或力不逮。必須量力稟承。爲定式。望鑒小邦事大之誠。恢天朝懷柔之度。」太宗命坐。賜茶。宗起謝。仍命英俄爾岱等送還。並遣范文程等傳諭曰。「爾國窮困。朕自知之。丁丑戊寅兩年准免貢物。己卯年秋季爲始。照例入貢。」清軍既還。車駕至義州。復諭多爾袞曰。「朝鮮雖降。軍行毋得玩忽。朕觀諸將多怠。當嚴加約束。」惟其軍行無擾。故沿途官民或獻牛隻。或獻米糧。以供軍食。至二十一日。還至盛京。越數日。宗遣官解送斥和官洪翼漢至。至三月。始與朝鮮宏文館校理尹集。修撰吳達濟同棄市。

江華島之結果及朝鮮之紀恩碑　是島之破。廬里齋條鞠爲禾黍。京城被禍尤烈。朝鮮紀錄所載。雞鳴絕跡。餓犬狂走。其餘若平安。若江原。若黃海。若惠清。若京畿諸道。亦爲清軍所傷。夷而北歸之。蒙古兵道經咸鏡。勢踰風掃。生人多陷塗炭之艱。李倧之出降。豈得已哉。島城既破。朝鮮守將沈世奎沒於陣。獲蟒素緞四萬餘匹。青布十八萬餘匹。紅毡五萬條。白銀三萬兩。紅夷礮七。法貢礮二。西洋礮一。俘虜三千八。此朝鮮之役。影響及於皮島者也。蓋至是而明國之東藩盡失矣。

附載朝鮮紀恩碑　清太宗崇德初征服朝鮮。四年。國王李倧立紀恩碑於三田渡。其銘云。天降霜露。載肅載育。維帝則之。並布威德。皇帝東征。十萬其師。殷殷轟轟。如虎如貔。西番窮髮。暨夫北貊。執殳前驅。厥靈赫濯。皇帝孔仁。誕降恩言。十行昭回。既嚴且溫。始迷不知。伊戚自貽。帝有明命。如寐覺我。我后祗服。日率而歸。匪唯怛威。唯德是依。皇帝嘉之。澤洽禮優。載色載笑。爰束干矛。何以錫之。駿馬輕裘。都人士女。乃歌乃謳。我后言旋。皇帝之賜。曰班六師。活我赤子。哀我蕩析。勸我穡事。金甌依舊。翠壇維新。枯骨再肉。寒荄復春。有石巍然。大江之頭。萬載三韓。皇帝之休。文詞亦古亦雅。琅然可誦。有清開國。武功璜璜。兵征四方。幾媲成吉思汗。讀是碑者。應恍然神武應曆。撥亂發皇。其功洵非偶然也。

第四章　明失北援

一　蒙古之起源

蒙古之民族　蒙古民族乃中國北裔諸部游牧人之綜名也．殷代鬼方．周代玁狁．漢代匈奴．實皆居於中國北邊之游牧民族．逐水草遷徙．無城郭．無宮室．無常居耕田之業．去來朔漠之鄉．窺擾障塞之際．數千年種別類區．皆以大漠爲諸部之樞紐．漸至釀成晉代五胡之亂．其實匈奴與羯爲一族．氐與羌同屬一族．雖曰五胡．止匈奴鮮卑羌三大族而已．西北各民族爭城奪地之結果．次第併爲鮮卑慕容氏之燕．與氐族苻氏之秦．秦滅燕．統一北方．又爲晉所滅．國遂分裂．從前爲其呑併各民族．又紛紛獨立．其間以鮮卑拓跋氏之魏．與羌人姚氏之後秦．爲最強．至唐代．平突厥．於是突厥族自回紇以下．請唐特闢參天可汗道．以便朝貢．唐亦設燕然都護府於鬱督軍山（今杭愛山附近）．南爲統治北荒之計畫．復置定襄雲中兩都督．領於單于瀚海二都護．其擴入版圖．自此始．所惜河北藩鎮．久同化外．坐使渤海漸強．契丹繼起．皆爲同族之女眞所滅．遼金雖置上京中京西京諸道．然僅域於東西奚．而未及於朔漠也．自元太祖鐵木眞爲蒙古大汗．凡滿洲內外蒙古．中國本部．青海西藏．及中亞細亞．皆爲所領．高麗交趾．亦爲所羈縻．又於名義上統馭伊兒等四汗國，實握蒙古帝國之全權焉。世祖爲立馭國之策，乃建阿母河行省，以統葱嶺以西；置嶺北行省，以制杭愛山以北；開阿力麻里元帥府，以監天山北路；設別失八里元帥府，以治天山南路；翔遼陽行省，以督滿洲及朝鮮。自是蒙古遂統一東亞。明太祖起，仍逐元裔於沙漠。嗣因韃靼（即北歸之蒙古改稱）餘勢甚張，成祖特遷都北京（今北平）以備之。至中葉，韃靼達延汗才統一漠南北。其間遺族蕃滋，枝葉碩茂，今之蒙古各部汗王連衍而接踵緒者，猶此枌榆之苗裔也。此蒙古民族發展之由來也。

蒙古之名稱及部類　唐書北狄列傳室韋下云：室韋之北有大室韋，瀕於室建河（今額爾古納河），河出俱倫泊（今呼倫湖），迤而東，河南有蒙兀部。是蒙古族見於中國史籍之始。金史外國傳不列蒙古，但兵志中東北部族乣軍、西北部族乣軍，皆有萌骨部。萌骨即蒙古之轉音。又大金志載完顏偉云：今「朦骨不受調役」。可見蒙古稚爲女眞之屬部。且塔塔兒即韃靼一音之轉，其爲與蒙古同族之部落無疑。又室建河東北流，與黑龍江上游敖嫩河合。敖嫩即斡難之異譯。故蒙古當宋代以前，或稱蒙兀，或稱蒙古斯，僅斡難河源一隅地。自韃靼統一漠南北後，達延汗南下，始分其屬土爲二，以王諸子。留幼子札賚爾守漠北，號喀爾喀部，分三汗：曰土謝圖，曰車臣，曰札薩克圖，即是後來外蒙古之起源（雍正時始增設三音諾顏部）。二子巴爾色統漠南西部，即是後來鄂爾多斯之起源。巴爾色次子俺塔據其北陰山附近，即是土默特部之起源。達延死，長孫博迪嗣爲汗，傳其子達賚遜，遂東徙宣府之北，世嗣汗位，專轄漠南東半，稱插漢兒部。插漢兒者，近接之意，以地近長城而名。此是後來察哈爾部之起源。之數部者，清時概稱爲內蒙古。漠南內蒙古與滿洲接壤交涉最多臣服亦最早漠北喀爾喀三部以隔於沙漠地遠勢散與明無所接觸迄清聖祖時始入版圖至於準部明時屬瓦剌瓦剌中衰後徙居喀爾喀以西全境裂爲四部一曰和碩特一曰杜爾伯特一曰土爾扈特一曰準噶爾簡稱準部綜稱爲厄魯特蒙古準部噶爾丹爲酋長併吞四部統一厄魯特并擴餘威於青海諸部自聖祖親征於是三大部蒙古皆爲清有噶爾丹雖敗死然其子若孫及和碩特部汗與輝特部酋仍繼起統一厄魯特而與清抗衡清亦歷康熙雍正乾隆三朝才平定其疆域從此蒙古全部皆併於清矣蓋漠南漠北二部大半爲元之後裔而漠西青海則其疏族也試先述內蒙古

二　內蒙古之兼併

蒙古與明之關係　元室亡順帝殂於應昌阿裕嗣立徙和林改元宣光傳其次子托果斯特穆（舊作脫古思帖木兒）改元天元洪武二十一年命大將軍藍玉破之捕魚兒海（今克什克騰西北周數十里）部落潰散五傳至昆特穆爾（舊作坤帖木兒）皆被殺遠族果勒齊（舊作鬼力赤）篡位稱可汗去國號復稱韃靼尋爲酋長阿魯台所弒時昆特穆爾弟本雅失里避亂居撒馬兒罕乃迎之於別失八里（今烏魯木齊）立爲可汗時明成祖永樂三年也成祖以書諭之不報復遣給事中郭驥往驥被殺七年明將邱福擊之於臚朐（克魯倫）河畔敗沒明年車駕親征破本雅失里於斡難河畔本雅失里奔瓦剌部長瑪哈穆（舊作馬哈木）乘機殺之於是阿魯台與瓦剌相仇窮蹙內附封爲和寧王瓦剌即斡亦剌部也初元臣猛可帖木兒乘元室之衰遂據其地察合台汗亡勢力漸增外蒙古

西部及天山北路皆爲所有至瑪哈穆爲酋長乘韃靼之敗統一漠北當阿魯台勢窮南竄帝納而助之數年生聚蕃富浸桀驁時將兵出沒塞下二十年帝復親征阿魯台大破之乃率其屬東走烏梁海阿魯台威勢頓墜瑪哈穆子託歡（舊作脫歡）連破韃靼道其子額森（舊作也先）降明（永樂二十一年）越十二年襲殺阿魯台阿魯台部下東走徙興安嶺麓建科爾沁部餘衆悉降託歡託歡欲自稱可汗而衆不附乃求元後脫脫不花而立之景泰中託歡死額森嗣時韃靼政事額森專之兵最多脫脫不花雖爲汗兵少知院阿剌兵又少俄而也先弑脫脫不花（景泰二年）自立爲大元田盛可汗（田盛者漢言天聖也）暴益甚旋爲阿剌所殺（景泰五年）未幾韃靼部人孛來復殺阿剌與毛里孫仍立瑪爾科爾（舊作麻兒可兒脫脫不花之子）爲可汗號小王子自是世以小王子爲稱小王子世次多莫可考憲宗成化六年達延爲可汗有雄略復統一諸部號大元大可汗南入河套（今鄂爾多斯旗）駐牧併青海及烏斯藏成化末入寇者衙稱小王子漸往來套中與賀蘭山後強酋和斯（舊作火篩）相倚日益強大宏治十三年小王子復居河套爲邊患無寧歲嘉靖十一年小王子徙幕東方謂之土蠻而分諸部落留西北邊其從父行濟農（舊作吉囊）諳達（舊作俺答）二部最強復居套時時入寇其時邊防莫急於河套青海及俺答封而西塞以寧於是東部土蠻時寇遼東初小王子育布希駐牧察哈地是爲察哈爾諳達懼爲所併徙帳於遼收福餘雜部數入掠薊西而邊患又急於薊邊蓋明世邊寇有三部曰河西部青海蒙古是也曰河東部札薩克蒙古是也曰河套部阿拉善及鄂爾多斯蒙古也故於遼東之處置不以爲意

蒙古與淸之關繫　明成祖時海西女眞（今開原以北松花江附近一帶）建州女眞（今伊蘭至濱江一帶）野人女眞（今黑龍江支流科爾芬河沿岸）諸酋

長來歸附。明因以其地置衞百八十四所。選其酋長爲衞指揮等官。厥後野人女眞逐漸南下。海西建州。皆爲所壓迫。多徙居西南。與明益切近。其時明之國力漸蹙。重以北方與蒙古抗衡。南方又受倭寇鈔掠。無暇顧及東北。及太祖爲建州都指揮。不久卽因功升都督。太祖遂用明都督名義號召各部。勢始強。卽叛明。太宗嗣位。知攻明不易有功。於是先以兵脅朝鮮及內蒙古諸部。以包圍明東北邊境。明廷亦知建州之不易與。亦思款蒙古以制東夷。然其兵力日強。歸附日衆。亦虛款而無成效。且蒙古與滿洲交通便利。匪特人民生活有關繫。且於文化亦有關繫焉。故建州奮興。先以懷柔蒙古爲惟一之政策。蓋與淸有密切之關繫者。朝鮮而外。厥惟蒙古也。自淸收朝鮮。而遼東沿海始無牽掣之虞。自淸收蒙古。而長城以北始無中鯁之患。會其時育布希小王子四傳至林丹。勢強盛。數犯遼東。復攻破喀喇沁部。乘勢犯宣大。邀歲賞。東西馳逐。所部多潰散。淸乃招徠而安集之。內蒙之地。先已爲藩屬矣。

內蒙諸部之識略　內蒙部落。大別之爲二。（一）曰科爾沁。在今內蒙古哲里木盟四部之一。及遼寧洮昌道境內。（二）曰漠南蒙古。在今河北山西邊外地。溯科爾沁建置之沿革。秦漢遼東郡北境。後漢爲扶餘鮮卑地。南北朝隋唐爲契丹靺鞨地。遼爲上京東境。及東京北境。金分屬上京北京及咸平路。元爲開元路北境。明太祖初置烏梁海三衞。自黃泥窪踰鐵嶺至開原。曰福餘衞。永樂元年以按春（舊作安出）及圖卜新（舊作土不申）爲都指揮。掌衞事。後陰附蒙古。叛服靡恆。二十一年。蒙古一帶雖已服明。然韃靼與瓦剌二部東西對立。日相仇敵。越十二載。爲託歡所殺。逐其所立阿爾台王子。阿魯台舊部徙興安嶺之麓。洪熙間斡拉強盛，其酋走避腦温江，即今之嫩江也。乃依烏梁海以建國焉。疆域東界札賚特部，南界遼寧邊牆，西至札魯特部，北至黑龍江省，東北八百七十里，東西距八百七十里，南北距二千一百里。以同族有自稱爲阿嚕科爾沁者，因自號嫩江科爾沁，以自別焉。後分與其弟各居一方，則有若郭爾羅斯，有若杜爾伯特，有若札賚特，其地皆在喜峯口一帶也。至漠南蒙古與漠北蒙古之分，則自元托果斯特穆爾六世孫達延可汗時始。初順帝北歸，阿裕嗣立，徙和林，傳其次子托果斯特穆爾，後五傳至昆特穆爾，皆被殺。至果勒齊篡位，始稱韃靼可汗。然其後爭權相攻，內亂無已，韃靼部落四分，勢未大振。迨達延立，復統一諸部，以地勢寥廓，乃分其屬土爲二，以王諸子。漠南領土，封圖魯巴爾色阿爾楚鄂爾齊分居之，而留末子格埒森札賚爾領漠北。達延在位四十七年死，博迪嗣爲汗，專領漠南東半，以其地近長城，故稱察哈爾。博迪傳其次子達賚遜，遂東徙宣府（今宣化縣）之北，世嗣汗位。而圖魯之後，又別爲浩齊特蘇尼特烏珠穆沁敖漢奈曼諸部。巴爾色之子客剛哩克，居河套，是爲鄂爾多斯。其弟俺答居陰山附近，是爲土默特。鄂爾齊之後，謂之克什克騰。故漠南蒙古部落不一，而以察哈爾爲雄長，後徙帳於遼東邊外，四傳至林丹汗，侵暴諸部，尤雄桀。諸部因此悉外嚮，轉爲清所用矣。

三　內蒙古諸部之降附

科爾沁之降　科爾沁既雄視部中，韃靼復熾。會太祖統一建州，又收服鴨綠江路，疆宇日廓，海西諸部皆嫉視之。癸巳（萬曆二十一年）六月。科爾沁貝勒明安莽古思與九部聯軍。分三路來攻。太祖進兵至古埒山。所向披靡。明安馬被陷。遂棄鞍裸身乘驏馬走。明年。明安偕喀爾喀五部貝勒老薩。始遣使通好。自是蒙古諸貝勒通使不絕。及太祖攻烏喇。科爾沁援之。復爲所敗。至是始不敢與太祖相抗衡。壬子（萬曆四十年）正月。太祖聞明安女甚賢。遣使往聘。明安許焉。送女至。具車服以迎。筵宴如禮。昇爲側妃博爾濟錦氏。越一年。莽古思又以女歸太祖子四貝勒爲婚。四貝勒卽皇太極也。是爲孝端文皇后博爾濟錦氏。天命九年。太祖遣使往約科爾沁與堅和好。其台吉奧巴遣使齎書。稱太祖如青天之上。太陽當空。衆光盡斂。威震列國。臣民懾服。皆天共主之聖明皇帝。並謂科爾沁貝勒等俱欽服帝命。欲修好如約。但懼察哈爾與喀爾喀所知。興兵侵擾。望籌及之。太祖遣庫爾纏往會盟。誓曰。「二國憤察哈爾侮慢。故締盟好。昭告天地。今若爲所誘惑。私與之和。天地降災」。蓋當初內蒙古諸部。次第來附。獨察哈爾部歲得明賂百餘萬。爲明屏障。部酋林丹。尤有雄略。橫行漠南。破喀喇沁。滅土默特。熊據虎峙。席捲虔劉。諸部聞風而遁。北走者依喀爾喀。東奔者則依科爾沁。林丹惡科爾沁之與建州盟也。又恨其爲逋逃藪。天命十年。率兵攻科爾沁。奧巴聞其來侵也。使人致書於太祖。太祖遣使者四。習火器者八人。齎書報之曰。「爾固守城郭。我自來援。兵之多寡。我能籌之。毋憂也」。初察哈爾車臣汗卒。林丹立。奪其叔貝勒代青所屬石納明安部衆。代青率六子札爾布色冷等。奔附科爾沁奧巴。至是札爾布色冷從科爾沁來謁。並賜賚遣還。未幾。奧巴所居之格勒珠爾根城。爲林丹所圍。奧巴來乞援。太祖率貝勒大臣至開原北關視軍。選精騎五千。命阿拜皇太極及台吉阿巴泰等統之而往。進至農安塔。林丹聞援兵至。夜遁。圍遂解。於是兩國之睦誼益堅。翌年。太祖征明。還軍至渾河。會奧巴偕其昆弟來朝。太祖命諸貝勒出迎。優禮之。奧巴令弟賀爾禾代等問諸貝勒曰。皇帝曾許妻我女。果然。吾當以禮娶。諸貝勒上聞。遂以台吉圖倫（舒爾哈齊第三子）女妻之。大宴成禮。六月。命刑白馬烏牛。祭告天地。與奧巴盟於渾河岸。對天焚香獻牲。并以誓書宣於衆。焚之。次日。太祖曰。察哈爾侵掠科爾沁。貝勒奧巴獨力拒敵。賴天佑。免於難。來歸附我。朕今賜號土謝圖汗。以仰承天意。並賜其兄土梅號代達爾漢。弟布塔齊號札薩克圖杜稜。賀爾禾代號青卓禮克圖。奧巴歸。太祖率貝勒大臣送至蒲河之岡。命代善阿敏送至鐵嶺城。自是科爾沁遇有征伐。卽以師來會。優賜亦與他部獨異。

惟天聰二年。征察哈爾之役。外藩喀喇沁敖漢奈曼喀爾喀部俱會師。榜式希福使科爾沁國還。奏言科爾沁諸貝勒皆不至。止土謝圖汗額駙奧巴哈談巴圖魯滿朱習禮如約。欲先率軍侵掠。然後與我軍合。皇太極大怒。遣希福率健士趣之。已而奧巴違命徑歸。復遣索尼阿朱戶遺書歷數其罪。并諭二人云。「汝等見彼。勿加以禮。勿食其食。厲色待之。卽作欲歸狀。以觀其情形。」既至。詣土謝圖汗所。奧巴有足疾。居別室。聞二人詣見。公主扶掖至。二人不爲禮。亦不起立。奧巴佯問公主曰。此爲誰。公主不答。索尼阿朱戶云。「吾等天聰皇帝使臣也。爾有罪。義當絕。皇上震怒。恐吾等不能達意。別有諭旨。」於是以書授之。卽整轡欲行。奧巴得書大驚。令衆挽留再三。曰。「覽上來書。責我罪重。心甚惶懼。罔知所措。今令拜斯噶爾台吉及桑噶爾寨。同使者往謝罪。俟吾足愈親往。」留索尼等十日。送之先行。囑曰。「吾往朝見無遺使報聞至尊之禮爾既先行望爲吾轉奏吾既得罪於上身雖抱疾必令人扶掖而往如蒙上寬容吾當親拜天顏以釋罪戾如上不我容吾當遙拜於外」索尼等還奏太宗曰「彼既知罪來謝則亦已矣」明年正月奧巴至太宗郊迎十里還御殿宴之越一日令庫爾纏希福復申前書中語詰之奧巴俱服罪被宥賚賜甚厚俄敕科爾沁等部悉遵國制及崇德改元科爾沁率漠南諸部合詞上尊號禮成册功詔封親王郡王鎭國公等爵及設札薩克五人又以降附最早世爲帝室懿親故以後諸王之歲俸在內蒙古二十四部之上矣

喀爾喀之降　喀爾喀亦內蒙古之部族也與外蒙古之喀爾喀異內蒙古昭烏達盟八部有喀爾喀左翼一旗在熱河東隅內蒙古烏蘭察布盟四部有喀爾喀右翼一旗在綏遠北境天命四年太祖克明鐵嶺城喀爾喀貝勒介賽及札魯特貝勒巴克等二十餘人引兵乘夜至秫田太祖率兵奮擊之擒介賽並二子色特希爾克石克圖及妹婿代噶爾翌日大宴奏樂介賽等匍匐謁見介賽從人烏胡齊問曰「上與衆貝勒大臣俱無恙耶」太宗侍側應曰「我軍中止牧馬兵十數人被傷餘俱無恙汝等鞍馬俱完善耶」蒙古皆大慙垂首無以應於是論功行賞先釋介賽從者孛羅齊等十一人還使寄語諸部長述蒙古大敗介賽等被擒乃班師諭貝勒大臣曰「我畜介賽於此而殄其兵彼所屬軍民畜產恐爲他貝勒攘取不如縱所擒人還國便」遂遣之還已而喀爾喀部卓禮克圖洪巴圖魯貝勒率衆貝勒所齎書曰「介賽屢啓衅端誠有罪惟上所命但明敵國也如往征之必同心合謀直抵山海關負此言者天與佛

盟之倘與明和好。亦必會同定議。若明輸財物。厚汝薄我。汝國勿受。厚我薄汝。我國亦不受。能踐此言。名聞遠邇。不亦善乎」太祖乃命大臣五人偕喀爾喀來使齎誓詞赴期會之地。刑白馬烏牛。昭告天地。誓踐盟言。共享太平。後有把岳忒部及札魯特部屬下人來歸。太祖曰「來歸誠爲可矜。但盟誓尤不可背」遂不納。賜介賽子珍物甚厚。天命六年。喀爾喀以畜產一萬贖介賽。送其二子一女爲質。遂命諸貝勒設宴十里外送之。以所質女與大貝勒代善爲婚。未幾。喀爾喀台吉古爾布什莽果爾率兵六百戶。並驅牲畜來歸。太祖以女妻古爾布什。賜名青卓禮圖。又以族弟濟白里女妻莽果爾。並授爲總兵。十一年夏四月。初。喀爾喀衆貝勒誓盟謂「征明則併力同征。議和則相約同和」。後背盟私與明和。太祖統軍征之。渡遼河駐營。命諸貝勒率精騎疾馳。而自率師爲承。分兵八路並進。至巴林部。貝勒囊奴克棄寨走。追射之中矢墮馬死。克環近屯寨。長驅至西拉木輪。獲畜產無算。巴林與喀爾喀爲兄弟行。天聰二年。察哈爾林丹復舉兵破之。貝勒塞特哩偕台吉滿朱習禮遂舉部來歸。又是時札魯特色本馬尼亦爲林丹所侵。舉衆往奔科爾沁。無以自存。亦來降。而喀爾喀遂平。喀爾喀有五部。巴林札魯特皆爲五部中之一云。

札魯特之降　札魯特者。內蒙古昭烏達盟八部之一。在熱河東北境。東南界科爾沁。西南界阿魯科爾沁。北界烏珠穆沁。天命四年。太祖與喀爾喀諸部謀合力抗明。椎牛盟誓。未幾。札魯特貝勒巴克色本與介賽等背盟。馳至鐵嶺城。爲太祖軍奮擊。敗其兵。擒巴克。以其子鄂齊里桑來質。乃釋巴克歸。八年正月。巴克來朝。太祖悅。釋其質子。與之俱歸。俄而太祖所遣使臣祜類。自札魯特台吉達雅處。攜其畜產衣服器械諸物。爲其貝勒昂安所擄。祐類還曰「喀爾喀乘貝勒俱背盟矣。」已而巴克使臣伊沙穆之牲畜亦爲所劫掠。於是遂命台吉阿巴泰等率兵征昂安。斬昂安父子並從者。盡獲其妻孥軍民畜產。又執貝勒鍾嫩子桑土之妻子而還。桑土因妻子軍民被擒。上書稱太祖爲普天共主英明皇帝。言臣自來無罪。故父存日。罪誠有之。今大兵下臨。孤身得脫。妻子俱被俘獲。乞陛下鑒察垂憐。太祖使人報桑土曰「爾妻子俱無恙也。」桑土遂來朝。命還其妻子。俾俱歸。十一年十月。以札魯特敗盟。殺掠。私通於明。命大貝勒代善二勒貝阿敏率兵征之。先聲討其敗盟之罪。示以書曰「己未之歲。介賽被擒。曾議協力征明。載在盟誓。乃喀爾喀五部唯利是視。竟以兵助明。則是爾國之絕我好也。然猶不悛。入我臺站。奸絕我好。擄掠我財幣。虔劉我人民。背棄盟誓。不悔厥心。諸部受命。獨昂安不從。我是以有額爾格勒之師。諸貝勒猶願修前好。我即釋其妻子。唯好是求。癸亥之歲。復申盟誓云。科爾沁我戚也。察哈爾我仇也。爾愼毋與察哈爾通。我遣使科爾沁之人。愼毋要截。致啓兵端。亡何。爾又不祥。我派遣使臣爾襲之。漠察喇追之遼河濱。劫其財。以傷其首。則是爾之二三其德也。然我猶追念前言。不懲不壹。巴林之役。所俘獲爾部人。悉遣之歸。再以桑土之無成德。仍不縶留。則是我之大有造於爾國也。今年春。爾札魯特左翼諸貝勒。數截擊我使臣於道路。並行殘害。是爾之欲逞志於我也。其不能以諸軍退矣。」已而代善等奏報擒獲札魯特貝勒巴克與其二子。及喇什希布代青桑噶爾寨等十四貝勒。殺其貝勒昊爾寨。圖盡俘所屬人戶而還。至是札魯特諸部皆服。其後右翼貝勒色本馬尼。爲察哈爾所侵。奔往科爾沁。科爾沁不能贍養。於大聰二年冬．舉部來歸．於是封色本為多羅達爾漢貝勒．內蒙東部既已回首面內．庶幾可使制梃西向以撻堅甲利兵之察哈爾矣．

四　察哈爾之征服

林丹汗為明用　初．小王子育布希．駐牧察哈地．是為察哈爾．亦曰插漢兒．四傳至林丹．稱胡土克圖可汗．勢漸強．卽明史所謂虎墩兔也．萬曆初．太祖與林丹汗皆娶葉赫之女．而葉赫始終附明．為明朔邊屏障．與太祖東西相抗衡．天命四年．太祖滅葉赫．其遺衆多依附察哈爾．林丹有雄略．明欲利用之以制建州．歲給銀百餘萬．其時建州開拓疆土．東自海西至明遼東界．北自科爾沁之嫩烏喇江．南暨朝鮮國境．凡語音相同之國．俱徠服而統一之．獨林丹汗揚言能助明．遣使臣康喀爾拜虎致書太祖曰「統領四十萬衆蒙古國主巴圖魯青吉思汗．致書水濱三萬衆金國主安寧無恙．明我二國之仇讎也．聞爾年來數苦於明．今年夏．我親往明廣寧收貢賦．倘汝兵亦往．則我為汝牽制．以我已服之城．為汝所得．殊為不可．若不從吾言．吾二人是非．天必鑒之．如以吾言為是．汝其令前使來復至吾國」林丹受明利用．欲遏建州兵西下．所稱廣寧收賦．特誑言耳．越歲．遣使碩色吳巴什齎書報林丹曰「閱來書自稱四十萬蒙古之主．稱吾為水濱三萬人之主．奈何恃其衆以驕吾國乎．昔吾之未征明也．爾曾與明搆兵．僅以身免．及再搆兵．格根戴青貝勒及從者十餘人．為明所殺．毫無所獲而回．爾侵明者二．俘何人衆．克何堅城．

敗何勁旅，明何畏於爾，爾果有知識，來書宜云：明，吾深仇也，唯天地眷佑之主，能墮其城，敗其衆，願同心協力以圖也。如是立言，不亦善乎。乃唯利是嗜，以有限之金帛，搆怨於素無嫌怨之國，皇天后土，寧不鑒之。」林丹汗得書，縶留碩色吳巴什，太祖誤聞已被殺，欲殺康喀爾拜虎，已而遣人往約各歸其使，林丹置勿答。會喀爾喀使臣至，言碩色吳巴什已爲林丹汗殺以祭旗，太祖待之月餘，謂貝勒大臣曰：「今已逾期，吾使被殺無疑矣。」遂誅康喀爾拜虎。後碩色吳巴什寤與守者謀去其桎械，潛脫歸。按其時插部僻處薊西，其版圖財稅，猛將謀臣，本不足以抗建州，卽論殘明時局，亦已百戰百敗，元氣日凋，倘旌旗早臨，安見不三接而三捷，而太祖遵時養晦，猶不惜屈尊修好，蓋不願以新建之邦，日與強鄰啓釁者，蓋其廟謨至遠也。

林丹汗失勢及喀喇沁會盟　自林丹汗強盛，先略有土默特地，勢益熾，天命十年，復率兵攻科爾沁台吉奥巴，遣使告急，太祖選精騎五千，命太宗等統之而往，林丹懼，夜遁。其後各部之苦其侵暴者，叛歸漠北，皆願爲太祖用。時明方困守遼西，林丹願助明寇遼東，太宗亦數遣師襲察哈爾邊境，雖未獲大勝，而林丹以諸部潰散，威積日替。天聰元年，太宗與奈曼諸部書，歷述興師征明與喀爾喀及朝鮮之由，願與諸部同除強暴，各保疆圉，以林丹汗之肆虐，當共圖之。六月，蒙古敖漢部、奈曼部諸貝勒，舉國來附。八月，察哈爾阿喇克綽忒部貝勒巴爾巴圖魯、諾門達賚、吹爾札木蘇，率衆來歸。十一月，察哈爾貝勒昂坤杜棱，攜妻子率衆來降。十二月，阿喇克綽忒部貝勒圖爾濟伊爾登，攜妻子率衆來降，並迎宴撫輯之。至是察哈爾勢益蹙。明年。林丹犯宣大邀歲賞。明因定議歲給金額。使侵遼東。然東西馳逐。固無損於建州之毫末也。二月。喀喇沁部蘇布囊蘇布地偕其弟萬旦衛徵等以書來奏曰。「察哈爾汗不道。傷殘骨肉。我喀喇沁部落屢被欺陵。今左翼阿巴噶及喀爾喀部落遣使來約。合力興師。且有與天聰汗同舉兵之語。是其根本搖動。可乘此機。秣馬肥壯。及草青時。同阿巴噶喀喇沁土默特興師取之。大國如欲發兵。即宜秣馬治甲。」俄而遣往喀喇沁使臣為察哈爾多羅特部兩次截殺。太宗親征之。多爾濟哈談巴圖魯中傷遁走。盡獲其妻子。殺台吉古魯。俘萬一千二百人。以蒙古漢人千四百編為民戶。餘俱為奴。越三日。遣使諭喀喇沁貝勒吳爾赫等曰。「汝來書言察哈爾汗不道。並議和好之故。汝今果欲和好。可遣人來面議。」七日。喀喇沁以喇嘛四人率五百三十人來乞盟。命阿濟格等迎宴之。與盟誓。自此喀喇沁拉斯喀布汗烏勒赫等舉部來附。九月。太宗率軍征察哈爾。會敖漢奈曼部於都爾鄂。會喀爾喀諸貝勒於遼陽。會札魯特台吉喀喇沁台吉於綽羅郭勒。諸軍馳擊席爾哈席伯圖英湯圖諸處。克之。復遣精騎追捕敗兵至興安嶺。降者編為戶口。至是察哈爾之勢力已退出西喇木倫河流域外。而建州之兵復得喀喇沁台吉之嚮導。已出入於長城以內矣。

林丹之敗與額哲之降　天聰五年。林丹率兵侵阿魯蒙古駐牧之西喇木倫。命薩哈廉豪格往征林丹。大掠塞冷阿巴海一營而去。明年。以征察哈爾徵各蒙古兵。頒軍令。四月朔。太宗引軍而西。命阿巴泰等留守。會遼河漲溢。軍士冒潦晝夜行。出其不意。踰內興安嶺千三百里至其庭。林丹謀拒戰。而所部不從。

大懼。諭部衆棄本土西奔。國人倉卒逃遁。盡委輜重而去。師過興安嶺。次太兒湖（太兒湖延袤約八十里東西南三河環流瀦注水鹹不可飲距瀋陽西一千三百里）之公古里河。命總兵官阿山。率八將。統精兵往助土得什勞薩軍。越二日。次都勒河。趨歸化城。已而土得什勞薩獲察哈爾一人至。言察哈爾左界與喀喇莽奈境相接。復議進征。五月朔。次果果索大河。進至胡喇戶。諭軍中曰。「今當深入。遇敵人不拒戰者。毋殺。俘以獻。凡追敵。日落卽止。凡降人擇為首者二三人。令原招降主將率行。餘令各領家口隨之。若淫婦女與離散人夫婦者。處死。插部長奔逃。所遺家產。主將派人守之。察明收貯。凡所俘獲。與衆均分。」越四日。集貝勒大臣諭曰。「察哈爾不能禦我。逃去已遠。追之無及。我其旋師。以俟再舉乎。抑收其遺棄部衆。卽入明境乎。」僉曰。宜勿旋師。從之。於是分兵左翼。命阿濟格等部兵。略大同宣府邊外。濟爾哈朗等率右翼兵。略歸化城黃河一帶。車爾格察哈喇率師往黃河。掠船為前隊。太宗與代善等統兵繼進。既兩翼軍齊入溢口。太宗則進駐歸化城。城為明嘉靖間土默特俺答所築。採木架屋以居。謂之拜牲。（舊作板升漢言屋也）是為西土默特。隆慶間封俺答為順義王。名其城曰歸化。林丹汗盛時。為察哈爾所滅。至是來降。諸喇嘛朝見。賜宴遣之。七年。八月。有鳥曰鶡鴠。羣集遼東。國人皆曰遼東素無此鳥。今蒙古之雀來此。蒙古歸順之兆也。明年。林丹之叔茂奇塔特果來降於此。未幾。遣國舅阿什達爾漢等往科爾沁調兵。並遣書招撫察哈爾遺衆之在明境者。師至尚方堡。聞林丹死於打草灘。使人偵之而還。又明年。命多爾袞等往收林丹子孔果爾額哲。抵託里圖。（額哲駐此）會天大霧。咫尺不辨人。多爾袞等遣葉赫錦台什孫曰南楚者。令往見其姊蘇泰福晉。（卽林丹妻）告以諸貝勒奉命來招降。秋毫無犯。既至宮。達己名。且語之故。蘇泰慟哭而出。與相見。並令其子額哲。率衆宰桑出迎。多爾袞等與額哲及其臣。誓告天地。設宴款之。先是軍次納里特河。有雌雉飛墮御營。索之不得。夜入御幄榻下。占者謂此行當得賢后。至是察哈爾汗妻竇土門福晉。擕國人來降。代善等奏云。「天賜可納之」。太宗固辭。龍什等奏云。「此天賜也。上行師時。曾有雌雉飛入御幄之祥。不納。恐違天意。」於是命希福等往迎。明年七月。又納察哈爾囊囊大福晉。皇室四譜疑此即懿靖康惠二妃云。當多爾袞等未至時。有鄂爾多斯濟農來招額哲與盟而行。至則遣人追還。分還察哈爾人在鄂爾多斯者。鄂爾多斯三面皆距黃河。南界陝西。西南界甘肅。皆距長城。達延汗之子巴爾色始居此。究弼哩克嗣爲吉囊。定居河套。是爲鄂爾多斯之祖。餘八子分居各處。是爲鄂爾多斯七札薩克之祖。後屬察哈爾。至是滅林丹汗。鄂爾多斯額林臣來歸。仍賜以濟農號。令招集諸部落。時多爾袞等。聞歷代傳國玉璽在蘇泰太后所。索得之。視其文。乃漢篆制誥之寶四字。二交龍爲紐。實至寶也。歸而獻之太宗。焚香告天受之。於是蒙古十六國。四十九貝勒等勸進焉。所謂十六國部落。分爲四十九貝勒者。曰科爾沁。曰札賴特。曰杜爾伯特。曰郭爾羅斯。曰敖漢。曰奈曼。曰巴林。曰土默特。曰札魯特。曰阿魯。曰翁牛特。曰車里克。曰喀喇沁。曰吳喇忒。曰察哈爾。凡十五國。而其時以察哈爾故太子爲諸貝勒冠。亦爲一國。分察哈爲二。故號十六國也。（見太宗實錄）

第五章　滿洲帝國之成立

一　太宗之稱帝

對內之集權　先是太祖初未嘗有必成帝業之心，亦未嘗定建儲繼立之議。天命七年三月，諭分主八旗貝勒曰：「爾八人同心謀國，或一人所言有益於國，七人共贊成之，庶幾無失。當擇一有才德能受諫者嗣朕登大位。」十一年八月，太祖賓天，大貝勒代善以太宗才德冠世，當速繼大位，出其議以示諸貝勒，皆曰善，遂合詞請即位。太宗率代善阿敏莽古爾泰阿巴泰德格類濟爾哈朗阿濟格多爾袞多鐸杜度岳託碩託薩哈廉豪格，誓告天地，並率諸貝勒向代善阿敏莽古爾泰三拜，不以臣禮待之，蓋當時此三大貝勒俱以兄行列座，同受朝拜，是四大合議制也。厥後代善阿敏等出征札魯特部，獲其二子，殺其貝勒吳爾寨圖，盡俘所屬人戶。及凱旋，諸貝勒大臣跪見太宗，不欲受代善阿敏拜，率莽古爾泰等答禮，可見各大貝勒擁有實力，欲其屈服，亦非易事。天聰三年二月，先是太祖命太宗及三大貝勒佐理國政，按月分掌。太宗即位，仍遵舊制。至是太宗諭曰：「向因直月之故，一切機務，輒煩諸兄經理，嗣後可令弟姪輩代之，倘有疏失，坐見直者。」僉曰善。遂以諸貝勒代理直月事。於是三大貝勒之權，稍稍減矣。明年，阿敏。碩託。被命代守永平四城。會明兵竄至。二人棄城逃歸。太宗令岳託傳旨宣諭阿敏罪狀十六條。免死幽禁。然核其罪狀。永平之敗止十六大罪之一端耳。觀此足知其欲除之心至切矣。阿敏既除。逾年大淩河之役。太宗出營坐城西山岡。莽古爾泰奏曰。「昨日我旗將領被傷者多。我旗擺牙喇兵有隨阿山出哨者。有附達爾漢額駙營者。可取還乎。」太宗曰。「朕聞爾所部兵凡有差遣。每致違誤。」莽古爾泰曰。「我部衆凡有差遣。每倍於人。何嘗違誤。」太宗曰。「果爾。是告者誣矣。朕與爾追究之。若告者誣。則置於法。告者實。則不聽差遣者亦置於法。」言畢。積怒將乘馬。莽古爾泰曰。「皇上宜從公開諭。奈何獨與我爲難。我以皇上故。一切承順。乃意猶未釋而欲殺我耶。」因舉佩刀柄前向頻摩視之。時同母弟德格類在座。叱曰。「爾舉動大悖。」以拳毆之。莽古爾泰怒詈曰。「蠢物何得毆我。」遂抽刃出鞘五寸許。德格類推之出。代善恚甚。曰。「如此悖亂。殆不如死。」太宗默然以去。薄暮。莽古爾泰遣人奏曰。「臣以枵腹飲酒四卮。對上狂言。竟不自知。今叩首請罪。」嗣議罪革去大貝勒。秩同諸貝勒。并奪五牛彔屬員。是歲冬。禮部參政李伯龍疏言。「朝賀時每有踰越班次。不辨官職大小。隨意排列者。請酌定儀制。」六年元旦受朝賀。行新定朝儀。諸貝勒皆言莽古爾泰不當與上並坐。代善亦言。「我等奉上卽大位。如三尊佛並坐。既滋人議。且遭神譴。今後上南面中坐。我與莽古爾泰側坐。蒙古諸貝勒坐我等之下。」自是諸貝勒以次奉賀。莫不振恐肅敬。至禮畢。復賜宴。太宗酌代善者二。酌莽古爾泰者一。諸貝勒遞相進酒。以尊卑次起。無敢諠譁失禮者。自是太宗之權力漸定於一尊矣。未幾。莽古爾泰暴疾死。九年。德格類亦死。十二月。冷僧機首告莽古爾泰生前私造金國皇帝印，與德格類謀爲不軌。並追削爵除宗籍。莽古爾泰與德格類既死。而代善以奉弟太宗嗣父位，深自謙抑，而多爾袞又善於趨承不露頭角。於是政權乃集於一而帝業以成。

對外之統一　太祖之建元稱汗。不過由一部落之酋長進而爲較大之酋長而已。非一國之皇帝可比也。太宗承其後。時年三十有五。因感於先朝屠城驅民之失。力求寬大之政。遠近遂以善養人稱。（見實錄）天聰八年四月。改瀋陽曰盛京，赫圖阿拉曰興京，此其志已不在小方。是時明以全力扼守山海關，太宗知攻明不易有功，於是先經營朝鮮皮島，以杜後顧之憂。更不得不力圖內蒙以通長城之道。會是時林丹肆虐，部族多渙散。太宗乃一舉而收科爾沁，再舉而降喀爾喀。三舉而服札魯特。內蒙東部既已相率來歸。遂不得不西向以圖強梁之察哈爾。察哈爾素爲明屏障，且其部衆多居明邊。太宗意由宣大使明兼收其部落。率師進取。數月之間，降其衆數萬。軍至尙方堡。林丹已走死青海。其子額哲遂降。而多爾袞等率兵及額哲寇明邊山西。一由平魯衛入朔州，抵長城，毀牆而入，掠寧武關代州忻州崞縣而歸。比歸，卽以所獲傳國之璽獻之。太宗焚香告天而受。諸貝勒大臣以蒙古臣服。且請移民內屬。漢人如孔耿尙沈喬張王楊相繼來降。遠至烏斯藏亦聞善養人。通啓輸誠。植國之基已固。因各誓告天地。與外藩諸貝勒請早正尊號。太宗以朝鮮爲兄弟國。應與共議。遂遣使往朝鮮，以此事聞之。十年三月，外藩蒙古貝勒都元帥孔有德等。並以請稱尊號來朝。四月己卯。大貝勒代善。蒙古八固山額眞。六部大臣。外藩蒙古貝勒、及滿蒙漢文武各官皆集、多爾袞捧滿字表文、士謝圖濟農捧蒙字表文、孔有德捧漢字表文、率各官跪進之、文曰、「恭維皇上承天眷佑、應運而興、當天下混亂之時、修德體天、逆者威之以兵、順者撫之以德、寬溫之譽、施及萬方、征服朝鮮、混一蒙古、更獲玉璽、內外化成、上合天意、下協輿情、以是臣等仰體天心、敬上尊號、一切儀物、俱已完備、伏願俯賜俞允、勿虛衆望」、讀畢、太宗曰、「爾等兩年以來、合辭勸進、至再至三、朕思既受尊號、當益加乾惕、憂國勤民、有所不逮、惟天佑助之」、諸貝勒大臣皆歡忭成禮而退、庚辰、禮部進儀注、設壇德盛門外、十四日己酉、太宗率諸貝勒大臣祭告天地、受尊號、建國號爲大清、改元爲崇德元年、於盛京城東、營建太廟、遣超品公額駙揚古利、內院官希福等、祭告、上太祖尊諡曰「武皇帝」、陵曰「福陵」、追封費英東爲直義公、額宜都爲宏毅公、配享太廟、禮成、頒詔大赦、二十六日丁酉、敍功冊封大貝勒代善爲和碩禮親王、貝勒濟爾哈朗爲和碩鄭親王、多爾袞爲和碩睿親王、多鐸爲和碩豫親王、豪格爲和碩肅親王、岳託爲和碩成親王、阿濟格以下爲郡王貝勒有差、蒙古諸貝勒亦有親王郡王貝勒等銜、辛丑、封孔有德爲恭順王、耿仲明爲懷順王、尚可喜爲智順王、洵乎帝者之上儀也、

附功臣應以額宜都爲第一辨　觀太宗天聰八年之詔、及後來世祖順治十五年之詔、皆言費英東功臣第一、茲首額而次費也、其意何居、曰、額宜都之從太祖也、在庚辰、（明萬曆八年）時太祖年方二十二、蒙難濟歸、族人不附、內難迭作、額宜都年十九、左右禦侮、枝据三年、歲癸未、（萬曆十一年）始起兵攻尼

堪外蘭於圖倫城。繼拔色克濟城舒勒格布城巴克達城。而巴克達一役尤艱險。額宜都將兵乘夜濟河。聯繩浮渡登城。飛矢貫股著陣。斷矢力戰。中五十餘創。卒拔其城而還。太祖迎勞。悉賚所俘。號巴圖魯。事在丁亥年（萬曆十五年）越明年戊子。費英東始隨其父索爾果率本部軍民來歸。太祖即以費英東佐理政務。是時兵起六年。威稜遠播。以視潛龍元從。爲不侔矣。夫以舞勺之歲。鼓勇力以殺仇。（父母爲仇家所害年十三手刃仇人）既冠之年。識眞人於草昧。亦偉矣哉。且天聰八年諭旨。係就挈部來附諸功臣敍列第級。費居第一。額本不在内也。即順治間晉封費英東伯爵爲公爵。有功臣第一之褒。實因其子姓巴哈卓特蔡拜不附容藩。效忠王室之故。非於同列勛臣有所軒輊。又領侍衛内大臣。極品也。宏毅子孫代有一人居是官。迭見於乾隆嘉慶年間。而直義族無之。此亦一證。按宏毅後改果毅。直義後改倍勇。（見史亭識小錄）且太廟西廡功臣位次。宏毅亦在直義上。

滿洲之意義　初太祖乙卯年。即位於興京。紀元曰天命。建國號曰滿洲。滿洲初爲部落名。淸書本作滿珠二字。皆平讀。乾隆四十二年。上諭。「我朝肇興時。舊稱滿珠。所屬曰珠申。後改稱滿珠。而漢字相沿。譌爲滿洲。其實即古肅愼。爲珠申之轉音。」更足徵疆域之相同矣。按淮南子曰。東方多君子之國。信哉。莫古於肅愼。竹書紀年。帝舜有虞氏。肅愼氏來朝。貢弓矢。史記虞帝紀。北發息愼。尚書序。息愼來賀。自後家語。尚書序。孔子世家。皆稱肅愼。汲冢周書王會解。西面者正北方稷愼。息稷與肅。皆一音之轉也。宋劉忠恕以金之姓爲朱里眞。蓋北人讀肅爲須。須朱同韻。里眞二字合呼之。亦即愼字。金亦肅愼之地。忠恕誤以爲姓。舛謬殊甚。清朝舊稱所屬曰珠申。經高宗審定。與金之女眞同爲肅愼轉音。郎潛紀聞以爲天旣大東。數千年前。早開楛矢信義之俗。以待我祖宗誕膺景命。混一神洲。而東之爲位。又適爲天地之所以成始而成終。洪基永固。不待卜矣。註言滿洲人自署地名。多稱長白。竊謂不若珠申之雅切。又言西藏每歲獻丹書。皆稱曼珠師利大皇帝。曼珠。譯言妙吉祥也。又作曼殊室利。珠殊同音。曼殊亦卽滿珠。二字。其易珠爲洲。蓋由洲字義近地名。故漢字假借承用之。汪榮寶清史講義。亦本斯說。然則太祖之建號爲滿洲。亦猶當時族人稱太祖爲滿住。其意義卽爲文殊之化身。或太祖之舊部也。蓋其時滿洲部落。尙爲羣雄割據時代。太祖力求諸部之統一。故不得不擇一適當部族之稱號。以爲牢籠之至計。此滿洲之號所由來也。

大清之意義　太宗之天聰九年。禁國人稱女眞。祇許稱滿洲。天聰書房諸臣上疏曰。後金曰大金。見於瀋宮舊檔。清史館纂修諸人。以爲殊獲。史稿本紀遂易滿洲爲後金。清代通史亦據北京大學整理清代內閣檔案內有天聰四年皇太極諭文內自稱金國汗。諭軍民人等知悉。以爲金號遂改之原因。不知天命時甫制國文。未行漢文。安得有後金之稱。後金乃天聰之譯語。非天命時本名也。且後之云者。乃由後之人加之。以別於同號者耳。無自以爲名者。十年。改國號曰清。當時史氏亦未詳其意義。而後之解釋者。日本稻葉君山以爲從中國古代少昊金天氏之傳說。可以證明其義。少昊金天氏又曰清。有曰胙土於清。據羅沁所說。以太宗卽位。翌日卽表宮殿之名稱。中宮曰清寧宮。東曰關雎。西曰麟趾。以飾帝王之觀瞻因曲及金天胙土於清之義故採用清字以命名也此等皆屬臆說不能據爲典要觀高宗所言本朝肇興東土山川鍾毓與大金正同又曰東夷之說因地得名如孟子稱舜東夷之人此無可諱據此似有大東之意東爲青色音轉爲清含有「澄清」「肅清」諸義要之帝王肇興本由天命自鄒衍論著終始五德之運漢賈誼司馬遷從相勝之說劉向父子則以相生爲言如周得火德秦代周卽從所不勝爲水德更命河爲德水朱元璋改國號曰明朱明二字屬火也太宗改國號曰清滿清二字從水也搜求其意大旨不離欲取明而代之也近是

二 清軍之入塞

清軍入山海關 先是太宗頻年用兵遼西寧錦諸城守備甚嚴乃變計取道蒙古以搗直隸之背聯合喀喇沁等部使爲嚮導自林丹西遁清軍遂得自由出入長城各口嗣內外諸貝勒旣同心勸進獨朝鮮決意斷絕太宗欲興兵而又慮明之爲梗也崇德元年命武英郡王阿濟格饒餘貝勒阿巴泰超品公揚古利固山額眞拜尹圖等征明太宗面授方略且誡諭之六月入邊相會延慶州未入長城之先攻克雕鶚長安嶺二城旣入長城巡保定抵安州共克十二城凡五十二戰皆捷獲人畜十八萬生擒總兵巢丕昌等明廷詔諸鎭兵入援給事中王家彥以陵寢震驚劾兵部尙書張鳳翼鳳翼自請督師命與中官羅維寧宣大總兵梁廷棟相犄角然皆不敢戰已而清軍東歸初八月太宗謂諸王貝勒曰「武英郡王阿

濟格統師征明。今將出邊。宜別遣大臣往山海關進發。明國知我兵至。慮山海關有失。必來救援。武英郡王庶得從容出邊。」議既定。遂命睿親王多爾袞率右翼兵從中後所入。豫親王多鐸率左翼兵自錦州入。師至錦州。駐營城內。有道人崔應時率其徒黨。爲書數千言。言明國當滅。清國當興。宜速進兵攻取山海關。遣胡有升持獻多鐸軍。多鐸從之。期二十日進攻。尋爲城中所覺。寘應時獄中。有升等來降。十月。多爾袞師還。

三次入塞與錦州之攻　時朝鮮已服。崇德三年。八月。以睿親王多爾袞。爲奉命大將軍。統左翼兵。貝勒豪格。饒餘貝勒阿巴泰副之。貝勒岳託爲揚武大將軍。統右翼兵。安平杜度副之。分道伐明。十月。岳託等奏。從明境密雲北牆子嶺口。毀邊牆而進。薊總督吳阿衡等援軍。俱爲我軍所敗。牆子嶺堅不易拔。惟嶺東西兩旁高處。可以越入。我軍分爲四路。圖賴率右翼從嶺右側。步越高峯。先入邊。攻克十一臺。阿代恩格圖右木。俱離嶺五里。自高山入。譚泰杜雷於高峯無邊牆處。齊入。巴特瑪固山等。及孔有德耿仲明。俱從邊城東小門平坦處。舉火礮。登雲梯攻之。敵兵俱於邊界平坦處拒守。索爾古先登。諸軍相繼攻入。次日。多爾袞等奏。自董家口東青山關西步登山岡。自無邊牆處進兵。毀牆入青山關。山峻牆堅。乘其無備。毀牆而入。莫敢攖鋒。青山關董家口青山營三處人民。棄城逃遁。未幾兩翼兵約會於通州河西。自北邊過燕京。至涿州。分兵八道。一緣山下。一緣運河。中六道於山河間。長驅直入。下畿輔城四十有八。前大學士孫承宗。一門殉節死。時太宗亦侵略關外。以爲牽制之師。又合鄭親王濟爾哈朗。向前屯衞寧遠進發。

豫親王多鐸向寧遠錦州進發，而自率師從義州濟大凌河，命曹海統兵圍大凌河兩岸十四屯堡，並命有德等以神威將軍礮攻義州五臺，克之。已而多鐸等詗知桑噶爾寨舊居之堡無備，亟往攻入，祖大壽遣人執令箭赴錦州，多鐸生擒之，並其盔甲撒袋來獻。越數日，有德等礮攻戚家堡、石家堡，既克，復攻錦州城西臺。臺內礮藥自發，臺燬，遂克之。時多鐸、濟爾哈朗合軍將過中後所，大壽襲多鐸兵後，多鐸收兵不戰。濟爾哈朗聞之怒，與多鐸率兵復至其處，大壽兵懼不敢出。太宗至，數遣人告之，令出城一見，大壽皆不答。濟爾哈朗攻克模龍關五里堡屯臺十一，月乃班師而歸。

盧象昇入衛與戰死　先是清軍入喜峯口，自間道入昌平，明廷詔諸鎮兵入援，盧象昇奉詔至，已解嚴。會梁廷棟卒，命代爲總督宣大，素苦缺饟，象昇乃大興屯利，行二年，積穀至二十萬，下九邊奉以爲式。至是清軍二次入犯高陽，孫承宗既死，時象昇以父喪請守制，不許，詔督山西總兵楊國柱等入援。適楊嗣昌奪情任中樞，與總監中官高起潛陰主和議，象昇心非之。會召對，中臺垂詢方略，對言：「命臣督師，臣意主戰。」帝色變，良久曰：「和乃外廷議耳。」象昇因奏備禦形勢甚悉，帝壯之，而戒其持重。命與嗣昌、起潛等議，議不合，即日陛辭。嗣昌欲有言，久而不能出口，第丁寧毋輕戰而已。象昇念帝意頗銳，而事爲起潛撓，憤甚，疏請分兵。嗣昌定議，宣大山西三帥屬象昇，關寧諸路屬起潛，象昇名督天下兵，實不及二萬。越數日，嗣昌至軍，象昇責以阻師，且曰：「公等堅主和議，獨不思城下之盟，春秋所恥，長安口舌如鋒，恐袁崇煥之禍立見。」嗣昌頰赤曰：「公直以尚方劍加我矣。」象昇曰：「既不奔喪，又不能戰，尚方劍當先加己頸，安得加入」。嗣昌曰。「公毋以長安蜚語陷人」。象昇曰。「周元忠赴邊講和。往來數日。通國共聞。誰可諱也」。嗣昌語塞而出。又數日見起潛安定門。象昇大言非血戰。無以盡臣職。起潛曰。恐野戰非我所長耳。兩人始終各持一議。嗣淸軍分三路入。一自淶水攻易州。一自新城攻雄縣。一自定興攻安肅。象昇聞之。自涿州進據保定。會諸將分道出禦。大戰慶都。猶未敗衂。而一時列城多望風失守。象昇復爲嗣昌所扼。兵單餉絀。將士苦飢。自知必死。晨出帳四面拜曰。「吾與將士同受國恩。患不得死。不患不得生」。衆皆泣。莫能仰視。旋進至鉅鹿南賈莊。起潛擁關寧兵相距五十里。象昇遣楊廷麟往乞援。因與訣曰。「死西市何如死疆場。吾以一死報君。猶薄耳」。起潛不應。象昇僅殘卒五千。行至嵩水橋與淸軍遇。總兵王樸先引兵逃去。惟虎大威楊國柱從。象昇勤麾下卒居中。大威帥左。國柱帥右。大戰移時。乃休兵。夜半被圍。明日騎益大至。圍三重。象昇麾兵力戰。礮盡矢窮。大威請潰圍出。象昇不許。猶奮鬭。身中四矢三刃。手格殺數十人乃死。一軍盡亡。惟大威國柱得脫。起潛聞敗。遂倉皇遁。懼坐罪。諱象昇死狀。嗣昌疑不死。詔驗視。廷麟遣將得其屍。麻衣猶被體。一卒遙見即號泣曰。「此吾盧公也」。羅拜。衆皆拜。畿民皆奔走雨泣曰。「盧公死誰恤我者」。競立祠祀之。順德知府于穎敍其狀以上。事始白。嗣昌故靳之。踰兩月乃得殮。

兩翼捷音與松山杏山之侵擾

崇德四年二月。命武英郡王阿濟格率師征明。越數日。太宗親率大軍繼之。外藩奈曼等部率十三固山兵來會。駐營松山。命孔有德等礮擊城外諸臺。克之。太宗立松山南岡。復指示有德等攻城方略。夜四鼓。有德等移礮進攻。至未時。城堞盡毀。明副將金國鳳死守。用草木塡其頽處以爲捍蔽復樹柵築土堵築甚堅清軍攻之不能入樹梯而登者皆陷沒復遣官還盛京運取子藥命阿濟格尼堪羅託等率四旗擺牙喇兵環守塔山連山有德乃爲穴地攻城之計仍不能克三月乃解圍而還時左翼多爾袞右翼杜度遣兵部啓心郎詹霸等來奏捷太宗覽右翼疏無貝勒岳託名大驚詢之始知岳託及馬瞻（二人俱禮親王代善子）俱病卒慟哭久之命勿使兄代善知覽左翼疏知兩翼兵馬自通州過京城又自涿州分兵八道於山河中間縱兵前進北京迤西千里內六府俱已蹂躪至山西界而還復至臨淸州渡運糧河攻破山東濟南府至天津衛大兵深入克城三四十座降者六城敗敵十七陣將士凱旋無一傷者右翼疏云臣等從北京至山西界南至山東濟南府共克十九城降者二城敗敵十六陣殲其二總督及守備以上官百餘人生擒親王郡王奉國將軍各一於是宣示兩翼捷音並頒敕諭招撫松山杏山官民行至大淩河杜度攜岳託馬瞻骸骨還至沙嶺堡以茶酒遙奠岳託至盛京追封爲克勤郡王並以代善追痛二子率諸貝勒大臣同至渾河捕魚以娛之九月命阿濟格阿巴泰杜度等往略明錦州寧遠十月復命豪格多鐸等繼之與寧遠兵戰北山岡右翼兵奮擊敗之殺國鳳及其二子

三　松山及錦州之降

屯田義州及多爾袞等獲罪　崇德五年正月遣翁阿岱多濟里等戍防錦州三月命鄭親王濟爾哈朗爲右翼主帥貝勒多鐸爲左翼主帥率師往修義州城駐紮屯田令明山海關外寧遠諸地毋得耕種太

宗謁堂子.親授方略遣之.並遣戶部參政碩詹往朝鮮.趣發水師.運糧米赴大小淩河.而自視師義州.出舊邊外駐蹕.濟遼河.旣至閭城.蒙古羅特部民蘇班代等自杏山西五里臺.遣使約降.濟爾哈朗等往迎.路遇明杏山總兵劉周智.錦州游擊戴明.松山總兵吳三桂.合兵列陣進逼.濟爾哈朗等縱兵返擊.親督戰大敗之.太宗離營十五里.往錦州閭城.親率八旗擺牙喇.阿禮哈超哈.進發.命烏真超哈.發紅衣礮.前行至錦州東五里臺.轟克之.復令內大臣等誘城內兵出戰.擊敗其衆.復攻克北晾馬臺.遂盡刈錦州城東禾.已復刈城北城西禾.六月.命多爾袞.豪格.杜度.阿巴泰等.代濟爾哈朗等屯田義州.多爾袞等克錦州城西九臺.小淩河西二臺.分駐近城各地.太宗命其兩翼兵.暫行分駐.已收糧草.酌擇錦州西山城堅固之地.兩處存貯.未幾.錦州馬步兵來襲鑲藍旗營.貝子羅託等擊敗之.聞明總督洪承疇統軍至杏山城外近濠下營.馬兵先出誘戰.因發擺牙喇官兵擊敵.追至城濠.掩殺之.而杜度往寧遠.遇明兵自關內運糧至錦州.殺其步卒.並獲畜產甚衆.八月.右翼軍亦遇敵錦州.追斬之.左翼軍獲糧車十五.敵夜入義州.請軍.次日追及.殲其後隊.九月.復命濟爾哈朗.阿濟格.多鐸等往代多爾袞等.圍錦州松山.多鐸隱兵錦州城西桑噶爾齋堡.遇明伏甲迎擊.至塔山.十二月.多爾袞.豪格等被命往代濟爾哈朗.圍錦州.擊敗錦松援兵.明年二月.多爾袞等於代駐營時.私遣每牛彔三人.每旗官一員.每牛彔甲士五人.均各還家一次.復移軍過國王碑.（碑爲元末華黎國王之裔乃馬代追封其父兀勒和爾所建.）距錦州約三十里而營.太宗聞之.大怒.遣內大臣圖爾根往詰其故.多爾袞奏謂.「臣集衆議.每旗先遣官一員.率每牛彔兵五人還家.修械養馬.因錦州敵人.

皆在他處牧養馬匹內援之兵皆退回養馬我等兵力有餘何畏錦松杏三城之衆僉以爲然至離營遠駐因是處青草已盡特遠徙以就芻牧耳」太宗曰「予豈專令爾等往彼牧馬耶卽不能圍城亦當奏明其故今乃飾詞自解而貽諸衆人罪耶」遂降多爾衮豪格爲郡王幷奪牛彔罰銀兩有差旋多爾衮至議政署命逐出之復請率所部從征贖罪亦不許

錦州之圍　先是太祖遷都遼陽嘗涉河入廣寧連陷錦州松山杏山等城蓋深知欲侵略中國必先攻克山海關欲攻克山海關必先收服寧錦諸城管子云「獨出獨入莫敢禁圉」蓋欲其無中鯁之患者此也太宗稟承先志故於崇德五年數遣將分擾諸地未克有成至明年三月復命朝鮮總兵柳琳等率兵往錦州助濟爾哈朗軍俄而攻克錦州外城捷音至太宗大悅命八門擊鼓召衆於篤恭殿宣捷四月又遣阿哈尼堪等率兵往助之阿濟格多鐸夾擊杏山松山援軍俱敗遁更命孔有德尚可喜助攻錦州五月明洪承疇率總兵六員兵六萬來援壁松山北岡爲清軍擊敗六月以范文程等言允多爾衮豪格往代濟爾哈朗等圍錦州效力贖罪既至遂合軍聞明關內援兵出自松山卽掩殺至城壕敗之滿洪崇古會合追殺奪獲馬匹器械無算初清軍圍錦州久太宗以書諭祖大壽不答至是復遣學士羅碩詣軍營以祖澤潤等書招大壽又不應承疇與巡撫邱民仰調大同總兵王樸宣府總兵李輔明密雲總兵唐通薊州總兵白廣恩玉田總兵曹變蛟山海關總兵馬科前屯衛總兵王廷臣寧遠總兵吳三桂率馬步兵十三萬集寧遠大壽遣人自錦州逸出傳語「毋浪戰」承疇亦擬以兵護糧自杏輸松自松輸錦步

步立營。以守爲戰。而兵部尚書陳新甲以師久無功。遣郎中張若麒赴軍趣戰。承疇不得已。留糧芻筆架岡。（錦州城西南六十里在杏山及塔山外）而以六萬兵先進。諸軍爲承。步兵據城北乳峯山。掘壕列七營。騎兵環松山東西北三面。其芻糧可支一年。與清軍相對抗。勢甚盛也。

松山之勝　七月。太宗遣噶布什賢等往董家口喜峯口。詗視明兵。嗣聞洪承疇率兵援錦州。卽檄各路兵馬集京。命濟爾哈朗留守。而自謁堂子啓行。抵遼河。多爾袞等奏洪承疇兵來犯。我右翼及土謝圖汗親王兵敗之。既至松山。卽陳師松山杏山間。橫截大路。綿亙駐營。令曰「敵兵來犯。近則迎擊之。若尚遠而先往迎戰。致累於罪。與敗陣無異。」明兵聞太宗至。文武各官大懼。合謀欲遁。八總兵以數千騎略陣。阿濟格等率衆與戰。敵且敗且走。長驅至塔山。又擊破其護饟兵。遂獲筆架山積粟十二堆。留兵護守。復掘壕絕松山杏山路。使糧道隔絕。饟糈不繼。明兵既斷饟道。又不敢野戰。遂徹步騎七營。背松山而陣。數突清軍鑲紅旗汛地。旋敗走。伺清軍還。則遣兵從後追擊。相距百步。太宗復令轉戰。張黃蓋率數人往來指揮布陣。士卒望見皆披靡。王樸吳三桂等乘夜遁走。太宗知是夜敵兵必遁。遣發諸將各赴汛地邀截。悉如所算。掩擊窮追。承疇等軍士。皆奔竄四出。自杏山迤南沿海至塔山一路。赴海死者不可勝計。旋命多爾袞阿濟格。圍塔山四臺。復命阿眞超哈固山額眞劉之源等。攜紅衣礮十尊。助攻克之。三桂與樸奔入杏山。時太宗亦徙營松山。欲四面掘壕圍之。曹變蛟徹乳峯山馬步兵。棄寨宵遁。突圍者五次。皆敗。復突入太宗營。爲侍衛親軍擊退。變蛟中創走。與承疇民仰等困守松山。太宗料杏山之兵。必奔寧遠。復遣內大臣宗室錫翰等各率精兵設伏以待。未幾杏山兵果至。隱兵四起。阻截前路。追兵躡後。夾擊之。殺傷殆盡。三桂樸僅以身免。又命內大臣塔瞻等率每旗精兵五十往高橋設伏。甫出營見敵兵自杏山潰退。俱擊斬之。通前後殺明兵五萬三千七百餘級。所獲畜產甲冑稱是。其海中浮屍飄蕩。多於雁鶩。而昏夜淸軍止誤傷八人。斷卒二十八人。開國方略曰「太宗神謀勇略。制勝出奇。破明兵十三萬。如摧枯拉朽。指顧而定」。豈溢美乎。是時被圍於松山者。惟承疇與祖大樂等兵不過萬餘人。城內糧絕。淸軍復濬外濠困之。太宗諭松山城守將士曰「朕昔征朝鮮時。圍彼國王於南漢山。諭以爾降必生全。彼果來降。朕踐前言。仍令主其國。後圍大淩河時。祖總兵來降。亦不復殺。仍恩養之。諒爾等所素聞也。爾等可自思之」。九月命移紅衣礮攻松山。旋命濟爾哈朗掘壕圍錦州。復命杜度阿巴泰等困錦州。多鐸等困松山。阿濟格等困杏山。十月又命孔有德尚可喜耿仲明沈志祥助圍錦州。

洪承疇投誠　松山圍久食盡。天津海運糧餉猶未至。督師范志完兵又不救。崇德七年二月。噶布什賢將領俄莫克圖等率師略寧遠。吳三桂王樸白廣恩遣將督兵尾淸軍後。淸軍誘而敗之。會松山副將夏承德遣人密約。言在內接應。以子夏舒爲質。夜於城南豎梯。阿山旗下班布里何洛相會於此。羅洛科先登。衆繼之。淸軍在城上巡邏。次早搜敵兵殺之。生擒總督洪承疇。巡撫邱民仰。總兵王廷臣曹變蛟祖大樂。游擊祖大名祖大成。及總兵白廣恩子白良弼等。城遂拔。太宗命送承疇大樂入盛京。民仰廷臣變蛟皆處死。大成放入錦州。時錦州城內人相食。祖大壽戰守計窮。又聞松山已失。乃率衆官出城。詣濟爾哈朗軍所乞降。於是塔山杏山亦下。遂命濟爾哈朗等駐此。四月。又命毁松山杏山塔山三城。乃班師。承疇既至盛京。卽誓死絕食。太宗百計勸降。終不允。嘯亭雜錄謂「令范文程往說。洪謾罵不已。文程善言撫之。因與談論今古事。適梁間積塵。落洪衿袖間。洪屢拂拭之。歸奏曰。承疇不死矣。敝衣猶愛惜若此。況其身耶。」又謂明之降人。囊有以餌承疇者。降人則對以好色。遂使飾美女數輩。番侍。卒無效。時太宗妃博爾濟錦氏者。科爾沁貝勒塞桑女。台吉後封和碩卓禮克圖親王。吳克善之女弟。實孝端文皇后之姪女也。貌極美。乃遣之侍承疇。閉目面壁。終日泣不已。勸之亦不顧。妃密貯人參汁於小壺。承其脣曰。「將軍獨不可稍飮而就義耶。」少沾飮。逾時竟不死。妃復進。連飮之。神益健。閱數日。迭進美饌。承疇漸甘之。意稍動。由是飮啖如常時。復日夜進勸。承疇遂降。入崇政殿。命坐左側。賜茶。賜宴。時松山敗耗達京師。或傳承疇已死。明帝驚悼甚。詔設壇都城。賜祭十六壇。民仰六壇。又命建祠都城外。其子弟且成服受弔。迨行狀公卿間。帝將親臨奠。已而聞其降。乃止。

四　議和與再戰

議和之顛末　初。太宗與明議和。明崇禎帝欲去其號。不稱帝而稱汗。嗣知太宗降心相從。崇禎帝忽不可泥於龍虎將軍之稱。欲仍以臣禮相待。致和局中梗。袁崇煥旣以和議下獄。大同巡撫沈棨復以私餽約和被逮。於是羣臣箝口結舌。無復敢以和議入告者。卽太宗雖負雄才大略。亦自知先人爲明屬臣。故書凡數十上無非冀明廷敕封爲屬國之王藉此爲要挾和議之具而終不能達其所覬者中有以敝之也天聰八年七月親率大軍入上方堡縱略至宣府右衞卽以書責守臣負盟仍諭其遣人議和至東城遺明代王書曰「我國起兵非富天下昔我駐牧遼邊忠順爲心後因七恨屢以書聞邊臣不肯上達愈加橫逆以是起兵爾主不遣使詢問王誠憂國憂民可遣使來和事有成乃我至願」及閱大同城又遺書總兵曹文詔令力贊和議旋拔靈邱縣大同城代王母楊氏與總督張宗衡等共議請和復遺馮國珍等報代王母書略云「此次進兵內地以昭願和不得和之故已將此意布告各處誠能主持和議當速成之唯願彼此以誠相待」且遺明宗室朱乃廷入城索報書閱數日又與崇禎帝書略云「遼東各官欺凌不堪惟動干戈冀彼來詢我得抒情往告孰意皇帝惑於各官欺誑數十年無一語問及致戰事不已若早遣一使來詳詢事由判別是非予豈樂尋干戈耶」觀以上數書亦可見淸人求和之誠望和之切且又自知夙爲所屬不敢稍存玩視之心已無愧遵時養晦之道矣使明廷善爲覊縻假以名義淸人既無所藉詞明社亦何至遽屋乃莊烈既誤於自大自尊之失而臣工又復以諱言和之故致使邊計民生置而勿問此其故亦可深長思也

和議之終梗 太宗數遺書議和明兵部尚書陳新甲以國內困敝亦請主和以紓患明帝亦知非其所敵密以議和委之敕曰「諭兵部尚書陳新甲據卿部奏遼瀋有休兵息民之意中朝未輕信者以前督撫各官未嘗從實奏明今卿部屢奏國家開誠懷遠似亦不難聽從以仰體上天好生之仁以復遼祖宗

恩義聯絡之舊。茲特諭卿便宜行事。遣官宣布。取有確信回奏。」新甲遂遣使至錦州。攜敕書示清將。言明帝願和之意。諸王貝勒等上聞。太宗疑其詐偽。故未報。崇德七年。五年。明復遣兵部職方司員外馬紹愉。主事朱之濟。副將周維墉。會宗孔。游擊都司守備八員。大寧寺僧性容及從役九十九人。赴寧遠城。欲上謁太宗求和。命遣詹霸。葉成格往迎。並於二十里外設宴。都察院參政祖可法。張存仁。奏云「明寇盜日起。各方飢饉。兵力竭。倉庫虛。征調不前。勢如瓦解。守邊文武重臣。皆為我擒。兵將散失八九。今遣使乞和。計必南遷。應邀其納貢稱臣。畫地以黃河為界。」太宗不納。六月。賜紹愉等貂皮白金。九十九人各賜貂皮。遣還。命大臣送至五十里外。宴餞之。并遣章京庫爾禪。薩蘇喀等。率兵四十人。過錦州。送至連州而還。其向明廷提出意見（一）吉凶互相慶弔。（二）每歲明贈黃金萬兩白金百萬兩。清贈人參千斤。貂皮千張。（三）清國滿蒙漢人。及朝鮮人。叛逃入明境者。遣還。明國人叛逃至清者亦如之。（四）明以寧遠雙樹堡間土嶺為國界。清以塔山為國界。以連山為適中地。兩國互市於此。（五）自土嶺界北。至寧遠北臺。直抵山海關長城一帶。若清人有越入。明人有越出者。按律處死。或兩國有人乘船捕魚往來海中者。明以土嶺沿海至黃城島以西為界。清以黃城島以東為界。有越界妄行者。察出處死。按以上條件。頗為均等。群臣私議。多不以為然。意謂殘明時局。亦已百戰百敗。元氣日凋。若早著戎衣。勢必如摧枯拉朽。和局一定。則彼因鑒前失而日習勤劬。我因無外患而日即安樂。彼贏此絀。利於何有。此可法等所以力言和之不可行也。新甲既被命議和。手詔往返者數十。並戒以勿洩。一日。紹愉以密語報新甲。視之置几上其家僮誤以爲塘報付之抄傳而外人皆知新甲又自潛告溥宗龍宗龍以語謝陞陞後見疆事大壞於帝前述宗龍之言帝甚慚陞進曰倘肯議和和亦可恃帝默然已而言官謁陞陞言上意主和於是言路譁然交章劾陞帝怒其洩漏削籍去復嚴旨令新甲自陳新甲不引罪反詡己功遂詔下獄尋棄市和議至是斷絕而戰釁又再開矣

清軍下畿南山東州縣　當和議未絕時固山額眞墨爾根侍衞李國翰佟圖賴祖澤潤梅勒章京祖可法張存仁以明勢已去合詞奏請直取北京太宗曰「取北京如伐大樹從旁斫則大樹自仆我先克關外四城再克山海關則北京可得今未也」至崇德七年十月太宗見和議不成乃命貝勒阿巴泰爲奉命大將軍與內大臣圖爾格率師征明並令多鐸阿達禮督軍赴寧遠邊外牽制寧遠援兵令軍中曰「毋妄殺毋離人妻子奪人衣服毋焚燬財物暴殄米穀明或遣使求和則對曰「須向我君言」若遇流寇「毋傷彼一二人致與交惡」時明於關內外並建二督又設二督於昌平保定又有寧遠永平順天保定密雲天津六巡撫寧遠山海中協西協昌平通州天津保定八總兵星羅棋布無地不防而事權反不一警報至亟徵諸鎭入援而清軍已入薊州總兵白騰蛟適馳援桃林關聞變亟還爲清軍擊敗清軍遂分道南嚮河間以南多失守抵山東連下兗州等府魯王以派自殺樂陵陽信平原安丘等諸郡王皆死當是時畿輔山東列城官吏或望風遁走或獻金帛迎降其死於戰守及紳士之殉節者畿輔則霸州副使趙輝督守給事中周而淳等二十一人山東則臨清總兵劉源清榷關主事陳興言鄉官侍郎張

宗衡等二十二人．計凡攻克三府十八州六十七縣．通爲八十八城．擊敗敵兵三十九處．歸順者六城．明年四月．清軍北歸．自山東還至近畿．車駝綿亙三十餘里．明帝憂甚．大學士吳甡方被命辦流寇．周延儒度不得已．遂自請視師．帝大喜．獎以召虎裴度．賜章服白金文綺上駟．給金帛賞軍．延儒駐通州．不敢戰．唯與幕下客飲酒娛樂．而日騰章奏捷．及清軍至懷柔．薊遼總督趙光抃合唐通白廣恩等八鎮兵邀戰於螺山．皆潰．總兵張登科等敗沒．延儒詗清軍已還．乃言兵退．遂歸京師．多鐸等奉命赴寧遠．立營吳三桂出戰失利．清軍獲人口畜產而歸．此即明清最後交戰之役也．

五　太宗之事業

太宗之病卒及繼承　崇德六年秋．太宗自松山杏山之捷．還至舊邊界駐蹕．冷僧機索尼馳報宸妃薨訊．慟哭不已．自此居御幄．朝夕悲痛．往往昏迷．言語無緒．精神遂爾委靡．次年冬．獵於葉赫．閱十日至開庫．御身體忽不適．諸王貝子大臣．請罷獵．不許．更託爲遊獵以養病．於是而忽昆布克灘．而鳴哈嶺．仍不愈．又次年正月朔．命親王以下．梅勒章京以上．詣堂子行禮．以禱病．然猶日日視朝．不倦於勤也．至八月八日．御崇政殿．回清寧宮．是夜亥刻．坐南榻暴崩．一時未有遺命．故嗣位大事．未易解決．越六日．諸王集議於大衙門．禮親王代善．議以太宗長子豪格爲嗣．豪格辭以「福少德薄．不堪承任」．固辭而退．時諸將揚言「若不立先帝子．毋寧從帝地下」．代善素謹厚．不顧干朝政．據朝鮮紀錄所載．謂太祖臨死時．

與代善言曰「九王當立而年幼汝攝位後仍傳之九王」彼時尙以嫌疑而甘讓此時詎肯以干預而獲罪讒耶遂辭去多鐸等無語於是多爾袞出而言曰「諸將之言甚是豪格既無繼承意自當以帝三子福臨爲主若謂其年幼吾與鄭親王濟爾哈朗分輔之年稍長卽歸政」時福臨才六齡耳方太宗崩章京敦達里安達里二人俱自幼蒙恩養不忍永離願以身殉臨殉時謂諸王貝勒等曰「若先帝在天之靈詢及後事將何以應」諸王貝勒等曰「先帝肇興鴻業我等翊戴沖主嗣位承基務當實心輔理倘邀在天之靈垂鑒呵護是所願也」遂共上誓書昭告天地議以濟爾哈朗多爾袞輔國理政其時代善之孫郡王阿達禮與其叔岳託別具野心一日阿達禮往謂多爾袞曰「王正大位我當從王」又往謂濟爾哈朗曰「和碩禮親王命我常至府中往來」又岳託遣吳丹至叡親王所言「內大臣及御前侍衞等皆從我謀矣王可自立爲君」阿達禮碩託又同至禮親王代善府視足疾與貝勒羅洛宏俱阿達禮碩託登牀耳語禮親王曰「衆已定議立睿親王王何嘿嘿」二王遂白其言於衆質訊俱實於是阿達禮碩託以擾亂國政作叛逆論阿達禮母碩託妻結黨助逆及同謀之吳丹俱伏誅時英親王阿濟格稱病不朝多爾袞使人告之謂「汝雖患病皇帝喪事豈能不來」阿濟格懼翌日扶病入朝自此權皆集於多爾袞手濟爾哈朗專掌兵事而已此繼承之大略也

太宗之度量及方略　太宗實錄曰「嗣太祖大業勵精圖治信賞必罰納諫親賢始終如一尤以養人爲急務蓋太宗感於先朝屠城驅民之失力求寬大遠近遂以善養人稱」蒙古如科爾沁喀喇沁土默

待諸部。皆聯翩歸附。且請移民內屬。漢人如孔耿尚沈喬張王楊相繼來歸。遠至烏斯藏。亦聞其善養人。通啓輸誠。植國之基。實賴於此。且孔耿尚來歸。即許其就便佔地。如長興島為復州海外三島之一。袤長五六十里。全為尚氏所佔。因不行限田也。又俗有「佔山戶」「流民戶」之目。佔山戶者。隨指一山佔之。及其山下之地。流民後至者。從而乞之。總緣土曠人稀。太宗以愛民為務。制遂不行。非特此也。從前太祖待遇漢人。往往不惜用壓制之策。至太宗時。反其所為。天聰三年。禁家奴舉行考試。其保護漢人之心。至為昭著。復因岳託之言。謂前殺遼東灤州永平漢人。縱極暴白。人亦不信。今天予我以大淩河之漢人。正欲使人知我國之善養。於是待漢人益優。故天聰五年。兵圍大淩河城。生禽明監軍道張春等。春見太宗不跪。太宗引弓怖之。禮烈親王曰。「彼不懼死。射之何為」。遂舍之。論者謂其度之大也。其時書房諸臣。如沈文遇馬鳴珮等獻策。請通書言和。明必不和也。而又不能衞其民。則民怨之矣。太宗採用之。凡通書者七，錦州陷後。猶用通書一次。此特兵謀耳。清史稿本記侈言通書比於服般。而於善養人一言不及。似非握要之論。蓋唯其秉性寬弘。故能為其父之所不能為。且其所措施。亦不外善養之旨。天聰二年。定文館職司。五年。設六部。六年。定城守官三年考察之例。八年。定八旗職官名。十年。更定內三院。崇德元年。定內院官制。設都察院。二年。設八旗議政大臣。三年。設理藩院。定部院制。八年。設禮部蒙古理事官。此則澄敍官儀也。天聰五年。令貝勒大臣。盡言直諫。此則詔求直言也。天聰九年。禁徇私枉斷。崇德五年。下詔肆赦，此則刑期無刑也。天聰六年。行新定朝儀。崇德元年。行太廟薦新禮。三年。諭禮部申明禁令。八年。定內外相見禮。此則班朝肅廟也。至於天聰九年。諭禁濫役妨農。崇德元年。諭禁屯積米穀。令及時耕種。二年。令各屯堡及時勸農。至六年。都察院參政祖可法等言「今歲禾穀未收。秋霜早隕。恐收穫之時。米糧未能收足。價漸騰踊。市糴日稀」。於是奏陳四事。曰嚴沽酒禁。曰杜囤積弊。曰疏河渠路。並云遼瀋肥饒。夾河六屯尤沃。年久不濬。良田委棄。及時挑修。爲益甚大。急宜開納粟例。太宗納其言。故嗛歲亦有補救焉。若天聰元年。發帑賑飢。二年。發帑資民嫁娶。崇德二年。諭貸粟資民。六年。以歲嗛諭行備荒事例。其所以孚惠民生者。無微不至。清以農牧立國。以稼穡開基。謂自太宗啓焉可也。

太宗之文治及軍制　太祖與明互市以來。受漢人之文化不少。故生平愛讀三國演義水滸傳諸書。及太宗繼業。頻歲用兵。益知漢族文化影響於國家社會尤深。天聰三年。命儒臣分爲兩直。榜式達海及剛林等。繙譯漢字書籍。榜式庫爾纏及吳巴什等。記注本朝得失。名曰文館。亦名書房。太祖製滿字。因心掌造。創立軌範。太宗復樂聞古典。分命儒臣。欲以歷代帝王得失爲鑑。並記國家政事。以悖信史。是歲八月。太宗以武威克敵。文教治世。自古及今。文武並用。因欲振興文教。考取生員。命諸貝勒府以下及滿漢蒙古家所有生員。俱令赴考。考中者得以丁償之。五年。又令貝勒大臣子弟八歲以上。十五歲以下。俱就學讀書。不願者啓奏。蓋欲使之習於學問。講明義理。忠君親上故也。崇德四年。又命大學士圖海譯孟子通鑑六韜。蓋其時滿洲武臣。多不識字。類多得力於此。明末李定國初與孫可望並爲賊。蜀人金公趾在軍中爲講三國演義。每比可望爲董卓曹操。而期以諸葛亮。定國大感曰。孔明不敢望。關張伯約。不敢不勉爲之。及受明桂王封爵。努力報國。洗去賊名。則亦觀鄂書之效也。卽以太宗論。其所得之智識。亦多就譯成之滿文小說野史而讀之。復得文臣進講之力。故有「樂聞古今得失」之譽。且當時大學士達海額爾德尼。領侍衛內大臣索尼諸人皆起家武臣。以精通國書。並特賜號巴克什。（按巴克什即筆帖式當時特恩賜號其後各衙門皆有額設候補者千萬視為不足重輕者矣）又命文館纂譯宋遼金元史及繪成太祖實錄。其注意於文治也如此。若論其軍制。最初滿洲之政典合國家種族而為一。以軍法部勒其衆而已。故太祖乙卯年定八旗軍制。止視旗為區分每有征伐大事。與諸貝勒畫地而議。適野而謀。上馬而傳令。其軍令即大法也。太宗具國家之觀念軍事之智識較充。故兵力之演進尤顯。天聰八年。始定滿蒙漢兵分辨名色。隨固山額眞行營馬兵名阿禮哈超哈。步兵為白奇超哈擺牙喇。哨兵為噶布什賢超哈駐守盛京。礮手為守兵。間駐兵為援兵。外城守兵為守邊兵。舊蒙古右營為右翼兵。左營為左翼兵。漢兵為烏眞超哈。孔元帥兵為天祐兵。尙總兵兵為天助兵。永為定制。蓋從前各旗之兵。止就所隸將領稱為某將領兵。直視國家之兵士為將領之所私有。至是公私始有區別矣。然此止足以示其別。而猶未足以肅其志。故於是歲六月。軍行至錫喇烏蘇河。頒軍律於蒙古貝勒。及孔有德耿仲明尙可喜。其律曰。「毋喧譁。毋離隊。毋欲馱載。毋私掠。毋毀廟宇。毋殺行人。毋奪衣服。毋淫婦女。毋擅往取糧。毋離人夫婦。毋飲酒。毋發熟食。毋令俘人看馬。歸順者養之。抗拒者殺之。違者治罪。」崇德三年八月。命多爾袞岳託分道伐明。幸演武場面授方略。并宣軍律曰。「臨陣時。七旗敗走。一旗拒戰。則七旗闘員俱給拒戰之一旗。若一旗敗走。七旗拒戰。或拒戰敗走者各半。亦以敗走者闘員統給拒戰者：屯他所者免罪。若七旗未及整伍。一旗拒戰得功者。按功之大小。與俘獲之多寡。為比例差。野戰時。本旗大臣率兵下馬立．王．貝勒率護軍乘馬立後．當進止以時．有越隊輕敵者．奪所乘馬及俘獲人口．兩軍對壘．必整隊按汛地．從容徐進．若擅離隊隨他隊行．與擅離汛由他汛入．及衆軍已進．而獨卻立觀望者．或處死．或籍沒．或鞭責．或黜革．或罰銀．分別治罪．如敵不戰而退．我軍奮追．宜用饒騎合力馳擊．護軍將領止宜領纛躡後．或別有敵兵旁出．可親擊之．凡起營時．務宜整肅戎行．若離隊往尋遺物．及酗酒者．貫耳．喧譁者責懲．下營時．採薪汲水．集衆同行．失律者斬．軍裝器械．俱書姓名．馬須繫牌印烙．匿他人箭者罰之．竊鞍轡者罪之．馬上行裝．須整理者．本旗人俱立待之．兵臨敵境．有私掠者．妻子入官．仍治本管章京之罪．違者治以律．據此二律觀之．前頒之律．已異於昔日之口令．而後頒之律．其成文法益爲完備矣．太宗之每戰必克．更可於軍制之中．想見其軍政的宏猷焉．

六　明亡清興之關鍵

流寇之亡明　自來論明之亡者．皆謂其亡於流寇．而不知使流寇得以衡行而無阻隔者．民困於斂．而臣還於私也．崇禎初．梃擊紅丸移宮三案．顛倒翻覆．犬吠朝廷．邊方亦孔棘矣．各省旱蝗相屬．陝西大饑．人日火雲．妖怪旋生．草竊間發．府谷王嘉允倡亂．復以裁驛卒．山陝游民仰驛糈者．亡所得食．羣起內訌．安塞高迎祥等嘯聚饑氓．剽掠郡縣．號闖王．米脂李自成．聚衆依迎祥．號闖將．延安張獻忠亦率衆據十八寨．自稱八大王．三邊總督楊鶴．專主撫降．畔服恆．蔓延漸廣．嗣嘉允死．唯高張李最強．羣盜麕集．私立名號。衆至數十萬。帝逮鶴下獄遣戍。以洪承疇代之督總兵曹文詔。連破賊。關中賊稍盡。悉走山西。六年。闖人幾南分道踰太行掠河北。副將左良玉扼之。文詔方移師會討。爲忌者劾去。賊益無忌憚。詭降於監軍內臣楊進朝。乘冰合濟河。陷澠池諸縣。分掠南陽汝甯。直至湖廣。所在告急。旋賊自鄖陽渡漢。獻忠等十三營。流突漢南。別賊南入四川。以阻險復還鄖陽。總督五省（河南山陝川湖也）軍務陳奇瑜。偕鄖陽巡撫盧象昇自竹谿而平利。而紫陽。連戰連破。驅獻忠入商雒。迎祥自成入車箱峽。（陝興安地）峽四山相峇中亙四十里。入易出難。會大雨連旬。糧將不得出。自成僞請降。奇瑜納其貨。縱之出峽。甫出即大譟。屠所過州縣。復出犯河南。詔逮奇瑜下獄。命承疇往代。八年。賊大會於滎陽。用自成計。分道拒官兵。迎祥獻忠與自成俱略東方。陷鳳陽。焚皇陵。嗣見河南兵盛。奔還陝。承疇已先出潼關。抵信陽。至是廷議慮承疇難兼顧。擢象昇綜理江北山東湖廣四川軍務辦東南。承疇辦西北。分任剿寇。時承疇象昇屢敗賊。陝西巡撫孫傳庭、復禽斬迎祥於盩厔。羣賊奪氣。乃共推自成爲闖王。象昇奉詔入衞。賊自襄陽而東。犯安慶。應天巡撫張國維。駐軍鎭江。沿江戒嚴。帝以楊嗣昌熊文燦爲兵部尚書。嗣昌議分軍爲四正六隅。大舉平賊。文燦獨主撫議。其時獻忠犯安徽湖廣各地。數爲良玉等所敗。遂降文燦。自成自陝入川。爲承疇所敗。轉又敗於潼關。妻女俱失。從十八騎。奔商洛。於是關中賊略盡。惟羅汝才等十餘部。往來豫楚。傳庭方引兵敗賊。忽得文燦止檄。謂毋妬我撫功。怏怏還。時崇禎十一年也。四月。獻忠降居穀城。擁兵索餉。日肆劫奪。踰年復叛。攻陷房縣。良玉與戰。大敗。文燦被逮。詔嗣昌督師。良玉拜平賊將軍。追獻忠入川。大破之太平。獻忠隻身迺與汝才合。既良玉憾嗣昌養寇不爲用。獻忠復出東略襄陽。殺襄王翊銘。自成亦自川道襄鄖出犯河南府。殺福王常洵。嗣昌聞敗自殺。自成進陷開封。河南郡邑無不瓦碎。朝廷不復設官。遺黎多結寨自保。或降賊。或受朝命。復互相吞噬。中原禍亂。至斯極已。

初。自成無遠圖。所得城邑。輒焚燬棄去。逮席捲河南。羣賊蟻附。乃自稱大元帥。稱汝才爲代天撫民德威大將軍。良玉營樊城。淫掠。爲襄人所怨。自成與戰。必力。良玉不敢與爭。恆避之。自成遂渡漢。破荆襄諸郡。攻陷承天。僭號新順王。據襄陽。號曰襄京。事在崇禎十六年正月。時獻忠方東略江淮間郡邑。聞良玉避自成東下。盡徹湖廣兵。自從西趨。陷黃梅。入黃州。又西向武昌。武昌夙弛武備。承天等潰兵。俱下。楚王悉募之爲軍鋒。及獻忠破漢陽。臨江欲渡。乃議徹江上兵。嬰城守。參將崔文榮曰。「守城不如守江。守江不如守漢。縱之飛渡。而嬰城坐困。非策也。」議者不從。賊渡偪城。楚府兵開門迎之。獻忠遂入武昌。更名天授府。僭稱西王。改元義武。民被屠者數萬。尋良玉復西上討賊。乘間復武昌。獻忠悉衆趨湖南。犯江西廣東。走四川。是時十三家七十二營諸大賊。降死殆盡。惟自成與獻忠存。而自成尤勁。復自襄陽寇潼關。初。傳庭之敗於柿園而歸也。力主固守潼關。控扼上游。益募壯士。繕器積粟。簉火車三萬輛。俟賊間擊之。適關中飢。嗛苦征繕。士夫咸望其出關。上章趣戰。帝亦數詔趣之。傳庭不得已。引兵而東。拔寶豐唐縣。至郟縣。自成以萬騎迎戰。大敗幾獲之。會天大雨。道濘。糧車不進。自成遣輕騎出汝州。截之。傳庭乃分軍爲三。令白廣恩從大道。高傑親隨從間道。均爲所敗。諸將亦紛逃。傳庭躍馬入賊陣戰死。監軍副使喬遷高亦殉於陣。乘勢陷華陰渭南。連破華商臨潼。攻西安。守將王根子開門降。自成入秦王宮。執存樞。授僞官。乃改西安曰長安。稱西京。詣米脂祭墓。改延安府曰天保府。米脂曰天保縣。清澗曰天波府。於是屠鳳翔。破榆林。降寧夏。又屠慶陽。下蘭州西寧及甘肅秦隴之地。大抵略定。崇禎十七年自成僭號西安。更名自晟。國號順。改元永昌。尊李繼遷爲太祖。置天佑殿大學士。以牛金星爲之。增置六政府尚書。設弘文館以下等官。復五等爵。大封功臣。並草檄傳布。有云「君非甚暗。孤立而煬蔽恆多。臣盡行私。比黨而公忠絕少」又云。「獄囚纍纍。士無報禮之心。征斂重重。民有偕亡之痛。」見者扼腕。是日大風霾。黃霧四塞。有秦人邵從周者。都司吏也。素懷義憤。伺自成出。乘醉至前。戟手大罵曰。「若一貧賤細民。今妄據王府。僭稱僞號。逆天背理。吾見汝屍之萬段也。」自成怒。立斫殺之。

崇禎帝之殉國 自成既僭號。明帝聞之大驚。召廷臣集議。欲親征決戰。李建泰家曲沃。富於貲。請以私財餉軍。率師西討。帝曰。「卿若行。朕當仿古推轂禮。」遂賜敕。幸正陽門樓。親餞行數里。建泰所乘肩輿忽折。衆以爲不祥。建泰以宰輔督師。兵食並絀。所攜止五百人。甫出都。聞曲沃已破。驚悼稱病。日行三十里。至定興。吏民閉城不納。建泰攻破之。笞其長吏。抵保定。賊鋒已偪。知府何復同知邵宗元方城守。建泰叩城求入。宗元等不許。建泰以尚方劍恐之。或曰。金御史毓峒監軍。亟推出視。信乃納之。遂屯城中。而自成已進窺山西。連破蒲州汾州。攻陷太原。執晉王求桂。攻代州。總兵周遇吉力拒。食盡。退守寧武關。戰死。自成歎曰。「使守將盡如周將軍。吾安得至此。」未幾。大同總兵姜瓖。宣府總兵王承胤。相繼降表至自成喜遂長驅而東將至大同巡撫衛景瑗不知瓖已降歃血要與共守瓖布訛言謂巡撫秦人將應賊代王果疑之不與相見及自成至瓖開門迎降自成殺代王傳𤏡宗室殆盡景瑗被執欲官之景瑗據地以頭觸階石血淋漓尋自縊死賊嘆爲忠臣而去至宣府杜勳蟒玉鳴騶郊迎三十里外巡撫朱之馮登城誓守將士皆散走嘿無應者之馮撫膺歎曰不意人心至此俄賊入城之馮南向叩頭縊死城樓下自成遂從居庸關入守將唐通太監杜之秩以關降十七年三月十二日進陷昌平焚十二陵總兵李守鑅力戰死初自成欲諷京師虛實往往遣其徒輦重貲賈販都市又令充部院掾吏探刺機密朝廷有謀議千里立馳報及是昌平已陷兵部發騎偵探輒被勾去無一還者賊游騎至平則門都人猶未知也帝召問羣臣莫對有泣者頃之賊環攻九門門外先設三大營賊至悉降益以內侍專守城事百司皆不敢問十八日自成設座彰義門外降賊太監杜勳侍呼城上人請入城見帝太監曹化淳等縋之入見帝帝怒叱之出及日晡化淳遂啓彰義門賊盡入帝出宮登煤山望見烽火徹天太息曰「苦我民耳」因還宮分遣太子永定二王於外戚周田二氏家命后妃自盡後以劍斫長平公主徽娖（年十五）嘆曰「汝何故生我家」（時公主絕而復甦宮人請以易服誑賊乃隨尚衣監何新出順治二年上書願入空門詔命前所選駙馬周顯復尚故主涕泣餘年病卒）翌日昧爽內城亦陷鳴鐘集百官無至者帝復登煤山書衣襟爲遺詔曰「朕涼德藐躬上干天咎致逆賊直偪京師皆諸臣誤朕朕死無面目見祖宗自去冠冕以髮覆面任賊分裂無傷百姓一人」以帛自縊於山亭遂崩太監王承恩縊於側一時大臣如范景文李邦華王家彥倪元璐之殉難者凡數百人以覩成國公朱純臣大學士魏藻德輩率百官

入朝。上表勸進者。其爲人實不肖何如也。自成氈笠縹衣。乘烏駁馬。入承天門。僞丞相牛金星等騎而從。登皇極殿。下令大索帝后。期百官三日朝見。已知帝后死。命以宮扉載出。盛柳棺。置東華門外。百姓過者皆掩泣。

李自成之據京與吳三桂之復仇　自成據京師。朱純臣等入賀勸進。自成不許。盡付劉宗敏營中拷掠索財物。至灼肉折脛。備極慘毒。金足輒殺之。是時畿內府州縣俱降。山東河南亦多附。自成以爲眞得天命。令金星等撰登極儀。諏吉日。及自成陞座。忽若有人擊之者。自成懼。亟下。鑄金璽及永昌錢。皆不就。聞山海關吳三桂兵起。益大沮喪。謀歸西安。初自成知三桂名。欲致之麾下。命其父吳襄作書招之。三桂本籍高郵。嗣入遼東。以軍功襲平西伯。崇禎十七年三月。以流寇內犯。奉詔統邊軍入衞。至山海關聞京師陷。猶豫不進。旋得父書。忻然受命。至灤州。俄一偵者來。三桂詢之曰。「吾家無恙乎」曰。「闖已籍矣」曰。「吾至當還也」。又一偵者來。曰。「吾父無恙乎」曰。「闖已拘繫矣」曰。「吾至當釋也」。又一偵者來。曰「陳夫人無恙乎」。曰「爲闖得矣」。三桂憤甚。曰「若此吾能從若乎」。乃作書答父。有云「胡乃隱忍偷生。訓以非義。既無孝寬禦寇之才。復愧平原罵賊之勇。父既不忠。兒焉能孝」。鈕琇觚賸云。「遂大怒。按劍曰。嗟乎。大丈夫不能自保其室。何以生爲。即勒軍入關。縞素發喪」。陳夫人者。即明史所謂陳沅也。婦人集曰。姑蘇女子。名圓圓。字畹芬。戾家女子。色藝擅一時。如皋冒先生常言。蕙心蘭質。濟秀天然生平所觀。則獨有圓圓耳。陸次雲圓圓傳。則謂其「本姓邢。後依其姨陳。遂改陳姓。長爲玉峯歌妓。爲田妃父所得。闖亂京師大族皆皇皇。田畏以語圓圓。圓圓曰「世亂亡無依禍必至曷弗締交吳將軍乎」。田從之。迓吳觀家樂引入邃室出羣姬調絲竹一淡妝者領之情豔意嬌知爲圓圓至席前吳語曰「卿樂甚」。圓圓小語云「紅拂尙不樂越公矧不逮越公者耶」。吳頷之俄警報疊至田謂「寇至將奈何」。三桂曰「能以圓圓見贈吾保公家當先於保國」。卽命圓圓拜辭田擇細馬馱之去明帝趣三桂出關。其父襄時督理御營恐帝聞此事留圓圓於府第。三桂去而自成入矣聞圓圓美向襄索之且籍其家而命作書招三桂。自成見圓圓驚其美甚嬖之。遣使攜銀四萬犒三桂軍。三桂欲降。嗣聞圓圓爲闖所得誓復仇疾歸山海關部署軍事」。吳梅村作圓圓曲悽豔哀感無慮卒語又有雜感詩云「武安席上見雙鬟血淚青娥陷賊還不爲君親來故國只因女子下雄關取兵遼海哥舒翰得婦江南謝阿蠻快馬健兒無限恨天教紅粉定燕山」。亦紀實之作其微詞於言外見之。三桂既歸自成卽發兵追之。三桂迴兵擊破其衆。自成怒親將部曲十餘萬。執襄於軍。東攻山海關而遣別將從一片石（關名在撫寧縣東北）繞至關外夾擊之。三桂懼。依方獻廷計。乞師於清。

三桂之請援及趣兵　三桂遂遣副將楊珅等。齎書出關至翁後。呈之攝政王多爾袞略言「除暴翦惡。大順也拯危扶顚大義也出民水火大仁也興絕繼滅大名也取威定霸大功也金帛子女皆爲所有大利也乞速選精兵直入中協西協。三桂率部合力抵都滅流寇而示大義則所以報貴朝者豈唯財帛決將裂土以酬」。多爾袞得書。與范文程等決策進取文程謂「兵以義動何功不成」。遂卽日進兵遣學士詹霸來袞往錦州．令漢軍攜紅衣礮向山海關進發．師次西拉搭拉．報三桂書曰．「向欲與明脩好．屢行致書．曾無一言相答．是以三次進兵攻略．欲明君熟籌而通好也．若今則不復出此．唯有底定國家．與民休息而已．予聞明主慘亡．不勝髮指．故率仁義之師．沈舟破釜．誓不返旌．期必滅賊．出民水火．伯遣使致書．深為喜悅．夫報主滅賊．忠臣之義．伯雖向與我為敵．今亦勿因前而疑．管仲射桓．後成霸業．今若率衆來歸．必封以故土．晉為藩王．國仇可報．身家可保．世世子孫．如河山之永也」．四月十九日．多爾袞軍次連山．三桂復遣游擊郭雲龍孫文煥趣兵之請．其言曰．「接王來書．知大軍已至寧遠．救民伐暴．扶弱除強．義聲震天地．實為我先帝．而三桂之感戴．猶小也．今三桂已悉簡精銳．幸王速整虎旅．直入山海．首尾夾攻．逆賊可擒．京東西可傳檄而定．止令大軍秋毫無犯．則民心服而財土亦得．何事不成哉」．三桂是書藉口於執仇滅賊．且殷殷然以毋犯秋毫為請．第聆其所言．非特不忘於故君．抑亦不忘於小民也．而清之報書．一則曰「底定國家」．再則曰「與民休息」．且自詡為仁義之師．而斬出民於水火．仁言藹如．彼此若相輝映．然律以原心之論．則兩者絕不相侔．此聽言信行．所以不能衡之於今也．

流寇之竄死．多爾袞得三桂趣書．遂星夜進發．踰寧遠．次沙河．距山海關十里許．三桂報賊已出邊立寨柵．師次一片石．遇賊將唐通馬步擊卻之．抵山海關．三桂開門出迎．多爾袞謂三桂曰．「爾可令爾兵各以白布繫肩為號．不然恐致誤殺」．令先行．遂入關．時自成挾明帝太子及宗室諸王．並攜吳襄陳圓圓等東擊三桂．率馬兵二十餘萬．自北山橫亘至海．列陣以待．是日大風．塵沙蔽天．清軍布陣．不能橫及海岸多爾袞謂諸王貝勒等曰「爾等努力破此則大業成矣」乃令軍士鱗次布列對賊陣尾令勿越伍躁進違節制命三桂軍先戰衝其中堅適自成挾太子等在西山多爾袞等各立馬觀戰賊縱兩翼圍三桂數重三桂搏戰良久圍開復合清軍從三桂陣右突出衝賊中堅萬馬奔騰飛矢雨墜沙石飛走擊賊如雹所向辟易俄塵開賊驚曰「滿洲兵也」陣遂動自成策馬下岡先走衆望見遂大潰自相蹂躪死者無算僵屍遍野溝水盡赤自成奔永平三桂率衆二萬追之自成遣王則堯張若麒等來議和不許則堯者明密雲巡撫降賊授兵政府尚書遣招三桂三桂羈留之送往多爾袞軍處斬自成走還京師殺吳襄並及其家八將欲殺圓圓圓圓曰「聞吳將軍爲妾故而興兵殺妾何足惜恐其爲王死敵不利」欲挈之去圓圓曰「恐吳將軍以妾故而窮追王自度能敵彼甚願從」自成疑思久乃棄去悉鎔金餅數萬歸西安二十九日陞武英殿僭帝號立妻高氏爲皇后金星代行郊天禮是夕焚宮殿及九門城樓詰旦挾太子二王西走清晉三桂爵爲平西王隨多爾袞直趨燕京追殺流賊復與諸將約曰「此次出師所以除暴救民滅流寇以安天下勿殺無辜勿掠財物勿焚廬舍不如約者罪之仍曉諭官民示以取殘不殺之意」遂長驅而西三桂及阿濟格多鐸兼程而進又復大敗之自成走山西旋自山西奔陝與張獻忠相攻兵勢日蹙獻忠陷成都據有全蜀自號大西國王改稱大順元年屠僇蜀民殆無噍類既而清軍破陝西自成奔湖廣清軍分兩道追躡其衆多降自成自武昌走通城騎能屬者二十八略食九宮山爲村民所困自縊死獻忠以蜀中民盡誅竄西安率衆至鹽亭界遇清軍於鳳凰坡中矢墜馬蒲伏

積薪中．清軍禽斬之．其黨皆潰走．流寇始平．而川陝亦平定矣．

多爾袞之入京　當李自成盤踞京師．民多流亡．范文程草檄．示以「義兵之來．爲爾等復君父仇．非敵百姓也．所誅者唯闖賊．官來歸者復官．民來歸者復業」．於是百姓聞之大悅．凡竄匿山谷者．悉還鄉里．迎降恐後．五月朔日．清軍遂整隊入京城．故明諸臣出迎五里外．多爾袞進朝陽門．老幼焚香跪迎．內監以故明鹵簿御輦．陳皇城外．跪迎道左．啓王乘輦．多爾袞曰．「予法周公輔沖主．不當乘輦」．衆叩頭曰．「周公曾負扆攝國事．宜乘輦」．多爾袞曰．「予來定天下．不可不從衆意」．令鹵簿陳設宮門．乘輦入武英殿．陞座．故明衆官俱拜伏呼萬歲．令「諸將勿入民家．百姓安堵．秋毫無犯」．又諭故明官員耆老兵民曰．「流賊李自成．本繫故明百姓．糾集醜類．逼陷京城．弒主暴屍．括取財貨．誠天人共憤．法不容誅．我雖敵國．深用憫傷．茲令官民人等．爲崇禎帝服喪三日．以展輿情．著禮部太常寺備帝禮具葬」．尋議加諡曰．「莊烈愍皇帝」．陵曰「思陵」．京城既定．遂遣都統巴哈納等．招撫河南山東．山西又設防守燕京內外城門．官兵嚴禁士卒搶奪．又下令凡強取民間一切細物者．鞭八十．貫耳．猶慮鰥寡孤獨苦無生計者．用飭所司贍養．多爾袞沿途所至．以迄入京之所措施．專以收拾人心．爲進取中原之計．蓋皆恃范文程洪承疇爲之謀畫也．先是．流寇陷京．文程曾上啓．略言「我國雖與明爭天下．實與流寇爲角．我當任賢撫衆．使近悅遠來．蠢克遵化．屠永平．兩經深入而返．彼地官民．必以我爲無大志．縱來歸附．未必撫恤．因懷攜貳．是宜申嚴紀律．秋毫勿犯．復宣諭以昔日不守內地之由．及今進取中原之意．官仍其職．

民仍其業。錄其賢能。恤其無告。將大江以北。可傳檄而定也。」至多爾袞受大將軍敕印。師次遼河。承疇亦上啓。略言「我兵之強。天下無敵。流寇可一戰而除。宇內可計日而定。今宜先遣官宣布王令。以示此行。期於滅賊。拒者誅僇。將不屠人民。不焚廬舍。不掠財物之意。仍布告各府州縣。開門迎降者。官則加升。軍民秋毫無犯。況流寇今得京城。財足志驕。已無固志。聞我軍至。必焚宮殿府庫。遁而西行。我兵抵京。賊已遠去。財物悉空。逆惡未滅。士卒無所獲。大可惜也。」多爾袞此行。務以安民服衆為心。非復往日之以攻掠為是。其得力於洪范者至深。故能隨流而擴風之所被。罔不披靡。卽其所施方略。尤可於詔令中見之。且前令薙髮以別順逆。今聞甚拂民願。仍諭以「照舊束髮。悉從其便」。其所以體貼民情者至微。已

明室之偏安　莊烈帝既殉社稷。報至南京。人心惶惶。時參贊機務兵部尚書史可法等奉福王由崧（神宗孫福恭王常洵長子初封德昌王嗣封福王）監國於南京。改元宏光。命可法督師江北。召馬士英入閣辦事。分淮揚鳳廬為四鎮。以黃得功劉良佐劉澤清高傑領之。可法開府揚州。時清軍分兩路進。都統準塔軍出淮北。澤清率兵據黃淮清三口以拒。為清軍所敗。遁入海。多鐸軍則自泗州出淮北。可法方移兵馳援。會左良玉東犯。詔可法入衛。抵浦而左兵敗。一日夜奔還揚州。為死守計。清軍環薄城下。多鐸五次致書勸降。從之火。北兵攻益亟。城陷。死之。就義時。猶罵多鐸。毋殺揚州百萬生靈。顧亭林聖安紀略。謂其屠殺甚慘也。已而南京亦陷。帝走蕪湖。為明總兵田雄所劫以降。於是唐王聿鍵（太祖八世孫唐端王碩熿之孫世子器墭子也）卽位於福州。魯王以海稱監國於紹興。閩浙如水火。而其臣又復各分畛域。一則拖其使命。一則僇其使臣。當此敗逃窮蹙之秋。而猶蠻觸

紛爭偸安旦夕。識者早知其無能爲矣。果也。清征南大將軍博洛等被命征閩浙。克紹興。以海奔台州。航海走。清軍克金華。督師朱大典闔門死。乘勝克衢州。下建寧。進延平。聿鍵奔汀州。見執。於是皇弟建鍔。卽位於廣州。桂王由榔（桂王常瀛第四子神宗之孫也）又卽帝位於肇慶。桂王竄蹟嶺南。據手掌之地。勢尤危窘。與聿鍵誼出本支。乃當望風瓦解之時。爲同室操戈之擧。遣兵往攻。而爲之臣者。方各挾其主以爲奇貨。爭城奪地。此與燕雀處堂何異。乃未幾。清軍自福建。趨潮州惠州。長吏皆降附。時聿鍔信仗蘇觀生。畀兼綜內外任。招海盜。資捍禦。惠潮警報至。觀生猶斥其妄言惑衆。如是者三。清軍已自東門入。聿鍔縋城走。爲追騎所獲。餽之食。曰。「我若飲此一勺水。胡以見先人地下」。乃自縊死。由榔聞廣州已破。大驚。瞿式耜請駐峽口。司禮監王坤不從。以朱治澗爲兩廣總督。守肇慶。趣由榔出走。奔梧州。又走廣西。式耜等會諸將於桂林。誓力守。漸復雲貴兩廣贛湘四川。由榔復駐肇慶。嗣連敗。又走梧州。尋走永昌。爲吳三桂兵所逼。走緬甸。緬酋執以獻三桂。旋被弑。以海自航海後。數遣兵擾閩境。先後攻陷三府一州二十七縣。軍勢甚盛。至是清軍進討。克興化城。連克永福長樂建寧諸郡縣。凡其所據地。一時盡復。以海不敢圖閩。乃謀窺浙東。復爲清軍所圍。遂遁居金門。飄泊漁島。幷自去監國號。魯王之勢。至是盡已。至於益王朱由本。據建昌。良禹亨艾南英等奉之。永寧王朱慈炎據撫州。兵部侍郎楊廷麟據贛州。各招五嶺峒蠻數萬。以爲恢復之謀。是爲江西之師。亦不久而見滅。

民兵之起滅　明之亡也。莊烈帝既殉社稷。太子二王。並陷於亂。一時草莽文士。咸傷社屋。咸思興仗義之師．重以南都既失．貝勒克勒德渾等．出鎮江南．洪承疇總督軍務．招撫南方．復遣八旗兵分防順德濟南德州臨清徐州潞安平陽蒲州八城．以爲南北既定．即下易服薙髮之令．其壓之者．即其縱之者也．按辮髮之由來．據野棠軒摭言．謂「太祖得遼陽．一日出城．至太子河．萬民俯伏河干．齊聲歸附．太祖曰．吾力薄．不能養爾等．奈何．衆曰．即不能養．亦無二心．太祖曰．吾將思之．翌日會於此．至次日．民之環跪者愈衆．太祖曰．吾留爾．從此滿蒙漢合爲一家矣．出其辮示之曰．三股歸一．有如此辮．爾等識之．齊聲曰．諾」．是昔時招降之始．本以髮辮驗其從違．況今內外歸誠．此著何能從緩．故其令之所言．有曰「若不劃一．終屬異心」．又曰．「不從本朝制度者．殺無赦」．於是京城內外限旬日．各省地方自文到日起．亦限旬日．其檄下各縣．並有「留頭不留髮．留髮不留頭」之語．時孔子之裔孔文譞者．奏言「臣家章甫縫掖．自漢訖明．未之有改．應否蓄髮．以復先世衣冠」．嚴旨切責．「姑念聖裔免死．革職永不敍用」．此旨一下．江南士民見之．無不切齒．而蘇州巡撫土國寶．松江提督吳兆勝．吳淞總兵李成棟．皆以降將乘機騷虐．士民益惡．其無力反抗．憤而自殺者．據三朝野史所載．六合諸生馬純仁．僉壇木工楊士鰲．瑞安諸生鄒欽堯．永嘉諸生鄒之琦．皆投水死．祁門舉人馬嘉．歙縣布衣方國煥．武進布衣歐敬．竹蘇叟錢士鳳．無錫諸生嚴紹英．常熟諸生徐懌．（史傳作徐澳）浦江諸生張君正．晉江舉人劉應星．皆自縊死．清江布衣翟士元．崑山布衣陸幼安．皆自刎死．宜興諸生盧象同．蘇州舉人楊廷樞．無錫原任吏部員外郎華九誠．吳江布衣陳宗道．新城諸生楊應和．楊存久．宜城諸生麻三衢．福清貢生林熙．皆被執死．常熟諸生項志寧．壽州諸生謝一魯，武進諸生董元哲，皆發憤痛死。福清舉人林說，絕食死。宿都失守，兵過其地，人皆走匿，諸生劉泰兆峨冠大袖，當戶而立，兵士問爾何人，曰「我明朝諸生也」。問何以不薙髮，曰「薙髮唯若輩可耳」。衆攢刀斫死。至有力興師者，先後不下數十起。其時清軍陷金陵，兵不過數萬，嗣復收明降卒，薙髮入伍，合之約十餘萬，半屯江寧，承疇等將之，半屯杭州，博洛等將之。又遣招撫侍郎李延齡，駐防蘇城，降將李成棟吳兆勝，分防沿海。及民兵四起，聲勢中斷，嘉定士民推左通政侯峒曾進士黃淳耀等，誓死固守。松江江陰各處，亦多嬰城自保。會吳淞總兵黃蜚吳志葵，水寨泖湖，與松嘉聯絡，互爲聲援。志葵進窺蘇州，蜚率太湖軍與會。蘇城驍騎僅千餘，延齡等使百餘騎繞城外，張幟爲援兵狀，志葵前鋒數百，爲其勁騎截擊破之。清軍閉城令薙髮，不數日城中髮盡薙，卽驅之登陴，內應既絕，外攻遂潰。都統馬喇希等克常州，連下崑山宜興常熟，又遣劉良佐圍江陰，成棟圍嘉定屠之，而東邀蜚志葵於吳淞江，被執。其宜興溧陽之兵亦大敗，上下江之師漸平。惟吳易率吳江之軍，猶爲清勁敵，清軍乃盡斷諸港路殲之。進圍江陰，連攻三日，揚州嘉定外，唯此爲最。徽州推官温璜，以各官皆遁，乃盡攜其印，召士民慰諭。左僉都御史金聲，糾勇保績溪黃山，亦爲清軍詐陷，璜與聲皆死。猶幸張天祿營徽州山上，張故史可法部將，禁兵入城，故徽州未罹騷虜之害，又免屠僇之慘，不得謂非天幸也。

監國魯王自紹興走台州，旋走舟山，走廈門，往依鄭成功。成功者，芝龍庶長子也。清兵南下，芝龍降，時成功年十七，方入泮爲諸生，聞父降，語弟襲舍曰「汝宜助我」。卽與走隔港古浪嶼山，招集數百人，苦無貲適有賈舶自日本來。二僕在焉。問「有貲幾何」。曰「近十萬」。成功命取佐軍。一僕曰。未得主母命。森舍（閩俗父爲官子皆得稱舍）安得擅用。成功立斬之。遂以貲招兵製械。從者日衆。遂據金廈門。凡內地港澳。悉設舟師。登陸爲寨。扼守水口。又徧布腹心於督撫提鎮各署。事無巨細。皆報聞。故以咫尺地與大兵抗拒三十餘年。終不敗。養兵十餘萬。戰艦數千。計甲胄戈矢皆堅利。其財用不匱者。以有通洋之利也。淸禁通洋。片板不得入海。而商賈壟斷。厚賂成功。以達廈門。然後通販各國。以是財用益饒。暨遷界令下。江浙閩粵沿海居民。悉內徙四十里。築邊牆爲界。自爲堅壁淸野計。不知海禁愈嚴。彼利益普。疇昔沿海所掠。不過厚兵將私橐。於鄭氏公帑原無損益。海外諸國。唯日本最富强。需中國貨尤多。聞鄭氏兵精。頗憚之。又成功爲日本婦所出。以渭陽誼相親。有求必與。故鄭氏府藏日盈。又成功特重操練。舳艫陳列。進退有法。將士在驚濤駭浪中。無異平地。跳躑上下。蹻捷如飛。海岸多淤泥陷沙。其將帥皆赤腳不襪。故得免黏滯。官軍以靴履行泥淖中。不陷卽滑。奚免敗績。故與王師屢戰屢勝。又龍碩者。大銅礮也。較紅衣礮不加大。而受藥彈獨多。先投小鐵丸斗許。乃入大彈。及發。大彈先出。鐵丸隨之。所至多糜爛。（見屑玉叢譚僞鄭逸事）以此之故。故能起兵復沿海諸縣。圍漳南。勢大振。後又復溫台。破瓜州。取鎮江。直搗南京。又別遣將下徽寧諸路。淸廷大震。自耿精忠與成功失好。耿兵方圖內犄鄭兵。卽躡其後。已據閩之興漳汀邵。粵之潮惠七郡。養兵之用。悉資臺灣。自此府藏漸耗。敗歸之後。不可爲矣。先是明隆武時。以兵從者。悉加顯秩。成功兵獨强。賜姓朱氏。故人又稱成功國姓。至永曆又晉封延平王。給金印。成功受而藏之。終身不一用。仍稱招討大將軍舊銜．其居臺灣傳二世．悉遵永曆紀元．長至萬壽節．必設龍亭．率其官屬．朝賀如禮．至其孫克塽兵敗降．明亡．

第六章　入定中原之政局

一　多爾袞之顛末

多爾袞之權勢　世祖冲年踐位，不自爲政，而使多爾袞濟爾哈朗攝之。當時卽與諸王貝勒等言曰：「我二人身任國政，所行善，唯我二人受其名，不善亦唯我二人受其罪。任大責重，不便兼理部務，而諸王仍留亦屬未便，今欲概行停止。」諸王曰：「所慮極是。」復以此意言於肅親王豪格、豫郡王多鐸及貝勒等，僉以爲然。於是諸王貝勒貝子俱罷管部務。濟爾哈朗向領師干，本無攬權之私意，惟多爾袞以入關之役，自居首功，實權在握，威望日居諸王上。所以朝鮮國王李倧於歲貢外，獨附餽禮物於多爾袞一人。同爲輔政，未聞有餽於濟爾哈朗者。多爾袞乃謂濟爾哈朗及諸大臣曰：「我等輔理國事，誼無私交。且餽者不止一朝鮮也，受則滋擾不止。」遂定議外國餽送禮物，永行禁止，著爲令，而自致書朝鮮國王，曉以不受之故。卽此一端，已足見其威權之獨隆。濟爾哈朗亦自知其不及，凡事俱甘退讓，故嘗集內三院六部都察理藩兩院堂官諭曰：「嗣後凡各衙門辦理事務，有應白於我二王者，或有記檔者，皆先知睿親王，檔子書名亦宜先書睿親王。」云云。濟爾哈朗自抑若此，猶擯降其鄭親王爲多羅郡王，且將身遭不測。其居心可畏若此。而加封爲「皇叔父攝政王」。旋又晉爲「皇父攝政王」。其晉封冊文有云。「叔父功德高於周公。將宗室不軌者。盡行處分。以朕爲文皇帝子。翊戴擁立。國賴以安」。又云「明朝失緒。流賊竊位。叔父率領大兵。入山海關。遂取燕京。撫定中夏。迎朕來京。膺受大寶。此皆周公所未有。而叔父過之」云云。其所以推崇之者至矣。至濟爾哈朗止加封爲「信義輔政叔王」已耳。且曩時所管兵事。亦大半移屬於多爾袞母弟多鐸之手。於是多爾袞威福益恣。凡批答章奏。即用皇父攝政王之旨。而大臣啓奏。亦必別有副本上於攝政王。甚至殿廷對策。亦止頌揚皇父攝政王。蓋當時朝野上下。惟知有攝政王。而不知有皇帝也。且凡內庫信符。及賞功冊。皆貯之於府第。卽庶僚百工。亦莫不唯攝政王之命是聽。其聲勢之烜赫爲何如耶。順治二年五月。濟爾哈朗與內大臣等議。以皇叔攝政王代天攝政。賞罰雖等朝廷。而禮統尚未崇隆。一切議制。亦應加禮。王固辭曰。「予在上前。未敢違禮。他處如汝等議行可也」。翌日王肩輿入朝。滿洲諸臣皆跪。因謂大學士剛林等曰。「諸臣何故皆跪。今予乃入君之朝也。如此行禮。予心何安」。遂返。於是剛林等傳語曉諭諸漢官。僉曰。誠賢明之王也。其承風希指者如此。三年。攝政王諭內院。「嗣後諸王大臣差遣在外。凡有啓奏。具本御前。予處啓本。著永停止」。豈亦自知宜稍斂迹耶。七年七月。多爾袞體不適。貝子錫翰等詣攝政王府。王怨曰。「頃予罹此莫大之憂。體復不快。上雖人主。亦宜循家人禮。一爲臨幸。若謂上幼沖。爾等皆親近大臣也」。又曰。「爾等毋以予言擅請臨幸。倘駕幸。爾等罪益甚」。錫翰等出。王遣人進止之。甫出門。錫翰等已奏請駕臨幸矣。車駕既至。王讓錫翰等卽向錫翰等跪且拜頃之駕回王下錫翰等於王大臣會議衆議以錫翰等違令擅請駕臨罪大莫比論死籍其家議入會世祖將賜食錫翰等以應否前往啓王王以其親上與己有異罪愈甚次日令降錫翰爲鎭國公嗚呼前此所謂斂迹者特不過敷衍之事耳而其威勢所行有不能不令人畏而附之者安得不謂之一世之雄哉

多爾袞之死與罪狀　順治六年冬多爾袞元妃死踰歲正月卽以玉寶追封其妃博爾濟錦氏爲敬孝忠恭正宮元妃並遣官往朝鮮選女子二月傳諭各部事務有不須入奏者付和碩巽親王端重親王敬謹親王辦理五月率諸王大臣出獵山海關越五日朝鮮送女至親迎之連山卽日成婚六月畋中後所旋以悼妃故有疾十月以有疾不樂率諸王大臣及八旗固山額眞官兵獵邊外踰二月死於喀喇城時年三十九也以嬪妾殉訃聞詔臣民易服舉喪柩至世祖率諸王貝勒文武百官易縞服出迎東直門外親奠三爵各官伏道左舉哀命王以下各官俱守喪喪議悉用帝禮尋命剛林等往取信符侍郎索洪等往取賞功册收貯大內明年正月世祖親政追尊曰「懋德修道廣業定功安民立政誠敬義皇帝」廟號「成宗」並升祔太廟詔中有云「當朕躬嗣服之始謙讓彌光迨王師滅賊之時勳猷懋著闢輿圖爲一統攝大政者七年偉烈居以小心厚澤流於奕世」云云又會議政諸王固山額眞大臣會議承襲尊議以多爾博承襲俸祿護衛及諸用物視親王三倍其原護衛百人裁四十物有同御用者俱裁革諭曰「朕之初心本擬攝政王歸政之後優禮酬報不意王中道棄捐未遂朕懷今多爾博特加恩禮豈可

與衆比王等議是。裁護衛四十。朕殊不忍。著仍留八十人。」其所以酬報之者亦甚隆矣。乃未幾。近侍蘇克薩哈等首告逆謀。謂其在日私製帝服。藏匿御用珠寶。曾向何洛會吳拜蘇拜羅什博爾惠密議。欲帶伊兩旗移駐永平府。譚泰亦言納肅親王豪格福晉博爾濟錦氏。詔下廷議。鄭親王濟爾哈朗端重郡王博洛敬謹親王尼堪等證成其獄。議何洛會黨附睿王罪。胡錫知其兄何洛會種種逆謀。不行舉首。俱應凌遲處死。籍其家。蘇拜知棺內黃袍諸物。徇隱不首。同與密謀。應斬。因先犯死罪。蒙恩寬宥。仍應免死。從之。於是追論多爾袞罪狀。詔示中外。詔曰。「鄭親王等合詞奏言。太宗文皇帝龍馭上賓。臣等同心翊戴。扶立皇上。並無欲立攝政王之議。唯伊弟豫郡王多鐸唆詞勸進。皇上因在沖年。將朝政付伊與鄭親王共理。逮後睿王獨專威權。不令鄭親王預政。以其親弟豫郡王爲輔政叔王。背誓肆行。妄自尊大。以皇上繼位盡爲己功。又將太宗昔年恩養諸王大臣及官兵人等爲我皇上捐軀竭力。攻城破敵。剿滅賊寇之功。全歸諸己。所用儀仗音樂與衛從之人。僭擬至尊。蓋造府第。無異宮闕。府庫之財。任意糜費。擅用織造緞匹庫貯銀兩珍寶。不可勝計。復將皇上侍臣伊爾登陳泰一族及所屬牛彔人丁。剛林巴爾達齊二族。盡收入自己旗下。詭稱太宗之位。原繫奪立。以挾制中外。又搆陷威偪。使肅親王不得其死。而納其妃。且將官兵戶口財產。俱以肥己。又欲皇上侍臣額爾克戴青歸己。差吳拜羅什剛林祁充格封爲侯爵。因戴青不從。復罷侯爵。又差羅什誘皇上侍臣席訥布庫。冀其黨附。凡一切政事。批票本章。不奉上命。概稱詔旨。擅作威福。任意黜陟。僭妄悖理之處。不可枚舉。又不令諸王貝勒貝子公等入朝辦事。覺以朝廷自居。

令其日候府前。昨伊之近侍額克親吳拜蘇拜羅什博爾惠口稱亡主遺言。欲亂國政。幸端重親王等鞫內大臣等公同出首。遂將羅什博爾惠正法。額克親吳拜蘇拜從重治罪。以此思之。多爾袞顯有悖逆之心。臣等從前俱畏威吞聲。不敢出言。是以此等情形未曾入告。今謹冒死奏聞。伏願皇上速加乾斷。列其罪狀。宣示中外。並將臣等重加處分等語。朕命大臣詳細會議。衆論僉同。謂宜治多爾袞罪。逆謀果眞。神人共憤。謹告天地太廟社稷。將其母子並妻封典。悉行追奪。布告天下。咸使聞知」。並籍沒其家產。停其嗣子多爾博襲爵。其同母弟多鐸以行兵有功。僅降爲郡王。大學士剛林祁充格俱以阿附睿王。置重法。黨阿岱錫席訥布庫冷僧機等棄市。以拜伊圖年老免死。禁錮獄中。范文程以睿王勢焰薰灼。稱病家居。從寬革職留任。觀其罪狀。豈眞有潛謀不軌之事乎。何以死無多日。遽遭齮齕。蓋亦有自取之道也。

論多爾袞之功罪　多爾袞爲阿濟格同母弟。稱皇十四子。天聰二年三月。以從征有功。賜號墨爾根代青。晉固山貝勒。五年七月。議定官制。設立六部。命掌吏部事。崇德元年四月。敍功。册封爲和碩睿親王。五月。命與多鐸等率師征明。十二月。從太宗征朝鮮。所戰克捷。明年。命與阿巴泰築都爾鼻城。三年。修盛京至遼河大路。路傍濘濠。多爾袞董其役。八月。授奉命大將軍。攻明。入塞。大掠畿輔山東。代濟爾哈朗圍錦州。擊敗援兵四百人。克小山城一座。旋以失律降郡王。請率所部從征贖罪。不許。嗣因祖可法等請。獲罪王貝勒朝見。始許入朝辦事。七月。論功復晉親王。七年。克塔山城。八年。與鄭親王濟爾哈朗同輔政。順治元年四月。再授奉命大將軍。經略中原。賞罰便宜行事。師入關。與李自成兵戰。諭諸王貝勒等曰「爾等努力破此則大業成矣。」遂大敗賊衆。直趨燕京。追殺流寇。又與諸將約。有「勿殺無辜。勿掠財物。勿焚廬舍」之語。一時百姓逃竄者大悅。各還鄉里。五月初二日。入京。居武英殿。時人稱爲九王。尋以奉迎世祖車駕入都。創製規模。皆其手定。厥庸顯然。乃骨肉未寒。訐私立至。飛謀釣謗。思陰擠之。黃袍黑貂。匿置棺內。構陷豪格。納其福晉。並與兄阿濟格密謀作亂。始傳於使女之口。繼出於侍臣之首。終成於王大臣合詞之奏。以致財產籍沒。爵奪廟享。撤母妻封典。皆追削。生前賢盈萬吻。死後罪斂一棺。論者謂爲誣陷之辭。其信然耶。讀乾隆四十三年上諭。前半歷敍功績。中段所言推翻前案。辨駁甚是。有云。「顧以攝政有年。威福不無專擅。王大臣未免畏而忌之。遂致沒後爲蘇克薩哈等所構。經諸王定罪除封。其時我世祖章皇帝。實尙在冲齡。未嘗親政也。夫睿王果萌異志。則方兵權在握。何事不可爲。且吳三桂之所迎。勝國舊臣之所奉。止知有攝政王耳。其勢更無難顯竊名號。卽我滿洲大臣。心存忠篤者。自必不肯順從。然彼誠圖爲不軌。無難潛鋤異己。以逞逆謀。乃不聞於彼時因利乘便。直至身後以斂服僭用明黃龍袞。指爲覬覦之證。有是理乎。」又實錄載睿王集諸王貝勒貝子大臣等。遣人傳語曰。「今觀諸王貝勒大臣。但知諂媚於予。未見有尊崇皇上者。予豈能容此。昔太宗升遐。嗣君未立。英王豫王跪請予卽尊位。予曰。爾等若如此言。予當自刎。誓死不從。遂奉皇上纘承大統。似此危疑之時。以予爲君。予尙不可。今乃不敬皇上而媚予。予何能容。自今以後。有盡忠皇上者。予用之愛之。其不盡忠不敬事皇上者。雖媚予。予不爾宥也。且云太宗恩育予躬。所以特異於諸子弟者。蓋深信諸子之成立。唯予能成立之。每覽實錄至此。未嘗不爲之墮淚則王之立心行事實能篤忠蓋感厚恩深明君臣大義尤爲史册所罕覯又云昨於三十八年因其塋域久荒特敕量爲修葺並準其近支以時祭掃然以王之生平盡心王室尙不足以慰彼成勞朕以爲王應加恩復還睿親王封號追謚曰忠」覩此則功罪昭然矣卽論當時世祖詔宣罪狀亦曰「逆謀果眞」曰果眞者因其無左證無實據而姑爲疑似之詞也至納肅王妃並非睿王一人其兄阿濟格亦納之蓋其時滿洲習俗容或嘗有之事烏得專罪睿王且此亦止關於私德耳而於逆謀何與焉

二 世祖之事略

世祖之遷都　多爾袞統兵入關掃蕩賊氛肅清宮禁卽與鄭親王濟爾哈朗等御殿受朝設防守燕京內外城門官兵嚴禁士卒搶奪北京既定宣捷告天乃與諸王貝勒大臣等定議遷都遣輔國公屯齊喀博和託固山額眞何洛會等齎奏往瀋陽恭迎聖駕奏言「仰荷天眷及皇上洪福已克燕京臣再三思維燕京勢據形勝乃自古興王之地有明建都之所今蒙天畀皇上遷都於此以定天下則宅中圖治宇內朝宗無不通達可以慰天下仰望之心可以錫四方和平之福伏祈皇上俯納焉」七月因遷都燕京遣官祭告上帝太廟福陵九月車駕發盛京禮部奏豫定百官迎接禮儀先期工部錦衣衛修治道路設行殿通州城外南向司設監設帷幄御座於中尙衣監備冠服錦衣衛設鹵簿儀仗旗手衛設金鼓旂幟教坊司設大樂俱在行殿西候駕至前導先一日傳報文武百官俱吉服於行殿西道旁百步外侍班跪

接入行殿升座。鴻臚寺官贊排班，班齊行五拜三叩禮。候上更衣，百官前行，駕自永定門入大清門，升武英殿。百官自大清門左右進至承天門外金水橋南，文武分班。駕至，跪迎俯伏，駕過，百官各散。次日黎明，文武百官集武英殿上表，請即位。攝政王是之。車駕入山海關，駐蹕西河，總兵官高第、永平道李不著迎駕。世祖諭曰：「爾等所屬地方兵民孤寡，宜加軫恤，各安其心，隨後我軍搬移家口，各有章京統領，爾等曉諭商民，但在城外互市。如有搶奪者，即拏送所管章京，毋徇情面。」至通州，睿王率諸王大臣及羣臣迎駕，自正陽門入宮。卽以睿王功最高，命禮部尚書郎球等建碑紀績。十月朔，祭告天地社稷，奉太祖太宗神主入太廟，御皇極門受朝賀，乃頒詔曰：「我國家受天眷佑，肇造東土。列祖剏興弘業，皇考式廓前猷，遂舉舊邦，誕膺新命。迨朕嗣服，雖在冲齡，緬念紹庭，永綏厥位。頃緣賊氛洊熾，極禍中原，是用倚任親賢，救民塗炭，乃方馳金鼓，旋奏澂清。既解倒懸，非富天下。王公列辟，文武羣臣，暨軍民耆老，合詞勸進，懇切再三，乃祇告天地宗廟社稷，定鼎京師。緬惟峻命不易，剏業尤難，況當改革之初，更屬變通之會。爰乃酌古準今，懿親勳賢，宜加殊禮。罪囚諸犯，咸予赦除。故明加派弊政，悉豁除之。民間逋賦，悉蠲免之。山林隱逸，所在以聞。降謫諸臣，並予昭雪。既已諭旨布恩，宏敷大賚，將使投誠歸命，無阻幽深。惟爾萬方，與朕一德，播告遐邇，咸使聞知。」大學士馮銓、洪承疇等奏曰：「皇上承太祖太宗之大統，滿書俱已熟習，但帝王修身治人之道，盡備於六經。伏祈擇滿漢詞臣，朝夕進講，則聖德進而治道光矣。」故其後勤政之暇，經訓史策，不離左右。數幸內院，與諸臣討論古今，更定禮樂，修明制度，經筵時御，日講不輟，夙夜勵精，孜孜靡倦。（見世祖實錄）亦未始非銓等啓導之力云。

世祖廢后及大婚禮　先是攝政王多爾袞爲帝納聘科爾沁圖卓禮克圖親王吳克善女爲后，實太宗孝莊文皇后博爾沁錦氏親姪女也。順治七年十二月，多爾袞死，世祖親政。八年正月，吳克善親送女至京，和碩親王滿達海等請二月內舉行大婚禮。世祖以大婚吉禮此時未可遽行，不從。時帝年才十四耳。越二年八月，諭禮部曰：「朕惟自古帝王必立后以資內助，母儀天下。今后之册立，乃睿王於朕幼時所定之婚，始即與朕意志不協，宮闈參商，已歷三載，事上御下，淑善難期，不足仰承宗廟之重。已奏聞皇太后，降爲靜妃，改居側室。」先二日，禮臣至內院，帝諭察前代廢后事。馮銓等奏請慎重舉動，奉旨嚴飭。次日，禮部尚書胡世安等及御史宗敦一等交章力諫，命議政諸王大臣及三院九卿詹事科道會議。議上，乞仍正位中宮，選立東西兩宮，命再議。九月，鄭親王濟爾哈朗等奏言：聖旨甚明，臣等亦以爲是，無庸更議。得旨：「廢后之事，朕非樂爲，但容忍已久，實難終已。今既以爲是，着仍遵前旨行。」於是前皇后廢。十一年五月，聘科爾沁鎮國公綽爾濟女爲妃，即廢皇后從姪女也。六月，立爲皇后，后時年十四，少世祖三歲。其大婚典禮爲入主中原時所首行，以後皇帝婚禮大體仿此，不可以不紀。「先期有納采禮，有大徵禮。（均載於大清通禮）遣官祗告天地太廟。至日，早，鹵簿大駕，樂懸陳設如常儀。鑾儀衛官就皇后邸，陳皇后儀駕。禮部官設案太和殿正中，又設案皇后邸堂正中，案上設册寶篚，又設案於中案東，設采亭太和門外階下。內院禮部官朝服奉册寶自中道入太和殿，陳於案。王公百官朝服序立。世祖章皇帝禮服御殿陞座。內院官奉册寶。授册封使臣。使臣跪受。興。自中道奉出。禮部堂官前導。至太和門外。設於采亭。鑾儀衞校尉舁册寶亭前。列御仗二對。自協和門出。詣皇后邸。世祖章皇帝還宮。遣親王二人。奏請昭聖皇太后幸位育宮。（後改保和殿）昭聖皇太后陞輿。樂作。儀駕前導。世祖章皇帝恭迎太和門內。昭聖皇太后輿自御道進位育宮。使臣至皇后邸。后父親率屬朝服出迎門外。皇后禮服。與后母朝服。迎於庭。使臣奉册寶自中道入。置東案上。皇后就案南北面跪。宣讀官立案左西面宣册寶文。畢。次第奉授侍左女官跪接。獻皇后。皇后祇受。轉授侍右女官跪接。陳案上篚內。皇后興。行六肅三跪三拜。畢。陞輿。女官奉册寶篚設采亭內。儀駕鼓樂前導。至協和門。儀駕止。女官奉册寶前行。皇后輿自中道入。至太和殿下。降輿入宮。禮部堂官奏請御殿。世祖章皇帝禮服御中和殿。諸王入。世祖章皇帝率諸王詣昭聖皇太后前。行禮畢。諸王退出。復原班立。世祖章皇帝御太和殿。午門鳴鐘鼓。中和韶樂作。世祖章皇帝陞座。樂止。鳴鞭。賜后父及親屬燕。王公百官咸與燕。還宮。皇后率后母及公主福晉命婦朝昭聖皇太后於位育宮。禮成。皇后還宮。昭聖皇太后賜后母燕。公主福晉命婦咸與燕。畢。昭聖皇太后乘輿還宮。世祖章皇帝恭送如儀。越三日。世祖章皇帝御太和殿。王公百官上表行慶賀禮。頒詔天下。」（並載大清通禮）其慶典亦云隆矣。

十五年正月。諭禮部曰。「朕維皇后表正宮闈。孝敬爲先。皇太后聖體違和。皇后身爲子婦。起居問安。禮節殊闕。於朕孝事之誠。不無遺憾。向年廢后之舉。因與朕不協。故不得已而爲之。至今尚引爲慚德。脊停其中宮箋奏。」三月。奉皇太后慈諭謂「皇后沖齡。未嫻禮節。且素切眷愛。慈諭寬仁。敬當遵奉。復中宮箋奏如初」於此亦可見世祖孝思之切已。

世祖之任法　世祖嘗召木陳和尚入侍。一日話及江陵。木陳猶斥其權重。世祖曰「勿爾。為重臣者自須權重。始可攝服百僚。指揮邊戍」（見木陳集御音問答）所言如此。可見其鋭意圖治。自是英俊之君。當時睿王入關之初。明臣迎降。睿王多權宜任之。故於明之弊政。未盡釐正。即睿王威權自專。世祖猶禮敬有加。亦不嫌其過重。蓋明知承明季廢弛之後。非如此不足以攝服而指揮。逮乎親政。為蘇克哈薩等所構。誣以謀逆。即毅然首正其罪。而不稍加顧惜。即鞏阿岱錫翰輩。亦即正以典刑。太宗次子碩託孫阿達禮。並因是而獲罪。多鐸入西安。定江南。滅明福王。固甚有功者。而亦以與睿王同胞兄弟。降為郡王。他如一等精奇尼哈番許爾安。副理事官彭長庚等。請為昭雪。無不忤旨戍邊。以王室懿親。績茂功偉若此。猶不少為寬假。其嚴厲可知。故親政後下詔云「朝廷治國安民。首在嚴懲貪官。嚴懲貪官。必在審實論罪。夫貪婪官員。一挂彈章。必非完璧。或降調。閒散。或勒令休致。皆不得仍完原職。從前參問貪官。姑照恩赦月日免罪退贓。自今頒諭之後。大貪官員至應死者。遇赦不宥」故凡一時官吏之專擅。如陳名夏。譚泰。陳之遴。劉正宗輩。無不立予誅僇。而上國寶以江寧巡撫貪污被劾。革職嚴訊。且畏罪而自經。總督張懸錫以迎接失儀。為學士麻勒吉責備。惶遽自刎。詔責其借端苛索。令九卿科道會審。從重議處。他如諭吏部禁榷關書吏之騷擾。諭兵部防驛遞官員之苛索。雷厲風行。人皆知畏。十二年。諭刑部曰「朕覽參劾貪官本章。贓私盈千累萬。及問結擬罪。往往脫卸於衙役。既以贓輕逭死。而衙役尤止坐無祿輕條。案黜未乾。彼等卽鑽營別衙門充役。縱橫盤踞。播惡無窮。不加嚴處。奚以除民害而肅紀綱。嗣後內外問刑衙門。審究蠹役。計贓定擬。不許援引無祿輕條。凡情罪重大者。分別絞斬。餘俱流徙。卽載入律例。仍通飭行。」從前入關之初。百務未遑。一切多仍明舊。故弊風所瀆。未能盡革。自世祖悉心糾剔。有犯必誅。觀聽爲之一肅。豈所謂其刑罰重而信。其誅殺猛而必。黭然而雷擊之。如牆厭之。如是則百姓劫則致畏乎。世祖傳贊曰「任法嚴肅。夙弊盡革。以成一代雍熙之治。」洵然。

世祖之愛民　自明季萬曆末年。戶部尚書李汝華倡加遼餉。崇禎初年。楊嗣昌當國。又加練剿二餉。通計先後加賦二千萬。是爲三餉。民之憔悴於虐政者久矣。淸代開國。首革除之。又除召買津糧。凡江南淮陽湖北蘄黃流亡荒地。已免其租。世祖親政以前。此邊外築城加派各省錢糧二百五十餘萬。令有司按戶給還。除山西荒田二萬八千餘頃。西安廢地虛丁銀三萬餘兩。寬䘏之政已肇端矣。及入關之初。首免都城居民被兵者賦役三年。以河南被寇。賜免田租。順治二年。收山西除田租之半。三年。收江南免糟三之一。五年。平湖廣。免衡永辰靖等處錢糧。熙朝政紀謂「嘗聞八九年間。歲計出浮於入者八十餘萬。十三年以後。頻年增餉。缺額至四百萬。度支亦云絀矣。而十一年免七八兩年逋賦。十三年免八九兩年逋賦。大抵逋欠在三年以前者。輒與停免。康熙初猶沿以爲例。及至末年。以滇閩用兵。加天下練餉五百萬。亦未幾。敕部計軍需足用卽止。此二者惠民之政。見諸免科與蠲免者也。至政之見於災蠲者。則亦有所攷焉。順治六年功令。凡遇災蠲。於起運存留均減。存留不足。卽減起運。有司藉口無項可免。使民不沾實惠者。論定凡災蠲州縣。以蠲免之數刊發免單。已入者抵明年正賦。違者以贓論。凡䘏災辨其分數。順治間定被災八分至十分免十之三。五分至七分免二。四分免一。政之見於免徭役者。自周禮而後。國家無不受役之民。亦無不病民之役。由來已久。清初頻年征戰。修築城堡。旗民徭役頗多。世祖入關。以八旗子弟闢土斬荊。厥功甚偉。至是並糧草布匹。亦永停輸納。並免八旗壯丁差徭。除各省匠籍。革河夫僉派之弊。時建太和殿。塞封邱決河。率用夫數萬。皆優給工食。而民不擾。順治六年。諭內三院云「兵興以來。地多荒蕪。民多逃亡。著戶部都察院傳諭各撫按。飭地方有司。凡六年以前。不許開征。不許分毫僉派差徭。俾逃民復業。墾地漸多。十四年。頒布賦役全書。用里甲之法。編徵徭里銀以代役。官爲雇募。有有司私派里甲私役部民之禁。徭里銀者。即丁口賦。亦謂之丁徭銀也。他如設直隸沿河隄夫。以備修築。置臨墩鋪夫。以護漕運。亦皆召募而給以工食者。以視關外時代征徭之法。三丁抽一。以供驅使。其餘守臺陶鐵工匠獵獸窖冰靑草諸役。悉廓而淸之。亦可云休養生息。使民相安於無事矣。天聰八年。漢備禦等猶以徭役繁重。訴之戶部。乃集漢官宣諭。計功給丁之法。僅此十數年間。而弊政盡革。不可謂非迅速也。

世祖之取士。太祖英武。嘗恨明之儒生。逮捕處死。太宗始利用漢人。故待儒者甚重視之。天聰三年。舉行儒生考試。一時赴考者三百餘人。分別優劣。得二百人。並候錄用。八年三月。復校試漢生員。踰月乃合滿蒙試之。爾時雖有取士之典。而取士之制猶未詳也。順治開科。沿明舊制。首場四書藝三篇。經藝四篇。次場論一篇。表一道。判五條。試五經者並作詔誥三。場策五道。時給事中龔鼎孳請用詩去策。改用奏疏。

不許。定磨勘試卷例。首嚴弊倖。次簡瑕疵。前場以明理會心。不愧先儒者爲合式。後場以出經入史。條對詳明者爲合式。於是得雋者謂之中式。時鄉會試三場。俱由主考出題。自順治十五年後。會試及順天鄉試首場四書三題。始欽命密封送內簾官刊印頒發。至滿洲科舉。始順治八年。吏部言先帝在盛京。作養人才。已有成例。今日正當舉行。於是令八旗子弟通文義者。取入順天府學。合滿蒙漢軍以三百人爲額。鄉試取中百二十名。清漢文隨其所習。惟漢軍依漢人例。初減篇數。後漸增如一。壬辰乙未廷試。滿洲進士各五十人。別爲一榜。十四年。停八旗考試文藝。限每佐領下一人讀書。用爲部院官。若因事而加恩澤。則有加科。有廣額。有加科而兼廣額。清初海內初定。用才既多。取才唯恐不足。於是有加科。或遇慶典。取才之數必增。如順治間丙戌平江南。己亥收雲貴。加科之典凡二。至有清一代。慎重制科。法律嚴峻。亦自世祖啓之。順治二年。乙酉河南鄉試錄內稱皇叔父爲王叔父。典試官歐陽蒸呂雲藻俱褫職。交刑部治罪。四年。丁亥會試同考官袁禮如擅改硃卷。褫職。九年壬辰會試。以第一名程可則悖戾經旨。特旨除名。試官秘書院學士武陵胡統虞降三級。宏文院學士大名成克鞏降一級。同考左敬祖等奪俸有差。十一年甲午。禮部奏參順天主考編脩吳縣范周江夏吳正治。評閱試卷止有姓名。全無次第。給諫朱牧民亦稱試錄程文種種乖謬。並奉旨交刑部。最可畏者。尤莫如十四年丁酉。順天江南兩省科場大獄。順天則刑科給事中任克溥奏同考官李振鄴張我樸。（時有張千李萬之謠）受科臣陸貽吉及博士蔡元禧進士項紹芳賄中田耜鄔作霖舉人。俱奉旨七人立斬。家產籍沒。父母兄弟妻子流徙尙陽堡。餘被流徙者二十五人。正考官庶子曹本榮。副考官中允宋之繩。失察各降五級。江南則江寧書肆刊万金記傳奇。不知出誰手。傳聞禁中。（以方除一點錢去兩戈指兩主考姓）世祖大怒。命將主考侍講方猶。檢討錢開宗。房考李上林商顯仁葉楚槐錢文燦周霖張晉朱溎李祥光田俊民李大升龔勳郝維訓朱建寅王國禎盧鑄鼎雷震生。俱駢戮於市。厥後衛文者獲咎。從未比附輕典。是此舉已垂家法矣。且順治丁酉科。世祖命南北中式者在瀛臺覆試。題即爲瀛臺賦。是時每舉人一名。令護軍二人持刀夾兩旁。與試者莫不慄慄危懼。決不使有倖進者厠其間。十四年丁酉江南科場之獄。主試房考十八人皆伏法。其新中舉人世祖親加覆試。斥革者方域等十四人。停科者史繼佚等二十四人。然防弊雖嚴。而立法至恕。觀汪琬程可則像贊序云。被黜後開試擢中書舍人。又進士題名碑載順治壬辰會元張星瑞。於此可見當時之制。榜首因磨勘斥革。許擇人另補。其被革者亦不必終身擯棄也。

世祖之任官　開國之始。順天巡撫宋權獻治平三策。首廣羅賢才以佐上理。薦故明薊遼總督王永吉。乃詔廷臣各舉所知。嗣以知舉多明季舊吏廢員。未有肥遯逃名之士。定舉主之法。得人者賞。贖繆連坐。薦時止以履歷上聞。其才品所宜。由朝廷定奪。禁不得以雜流黜革之人充數。畏避連坐緘默不言者罪之。順治末年停差巡按。乃定各巡撫應薦方面有司佐貳教官員額。會推舊制與薦舉略同。順治六年大學士洪承疇疏言。平治天下。在督撫提鎮得其人。宜實行保舉連坐之法。先令吏兵二部評注保舉。再詢左右大臣而後用之。詔謂督撫提鎮。著內院九卿會推。督撫缺以侍郎布按推用。九年令京官二品以上。

及宗丞通政大理。俱由會推。十年。詔不拘品級。從公推擇。推舉不公。科道糾參。蓋以兼聽並觀。不私用人之權。可獲得人之益。順治八年。世祖親政。諭部院諸臣託名熟練。持祿養交。有年屆懸車。貪戀爵祿。著吏部開列職名。親行更定。與天下見之。九年。始行京察。定以後六年一次。遇寅申年舉行。顧其時雖定京察之制。而甄別亦不盡依年限。是以十年。諭曰。「外官計典。十年內已三舉行。京官殿最。亦當核察。吏禮侍郎學士詹事等官。朕親考區別。六部等衙門。老疾不能任事。素行不孚衆論。或才可外任者。各堂官察核。彙送吏部都察院。同吏科河南道議奏。通理僕等衙門。開送核奏。」於是依八法例甄別。十二年。定考滿議敍例。初次優等加銜。二三次優等加級。時三年考滿與六年京察之典並行。凡三品以上自陳。四品等官。吏部都察院議奏。親定去留。又令優等給予誥命。十七年。詔甄別內外官。都御史魏裔介。請行糾拾之法。以補甄別之所未及。內而京官。外而督撫。不拘現任丁憂告假養病。科道官遇有見聞。卽據實糾劾。從之。時內外保列一二等者甚多。若三年考滿。則自順治二年始。時御史張淩疏言。盜賊竊發。皆因有司惟知善事長官。不恤民瘼。考績殿最。宜以守己端潔。實心愛民者爲上考。三考奏績。不次擢用。幹理簿書。惠鮮無策。雖有才能。止注中考。三年。吏部奏朝覲考察之期。請於四年正月舉行。頒五花册。令撫按以才守政年四格注考。（才則或長或平或短，守則或廉或平或貪，政則或勤或平或怠，年則或青或平或老）四年。行大計。詔曰。「天下人民。困苦極矣。朕既出之水火。與監司守令。共圖治平。蓋四載於茲。奈明季之積習難除。頹風猶煽。有司則貪婪成習。小民之疾痛誰憐。雖婪黷間有糾彈。而姦猾每多賄脫。朕甚憤之。茲當大計。已嚴飭所司。貪酷重懲。闒茸罔貰。爾等姑准留任、尚思祓濯前愆、」嗣是每遇大計入覲之年、必嚴切訓諭之、是歲、吏部奏定三年一舉、以爲定制、撫按考語、咨達吏部考功司、吏科、河南道、詳核去留、定八法處分、貪酷革職提問、罷軟不謹革職、年老有疾休致、才力不及浮躁降調、凡計典處分官、不准還職、九年、吏部言計典舊例、府州縣正官入覲、但委署害民、反爲地方之累、議令藩臬兩司代覲、並依議行、故事、計參之外、令科道糾拾、四年大計、拾遺被劾者多、科臣魏象樞、再以爲請、得旨、糾拾官依大計處分、挾私妄糾者論、十三年大計天下官二百九十二人、休致降革者有差、又諭曰「朕親政六載於茲、振飭官方、未嘗寬假、今又當大計之年、而治猶未進、民猶未安、錢糧逋欠、盜賊竊發、大者仍不法、小者仍不廉、上之德意、無由下究、民之疾苦、無由上聞、非爾等失職之咎歟、已飭所司、重懲貪酷、宜各正直存心、淸廉持己、勉圖後效、」十五年、定薦舉員數、大省無過十人、小省三四人、有舉無劾、不得注考、仍察處、十八年、給事中雷一龍、疏言大計勿得遺大吏而摘微員、懲去位而寬現任、並請令藩臬赴部面同指實、蓋其時開國權宜、固以懲貪爲弊吏之本矣、其時科臣直言無隱、多致意吏治之澄清、而世祖於察計二端、尤爲廑念、嘗幸內院、閱大計疏、謂范文程曰「貪吏何多也、此輩平時使漁小民、大計之年、亦應戒懼、」文程以見利智昏對、世祖曰「此由平素不能正心、苟識見既明、持守有定、安能爲貨利搖奪乎、」此眞窮源探本之論也、是歲卽命吏部考核各省督撫、故淸初吏治有可紀焉、

內監之裁抑　世祖入關之初、定鼎頒詔、賜廷臣宴、有內監數輩、先行拜舞、給事中郝傑奏曰、「自古刑

餘宦寺。特備洒掃供使令。從不敢與朝臣齒列。明末寵任厰衞。遂貽杜勳等開門迎賊之禍。今遇大典而先拜舞。則辱朝廷以羞當世。莫此爲甚。」奉諭朝賀大典。內監不得沿明制入班行禮。清之制裁中官。自此舉始。嗣是鑒明代之失。汰除宦官。設內務府。罷織造太監。十年。乃設乾清宮執事官。及直殿局。諭曰。「朕稽考官制。唐虞夏商。未用寺人。自周始具其職。所司者不過閽闥掃洒使令之役。未嘗干預外事。秦漢以來。諸君不能防患。乃委以事權。加之爵祿。典兵干政。流禍無窮。豈其君盡闇哉。緣此輩小忠小信足以固結主心。日近日親。易致潛持朝政。且其伯叔弟姪。宗族親戚。實繁有徒。結納搢紳。關通郡縣。朋比夤緣。作奸受賄。窺探喜怒以張威福。宮庭邃密。深居燕間。稍露端倪。輒爲假託。或欲言而故默。或借公以行私。顛倒賢奸。混淆邪正。依附者得致雲霄。忤抗者謀沈淵穽。雖有英毅之主。不覺墮其術中。權既旁移。變多中發。歷觀覆轍。可爲鑒戒。但宮禁役使。此輩勢難盡革。朕酌古因時。量爲設置。首爲乾清宮執事官。次爲司禮監。御用監。內官監。司設監。尚膳監。尚衣監。尚寶監。御馬監。惜薪司。鐘鼓司。直殿局。兵仗局。滿洲近臣與寺人兼用。各衙門官品雖有高下。寺人不過四品。凡係內員。非奉差遣。不許擅出皇城。職司之外。不許干涉一事。不許招引外人。不許交結外官。不許使弟姪親戚暗相交結。不許假弟姪等人名色置買田屋。因而把持官府。擾害人民。其在外官。亦不許與內官互相交結。如有內外交結者。同官覺舉。部院察奏。科道糾參。審實一併正法。防禁既嚴。庶革前弊。」讀茲諭旨。亦略見當時杜漸防微之意。乃時逾一稔。內監吳良輔。煽裁內務府。別置十三衙門。而奄人於是始有事。然世祖猶慮其死灰之復燃也。十二年。又諭

「中官之設。雖自古不廢。然任使失宜。遂遺禍亂。近如明朝王振汪直曹吉祥劉瑾魏忠賢等專擅威權。干預朝政。開廠緝事。枉殺無辜。出鎮典兵。流毒邊境。甚至謀爲不軌。陷害忠良。煽引黨類。稱功頌德。以至國事日非。覆轍相尋。足爲鑒戒。朕今裁定內官衙門及員數職掌。法制甚明。以後但有犯法干政。竊權納賄。囑託內外衙門。交結滿漢官員。越分擅奏外事。上言官吏賢否者。卽行陵遲處死。定不姑貸。特立鐵碑。世世遵守。」防維如此其嚴且密也。而十三年。猶有大學士陳之遴賄結良輔之事。至良輔之交通內外官員。受賄作弊。雖嘗爲言官所彈劾。而蚍蜉何能撼大樹。至十五年。罪狀顯著。研審情眞。因下詔曰。「若按迹窮究。株連者甚多。姑從寬免。究官員人等。自後務須痛改前非。各供厥職。敕吏部刊刻告示內外通行。」良輔尋伏法。至十八年遺詔。又自數其罪云。

世祖之崩　世祖自八年親政。賴諸大臣之輔翊。政績可觀。十三年。册內大臣鄂碩女棟鄂氏爲賢妃。尋晉皇貴妃。十七年八月十九日薨。年二十餘。世祖哀悼逾恆。追封加諡曰。「孝獻莊和至德宣仁溫惠端敬皇后。」自是抑鬱寡歡。至次年正月。卽崩於養心殿。年二十有四。遺詔以罪自責。據實錄所載。筆之於下。詔曰。「朕以涼德承嗣丕基。十八年於玆矣。自親政以來。紀綱法度。用人行政。不能仰法太祖太宗謨烈。因循悠忽。苟且目前。且漸習漢俗。於純樸舊制。日有更張。以致國本未臻。民生未遂。朕罪一也。朕自弱齡。卽遇皇考太宗皇帝上賓。教訓撫養。惟聖母皇太后慈育是依。隆恩罔極。高厚莫酬。惟朝夕趨承。冀盡孝養。今不幸子道不終。誠悃未遂。朕罪一也。皇考賓天時。朕止六歲。不能服衰絰行三年喪。終天抱憾。惟侍奉皇太后，順志承顏，且冀萬年之後，庶盡子職，少抒前憾，今永違膝下，反上廑聖母哀痛，朕罪一也。宗室諸王貝勒等，皆係太祖太宗子孫，爲國藩翰，理宜優遇，以示展親，朕於諸王貝勒等，晉接既疏，恩惠復鮮，以致情誼暌隔，友愛之道未周，朕罪一也。滿洲諸臣，或歷世竭忠，或累年效力，宜加倚託，盡厥猷爲，朕不能信任，有才莫展，且明季失國，多由偏用文臣，朕不以爲戒，而委任漢官，即部院印信，間亦令漢官掌管，以致滿臣無心任事，精力懈弛，朕罪一也。朕夙性好高，不能虛己延納，於用人之際，務求其德與己相侔，未能隨才器使，以致每歎乏人，若舍短錄長，則人有微技，亦獲見用，豈遂至於舉世無才，朕罪一也。設官分職，唯德是用，進退黜陟，不可忽視，朕於廷臣中有明知其不肖，不卽罷斥，仍復優容姑息，如劉正宗者，偏私躁忌，朕已洞悉於心，乃容其久任政地，誠可謂見賢不能舉，見不肖不能退，朕罪一也。國用浩繁，兵餉不足，而金花錢糧，盡給宮中之費，未嘗節省發施，及度支告匱，每令諸王大臣會議，未能別有奇策，止議裁減俸祿，以贍軍餉，厚己薄人，益上損下，朕罪一也。營業殿宇，造作器具，務極精工，求爲前代後人之所不及，無益之地，糜費甚多，乃不自省察，罔恤民艱，朕罪一也。端敬皇后，克盡孝道，輔佐朕躬，內政聿修，朕仰奉慈綸，追念賢淑，喪祭典禮，過從優厚，不能以禮止情，諸事踰濫不經，朕罪一也。祖宗剏業，未嘗任用中官，且明朝亡國，亦因委用宦寺，朕明知其弊，不以爲戒，設立內十三衙門，委用任使，與明無異，以致營私作弊，更踰往時，朕罪一也。朕性躭閒靜，常圖安逸，燕處深宮，御朝絕少，以致與廷臣接見稀疏，上下情誼否隔，朕罪一也。人孰無過，朕日理萬幾，豈能一無違錯，唯聽言納諫，則有過必知，朕每恃聰明，不能聽言納諫。『良賈深藏若虛君子盛德容貌若愚。』朕於斯言大相違背。以致臣工緘默。不肯進言。朕罪一也。朕既知有過。每日刻責自悔。乃徒尙虛文。未能省改。以致過端日積。愆戾愈多。朕罪一也。太祖太宗艱垂基業。所關至重。元良儲嗣。不可久虛。朕子佟氏所生。八歲岐嶷穎慧。克承宗祧。茲立爲皇太子。卽遵典制。持服二十七日。釋服卽皇帝位。特命內大臣索尼蘇元薩哈遏必隆鰲拜爲輔臣。伊等皆勳舊重臣。朕以腹心寄託。其勉矢忠藎。保翊沖主。佐理政務。布告中外。咸使聞知」讀茲遺詔。自數十四罪。先眷眷於孝養之未盡。中復自責不能以禮止情。殆亦動於中之不能自已歟。據官書所載。則謂因病痘而崩。以妃一人侍衞一人殉。而野史則言世祖於董妃薨後。哀悼過甚。厭棄人世。立志入山學佛。皈依後住持之地。則京西五十里之天台寺也。今寺中有蠟製之僧像一。大如人體。嚴密扃護。像左有碑一方。大書「天地不朽」四字。僧戴寶冠。披黃龍袍。蓋卽世祖偶像也。驗其像面目骨格。與宮中所藏世祖畫像略同。此蠟像亙三百餘年。守護迄今。必非無因。且聖祖亦屢幸天台寺。或錫扁額。或賜金帛。則此寺爲世祖遯迹處。殆無疑義。世祖初離宮庭時。曾謂鰲拜曰「他日新主踐阼。余必歸來覲禮」其後歸來與否。不得而知。然可見世祖離俗之時。王大臣等必盡知之也。古今宮闈祕記言「世祖爲僧人謂在五台山」引聖祖三幸五台山事爲證。而此則言天台寺。又引蠟像爲證。然則吳梅村詩之淸涼山。卽天台山矣。按此事無確據。姑存此以俟博雅者搜攷焉。其尊謚曰「章皇」廟號「世祖」升祔太廟。葬孝陵。在遵化西北七十里豐臺嶺。一名鳳臺山。嗣封爲昌瑞山。

三　王公諸臣之識略

綜論人才之盛　建一統之業。而成洪大之基。雖賴其君之英明。要亦特乎臣之輔佐。故天生人才。所以供一代之用者也。世祖冲齡踐位。值明運告終。流寇肆虐。竊惟其君所以刱業而垂統者此時。其臣所以建功而立業者亦此時。清雖與明爭天下。而實與流寇相角逐。而世祖入關以來。命將出師。百萬巨寇。一戰而克。撥劇潛亂。爲天下生民主。齊晉秦豫傳檄而定。平江淮。收楚蜀。下浙閩兩粵滇黔。以次剷蕩。其間稟潤天潢。翼亮帝室。提劍而叱之。所至靡城撕邑。下將降旗。哮闞之卒風驅。熊羆之衆霧集。如阿濟格多鐸豪格濟爾哈朗尼堪輩。洵可謂桓桓上將。實天所啟者。而坐諸帷幄。淵謀韋策。雷動聲應。或贊襄密勿。經略四方。斟酌古代。手援赤子。出之水火之中。瀕萎而蘇。則唯范文程洪承疇等是賴。世祖以幼冲之年。承太祖太宗創業之後。君之德性未堅。民之創痍未復。在位十有八年。而清賦役以革橫征。定律令以滌寃濫。獎進廉正。斥遠貪邪。四方水旱。責躬引咎。菲節膳服。汰除閹寺。遂成大一統之業。雖其焦心勞思。勤求民瘼。而亦賴科道諸臣。如魏象樞魏裔介楊雍建輩。直言無隱。有以決壅蔽之路。通上下之情。恤閭閻之隱。覓俾字而開太平也。茲將有關於當時輔佐之人物。略識左方。以見勳猷茂績。其關繫實非淺鮮者。

諸王之佐命　阿濟格者。太祖第十二子。爲大妃烏拉納喇氏出。初稱台吉。崇德元年四月。封武英郡王。是冬。太宗征朝鮮。令率兵駐牛莊備邊。明年。二月。助攻皮島。與有功。三年。正月。隨車駕親征喀爾喀。四年。

二月攻明入塞命與尼堪等率四旗擺牙喇兵環守塔山連山四月略連山十月往略錦州寧遠旋掠保定五年九月與濟爾哈朗等代多爾袞圍錦州松山六年三月又代多爾袞圍錦州明年三月還京順治元年九月率師征明寧遠衞抵中後所徙頓城北塡平壕塹以雲梯挨牌及紅衣礮亟攻之城穨敵奔潰斬游擊吳良弼都司王國安進拔前屯衞中前所凱旋七月晉封英親王尋授命靖遠大將軍西討李自成二年沿邊剿賊八戰皆捷下四城降三十八城並遣官安撫時自成領兵二十萬聲言欲取南京水陸並進勢甚盛阿濟格分兵躡其後追及於鄧州承天德安武昌富池口桑家口九江等七處降者撫之拒者誅之所向克捷六月自成南走咸寧蒲圻過通城竄入九宮山徧索不獲有降卒言僅攜步卒二十人爲村民所困自縊死或云從山後逃去阿濟格遣素識者驗其尸至糜爛不可辨即奏報已死復不候旨班師多爾袞以其欺誑遣甲喇章京巴都等至其軍諭以不遣迎之故又以索賄事覺降郡王三年以張蓋坐午門獲罪四年七月復晉親王五年八月剿平曹縣土寇十一月命戍守大同適大同總兵姜瓖叛星夜往圍其城旋被宥六年六月還京啓於弟多爾袞爭稱叔王即論其驕妄諸罪令勿預部務並禁交接漢官八年正月坐多爾袞死時密謀作亂逮獄閏二月移禁別室三月減其服用十月因出怨言賜死年四十七並除宗籍多鐸太祖第十五子阿濟格同母弟也初封貝勒天聰二年三月太宗征明命與德格類等率精騎在前以功賜號額爾克楚虎爾崇德元年晉封豫親王六月命掌禮部事明年朝鮮兵軍於南漢城外命與揚古利相機迎擊揚古利陣亡多鐸奮身赴難朝鮮兵夜遁獲馬千一百四十歸又明

年，從征明，向寧遠錦州進發，詗知桑噶爾寨舊居之堡無備，亟攻入，祖大壽遣人執令箭赴錦州，生擒之。十一月，與濟爾哈朗合兵過中後所，大壽襲其後，多鐸收兵不戰，是夜，濟爾哈朗聞之怒，詰朝與多鐸復至其處，大壽兵懼不敢出，遂還營。四年五月，以罪降貝勒。八月，改管兵部事。五年二月，命濟爾哈朗爲右翼主帥，多鐸爲左翼主帥，往修義州城，駐紮屯田。六年九月，命率師困松山。七年七月，敍下松山功，晉豫郡王。十月，奉命大將軍阿巴泰等將入邊，命率兵赴寧遠，邊外爲牽制之師。八年十月，謀奪大學士范文程妻，罰鍰。順治元年四月，隨多爾袞入關，人稱爲十王。十月，復晉豫親王，授定國大將軍，西征。二年正月，追李自成入西安。二月，命移師定江南。四月，入揚州，獲史可法，斬以徇。五月，入南京，滅明福王。十月，凱旋，晉號德豫親王。三年五月，授揚威大將軍，征蘇尼特部，與郡王碩塞率師追剿，敗之譚特克山，逐北布爾哈圖山，斬其爺騰機特二子，會喀爾喀土謝圖汗兩軍助戰，又敗之扎濟布喇克，事寧而還。四年七月，晉封輔政叔德豫親王，賜金千兩，白金萬兩，冊文有「定鼎中原以來所建功勳卓越等倫」之語。六年三月，卒，年三十六，以福晉二人殉。九年，以係多爾袞母弟，追降郡王。豪格，太宗長子，繼妃烏拉納喇氏出。初封貝勒，天聰六年七月，晉和碩貝勒。崇德元年四月，以軍功晉肅親王。六月，命掌戶部事。八月，以事降貝勒。三年八月，副奉命大將軍多爾袞攻明，次年四月凱旋，管部事如故。九月，復以功晉親王。五年六月，與多爾袞等屯田義州。九月，代多爾袞等圍錦州松山。六年三月，以事降郡王。七年四月，攻克塔山城。七月，以功仍晉親王。順治元年四月，以事削爵。十月，仍封親王。三年正月，授靖遠大將軍，征四川。三月，至西安。

總督孟喬芳等先已復渭南蒲城武功同州，至是豪格遣兵分兵定邠州慶陽延安諸城，五月進軍漢中，破賀珍等於雞頭關（南鄭附近），漢中圍解，七月分軍之半入蜀，而留貝子滿達海等搜剿餘孽，時張獻忠竊西安，焚燬成都宮殿廬舍，率黨出川北，其將劉進忠遁逃，會豪格軍抵漢中，進忠來降，乞爲嚮導，十一月進抵西充，滅獻忠，五年二月凱旋，三月被多爾袞構陷削爵幽繫，四月自殺，年四十，以庶妃三人殉，七年正月多爾袞與兄阿濟格各納其福晉一人，八年二月昭雪，追復封爵，十三年九月，追謚武乾。

濟爾哈朗莊親王舒爾哈齊第六子，初稱貝勒，天命十一年十月，札魯特私通明，從大貝勒代善等率兵征之，天聰元年從車駕討明，至寧遠城下，分擊其步卒，被創，仍力戰，明兵大敗，二年四月與豪格率師取顧特塔布囊，陣斬之，俘獲萬計，三年十月從伐明，次老河，命率右翼四旗蒙古軍攻大安口，自辰迄巳，敗敵兵五營，四年正月軍至永平，太宗曰「朕思擒劉興祚，勝得永平，彼忘恩詐逃，仍被我擒，未可知也」，命濟爾哈朗與阿巴泰追之，翌日見興祚趨山海關，阿巴泰圍其前，濟爾哈朗躡其後，獲興祚與其弟興賢，遂拔之，命與薩克廉安撫人民，察驗倉庫，事竣，命守城，四月還師，五年七月掌刑部事，六年五月率師略歸化城，十一月命赴寧遠，致書明主，露封以往，並令指授蒙古牧地，申明約束而還，崇德元年敍功，封和碩鄭親王，四年五月率兵略錦州松山杏山，入明邊，九戰皆捷，五年二月率右翼兵往修義州城，駐紮屯田，四月車駕親臨義州，蒙古多羅特部民蘇班代等自杏山西五里遣使約降，命濟爾哈朗迎之，遇明杏山總兵劉周智，松山總兵吳三桂合兵進逼，即縱兵反戰，親自督陣，大敗之，六年八月車駕援錦州，命濟爾哈朗留守。七年。三月。令出駐杏山塔山。以次攻克之。世祖卽位。與多爾袞同輔政。順治元年。九月。率師征明寧遠衞。連拔中後所前屯衞中前所。十月。還。加封信義輔政叔王。四年。坐事罷輔政。五年。三月。貝子屯齊等訐告其罪狀。降多羅郡王。尋復爵。九月。授命定遠大將軍。征湖廣。經山東。與阿濟格削平曹縣土寇。六年。正月。自安陸入長沙。抵湘潭。敵出三門迎戰。克其城。濟爾哈朗率師渡江。趨辰州。抵永興。奮鬬而入。生擒尹舉智等斬之。敵棄辰州遁。時尼堪等克寶慶。破南山坡九營。又破九營於大水。十營於紅江。師至沅州。靖州敵聞風先走。佟圖賴等距衡州三十里。遇賊兵擊敗之。胡一清距廣西全州三十里立六營。又擊破之。八月。班師。七年。以功封其子富爾敦爲世子。九年。正月。晉封叔和碩鄭親王。十二年。五月。病卒。年五十七。世祖惋悼。諭各部院七日勿奏事。加恩給營造園寢銀萬兩。尼堪。褚英（一作褚燕）第三子。崇德元年。封固山貝子。十二月。征朝鮮。遣馬福塔勞薩等率師爲商賈裝。潛往圍其國都。尼堪與碩託以兵繼之。國王李倧遁。其巡撫率兵來援。復擊敗其衆。二年。四月。命與議國政。四年。正月。與阿濟格率師環守塔山連山。六年。四月。遣往錦州助濟爾哈朗軍。順治元年。以剿流寇功。晉封多羅貝勒。從多鐸平江南。豪格平四川。瀕有功。五年。七月。從阿濟格剿平曹縣土寇。晉封多羅敬謹郡王。六年。正月。授命定西大將軍。與喀爾楚渾等率師入太原。討大同總兵姜瓌。三月。多爾袞拔渾源州。次寇家寨。尼堪啓報屢次戰勝狀。旋師至大同。晉封親王。四月。寇陷山西汾州。命博洛自大同往討。尼堪自左衞往圍大同。八年。正月。晉封和碩敬謹親王。九年。授命定遠大將軍。偕屯齊進征楚蜀。十一月。率師南進。敗馬進忠於湘潭。復敗李定國於衡州．尼堪輕騎逐之．遇伏．城內兵復出應師．欲退．尼堪曰．「我宗室也．不除逆寇．何面目歸乎」．遂奮身入陷於陣．年四十三．追封和碩莊親王．博洛．太祖孫．阿巴泰第三子．崇德元年．封固山貝子．二年四月．與議國政．順治元年．晉封多羅貝勒．從多鐸追李自成入潼關．下西安．又從取南京．多鐸分兵．俾領其半．進徇常州．蘇州．復偕拜音圖略杭州．潞王從巡撫張秉貞等開門迎降．十月．凱旋．三年．授命征南大將軍．往平浙閩．五月．入杭州．敗方國安．進平紹興．自是攻克金華衢州二府．擒斬明蜀王朱盛濃．樂安朱誼石．及總兵項鳴斯等．全浙底定．是冬．分兵自衢州廣信兩路進師福建．撫定興化漳泉三府．福建悉平．四年二月．凱旋．五年十一月．姜瓖叛．與阿濟格圍大同．明年三月．多爾袞至．晉封親王．未幾．賊兵自大同進逼．博洛親督鰲拜等奮勇赴難．斬馘殆盡．四月．授命定西大將軍．討山西汾州賊．以次削平諸州郡．八月．與滿達海合軍攻汾州．克之．八年正月．晉封親王．九年三月卒．年四十．追封和碩定親王．其餘功績卓著．譬施爛然．親王中若傑書．常阿岱．多尼．碩塞．博爾鐸．濟度．德塞．喇布．岳樂等．郡王中若岳託．瓦克達．勒克德渾．勒爾錦等．貝勒中若察尼．喀爾楚渾等．貝子中務達海．博和託．洛託．薩弼．溫齊等．皆可以備載焉．

相臣之輔政．開國功臣．論者必首推范文程．文程字憲斗．籍遼陽．蓋自明中葉由吳往戍．爲文正公裔孫．清天命三年．杖策至撫順．謁太祖．命入直文館．天聰時．命守灤州．閩郡保全．崇德二年．晉祕書院大學士．遭遇之隆．幾等於漢之張良．明之劉基．世傳其三大議．尤足固根本．李自成破明燕京．吳三桂致書乞師．多爾袞召其籌策．文程曰．「賊惡稔矣．可一戰破．惟好生者天之道．古未有嗜殺人而得天下者．國家欲統一方夏，非乂安百姓不可」，多爾袞用其言，入關申嚴紀律，妄殺者罪，遂定京師，一大議也，明季賦額屢增，民不堪命，文程廷對，請一用萬曆時額，從之，天下大悅，二大議也，闖獻亂後，士曠民稀，文程條上軍屯事宜，詔議行之，流亡漸集，裁兵不譁，三大議也，他若首爲明帝發喪以收拾民心，請再行鄉會試以籠絡士心，又上保舉連坐法以整飭官常，又言庶官一皆悉請滿擢，以保全善類，諸凡開國規制，皆其擘畫居多，清之得力於漢臣，自此始也，而世祖亦極厚遇之，累加一等男世爵，加封一等子，晉少保兼太子太保，稱病解職，特加太傅，康熙五年卒，謚文肅，名相實祕閟五百餘年，又成閥閱，人皆謂天平冢地使然（天平山屬蘇州，文程祖墓本在）此疑龍撼龍之妄談，不足以昭示來許也，如洪承疇者，籍福建南安，明萬曆四十四年進士，由巡撫晉陝西三邊總督，與總兵曹文詔共剿流寇，崇禎七年，監督河南山陝川湖軍務，次年，詔出潼關討賊，至信陽，與翔鸞報至，文詔馳赴眞寧，遇賊戰死，賊將掠西安，承疇遮之涇陽三原間，賊不得逞，時賊蔓延半天下，詔承疇專督關中，復破李自成於渭南，旋爲楊嗣昌所劾，削宮保銜，十二年，總督薊遼，松山之役，遂降清，隸漢軍鑲黃旗，順治元年，多爾袞入燕京，師次遼河，承疇啓言「宜先宣布王令，俾知此行不屠人民，不焚廬舍，不掠財物之意」，多爾袞即本此意與諸將約，并曉諭官民，一時百姓逃竄者大悅，薙髮迎降，五月入關，以太子太保兵部尙書爲祕書院大學士，二年六月，被命招撫南方，駐江寧，督理軍務，兩江賴以底定，厥後太宗實錄告成，加少傅，掌都察院事，累調弘文院國史院大學士，十年五月，諭內三院曰，湖南兩廣雖漸底定，滇黔阻遠，尙未歸誠，必得夙望重臣，相機撫剿，徧察廷臣，無如大學士洪承疇者著特陞太保兼太子太師內翰林國史院大學士兵部尙書兼都察院右副都御史經略湖廣廣東廣西雲南貴州總督軍務」辭太保不許十四年孫可望詣長沙赴承疇軍乞降承疇俱悉明將內訌狀於是與吳三桂保奏請乘機大舉實承疇主謀也朝議是之分三路進取次雲南十六年捷聞桂王竄緬甸承疇疏請大臣留守俾鎭邊隅廷議促令入緬承疇獨抗疏力陳瘴癘運艱乃詔班師十月以目疾還京十八年乞休論功予三等輕車都尉康熙四年卒諡文襄之二人者皆漢人也文程爲明諸生投効滿洲猶可云名未挂於朝籍若承疇身爲疆吏已受國家之厚恩衡以慷慨致命之義念終未能帖夢妥魂然變革以來功名之士莫不鷹揚蹈厲而勳勒鐘鼎名叛壽旛莫不交口推二氏蓋在明爲亡國士夫在清則爲開國元輔也

言官之直諫　清初言官最負盛名者三魏象樞魏裔介楊雍建是誠直臣之首也魏象樞字環溪蔚州明崇禎十五年舉人清順治三年進士選庶吉士明年改刑科給事中骨鯁敢言事尤注意當世人才賢否治術得失民生休戚疏言督撫按聽用之官太雜道府州縣胥隸太濫請清理報可劾安徽巡撫王懩徇庇受賄罷之累轉刑科左給事中八年世祖親政免天下額賦罷城工除加派時有以私征侵帑坐罪者上疏極陳其弊請定藩司會計奏報之法以杜欺隱立內外各官治事之限以清積滯請嚴道府縱徇之律訂考績大典反噬之禁其最切者請聖躬愼起居一疏詞逼輔臣略言「聖政維新中外想望治平非同昔日如皇上近巡京畿輔臣當陪侍扈從以効啓沃之思倘遠有所幸尤宜諫止鑾輿以盡保傅

之職」又因災變陳言．謂天地之變乃人事反常所致．歷舉近日顛倒旨意．輕重綸音諸事．語侵權貴．尤亟．疏下九卿科道議．左給事例不與議．象樞補陳顛末．因以請許之．象樞面折諸大臣．抗爭是非．在廷爲側目．獨大學士范文程心識之．曰「此眞國家任事臣也」．其後有搆象樞者．輒於衆中剖晰之．遷吏科都給事中．十年．大計．連上四疏．其一請復糾拾舊制．言官不宜反坐．下所司議．著爲令．因奏白給事中劉楗．糾拾被譴．寃言官吳拜吳達．坐言事論死．謂言官進言不實．第宜治以考功法．惟坐婪贓骫法．報怨挾讎．乃可下刑部．報可．論者謂言路通塞．此大關鍵也．前後疏凡三十餘上．其大要崇治本．別人才．行實惠．通民隱．皆國家要政．明年．陳名夏獲罪．坐不先事糾發．降補詹事府主簿．尋遷光祿寺丞．十六年．乞休．康熙間．授御史．擢左僉都御史．凡所陳奏．皆關大計．累晉戶部侍郎．一歲五遷．益自警惕．授左都御史．首疏申明憲綱十事．謂國家根本在百姓．百姓安危在督撫．願諸臣爲百姓留膏血．爲國家培元氣．臣不敢不爲朝廷正紀綱．爲臣子勵名節．切中時弊．十八年．晉刑部尚書．援漢汲黯自請爲郎故事．願辭司寇職．留御史臺．爲皇上振肅綱紀．聖祖嘉之．加刑部尚書銜．留任．會京師地震．時聖祖晝夜坐武帳中．遂直入奏曰「地臣道也．臣失職則地反常．臣不能肅風紀．請先罪臣．回天變」．聖祖召象樞入．伏地涕泣．請屏左右．語移時．極言天變乃索額圖明珠二相植黨市權．排忠引佞之應．又明年．二相相繼罷．聖祖始以象樞面對諭羣臣．歷官四十年．嘉謨忠議．朝章多所手訂．二十三年．稱病歸．越二年卒．年七十一．謚敏果．著有儒宗錄知言錄寒松堂詩文集．其時有二魏之稱．其一謂魏裔介也．裔介．字貞庵．籍柏鄉．崇禎十五年舉人．

順治三年進士選庶吉士改授工科給事中時世祖御極五載疏言「少而勤學古人比之日出之光宜及時肇舉經筵日講以隆治本」會應詔上書略言「上下之情未通滿漢之氣中閡大臣闒茸保富貴小臣鉗結惜功名紀綱弛法度壞貪官暴吏相呑噬臣實憂之宜改絃易轍盡反平日所爲請時御正殿召對羣臣虛心咨訪令部院科道諸臣面奏政事詔史官記注以求救時之實」制下立行轉吏科八年二月世祖親政又言「深居高拱不如詢訪臣鄰批答詳明不若親承顏色故事有朔望之朝有早朝晚朝內朝外朝三六九之朝今縱不能如舊例請一月三朝以副勵精圖治至意」自是定逢五視朝之制又疏言「直隸山東河南水災勘報稽覆需時蠲振稍緩無救死亡請速發帑拯飢」世祖卽出帑金二十四萬分遣大臣十六人齎振全活數十萬人十一年轉兵科應詔陳用兵大勢略言「劉文秀起川南孫可望據貴筑李定國伺隙粵西張名鎭流氛海島頻年征討尙逋天誅爲進取計蜀爲滇黔門戶蜀既守而滇黔之勢蹙故蜀宜先取此西南情形也粵西稍弱昨歲桂林之役未之大創必圖再犯以牽制我湖南之師宜令藩鎭番出相機戰守此三方者攻瑕宜先粵西粵西潰則可望膽落滇黔亦當瓦解」厥後諸路進兵卒如其言累遷左都御史會日月交食請廣開言路停罷土木寬守令考成參罰釋解冤滯矜恤鰥寡孤獨酌復五品以下官俸並令南方專意招撫固防險隘徹還旗下戍兵省數百萬供應之費立卽允行又嘗言「天下未平皆由征求太急刑罰太煩宜奬進直言激發忠義尙寬大平易之治勿爲刻薄瑣碎之謀」有旨令對狀終以其直不問也坐他事奪職俄復原官十六年加太子少保世祖召至中

和殿。諭曰「朕擢用卿非有人薦達也」。裔介稽首謝曰「敢不竭孤忠以報」。一日侍坐問民間收穫。對曰「畿內百姓困苦豐年止供官稅」。又泛論史鑒世祖偶稱唐太宗英主。對曰「晚年無魏徵苦諫。遂窮兵高麗至貽後悔」。其因事納忠類若此。十七年世祖下罪己詔令羣臣各自陳。裔介疏上奪宮保銜。劾大學士劉正宗成克鞏欺罔附會諸罪狀。以不早言並下獄。然卒直其事出之。聖祖踐位考績復宮保。晉吏部尚書。康熙三年擢保和殿大學士。十年病休。明年加太子太傅。裔介居言路久。前後二百餘疏皆關國家大計。或阻或行。或天子排衆議而獨申其言。用著爲律令。論者謂清初名相無出其右者。著有希賢錄論性書致知格物解學規彙編讀書錄纂要易經大全纂要四書精義彙解惺心篇捷解孝經注義鑑語經世編傳家錄附家約樗林三筆明百家說耕餘雜語崑林小品崑林續鈔鄉塾全書教言恆言風憲禁約巡城條約勸誡圖說仵誡續鈔。文有兼濟堂集。詩有嶼舫集嶼舫近集。二十五年卒。年七十一。乾隆元年謚文毅。楊雍建籍海寧。順治時御史以抗直稱。前後疏凡數十上。皆有關乎治道。晉兵科給事中。會世祖幸南海子。疏請起居宜愼。意在規切上躬。雖觸怒神色自若。時尚可喜耿繼茂並鎮廣東。疏言廣東一府兩藩。民瘵供億。請徙一藩四川以蘇民困。論者謂與楊素蘊劾吳三桂擅補多官宜防驕肆。郝浴糾三桂在蜀擁兵不救危城。皆言人所不敢言者。眞不愧朝陽鳴鳳也。雍建又請飭學臣禁士人立社結盟。以杜朋黨之漸。尤爲切中時弊。康熙時亦多所建白。甲辰有星孛於翼軫。抵降婁。占驗者以爲含譽星。雍建獨疏請修省。聖祖優詔答之。遂赦天下。宜赦後紅本下。二獄囚當決。又封還紅本。命三法司再議。二囚得不死。四十三年，以河工積勞，病卒。著有黃門疏稿、景疏樓文集。至如郝傑疏陳四事，曰勸農桑以植根本，撫逃亡以實戶口，禁耗贖以除苛政，嚴奢侈以正風俗。孫襄陳刑法四事，曰定刑書，存國體，禁刁訟，蘇滯獄。董文驥嘗上疏論列，世祖在南苑閱之怒，即日召至詰責，已而嘉其切直，傳旨賜膳，並及其從者。亦可見君明臣直之風也。滿員中以阿什坦為最著。氏完顏，通經學，篤於踐履。順治初，翻譯大學、中庸、孝經諸書，刊行之，以教旗人，皆出其手。官給事中，會稗官小說盛行，滿人多翻譯，上言學者宜以聖賢為期，經史為導，此外無益雜書當屏絕。又請嚴旗人男女之別，定部院九品之制，俱報可。康熙初，退閒家居，鰲拜專政，欲令一見，終不往。嗣以薦起，聖祖嘗召入便殿，問節用愛人，對曰：「節用莫要於寡欲，愛人莫先於用賢。」聖祖顧左右曰：「此我朝大儒也。」

第七章 康熙時代之政局

一 康熙初年事略

聖祖之純孝 聖祖皇帝八歲世祖賓天十一歲慈和皇太后崩逝當時呼搶哭踊盡禮盡哀聖孝純誠已爲薄海傳誦康熙二十三年侍臣請往觀捨身崖聖祖曰「愚民無知惑於妄誕之說以捨身爲孝不知身體髮膚受之父母不敢毀傷故曾子有臨深履薄之懼且父母之愛子惟疾之憂子既捨身不能奉養父母是不孝也此等事處處有之正宜曉諭嚴禁使百姓不爲習俗所誤觀之何爲」二十四年車駕幸博洛和屯聞太皇太后違和星夜回鑾親奉湯藥夜半尚未就寢迨聖體康寧奉慈諭幸白塔寺將大雨近侍奏曰「道路泥濘請俟少霽行」聖祖曰「近因聖祖母偶爾違和朕心實深憂慮今已痊愈甚爲慶幸何憚此一往不以仰慰慈衷乎」遂冒雨行（見聖訓）二十六年諭大學士等曰「凡人之行莫先於孝近者漢軍居父母之喪毫無居喪之禮至孝服鞍轡等類所用素帛皆異常華美居喪演劇滿洲所無漢人亦未有特漢軍爲然耳百行以孝爲大如此所行以爲孝道其他又何足觀也」其年十二月太皇太后不豫聖祖躬侍寢榻廢餐輟寐衣不解帶者至月餘後自宮中步禱南郊親製祝文詞義懇篤太

常宜讀之際，涕泗交頤，文武從官靡不感泣。旣遭慈寧大喪，三日以內，鼜號無間，饘粥水漿不入於口，居廬席地，毀瘠過甚，至於昏暈嘔血。梓宮啓攢之夕，攀慕不勝，左右大臣固請升輦，聖祖堅不就駕，斷去車靷，慟哭步送，刻無絕聲，每舁校更番，輒長跪伏泣，直至郊園殯宮，顏顇足疲，悽感衞陌，又傳旨回宮之日，仍居幕次，乾清門外，並定志服三年喪，不忍以日易月，經王大臣等屢疏乞旣葬除服，祗行心喪，臺省諸臣引經據古，切諫過中，太學諸生咸以節哀順禮爲請，聖祖皆立長號，勉釋衰絰，而有觸輒痛，憂瘁慘損之容閱三年不改云（詳見崑山徐尚書憺園集，蓋其時襄理喪儀者）。

四大臣之輔政 聖祖六齡時，嘗偕世祖皇二子福全、皇五子常寧問安宮中，世祖各問其志，常寧甫三歲，未對，福全對曰：「願爲賢王。」聖祖奏云：「待長而效法皇父，黽勉盡力。」世祖遂屬意焉。八齡踐阼後一日，太皇太后問何欲，奏曰：「唯願天下乂安，生民樂業，共享太平而已。」蓋撫馭萬方，馴致太平，其基已肇於此。世祖旣崩，遺命以第三子玄燁嗣位，麻勒吉賈卜嘉捧遺詔奏知皇太后，宣示諸王貝勒貝子公大臣侍衞等，令索尼、蘇克薩哈、遏必隆、鰲拜同輔政，宣訖，皆痛哭。索尼等跪告諸王貝勒等曰：「主上遺詔命我四人輔佐冲主，從來國家政務唯宗室協理，索尼等皆異姓臣子，何能綜理？今宜與諸王貝勒等共任之。」諸王貝勒等曰：「大行皇帝深知汝四大臣之心，故委以國家重務，詔旨甚明，誰敢干預？四大臣其勿讓。」索尼等奏知皇太后，遂誓告受事。四輔臣爲政，率更先朝政制，御史常州董文驥糾之，謂不當紛更先朝遺制。其實四大臣中，索尼老且病，務姑息，遏必隆遇事不敢立異，唯鰲拜專恣威福，獨攬朝政一切唯所欲爲。蘇克薩哈惡之。論事多與之迕。遂積以成仇隙。論者謂康熙初政。頗無足紀。皆鰲拜專横有以致之。非虛語也。索尼。姓赫舍哩氏。籍滿洲正黃旗。太祖時釋褐一等侍衞。天聰二年。征察哈爾。徵兵科爾沁不至。遣索尼遺土謝圖汗額駙奧巴書。歷數其罪。既至。奧巴不爲禮。亦不起立。索尼曰。吾等天聰皇帝使臣也。爾有罪。義當絕。以書授之。鰲拜欲行。奧巴懇泣留之。乃止。卒命奧巴入朝謝罪。自是從征。瀕有功。入直內院。設六部。多爾袞管吏部。卽命爲啓心郎。順治二年。授一等子。多爾袞謂不宜復列郎官。令解啓心郎任。理部事如故。五年。屯齊訐告其與圖賴謀立肅親王豪格。實多爾袞搆陷之。議罪應死。被宥。令守昭陵。八年。召還。復其爵。擢內大臣。總管內務府。十四年。遵諭審察刑獄。有正法叛犯劉有福。妻朱氏。係故明泰昌帝女。應免入官。與故明妃嬪一體贍養。從之。十七年。應詔陳言。條上十一事。敕部議行。明年。遺命令輔政。蘇克薩哈。籍正白旗。少從征。多所衝陷。順治八年。世祖親政。授議政大臣。初隸多爾袞屬下。至是。議和洛會黨附睿王罪。胡錫知其兄逆謀不行舉首。論死。蘇拜知睿王棺內置黃袍黑貂褂東珠數珠。徇隱不首。亦犯死罪。蘇克薩哈等。卽舉其在日私製帝服。藏匿御用珠寶。及謀還永平逆狀。遂削帝號。奪廟享。幷黜爵除籍。十年。十二月。以護軍統領。帥禁旅。鎮湖南。時劉文秀遣盧名臣馮雙禮分犯岳州武昌。爲蘇伏甲擊走。文秀回舟寇常德。舳艫千艘。蔽江而下。又爲蘇擊敗。縱火燔其船。文秀雙禮遁回貴陽。論功晉二等子。授領侍衞大臣。加太子太保。十八年。遺命令輔政。蘇與鰲拜爲姻婭。而積不相能。遏必隆。則毁詆而附之。唯恐後者也。遏必隆。姓鈕祜祿氏。額亦都第十六子。崇德六年。從征松山。四面掘濠圍之明總兵曹變蛟棄寨夜遁率馬步兵衝出數攻兩黃旗遏擊卻之又一半突入御營遏堅守後營門敵不得逞順治九年授議政大臣領侍衛內大臣加少傅兼太子太傅其秋世祖因鄭成功在福建爲亂命遏傳諭鄭芝龍毋輕出城行走卽往掃墓亦須奏明恐人藉端誣陷頗當上意十八年命輔嗣皇帝踐位鰲拜姓瓜爾佳氏籍鑲黃旗初爲護軍校天聰八年予騎都尉世職崇德六年隨阿濟格攻皮島論功晉三等男賜號巴圖魯四年從軍略地錦州六年八月敍克錦州外城諸將功晉一等七年遷護軍統領八年阿巴泰爲奉命大將軍從攻明邊城略地至山東晉三等子順治元年從軍定燕京晉一等子三年從豪格征四川抵西充張獻忠率馬步兵拒師鰲拜等奮擊大破之斬獻忠於陣復分兵四出破賊營百三十餘處四川平五年從博洛討山西賊賊由大同來逼鰲拜等奮勇進剿斬馘殆盡嗣坐謀立肅親王論死改罰贖七年晉三等侯明年授議政大臣晉一等又明年二月以鰲拜巴圖魯軍績頗多從優議敍命爲二等公予世襲免死二次旋授領侍衛內大臣累加少傅十八年爲輔政大臣

蘇克薩哈之被冤 康熙六年三月輔政大臣索尼等奏請皇上親政留中未發四月諭吏部輔政大臣伯索尼歷事累朝竭殫忠忱遵奉遺詔輔理政務懋著勞績深爲可嘉着於所有一等伯外授爲一等公准襲十二次六月索尼卒予祭葬諡文忠七月輔臣等復奏「主上躬親萬幾臣等仍行佐理」太皇太后俞允己酉聖祖始御乾淸門聽政嗣後日以爲常越五日乙卯蘇克薩哈奏云「臣才庸識淺蒙先皇帝眷遇拔授大臣夙夜悚懼恐負大恩值先皇帝上賓之時唯願身殉以盡愚悃不意恭逢遺詔列臣名

於輔臣之中臣分不獲死。以蒙昧餘生。勉竭心力。冀圖報稱。不幸一二年來。身嬰重疾。不能始終効力於皇上之前。此臣不可逭之罪也。茲遇皇上躬親大政。伏祈令臣往守先皇帝陵寢。如線餘息。得以生全。則臣仰報皇上豢育之微忱。亦可以稍盡矣」。聖祖覽奏。謂輔臣等曰。「爾等奉皇考遺詔。輔朕七載。朕正欲酬爾等勤勞。茲蘇克薩哈奏請守陵。如線餘息。得以生全。不識有何逼迫之處。在此何以不得生。守陵何以得生。朕所不解。著議政王貝勒會議具奏」。尋議政王等奏。將蘇克薩哈及伊子孫。並本旗人弟兄。俱拏問依議行。康親王傑書等會議。蘇克薩哈係輔政大臣。不仰體遺詔以盡忠誠。懷抱奸詐。存蓄異心。欺藐主上。種種任意詭飾。犯二十四大罪。本朝並無犯此等之例。應將蘇克薩哈官職俱行革去。即凌遲處死。獄具以上。聖祖知鰲拜等怨蘇克薩哈數與爭論是非。積以成讎。與其黨班布爾善等搆成罪款。必欲置之極刑。堅執不允所請。鰲拜攘臂上前。強奏累日。竟坐蘇克薩哈處絞。其長子內大臣查克旦凌遲處死。餘子六人。孫一人。兄弟之子六人皆斬決。族人前鋒統領白爾赫圖。侍衛額爾等亦如之。先是康熙初年。鰲拜當國。欲以正白旗屯莊給鑲黃旗。而別圈民地給正白旗。戶部尚書蘇納海以撥地遲延罪死。總督朱昌祚。巡撫王登聯。以撥換地畝旗民困苦上聞。亦逮死。是皆迕鰲意者。至是聖祖親政。乃昭雪之。並圈地之事。毅然禁止。前既以圈地而殺數大臣。今又以「如線餘息得以生全」二語而殺輔臣蘇克薩哈與大臣白爾赫圖。亦可謂冤矣。

鰲拜之跋扈　索尼蘇克薩哈既死。四臣中止鰲拜遏必隆尚存。於是議政王等會議。加恩輔政。遏必隆鰲拜於所有二等公外均授爲一等公。其實遏必隆附和鰲拜。而政權獨操於鰲拜一人。聖祖親政後。鰲復結黨營私。橫恣不法。聖祖欲誅之而未行。値元旦。鰲入宮觀賀。服冕容飾。一擬至尊。所不同制者。冠中缺巨珠一顆而已。聖祖見而心惡之。退朝後。偶於宮中擲骰爲戲。一擲得順。毅然顧太后曰。決誅鰲拜矣。蓋順者。取順利之兆也。於是鰲始伏法。是後宮中沿以爲利。每歲元旦。必特擲骰一次。藉卜一歲之禍福。行之既久。太監輩遂先意迎合。製相異之骰子六。每枚六面皆同。俾皇帝來時。無論如何。一擲必可得順。然非初意矣。又鰲受誅前十日。臥病宅第。聖祖親往慰探。坐牀側。鰲衣中忽墮一刀。左右皆失色。聖祖從容溫諭謂「鰲拜病中尙不忘佩刀。殊見滿洲人勇武習俗。深可爲朕干城。朕甚嘉許。」云云。駕返。卽以弈棋召索額圖入謀。數日後。鰲入見。令羽林士執之。（見古今宮闈祕記及竹葉亭雜記）因諭議政王等拏問遏必隆。知而緘口。是何意見。阿南達負朕隆寵。每進奏時。稱鰲拜爲聖人。著一併嚴拏勘審。康親王傑書等遵旨勘實鰲拜罪三十款。欺君擅權。罪一。引用奸黨。罪二。結黨議政。罪三。聚貨養奸。罪四。巧飾供詞。罪五。擅用馬邇賽等先帝不用之人。罪六。殺蘇克薩哈等。罪七。擅殺蘇納海等。罪八。偏護本旗將地更換。罪九。輕慢聖母。罪十。貪攬事權。罪十一。奏阻立后。罪十二。謬用濟世。罪十三。添戶部尙書以馬爾賽居要地。罪十四。禁止科道陳言。罪十五。熊賜履條奏。鰲拜以爲劾己。意圖傾害。罪十六。違旨擅謚。罪十七、備疏呈覽。逼勒依允。罪十八。呵叱大臣。罪十九。私買外藩爲僕。罪二十。擅授敗將原職。罪二十一。不使巴泰與聞會議。罪二十二。將御馬頭目處決。籍產歸己。罪二十三、裁止蒙古都統。不使會議。罪二十四。違遺命。起居班行。妄居遏必隆右。罪二十五。聞遏必隆有「成何朝廷」之說。不行舉首。罪二十六。瞋怒奉旨放鷹者。不先關白。罪二十七。不遵聖旨。罪二十八。勒人之妾配伊家人。罪二十九。以人之墳墓有礙伊家風水。逼令遷移。罪三十。又議遏必隆不行糾劾藐視皇上之罪十二款。均應革職斬絞。聖祖遂諭吏部兵部曰。「鰲拜等以勳舊大臣受國厚恩。奉皇考遺詔。輔佐政務。理宜精白乃心。盡忠報國。不意鰲拜結黨專權。紊亂國政。紛更成憲。罔上行私。凡用人行政。鰲拜欺藐朕躬。恣意妄為。文武官員。欲令盡出其門。內外要路。俱伊之奸黨。班布爾善穆里瑪馬邇賽塞本得阿思哈噶褚哈濟世訥莫泰璧圖等。結為黨與。凡事莫先與私家商定。乃行。與伊交好者。多方引用。不合者卽行排陷。種種奸惡。難以枚舉。朕久已悉知。但以鰲拜身係大臣。受累朝寵眷甚厚。猶望其改行從善。克保功名。以全始終。乃近觀其罪惡日多。上負皇考付託之重。暴虐肆行。致失天下之望。遏必隆知其惡。緘默不言。意在容身。亦負委任。朕以罪狀昭著。將其事款命諸王大臣公同究審。俱已得實。以其情罪重大。皆擬正法。奏聞。朕復召鰲拜等面加鞫問。情罪俱實。本當依議處分。但念鰲拜累朝效力年久。且皇考曾經倚任。朕不忍加誅。姑從寬免死。著革職籍沒。仍行拘禁。遏必隆無結黨之事。免其重罪。削去太師及後加公爵。其原有一等公爵。仍准留與伊子。其班布爾善穆里瑪阿思哈噶褚哈泰璧圖塞本得訥莫。或係部院大臣。或係左右侍衛。乃皆倚附權勢。結黨行私。表裏為奸。擅作威福。罪在不赦。皆已正法。其餘皆係微末之人。一時苟圖僥倖。朕不忍盡加誅戮。寬宥免死。從輕治罪。至於文武官員。或有畏其權勢而倚附者。或有身圖倖進而倚附者。本當察處。姑從寬免。自後務須洗心滌慮。痛改前非。遵守法度。恪恭職業。以期副朕整飭紀綱愛養百姓之至意。」七月。以言官白蘇克薩哈之冤。乃復蘇克薩哈故官及其族白爾黑圖官職。後並追謚蘇納海曰襄愍。朱昌祚曰勤愍。王登聯曰慤愍。並各蔭其子入監讀書。至此爲鰲拜所冤殺之人。皆有以申其枉矣。

紀裁十三衙門與立內務府　自吳良輔煽立十三衙門。其名率沿明舊。賴世祖遺詔發姦。聖祖嗣位。克除兇孽。讀當時諭旨。亦略見當時之勢燄矣。諭曰。「朕唯歷代治亂不同。皆係用人之得失。大抵任用宦寺。未有不召亂者。加以僉邪附其門。則爲害尤鉅。我太祖太宗痛覽往轍。不設宦官。先帝以宮闈使令之役。偶用若輩。而深悉其姦。是以遺詔有云。祖宗創業。未嘗任用中官。且明朝亡國。亦因委用宦寺。朕稟承先志。詳加體察。乃知滿洲佟義內官吳良輔。狡詐欺蒙。變易舊制。倡立十三衙門。廣招黨類。以竊威福。各衙門事務。任意把持。廣興營造。靡冒錢糧。以致民力告匱。兵餉不敷。二人朋比作姦。情辜重大。吳良輔已處斬。佟義亦伏冥誅。著削其世職。十三衙門盡行革去。凡事遵太祖太宗定制。內官俱永不用。又以其黨劉正宗。當遵遺詔。從重典。念其年老。姑從寬免。其黨並皆赦宥。於是復內務府。以御用監之職。立廣儲司。以尚膳監之職。改採捕衙門。以惜薪司之職。改內工部。又改御馬監曰阿敦衙門。兵仗局曰武備院。（初名鞍樓。後改設鞍庫）至康熙十六年。改宣徽院爲會計司。（初名內官監）禮儀院爲掌院儀司。（初名鐘鼓司）尚方院爲慎刑司。又改採捕衙門爲都虞司。內工部爲營造司。阿敦衙門爲上駟院。其內監別立敬事房。設總管副總管。較爲畫一。不相侵越。二十三年。分掌儀司立慶豐司。（初名牛羊羣牧處）

分部虞司立奉宸苑（初歸尚膳監）於是內七司三院之職粲然大備與外廷六部九卿相表裏所謂宮中府中具爲一體者也史臣曰「聖祖之創制與歷代之損益可謂詳且備矣內務府既立其奄寺之典守僅存者諸陵廟宿殿監及御前奔走執事而已方明太祖立鐵碑禁內官與政乃旋命聶慶童使河州成祖雖有私役工匠之禁而感其迎載李興鄭和紛紛四出豈忘其言而自蹈之哉要結有其術委任有其漸誠習而不覺耳立內務府以其職歸之士大夫人主日與士夫處淸明在躬其視腐椓之輩自不能以相暱豈徒藉法禁哉」此亦聖祖即位初之善政不得謂史氏之諛辭也

二　康熙朝之美政

紀聖祖法祖　聖祖革十三衙門既遵太祖太宗定制內官俱永不用如前所述矣康熙元年即諭吏部等大小各衙門曰「國家紀綱法度因革損益代有不同必開創之初所定典例可垂奕世永行無弊我太祖太宗刱制立法垂裕後昆自當世守勿替今應將大小各衙門見行事務如銓法兵制錢穀財用律例內外文武各一應恩卹廕贈諭祭造葬款項繁多難以枚舉著議政王貝勒大臣九卿科道會同詳考太祖太宗成憲斟酌更定彙集成書勒爲一代典章永遠遵行」又諭吏部曰「世祖章皇帝遺詔內云紀綱法度用人行政不能仰法太祖太宗謨烈漸習漢俗於醇樸舊制日有更張朕茲於一切政務思欲率循祖制咸復舊章以副先帝遺命仍復內三院舊制其內閣翰林院名色俱停罷」十年諭內閣翰林院

曰。「政治之道。無過法祖。鑒於成憲。乃罔有愆。欽惟太祖高皇帝開天垂統。太宗文皇帝式廓鴻圖。規模宏遠。啓佑無疆。朕御極以來。景仰先猷。時切儀型之念。世祖章皇帝時。曾命儒臣纂修太祖太宗聖訓。雖具藁進呈。未經裁定頒布。茲特命總裁纂修各官。悉以前式。分別義類。重加考定。勒成全書。朕得以朝夕觀覽。是訓是行。亦俾子孫率由無斁。」明年。諭大學士傅達禮曰。「朕昨奉太皇太后諭云。予雖在宮壼。太宗行政。亦略知之。彼時開創。甚重騎射。方今天下太平。然安不忘危。閒時仍宜訓練武備。至在朝諸臣奏事。豈無忠誠入告者。然不肖之類。假公行私。附己者則爲引進。忤己者卽加排擠。爲人君者務虛公裁斷。一準於理。則事無差失矣。朕繹慈訓。人君之道。誠莫要於虛公裁斷之一言也。」十七年。又諭大學士等曰。「朕觀古來帝王。如唐虞之都俞吁咈。唐太宗之聽言納諫。君臣上下。如家人父子。故能陳善閉邪。登於至治。明季君臣隔越。以致四方疾苦。生民利弊。無由上聞。我太祖太宗世祖相傳以來。上下一心。滿漢文武。皆爲一體。情誼常令周通。隱微無有間隔。一游一豫。體恤民情。猶作艱難。立萬世不易之法。朕上纂前王之盛事。溥遵祖宗之家法。思與天下賢才。共圖治理。常以家人父子之誼相待。臣僚罔不兢業。以前代爲明鑒也。」二十九年。敕諭纂修三朝國史總裁官等曰。「朕惟帝王肇基垂統。綏御萬方。峻業宏模。必勒諸簡册。傳示無窮。所以炳耀豐功。宣揚至治。甚盛典也。我太祖高皇帝誕膺寶籙。鼎命維新。締造正圖。規模宏遠。太宗文皇帝道隆作述。運啓休明。式廓禎符。燕貽景祚。世祖章皇帝統一寰區。化成治定。中和懋建。聲教遐敷。惟列祖之相承。冠百王而首出。凡戡亂安邦之略。立綱陳紀之宜。用人行政之方。隨民成俗之本布於方策。歷久彌新。卽當時勳舊諸臣。亦莫不託附風雲。懋彰勞績。惟從龍而應運。信昭代之多才。朕夙夜紹庭。思闡先烈。爰命儒臣。恭修三朝國史。爾等督率在館諸臣。薈萃琅函。博蒐掌故。折衷至當。裁訂成書。務期文極雅馴。事歸確核。庶幾垂型萬世。傳信千秋。以覲耿光。以揚大烈。稱朕意焉」(以上見聖訓)四十七年。又諭大學士等曰。「朕閱實錄。太宗皇帝統大軍抵北京。擊敗明兵。凱旋時。諸大臣競進曰。臣等隨從至此。本圖建立功業。今奈何薄城而不取。太宗皇帝曰。今取此城甚易。當視天意如何。嗣北京爲流賊所據。我諸王佐世祖皇帝。直取北京。統一寰宇。逮於朕躬。歷二代六十五年。今天下治安。率土人民。咸享太平之福。此亦朕恪守祖業。夙夜勤勞之所致也。聖祖之治。一遵祖制。嘗讀世祖資政要覽而跋曰。「右資政要覽三卷。皇考世祖幾政餘暇。博考羣籍。萃精獵微。御製成編。朕時勤披讀。思仰先猷。洪惟皇考亶首出之資。開太平之業。所以承敍萬年。裕我後嗣子孫無疆之祚者。顯模駿烈。非寡昧之所能窺。蓋體具徇齊。德兼廣運。因心以懋。悉合於先程。率性而行。咸符乎天則。過化存神之妙。夫豈有資於效法也者。而猶不廢夫學古之勤。稽求之益。豈非聖不自聖。謙尊而光者乎。予小子欽承手澤。念紹庭聞。寶此遺文。常作蘭臺之祕。陳茲大訓。卽爲西序之珍。恭綴片詞。用貽來葉云爾。」(見御製文集)厥後閱皇明祖訓。偶書其後曰。「後世子孫。漸至於陵替者。非貽謀之未臧。由不能善守之故也。」其勤於法祖也如此。

紀聖祖重農　康熙十二年。諭戶部曰。「自古國家久安長治之模。莫不以足民爲首務。見行墾荒定例。

六年起科。朕思小民拮据開荒。物力艱難。恐催科期迫。反致失業。朕心深爲軫念。嗣後各省開荒地方。俱再加寬限。通計十年。方行起科。其所司官員。原有議敍定例。如新任官自圖錄敍。掩襲前功。紛更擾民者。各督撫嚴行稽察。題參治罪。」十八年。又諭戶部曰。「比以連年豐稔。小民不知積粟。恣其狼戾。故去年山東河南。一逢歲歉。卽以飢饉流移見告。雖議蠲議賑。而生計難遂。良以有司各官。不重民食。未行申明勸諭之故。近據四方奏報雨澤霑足。可望有年。恐豐熟之後。百姓仍如前耗費。著各地方大吏督率有司曉諭小民。務令力田節用。多積米糧。俾俯仰有資。凶荒有備。以副朕愛養斯民至意。」二十五年。命副都統馬喇等往黑龍江督理農務。諭之曰。「農事關係兵餉。須積貯充足。卽驛遞人夫。亦令合力播種屯田。務期農政修舉。收穫饒裕。年勝一年。以副朕意。」復諭大學士等曰。「日者遣部員至黑龍江。以蒙古席北打虎兒索倫等人力耕種。田穀大穫。民食所關至重。來歲仍照舊辦理。郎中博奇所監種田地。收穫較多。足供驛站人役口糧。又復貯其餘穀。其令註册。此遣去諸員。可互易其地監視耕種。博奇又復大穫。則議敍之。」二十九年。諭曰。「阜民之道。端在重農。必東作功勤。然後西成有賴。畿輔去年荒歉。已經蠲免錢糧。特發帑金。兼賑倉粟。小民雖能餬口。其籽粒牛具。恐多匱乏。今屆首春。田功肇始。被災諸地。窮民不能自備。務令有司勸諭捐輸。及時分行助給。毋致稍有荒蕪。八旗官兵。皆倚屯莊收穫。若有被災貧乏耕作無力者。都統等通行各佐領。酌量賫助牛糧。勿致莊田播種後時。以副朕敦本勸農愛養兵民至意。」三十年。諭大學士等曰。「今歲寒凍稍遲。蝗有遺種。朕心爲來歲深慮。宜早耕耨田畝。使蝗種爲覆土所壓。

則其勢不能復孳，來歲自無蝗患。倘或不能盡耕，蝗蟲復起，亦須盡力驅捕，毋俾後災」又作捕蝗說以詳指其義。文載御製文集。明年，命都統瓦代等赴達爾鄂莫等三處耕種田畝，諭之曰：「邊外寒冷，當及時廣播麥種。將田隴深耕耘耨。耘時，勿令土壓草根，草重發芽，有妨田禾。耕種若太稠密，禾雖可觀，所得實少。凡有河之處，可造船捕魚，更須愛養耕夫，和睦附近蒙古。耕種既畢，將夫役酌留彼處，餘夫費糧，可先遣回。今歲倘米穀多穫，不可因後來難繼，遂致收多報少。收穫多少，雖由人力，亦賴雨澤及時耳」明年，御瀛臺內豐澤園澄懷堂，召尚書庫勒納等人，諭曰：「頃爾等進來，曾見朕所種稻田耶」諸臣奏曰：「見稻苗已長尺許矣。此時如此茂盛，實未有也」聖祖曰：「朕初種稻時，見有於六月時即成熟者，命取收藏，作種。歷年播種，亦皆至六月成熟。故此時有此茂盛。朕巡省南方時，將江南香稻暨菱角帶來此處栽種。北方地寒，未能結實，一過霜降，遂至不收。南方雖有霜雪，然地氣溫暖，無損田苗。諺云：「清明霜，穀雨雪」言不足為害也。總之南北地氣不同，節候各異，寒暑之早遲，全視太陽之遠近，所以赤道度數，最宜詳審。欲定南北之向，惟以太陽正午所到之度為準，即指南針亦不能無偏。設有鐵器在旁，針即為其所引，亦復不準。今將一片石以繩懸之，使之旋轉，俟其既定，刻記所向南北，復動如前，其所向南北仍復不變，即此可思其理」庫勒納奏曰：「聞黑龍江日長夜短，雖晚，日落不至甚暗，不知何故」聖祖曰：「黑龍江極東北之地，日出日入皆近東北方，所以夜短，日落亦不甚暗」又明年，諭大學士等曰：「朕前問自江浙來者，俱言今歲甚旱。朕幸江南，深知彼處民生，家無二日之儲。若五月後仍無雨，則米價騰貴，貧民必至困苦。著遣戶部才能司官二人，分往江浙，詳問督撫，觀看雨水形勢來奏。江浙雨水雖大，若禾穗不沒，水消，禾卽復舊，故澇不足慮。旱則眞無計可施。朕又曾見舟中滿載猪毛雞毛，問其故，曰：福建稻田以山泉灌之，泉水寒涼，用此則禾苗茂盛，亦得早熟。朕記此言，將玉泉山泉水所灌稻田，亦依此法，果早熟豐收。江浙稻田，俱池中蓄水灌之，池水不竭，所以不用此也。」四十六年，命江浙京官齊集乾清門外，召大學士張玉書等入諭之曰：「今歲南巡江浙，所經河渠港蕩，水較舊淺，雖號水鄉，然水溢易洩，澇歲爲患尙淺，旱歲爲患甚深。此間農功，全資灌溉，今水較淺，皆由素無瀦蓄，故雨澤偶愆，瀕河低田猶可戽水濟用，高地力無所施，往往三農坐困。朕爲再三籌畫，江南之蘇松常鎭，與浙江之杭嘉湖諸郡所屬州縣，或近太湖，或通潮汐，宜酌建閘座，平時閉閘以蓄，遇旱則開放之。其支河港蕩淤塞者，並加疏濬，引水四達，行之永遠，庶高下田畝，無憂旱澇矣。著兩省督撫確查宜建閘之處，明晰具奏。朕度建閘之資，不過四五十萬兩，若發帑建閘，使貧民傭工度日，亦善策也。」又巡幸所及，軫念民依，知稼穡之艱難，嘗作農桑論、稼說、刈麥記諸篇，以示王政之本，復繪耕織圖各二十三幅，每幅製詩一章，俾知粒食維艱，授衣匪易（見東華錄聖訓御製文集）。又庭訓格言中，亦嘗垂示五穀之當重，邊外土脈之情形，與夫野繭之製衣，諄諄致意，其所以爲民籌衣食者，亦深且切已。

紀聖祖蠲租　世祖開國，旣除三餉，首免都城居民被兵者賦役，嗣是免河南田租，免湖廣衡永辰靖錢糧，至順治十三年以後，頻年增餉，缺額至四百萬，而十一年免七八兩年逋賦，十三年免八九兩年逋賦，大抵逋欠在三年以前者，輒與停免。迄聖祖初年，猶沿以為例。如康熙二年，免順治十五年以前民欠。四年，免十八年以前民欠是也。十年，東巡，免蹕路所經本年租，是為巡幸蠲免之始（餘不具載）。十九年，以江南賦重，免十二年以前民欠。二十三年，免南漕三之一。二十四年，免河南湖北本年租及來年之半。又免直隸江南本年秋冬明年春夏之應納者。明年，免直隸四川貴州湖廣福建明年額賦，及今年賦之未入者。又明年，江蘇陝西亦如之。三載之內，布惠一周，後來普免之典，實肇於此。時海內大定，詔用兵以來錢糧未清者，皆予除洗。二十七年，南巡，免安徽去年租及江南積欠二百餘萬。凡直省十七年以前逋欠漕銀米麥，悉蠲除之。二十九年，免山東本年地丁。諭曰：「各省歲運漕米，向來未經議免，時切軫懷。今儲積之粟，恰足供用，應將起運漕糧，逐省蠲免。自三十一年為始，以次各蠲一年。」三十二年，以粵蜀滇黔四省邊土磽瘠，民生艱苦，免明年地丁銀米。三十五年，免各省漕賦宿逋，以軍興，免陝西明年租賦。次年，免山西甘肅明年租。三十九年，免湖廣甘肅各一年（甘肅免至四十一年）。四十年，免江蘇甘肅明歲地丁。四十一年，免安徽及秦省河西明年田租。次年，免山東河南雲南貴州廣西四川六省明年租。又免浙江山東明年租。四十四年，免湖南北明年租，並停徵宿負。又諭：嗣後蠲免新糧之年，舊欠俟次年徵納。次年，又以舊欠新徵勢難兼納，普免天下逋賦三百九十餘萬。已入者作本年正賦。凡民欠賦糧，閱數年即蠲免一次。其在一省一隅者，尤不可悉載。四十七年，免江南浙江人丁銀六十九萬。又免明年江南地丁四百七十餘萬，浙江二百五十餘萬。四十九年，諭曰：「朕省方已閱七省，民俗靡不周知，而民所以未盡殷阜者，良由承平日久戶口殷繁地不加增產不加益食用不給理有固然明年爲康熙五十年原欲將天下錢糧一概蠲免廷臣集議恐各處兵餉撥解驛遞煩苦自明年始三年以內通免一周俾遠近均霑德澤」三年中計免天下地丁糧賦新舊三千八百餘萬浩蕩之恩實史册所未有初稻穀例不入蠲而臺灣有穀無銀以巡撫黃秉中請並除之五十二年免天下明年房地租稅一年兼除逋欠是年免山西河南陝西之西安等府今年田租五十六年免各省屯衞帶徵銀二百三十九萬漕項銀四十九萬半除之時太倉之粟有餘詔以陳粟四百三十餘萬石格外賞給官兵(此條見御製文四集)是舉也與普免漕糧同爲曠典五十七年以西邊軍興(征策妄阿拉布坦)免陝甘明年地丁一百八十餘萬頻年供億大兵之地屢有蠲免事例他如六舉南巡再詣盛京間幸五臺以及秦豫翠華所指蠲減兼行又嘗讀漢文帝賜民田租詔嘆曰「蠲租乃古今第一仁政下至窮谷荒陬皆霑實惠然必宮庭之上力崇節儉然後可以行此」(見御製文三集)至言賑貸九年賑淮揚自是以後頻年賑卹發帑數十萬或百萬遣部院堂司官往司其事至被災地廣唯恐或遺則分命大臣往賑如四十二年賑山東四十九年賑陝甘皆分三路並賑是也言免科元年減免江西南昌七州縣浮糧十四萬九千餘石米折銀十九萬五千餘兩(見會典事例)是時移瀕海居民於內地除其賦十年定各官詐報墾荒致民賠累者勘明豁免二十六年除十三年以後加增雜稅除廣東高州瓊州各屬荒糧四十九年以後屢除浙江荒地銀言災蠲順治以來蠲數多寡不同旋減旋增皆因時勢爲之至聖祖愛養斯民或因偶有水旱而全蠲本地之租亦且無災歉而

輪免天下之賦。（見事例雍正六年上諭）其惠民之政誠有足紀者焉。

紀聖祖崇儉　世祖順治八年以督催織造官役騷擾驛遞罷之。停陝西織造羢羯粧蟒。卻江西造進龍盤。十一年以江浙連年水旱停織造二年。聖祖御極以來。常論本朝入關之後。外廷軍國之費與明代略相彷彿至宮中服用則以各宮計之。尚不及當時妃嬪一宮之數三十六年之間尚不及當時一年所用之數。康熙二十九年。聖祖以前明宮殿樓亭門名并慈寧宮寧壽宮乾清宮及老媼數目。宣示外廷。諭「天旱欲減宮人及所用器物因自來未嘗有餘。故不能再減。飭羣臣將故明宮中用度察閱」尋廷臣稟查「故明宮中每年用金花銀九十六萬餘兩今悉充餉光祿寺送內用二十四萬餘兩今止三萬兩。每年木柴二千六百餘萬斤今止七八萬斤。紅螺炭一千二百餘萬斤今百餘萬斤。各宮牀帳輿轎花毯之類二萬餘兩俱不用。故明宮殿樓亭門名七百八十六座今不及十分之三。至各宮殿基址牆垣磚用臨清。木用楠木。今禁中修造出於斷不得已。第用常甎松木而已。我皇上撙節儉約至矣極矣。時光祿寺年用銀十萬兩。工部二三十萬兩。較前朝省十之九。而上猶以工部每月輒用數萬兩。諭以內廷除賞賜外。一應工作費用月不及千兩」四十九年又諭曰。「萬曆以後內監有在御前服役者。故明季事蹟知之獨詳。明朝費用甚奢。工作亦廣。宮中脂粉錢四十萬兩。供應數百萬兩。世祖登極始悉除之。紫禁城內鋪地甎橫豎七層。工作俱派民間。今器用樸素。工作皆見錢顧覓。明季宮人九千人。內監十萬人。飯食不能徧及。日有餓死者。今宮中不過四五百人而已。先是光祿寺歲用六七十萬。工部百餘萬。聖祖末年光祿寺年用四五萬工部十五萬餘是以部庫有五千餘萬之積。（見石渠餘紀）嘗曰「當以一人治天下不以天下奉一人以此爲訓不敢過也自是恭儉相承累代傳爲家法矣」（見庭訓格言）康熙八年諭工部曰「前奉太皇太后諭謂乾清宮交泰殿棟樑朽壞宜撤舊重建以爲朕宮朕不敢違但陶唐茅茨不翦夏禹宮室是卑其毋事華麗止令樸質堅固以稱太皇太后惓惓至意」自是諸臣會議官員服飾復奏有禁止太過之旨（見給事中徐旭齡奏）二十四年諭大學士等曰「近見服用僭濫皆由所司各官視爲具文以致不遵定例嗣後須切實奉行恪循法制」又諭掌膳等官曰「天下物力有限當爲天下惜之今酥油乳酒供給有餘爾等會同慶豐司酌量收取足用則已不可過多蒙古甚窮乏取者減少則貧人日用可以恆足矣」三十三年烏喇解送貂鼠闕額戶部題請議罪聖祖曰「數年來因捕貂者衆故不足額以此議處是無辜獲罪若不得佳者朕但少御一裘何關緊要且貂價貴又非必用之物朕亦不甚需之」三十九年工部奏銷雜項修理錢糧聖祖曰「一月內用銀至三四萬兩殊覺浮多明代宮中一日萬金有餘今朕交內務府總管凡一應所用之銀月止六七百兩通計賞賜諸物亦不過千金前光祿寺一年用銀亦甚浮多朕節減大半工部情弊甚多自後凡有修理之處每月支用錢糧分晰細數造册具奏」三年內有塌壞者著賠修四十四年車駕南巡駐蹕揚州茱萸灣行宮御製述懷詩序略曰「茱萸灣行宮爲鹽商感恩之誠所建工價不下數千嘗覽漢書文帝惜露臺百金後世稱之況爲三宿所費十倍於此故作述懷近體一首以自警并黏壁間以示維揚民衆」（見宋犖西陂類稿）四十九年九卿等議覆屠沂條理節儉一疏諭曰「崇尙節儉極當於理朕近查宮中人數不過數百較之明代減省多矣前光祿寺供應宮中用度歲用銀七十餘萬朕漸次節省止七萬兩理藩院向來供應賞賜外藩賓客歲用銀八十萬兩今裁減浮費止八萬兩戶工二部歲用錢糧其數過多今十日一次稟聞其數已少朕節省如是前因臣民僭用妄費會申禁約法非不詳皆由臣下奉行不善步軍統領順天府尹地方有司果實心遵行何至於此」又嘗著勤儉論以自警歷舉堯舜禹文之美德以爲砥礪之資而庭訓格言復致意於民生本務在勤勤則不匱并援古人「三年耕必有一年之積九年耕必有三年之積」爲預防之至計老子「知足不辱知止不殆」爲長久之要圖末又言世之財物天地生之尤當爲天地惜之則所以崇儉者至矣。

紀聖祖求諫　康熙六年諭吏部都察院曰「設立言官原爲國家大事兵民疾苦官員貪酷等項近見言官條稟多用浮詞且本章原令不得踰三百字以後陳奏踰額浮飾之處均宜更改否則嚴加治罪其拾遺永行停止十二年諭言官專司耳目凡政治得失民生利弊必須直言無隱若虛浮剿襲或以不急之務草率塞責非廣開言路之意於是罷石文郁等三人十八年召九卿詹事科道等官集中左門先召吏部侍郎哲爾肯屯泰至內殿諭曰「科道爲朝廷耳目之官每覽奏疏有裨政事者少草率塞責者多爾可傳諭各官宣朕諭旨少頃進見朕將面詢得失各抒所懷」哲爾肯屯泰出宣訖隨讀上諭曰「今將科道本章情弊無益國計民生之處一一講究必有至公之衆論以佐朕意卽如科道條陳一事部議准

行。又有科道官言其不可者。今日謂是。明日又轉爲非。朝更夕改。非治道至理。如舉才能一事。是因人材不一。有能理繁者。有有操守者。有練習其事者。自古選賢任能爲治之大道。與論律不同。法未嘗不善。即世祖章皇帝時。亦曾有諭。常行選擇之條。偶有徇私作弊之人。將不肖寡廉者薦之。因一人而其法遂壞。自朕親政以來。如鹽差關差數行更換。又如戶部銷算錢糧。因督撫所報不合時價。部議駁回。而科道輒有言者。謂督撫大臣。斷無虛估價值。不應駁斥。逮部議准其銷算。則科道復以督撫冒銷錢糧。匪唯草豆爲然。即馬匹亦有虛冒。部中概聽其開銷。是徇其情面也。不駁則以爲徇情。駁之則以爲不應。疑及大臣。兩者俱無定論。此第指其大者。」隨令各官至御榻前。問曰。「科臣姚締虞稟風聞言事疏。爾等如何定議。」吏部尚書郝維納。戶部尚書梁清標等稟。「言官稟事。原不禁其風聞。但風聞參稟。審問全虛者。定有處分之例。今若不加處分。恐有藉此挾私報怨者。宜仍依定例行。」兵部尚書郭四海。左都御史魏象樞。戶部侍郎田六善等奏。「見行例科道稟事。全虛者處分一款。得實者即免議。人人本可盡言。但要虛公體訪。不宜又開風聞之例。」聖祖顧諸臣問曰。「風聞言事。爾等以爲可行否。如有欲言。可悉陳奏。」吏科給事中李宗孔。禮部掌印給事中余國柱等奏。「風聞言事。本未禁止。但經開風聞之例。恐有未便。」聖祖曰。「此例若開。恐有不肖言官借端挾制。罔上行私。顛倒是非。誣害善良。諸弊。」又問締虞曰。「爾意如何。」締虞稟曰。「皇上從未處分言官。若有是例。言官皆生畏懼。」聖祖曰。「爾等皆以風聞爲言。朕亦何嘗無風聞。即如吳逆初叛時。諸臣中有聞亂遣妻子回籍者。此誠何心。視國如家之誼。當如是耶。又有占田受賂徇人行私大爲不法者，爾言官何曾一言參稟。言官稟事，宜務大者遠者，今多舉細事，何關治要。嗣後愼毋草率，如有大奸大貪，參劾得實，法在必行」。十九年，旱，集九卿詹事科道各官，問「今有何事當行，何事當革，其悉陳毋隱」。於是大學士傳令入見，戶部尚書伊桑阿等各以所見陳奏。聖祖曰，「爾等所稟，尙屬膚詞，意中若尙有未盡事宜，可一併親寫來稟」。諸臣出，復命大學士持上諭宣示諸臣，俾明大法小廉，源淸流潔之至理。二十四年，諭曰「九卿有條稟之責，科道爲耳目之官，今天下雖平，而兵刑禮樂之大，國計民生之繁，豈皆事事允當，一無可言者，其以此旨遍諭廷臣」。二十六年，又諭停科道侍班，以闢言路。二十九年，左都御史陳廷敬直陳言官建白疏，大旨謂省事擇言，庶無乖辭，尙體要之義。聖祖曰「設立科道，本期建言，必大事始言，則事之大小難分，以致進言者少，非所以集思廣益也」（此條見陳廷敬文集及聖訓）。三十九年，御製臺省箴，以儆言事諸臣。（見御製文三集）又嘗閱史至陸贄代稟李楚琳事，曰「陸贄章奏甚多，莫不悉中機宜，此尤務全國體，深合王道，雖遭時不淑，其嘉謨傾忱，足爲臣子進言之法」。又講筵緒論曰「人臣進言，固當直切無隱，人君納諫，尤當虛懷悅從，若勉聽其言，後復厭棄其人，則人不敢盡言矣。每閱唐太宗魏徵之事，歎君臣遇合之際，千古爲難，魏徵對太宗之言，『臣願爲良臣，毋爲忠臣』，嘗思忠良原無二理，惟在人君善處之，以成其始終耳」。又論曰，「人臣之義，以責難於君，陳善閉邪爲正，叔孫通以爲天子無過舉，因而成之，是欲飾其君以無過之名，而反陷其君於文過之實，宜爲後世所譏也」（見御製文二集）

紀聖祖任賢上

圖海馬佳氏。字麟洲。滿洲正黃旗人。起家筆帖式。順治二年。改國史院侍讀。累遷宏文院大學士。列議政大臣。十二年。加太子太保。攝刑部尙書事。十六年。坐讞事不實。下廷臣察議。論死。被宥。奪職。聖祖御極。起授滿洲都統。康熙二年。出爲定西將軍。討流賊。瀕有功。六年。拜宏文院大學士。十一年。吳三桂等叛。命攝戶部尙書。明年。察哈爾蒙古布爾尼叛。被命爲將軍。連擊大破之。招撫人戶千三百有奇。晉一等男。十五年。命爲撫遠大將軍。討叛將王輔臣。至平涼。軍威大振。諸將請乘勢攻城。圖海曰。「城中數十萬生靈。皆爲寇所脅。覆巢之下。安有完卵。俟其向化歸誠。乃可體聖主好生之德。」軍民聞之皆感泣。咸思自拔以出。賊勢乃日蹙。城北虎山墩。通西北餉道也。賊守以精兵。圖海曰。此平涼咽喉。得此則餉道絕。城不攻自下。卽率師轟擊之。奪其墩。輔臣降。又遣佛尼勒。擊敗賊將吳之茂。遣穆占。復禮縣。關隴平。晉三等公。十九年。命赴漢中。轉餉濟蜀師。其秋。獲奸民楊起隆。卽向詐稱朱三太子者。鏁送京師。二十年。卒。累官太子太傅。中和殿大學士。兼吏部尙書。諡文襄。賜祭葬。明年。贈少保。仍兼太子太傅。雍正二年加贈一等忠達公。配饗太廟。并命建專祠。祠祀陝西名宦。圖海器識沈毅。嗜讀書。羽檄旁午。披覽不輟。將略由天授。不居故常。察哈爾之役。厥功尤著。子諾敏。襲爵。

費揚古。姓棟鄂氏。滿洲正白旗人。父鄂碩。從軍入關有功。晉三等伯。順治十五年。費揚古襲爵。康熙十三年。隨岳樂。師赴江西。討吳三桂。復萬載。十五年。賊將夏國相。據萍鄉。擊卻之。進圍長沙。數獲勝。十八年。戰武岡。敗賊將吳國貴。凱旋。擢領侍衛內大臣。列議政大臣。二十九年。噶爾丹劫掠喀爾喀。又數擾邊境。命福全爲撫遠大將軍。費揚古參贊軍務。敗之烏蘭布通。破其駝城。三十二年。授安北將軍。駐歸化城。明年。授右衛將軍。兼管歸化城將軍事。尋被命撫遠大將軍。召入覲。面授方略。三十五年二月。詔黑龍江將軍薩卜素。師出東路。費揚古等。帥陝甘兵出西路。聖祖統軍自獨石口出中路。會期夾攻。四月。費揚古師抵察罕和碩。噶爾丹悉衆趨克魯倫河。當是時。東路兵尚未至科圖。而聖祖已由科圖進偪賊境。逾月。費揚古師次圖拉。疏言賊焚草地。我軍迂道秣馬。復遇雨。糧餉濡滯。師行七十餘日。士馬飢疲。乞上緩軍待會。時噶爾丹登納蘭山。望見御營黃幄龍纛。環以幔城。又外爲網城。軍容山立。大驚。宵遁。克魯倫河者。起車臣汗西界。東北入黑龍江。橫亙瀚海東北二千里。乃內外蒙古界也。聖祖初意賊必扼河拒戰。故兩路出師。爲夾擊計。及是知賊已喪膽。乃潛諭邀擊。而親帥師追之。三日至拖諾山。不見虜而還。命盡餫中路糧。濟西師。費揚古聞噶爾丹遁。即遣碩岱等先往挑戰。且戰且卻。誘賊至昭莫多。蒙語大樹林也。在肯特嶺南。土臘嶺北。汗山東。平曠饒水草。古爲漠北戰場。時敵軍至者近萬。皆勇悍善戰。費揚古以飢疲士馬。非反客爲主。以佚待勞不可。距敵三十里即止舍。有小山三面距河。林木蓊翳。可隱兵。迺率步騎先據之。陣於東。餘沿土臘河。陣於西。依聖祖所授方略。令各軍步戰。聞角聲。始上馬。將軍孫思克總兵殷化行。以綠旗步旅居中。據山巔臨之。賊爭山甚力。師據險俯擊。礮矢齊發。每進輒以拒馬列前自固。賊殊死戰不退。會日暮。賊騎相離二十步。費揚古吹角者三。左右具鳴角。隱騎盡起。一橫貫其陣。一襲其後隊輜重。賊始潰。乘夜逐北三十餘里。斬數千級。奪獲畜產器械無算。并殪其可敦阿奴可敦。爲汗妃。頗習戰。披銅甲。腰弓矢。騎異獸。臨陣。麾下悉精銳。亦爲礮轟死。噶爾丹以數十騎遁。詔班師。留費揚古守科圖。聖祖撰銘鑱石拖諾山昭莫多山。還次歸化城。親勞西路凱旋師。撥膳饗士卒。獻厄魯特俘彈箏笳歌者畢集。有老胡工笳。口辯有膽氣。諳漢語。使奏技。音調悲壯。歌曰。「雪花如血撲戰袍。奪取黃河為馬槽。滅我名王兮虜我使歌。我欲走兮無駱駝。烏虖。黃河以北奈若何。烏虖。北斗以南奈若何。」聖祖大笑。手書以告皇太子。六月。還京。七月。詔費揚古徙駐喀爾喀遊牧地。甫至。噶爾丹遺黨來肆掠。檄祖良璧擊之。賊敗走。尋以馬疲。移駐喀喇穆倫。會噶爾丹遣使來請納款。車駕再幸塞外。駐蹕榛斯拉。命馳赴行在。入對。諭獎昭莫多戰功。費揚古奏曰。「軍中機務。皆遵上密諭。以底成功。臣不能生擒噶爾丹以獻。臣之罪也。」聖祖曰。「噶爾丹窮蹙。朕不忍悉誅。欲招降其衆。撫而治之。」遂頓首曰。「聖意非臣等所能測。真天地好生之仁也。」翼日。賜御佩櫜鞬弓矢。遣還。三十六年。車駕至寧夏。命與馬思喀進攻噶爾丹。不知為計。仰藥死。其兄子策妄阿布坦以其遺骸並一女來獻。於是自阿爾泰山以東。悉隸版圖。拓喀爾喀西境千餘里。朔漠平。復勒銘狼居胥山而還。晉封一等公。領侍衛內大臣如故。費揚古以噶爾丹未生擒。辭封爵。聖祖諭閣臣曰。「塞外情形。不可臆度。必身歷其境。乃有確見。朕親征噶爾丹。衆皆不欲。惟費揚古奮抒謀略。與朕意合。卒能大敗積寇。累年統兵。諸將未有能過之者。」四十年。車駕幸索約勒濟。扈從。疾作。親往慰問。賜白金五千兩及諸珍物。遣送還家。尋卒。予祭葬。諡襄壯。雍正十年。詔祀賢良祠。費揚古性朴直。貌奇偉。待人以和。與士卒同甘苦。好讀左氏春秋。尤工詩。聖祖嘗御箭亭。命諸大臣校射。奏言臣臂痛。不可以弓。許之。出語人曰。我曾為大將軍。倘一矢不中。有損國威。且爲外藩所笑。故不與角伎也。人服其雅量。又嘗隨駕至番僧寺。僧中號爲活佛者。見聖祖傲不爲禮。卽揮刃斬之。聖祖尤其魯莽。奏曰。「番僧雖貴。亦人臣也。豈可使無禮於君。亂我國法。使有異術。臣抽刃時。應早令伽藍按捺。不延頸就戮矣。」自此番僧彌益恭順。（此條見郎潛紀聞）湯斌。字潛庵。河南睢州人。順治九年成進士。授國史院檢討。十三年應詔陳言。請廣搜遺書。修明史。且言宋史修於元至正。特傳文天祥之忠。元史修於明洪武。亦著巴顏布哈之義。我朝順治元二年間。前明諸臣。亦有抗節不屈。臨危致命者。宜令纂修諸臣。勿事瞻顧。大學士馮銓金之俊。目爲誇獎抗逆之人。擬旨嚴飭。世祖詔斌至南苑。溫諭移時。是歲。詔選翰林出爲監司。授潼關道。大軍下滇蜀。關中當孔道。總兵陳德以師過。檄車五千兩。實需二千餘。冀以金代。斌密車二千。自坐關上。揮士卒升車。盈十兩。卽出之。夜漏四鼓。盡出關。德不獲已。亦出至洛陽。留匝月。軍變。而關城得晏然。於是嚴保伍。行鄉約。建義倉。立社學。流民復業數千戶。會歲旱無麥。兵餉例給麥。價浮於穀。斌請以倉代穀。主兵者不可。曰。「如是兵且變。」斌曰。「民且飢死。獨不能變乎。兵變吾自任之。」卽與兵約以穀餉。明年補餉以麥。而令還穀於官。兵帖然。斌涖事精敏。訟無留獄。常出勘荒。遇雨。憩大樹下。民朱欄其樹。時以比甘棠云。十六年。調江西嶺北道。甫三日。清積獄八百有奇。平南軍過南安。殺人。有司以鬭殺論。斌曰。力伴者謂之鬭。今軍無寸傷。而民以兵死。與律不應。卒抵軍於法。尋乞病歸里。父憂服除。聞容城孫奇逢講學夏峯。往受業。歸與同人爲志學會。康熙十七年。召試博學鴻儒。授侍講。與修明史。復疏請明臣臨危致命者。皆據事直書。毋瞻顧。聖祖嘉與頒之史館。由是明季諸義烈。皆得表章。二十一年。充明史總裁官。直經筵。為講官。明年。擢內閣學士。河南災。閣臣議遣官往勘。斌曰。無益也。使者所至。苛擾州縣。一聞遣使。輒輟耕以待勘。是再荒也。不如令有司自勘便。已而河南果畏勘災諱者半。給事中任辰旦議阻巡狩封禪事。閣臣擬旨切責。斌曰「給事言是。」李沅云邊患既息。恐人主漸生侈心。相公當以為慮。或議改法令。斌曰「官之失德。寵賂章也。不此之懲。而恃區區之法乎。」時江寧巡撫余國柱內召。廷推代者。聖祖曰「朕聞學士湯斌曾與孫奇逢講明道學。身體力行。可特授巡撫。」瀕行。諭曰「朕非忍出卿於外。顧吳俗奢靡。以卿耐清苦。冀有所變革。」賜御書三。鞍馬一。表裏十。白金五百。幷徹御饌賜之。十月。聖祖南巡至蘇州。蘇城道狹。總督將毀民居廣馳道。斌曰「此非聖主勤民之意也。」止之。再賜御書。蟒服。時滯獄山積。就舟中判決不寐者六晝夜。於是除耗羨。禁私派。清漕政。汰蠹役。行保伍。革鹽商陋費。自總督以下。皆相戒不得受所屬一錢。所部肅然。蘇松常苦賦重。積逋相仍。而江北諸州縣又屢被水旱。斌曰「民氣未蘇。教化未易行也。」乃奏緩蘇松積欠分年帶徵。又請蠲十八十九兩年災欠。除邳州版荒田賦。又請蠲明萬曆時所加九釐餉。並陳蘇松浮糧之困。先後奏免額賦數十萬兩。明年。淮陽徐水災。請發帑銀。借放倉穀。災民咸就撫輯。乃興學以善民俗。令城內外及鄉鎮皆立社學。擇賢者為之師。月會明倫堂。講小學孝經。朔望集士民。講上諭十六條。皆身演之。重修泰伯祠。及范文正周忠介祠。燬坊刻淫詞小說。痛除諸無賴為民害者。嘗夜治文書至四鼓。日中始一食。或勸以少休。慨然曰「君命即天命也。日監在茲。敢自逸暇乎。」居二年。吏治蒸蒸。民風不變。時明珠當國。方樹黨招權利。引國柱長戶部。先後錮潛及綏徵。以部費爲名。索金四十萬。布政使累以爲言。斌弗許。明珠家隸嘗過蘇。是歲聲弗敢謁。斌聞。使召之。辟大門傳呼隸跽而聽命。歸訴之明珠。謀致難於斌。會東宮出閣讀書。乃薦斌輔導皇太子。遂授禮部尙書管詹事府事。將行。百姓號呼如兒失母。罷市三日。各繪像以祀。去之日。民皆手瓣香來送。其閶城門不可行。斌揭示。謂往者屢請核減浮粮。並格於廷議。今入見天子。當面陳之。民皆羅拜泣。良久乃得行。斂篋數肩而已。入覲。溫諭褒其廉。詢地方利病。以鳳陽災對。遽遣使賑之。進講東宮。首陳大學「財聚民散」之義。東宮入侍。聖祖問所肄。具以聞。聖祖曰。「此列國時分崩語也。若海內一統。民散將安之。試詢之」斌具陳秦隋土崩狀。且言一統而民散。禍更烈於分國時。聖祖聞之。猶諒其忠。二十六年。坐議事含糊。切責之。會耿介詐病乞休。有劾斌妄薦者。部議奪職。詔仍留任。尋改工部尙書。十月病卒。予祭葬。雍正十年。詔祀賢良祠。乾隆元年。予謚文正。道光元年。詔從祀孔子廟庭。斌之學源出奇逢。大旨主於刻厲實行。以講求實用。無王學杳冥放蕩之弊。官侍讀時。聖祖命進所著詩文。中有王守仁論。聖祖閱之。問爾意云何。斌曰。「守仁致良知之說。與朱子不相剌謬」。且稱其直節豐功。不獨理學。聖祖曰。「朕意亦如此」。所著有洛學編。睢州志。潛庵語錄。詩文集。伊桑阿。姓伊爾根覺羅氏。滿洲正黃旗人。順治九年進士。授禮部主事。遷員外郎。康熙十四年。擢禮部右侍郎。調戶部。明年。與冀如錫往視淮揚河工。又明年。晉工部尙書。調戶部。時吳三桂據湖南。廷議製烏船沙船。自岳州入洞庭。橫亙湖中。以斷其糧餉。敕赴江南督造。明年。又赴茶陵督造戰艦。二十一年。黃河決。敕往勘。兼籌海運。其冬。俄羅斯寇邊。又被命往寧古塔督修戰艦。明年。調吏部尚書。二十三年。旱。與王熙等清理刑部繫囚。九月。隨扈南巡。奉諭閱視海口。疏言「車路串場諸河及白駒草堰丁溪諸口。宜敕河臣靳輔詳閱地勢。挑濬深闊。引流入海。」聖祖命于成龍分董其事。二十七年。拜文華殿大學士。明年。車駕親征噶爾丹。往寧夏安設驛站。事平。充平定朔漠方略總裁官。三十七年。乞休。諭大學士阿蘭泰曰「伊桑阿厚重老成。爾二人任閣事以來。凡事推誠布公。不唯朕知之。天下無不知之。伊桑阿雖年老求罷。朕不忍令去也。」四十一年。復稱疾。得旨「卿品行端凝。才識敏練。勤勞歲久。倚畀正殷。今老病乞休。情詞懇切。可原官致仕。仍加意調攝。以副朕篤念老成至意。」明年卒。賜祭葬。諡文端。乾隆十二年。入祀賢良祠。熊賜履。字青岳。湖北孝感人。順治十五年進士。選庶吉士。授檢討。康熙二年。遷司業。晉宏文院侍讀。六年夏。詔臣工極言得失。時鰲拜專政。乃應詔上言。略言「民瘼官肥。宜以民生苦樂為守令賢否。以守令貪廉為督撫優劣。雖然。內臣者外臣之表。本原之地在乎朝廷。擇其大者言之。一曰政事紛更而法制未定。一曰職業隳廢而士氣日靡。一曰學校廢弛而文教日衰。一曰風俗潛移而禮制日廢。宜急思所以補救之。」其中詞句。確有隱指鰲拜者。鰲拜惡其侵己。曰「是劾我也。」遂請治其妄言罪。且請申禁言官不得上書陳奏。聖祖弗許。曰「彼自陳國家事。何預汝等耶。」七年。遷祕書院侍讀學士。復上書言「朝政積習未除。國計隱憂可慮。年來災異頻仍。飢荒疊見。正宵旰憂勤。徹縣減膳之日。講學勤政。在今日最為切要。乞時御便殿。接見羣臣。講論政治。設誠而致行之。庶可轉咎徵為休徵。」疏入。鰲拜傳旨詰問積習隱憂實事。以所陳無據妄奏沽名．議降二級．被宥．八年．鰲拜敗．聖祖手書前事付廷臣．命康親王等勘鞫鰲拜罪狀．讞辭有鰲拜銜賜履劾己圖害一款．論如律．方鰲拜柄用時．黜陟生殺．惟其意．或上前忿爭．或呵叱部臣．張威福．大臣稍異同其間．立致死、賜履論事侃侃無所避．用此直聲震中外．又以聖祖嗣位．尚未舉行經筵大典．疏請愼選儒臣．資啓沃．並請設起居注官．備記言記動之職．會車駕欲巡幸邊外．疏言水旱頻仍．不宜輕出．詔罷前命．並嘉其直．九年．設翰林院．命爲掌院學士．充日講起居注官．明年．肇舉經筵大典．命知經筵事．幷以春秋兩講．爲期疏闊．敕日進講宏德殿．聖祖有疑必問．賜履上陳道德．下達民隱．引伸觸類．竭盡表裏．十二年．冬．特召至起居注．命與葉方藹張英韓菼翟試作太極圖說．賜履作尤稱旨．拔置第一．問平時所著明道之書．以閑道錄對．命取進呈．即趨歸取刻本．詣宏德殿恭進．次早入侍講筵．聖祖霽色問曰．「朕披閱所著閑道錄．正大精醇．是誠斯文的派也．」少頃．又曰．「錄中崇正闢邪．極透切．有功聖道不淺．」遂親題其籤曰．熊學士閑道錄．宋元理學諸儒臣．無此榮遇也．（此條見郎潛三筆）十四年．拜武英殿大學士．兼刑部尚書．疏辭不許．既受命．參畫軍機．及諸道糧餉．並請嚴飭軍行所過．不得蹂踐禾稼．使兵不病民．民不失業．十五年．坐有改寫票稿情弊．免歸．居金陵．二十七年．夏．起禮部尚書．冬．母憂歸．先是因進見．言噶爾丹且有變．宜爲備．二十九年．邊人告警．聖祖念其言．趣起前官．三十五年．車駕親征噶爾丹．力保費揚古可重任．踰二年．拜東閣大學士．知經筵如故．嘗進言海內乂安．宜益崇學校．廣教化．豫積貯．戒奢汰．則萬世太平之業也．每入見．輒陳四方水旱．官方得失．推古聖人所以憂民保治之意．竭慮無隱．聖祖改容稱善。四十五年。乞歸。賜御書壽耆二字。明年。車駕幸金陵。視河工。賜御用冠服。會纂朱子全書。命與李光地移書商定。居恆論學。以默識為眞。修以篤行為至。教由程朱而上溯孔孟。嘗謂道不外乎庸。庸乃所以為神也。著有學統學辨學規學餘經義齋諸集。四十八年卒。年七十五。賜祭葬。贈太子太保。諡文端。後入祀賢良祠。

紀聖祖任賢下　于成龍。字北溟。山西永寧人。初以副貢知羅城縣。年四十有五。臨行與友書曰。某此行。絕不以溫飽為念。所自信者。天理良心四字而已。羅城烟瘴地。官廨在叢篁間。插棘為門。虎白晝行庭中。成龍至。累土為案。旁置甕釜盂各一。召吏民問疾苦。皆感至誠。益樂就爭輸田賦。初。鄰猺歲率三四至。殺掠人畜。成龍嚴保伍。勒鄉兵。將搗其巢。猺懼。自投不敢復犯界。數遣子安問安。每春時。令兩猺舁竹轝行田野中。見力耕者。輒呼與語。相勞苦。民率婦子羅拜。或坐樹下與飲食。笑語懽如家人。獎勤扶惰。民大勸。始至。從僕皆死亡。羅人為斂金錢。跪進云。「知阿爺苦。聊供鹽米資。」笑謝曰。「我一人。何須此。可持歸市甘旨。奉若父母。一如我受也。」居數年。家人來。羅人則大喜。又進金錢如初。仍卻之。衆泣。成龍亦泣。前後七年。招流亡。修學校。增陴濬隍。定婚喪制。以卓異遷知合州。羅人遮道呼號。追送數百里。一眇者獨留。問其故。曰。民習星卜。度公橐中裝。不能及千里。民技猶可資以行也。卒賴其力達合州。州領縣三。遺黎止數百人。正賦十五兩。而供役繁重。府帖下取魚。成龍曰。民窮極矣。安所得魚。卒不與。且極陳民困狀。盡裁革之。一僕一羸馬自隨。貸牛種。招流亡。旬月間得戶千計。再遷黃州同知。駐岐亭。地多幽壑。汊湖為盜藪。

遂捕得九人。大集諸父老曰。能保不爲盜者貰之。保二人餘。卽諸父老前取大索駢繫。悉坑之。衆股栗。又獲曰盜彭百齡。貰其罪。令捕盜自贖。無脫者。巡撫張朝珍器之。復舉卓異。吳三桂反。檄攝武昌府事。問禦亂策。對曰。安人心。莫先下令停徵。朝珍已草奏。與成龍意合。遂盡以兵事屬之。時大軍雲集。供億皆叱嗟辦。甚少溷。禁旅爲姦。成龍立寘之法。遷知建寧府。奏改武昌。大軍征岳州。坐造蒲圻浮橋。爲山水暴漲圮。罷職。會東山寇作。朝珍命討賊。許便宜行事。問需兵幾何。曰。前守蒲圻數人足矣。先是大冶賊黃金龍亡匿劉君孚家。君孚素狡猾。收伏亡命。亦間爲官吏禽盜賊。嘗隸成龍岐亭役。至是得三桂僞劄。與金龍潛結周鐵爪等。期七月起事。事洩。君孚恐。遂以五月反。曹家河官軍爲所敗。成龍詗知君孚反。衆未合。遂直趨賊寨。未至十里止舍。榜示脅從者許自首免罪。過三日以從逆論。投首日千人。賊勢孤。欲卽降。懼誅。成龍遣一人持檄往諭。而自騎一羸。一人張蓋。一人鳴鉦前導。命行呼太守來救爾山中人。君孚匿後山。夾道伏鎗弩數百。成龍疾驅抵賊所。坐廳事。賊衆環列。因問老奴安在。君孚舊隸麾下。故呼以暱易之。又問山中雨水禾稼若何。若良民。何爲作賊。取屠戮。時方酷熱。若父母妻子匿何所。得無苦耶。賊皆羅拜泣。成龍曰。熱甚。須少憩。遂熟睡。鼾聲如雷。移時寤。又謾罵君孚老奴胡久不至。客至乃不設酒脯。君孚初懼見紿。至此出叩頭受撫。卽日降者數千。問金龍安在。曰在望花山。令導行。出其不意。禽斬之。捷聞。八月復職。調黃州。甫到官。湖北大亂。何士榮反永寧鄉。陳鼎業反陽邏。周鐵爪等反白水坂。劉啓業反石陂。各擁衆數千。號十萬。偪趨黃州。時援軍皆赴湖南。黃州吏民才數百。至不能備闌柝。或議退保麻城。成龍曰。黃州七郡咽喉也棄之則荆岳瓦解矣吾誓死不去然坐困亦非計當剿之賊雖衆唯瞻士榮馬首先取士榮餘可不戰下遂集鄉兵得二千人別遣黃岡知縣李經政禽鼎業士榮已據黃土坳遣把總羅登雲武舉張尙聖迎擊前鋒戰少卻成龍馳抵尙聖營日午鄉兵大集有衆五千屯箬金寨與賊對壘詰旦士榮率衆數萬分東西路進東路賊少登雲領千人禦之而成龍率千總李茂昇當其西尙聖攻右把總吳之蘭攻左戰始合之蘭中礮死賊鬭益急火燎成龍鬚或勸少避叱之曰「今吾死日也敢言退者斬」遂策馬直前回顧茂昇曰我死可歸報張公茂昇恐失成龍急發矢殪其大旗軍隨進茂昇馬被創棄馬射殺二人易馬進戰復手刃數人而尙聖自後山繞出賊後夾擊賊大敗斬馘數千士榮左臂斷就禽登雲擊東路亦追奔數十里成龍得賊名籍立焚之乘勝至呂王城衆欲少憩告之曰勢不可失也方炊覆釜以進據鞍草檄諭能禽賊獻者重賞投誠者不死脅從歸者但閉門坐家無軍器卽從賊不追問藏兵仗者卽良民亦誅於是賊衆皆解散又分兵平白水坂與石陂乃勒石岐亭班師自誓師至此二十有四日以鄉民數千破賊數萬不費公家絲粟黃州平時十三年十一月也次年秋大饑發廩賑卹全活數萬人十六年遷江防道明年晉福建按察使民遮送至九江凡數萬人嗣巡撫吳興祚薦廉能第一晉布政使署中薪米不給至無衣可典日或不再食几案間蛛絲鼠跡文卷書册外無長物十九年遷直隸巡撫會旱步禱雨立沛禾黍重歧三穗民號曰于公穗尋劾縣令趙履謙貪黷狀論如律二十年春陛見賜坐賜茶而諭曰「爾爲今時清官第一朕所深知因問黃州剿賊事旋賜食御書房賜帑金千良馬一未幾調兩

江總督。抵江寧。官吏皆望風改操。南中俗侈麗。成龍至。人爭衣布褐。布價驟騰。成龍治官書。夜中旦不寐。性喜飲。至是累月不一醉。嘗中夜苦飢。索少米作糜。不得。笑而止。時苞苴盡絕。午日遣視寮吏。無敢以角黍相遺者。二十三年春。巡海還。兼攝江西安徽兩巡撫事。尋病卒。成龍自服官後。未嘗攜家屬入署。至是將軍都統監寮吏入其寢室。見周身布被袍一襲。靴帶各一。堂後瓦甕米數斛。鹽豉數盎而已。訃聞。賜祭葬。謚清端。尋贈太子太保。廕一子入監。會御試詞臣作理學眞僞論。納卷時。聖祖特諭曰。理學無空言。如于成龍不言理學。而服官至廉。斯即理學之眞者也。時軍民爭繪像祀。江寧蘇州黃州皆有祠。孫準。累官至江蘇巡撫。有賢聲。李光地。字晉卿。福建安谿人。康熙九年進士。選庶吉士。授編修。十二年。乞假歸。次年。耿精忠反。海寇鄭錦據泉州。並遣人招之。以死固拒。十四年夏。密疏陳破賊機宜。略言閩疆褊小。二賊誅求。鞭扑民力已盡。賊勢亦窮。南來大兵宜急攻。緩則恐生他變。今耿逆悉力仙霞嶺關。鄭賊并命漳潮之界。惟汀州小路與贛州接壤。賊置守禦不過千百疲卒。宜因賊防之疏。選精兵萬人。或五六千人。詐爲入廣之兵。自贛達汀。程七八日耳。二賊馳救。須月餘。則我兵入閩久矣。乞密令軍官詗諜虛實。隨機進取。仍恐小路崎嶇。吏使鄉兵在大兵前。步兵又在馬兵前。庶幾萬全可勝。奏入。聖祖嘉其忠。事寧。遷翰林學士。二十五年。授掌院學士。直經筵。累遷兵部右侍郎。三十七年。授直隸巡撫。頗卹民隱。尤盡心農田水利。明年。疏言宜浚入衞之河。與老漳河。其完固。小支應築隄偪水入河。以達於運。更於靜海閻留二莊。挑土築隄。束水歸淀。報可。遂次第興工。聖祖又以子牙河屢泛濫。自河間以北。靜海以南。皆被害。親臨相視。發帑金命光地就獻河兩岸築長隄。西接大城。東接靜海。亙二百餘里。復於廣福樓之焦家口開新河引水入淀。由是下流益暢無水災。隄工成。復請開諸州縣水田。引漳滏滹沱大陸諸水資灌溉。又明年修永定河工。自郭家務至柳岔口開河築隄。四十一年。飭所屬州縣廣興水利。近山者導泉通溝。近河者引流釃渠。去水遠者鑿井溉田。其水道應濬者。並借帑興工。次年璽書褒美。擢吏部尙書。巡撫如故。四十四年。拜文淵閣大學士。時聖祖潛心六藝之文。河圖象數之學。下逮濂洛關閩之書。旁及歷算聲音之道。反覆研索。由源達流。光地故篤信程朱。因以上窺羲文之祕。所奏進文字。發舒心得。聖祖未嘗不稱善。凡御纂朱子全書及羣經性理諸編。多命光地參訂。中有滯蹟。往復陳請不倦。親承指授。所造益深。聖祖嘗詔廷臣。「知光地者莫若朕。知朕者亦莫若光地。」每內閣奏事畢。獨留光地南書房。暇則召入便殿。語移時。垂詢近臣民情若何。光地對曰。「方三藩播亂。民心搖搖。未知所歸。今上恩德顯信於天下矣。往歲閩旱。羣吏不能體上意。所發帑粟。多乾沒。民飢且死。獨歸怨於有司。而鮮不信上之志在矜恤者。」嗣問礦事。光地請著令。止土著貧民無產業者。許人持一銚以往。而越境者有誅。則奸民不致聚徒山澤。以生事端矣。議遂定。一時大豪輦金謀首事者。皆齧指自悔。五十年。稱疾乞休。諭曰。「覽奏。朕心慘然。當時舊臣如卿等者。不過一二人。今朕亦老矣。實不忍言也。」五十四年。再乞休。許假二年。賜詩寵其行。五十六年。還朝。明年。卒於位。年七十有七。予祭葬。謚文貞。雍正元年。追贈太子太傅。入祀賢良祠。著述甚多。均行世。陸隴其。字稼書。浙江平湖人。年三十八。下第出都。自水路南旋。於水道之源流。漕運之奧窔。及古人名蹟。無不詳誌。其隨處留心經濟如此。成康熙九年進士。用知縣需次歸。益肆力程朱之學。十四年。知江蘇嘉定縣。縣賦多而俗侈。隴其清介自持。上官嚴憚之。銜胥舊以千數。至是去者過半。其在者無所得食。令更番給事。退則爲耕販以自活。有所遣攝。計日與錢。許就民間一飯。括索者必痛懲之。尤務以德化民。不事刑威。民告其子不孝。訊得實。隴其涕泣自訟曰。吾德薄。不能宣教化。令汝父子至此。因委曲誠諭。父子皆大哭去。子歸。卒善事其父。有弟以盜訟其兄。廉知其弟婦翁所導也。杖而數之曰。「爲子壻計。乃忍斷其手足耶」。兄弟皆感泣。好如初。邑多逋賦。立廿限法。令應輸者自爲限。届斯輸半。卽免杖。一士人經月無所輸。隴其曰。是非故逋賦者。察之。則新遭喪也。卒不追呼而糧辦。時南方用兵。徵餉十萬。遂爲文諭以大義。不一月而數足。次年。廷議暫抽市肆錢一年佐餉。例不及巷舍。隴其如例報徵。巡撫慕天顏不悅。疏言時方多事。隴令非應變才。請調簡。部議。遂引材力不及例。鐫三級調用。嘉定民大驟。罷市日號巡撫門乞留。天顏不自安。疏請復。而隴其先以盜案落職矣。盜案者。邑張汪兩姓訐訟。汪赴理。夜被盜殺其弟。以仇殺告。隴其疑小隙無殺理。牒大府。請俟獲犯定擬。尋獲眞盜七。獄具。部議以初報不直指爲盜。疑諱匿。引例奪職。或謂隴其宜申辯。答曰。縣有盜。長吏不知。黜宜也。何辯爲。士民相率詣大府爲辯。卒莫省。時魏象樞長御史臺。與隴其素不相識。聞其政聲。遙寄以詩。有「吏道雖云雜。天下豈無人」及「盟手贈荒言。始終願自珍」之語。値會推福建按察使。遂以隴其薦。雖爲天顏中沮。而象樞亦可謂以人事君矣。十六年。詔舉博學鴻詞。主事吳源起。以隴其名上。薦牘中有「理學深醇。久入程朱之室。文章閎博。復登韓柳之堂」語。

未及試。奔父喪。終喪不飲酒。不食肉。不入內寢。服除。牒請改教官。弗許。象樞抗章訟冤。再疏舉廉吏十人。隴其與焉。復故官。二十二年。授靈壽知縣。縣故磽瘠。勸課耕耨。以盡地力。請於上官。與鄰縣更役。以蘇民困。革火耗。絕私派。以養民財。尤申明鄉約保伍之制。舉鄉飲酒禮。朔望詣學宮。與諸生講論。導以躬行。著松陽講義。諄諄於義利邪正之辨。有大姓為盜劫。大吏不欲奏聞。命改為竊。隴其拒之。曰。「寧以誠去官。不欲以偽苟祿。」一知府乃取盜魁杖殺之。隴其惻然曰。盜可殺。而殺之不以法。吾不忍也。作勸盜文。遣吏往獄中誦讀。聞者多痛哭。嘗以公事至都門。政府欲一見之。接淅行。卽象樞屢薦於朝。亦不往謁。二十九年。科道員闕。諭廷臣各舉所知。於是工部尚書張英等交章論薦。故事。知縣行取。改京秩。謁薦主。多用師生禮。隴其獨否。總憲陳廷敬益嘉歎。尋補四川道監察御史。三十年夏。大旱。遵旨陳言。一請豁免直隸被災帶徵各錢糧。一言直隸編審人丁。宜求均平。一請停捐免保舉之法。謂不但保舉之捐納宜急停。而保舉之限期。更當酌定。又申三年開缺之請。詞加激切。及奉命會議。仍持前議益堅。時大兵餽餉亟。計臣方特捐納濟國用。而豪右希進者。相率慶彈冠。內外諸臣。亦多由捐納進。隴其獨於疏議中痛斥之。衆大譁。部議以其拘資格。致捐納觀望。誤軍需。負言官職。擬削籍。謫奉天安置。庶吉士張昺嘗欲從隴其受學。未果。至是恐遽失之。卽日執贄為弟子。而順天尹衞既齊巡畿輔。還入對。言民心惶惶。唯恐陸御史遠謫。聖祖特宥之。俾還職。尋命巡視北城。凡有獻納。必齋宿竭誠。聖祖每韙其言。以為與朕意合。故雖以議捐納事。府衆怨。而聖祖終鑒其誠也。是秋。以試俸滿。都察院注不稱職。應外調。遂移疾歸。足跡不一至城市。茅屋數椽。布衣蔬食。以明道覺世爲己任。三十一年卒於家。尋祀直隸江南名宦。浙江鄉賢。雍正二年。命增從祀賢儒。乾隆元年。賜謚清獻。加贈內閣學士。兼禮部尙書銜。小臣得謚自此始。著述甚多。均行世。張伯行。字孝先。晚號敬菴。河南儀封人。康熙二十四年進士。歸築精舍南郊。縱觀諸子百家。及讀小學近思錄。乃恍然曰。入聖門庭在是矣。讀書七年。補內閣中書。父憂歸。啜粥三年。不入內室。服竟。建請見書院。與鄉人講明正學。三十八年。大水。率居民築隄保境。河督張鵬翮異之。疏請檄伯行贊理。三辭不許。以原銜赴河工。督修黃河南岸隄二百餘里。及馬家港東壩高家堰石工。四十三年。授山東濟寧道。値歲荒。傾家財運穀以賑。尋被命賑汶上陽穀飢。動倉穀二萬二千有奇。藩司責其專擅。將申劾。巡撫直之。獲免。四十五年。遣近臣封閘催漕。諭曰。張伯行諳習河務。可與商搉。伯行相高下。引運河水北注。蓄洩得宜。事竣。著書紀其事。即世所行居濟一得是也。遷江寧按察使。吏白故事。送督撫贄。約金四千。伯行曰。我誓不取民一錢焉。辦此。揚州諸生六人忤郡守。巡撫欲盡褫之。伯行曰。以窮諸生冠服迎合上官。吾不爲也。力爭之。明年。車駕南巡。命督撫舉賢能。伯行隨督撫入對。聖祖曰。「朕向本識爾。到江南即知爾爲清官」。復顧督撫臣曰。「張伯行居官何如」。皆曰好。大學士張玉書對亦如之。聖祖曰。「江南更有如此好官否」。皆曰無。聖祖曰。「然則爾等何以不保舉。今朕自保之。他日居官好。天下以朕爲明主。否則笑朕不知人」。又曰。「張伯行篤實。卽置之行間。亦非退縮者」。遂擢福建巡撫。隨駕至西湖。賜御書「廉惠宣猷」四字。涖閩。値旱荒。發帑賑饑。歲遣官買米平糶。禁米船入海。絕盜糧。禽巨盜首魁吳海等。疏請增鄉試十名中額。建鰲峯書院。祀宋五先生。集諸生院中。日纂錄古人嘉言懿行。依小學諸綱目條貫成書。手定爲八十六卷。曰小學衍義。以教諸生。設藏書樓。購經籍四百六十餘種。毀淫祠。贖女尼爲民婦。先是臺灣兵屢鼓噪。伯行謂倡亂之人平日必多不法。以他事除之。煽誘自絕。鎮臣如其教。後無譁者。伯行治尚嚴明。貪吏奸胥。輒皆寘之法。政教行於四境。聖祖將令移撫江西。大學士李光地請留閩。張玉書奏江南比歲災。民不聊生。非此人往不可。聖祖笑曰。「汝兩人不必爭。朕當愼簡一人以畀汝閩」。遂移撫江蘇。而以陳璸代之。士民攀號。如失怙恃。伯行疏請緩帶徵漕。又請賑徐州府及海高等十四州縣災。並蠲瓜州浮稅。舉劾屬僚無所阿徇。豪猾皆望風遠遁。時總督噶禮張威福。甫涖任。劾免撫藩蘇州知府陳鵬年。糧道臧大受廉直有聲。皆劾去之。伯行遇事持正。鬱鬱不自得。稱病乞休。詔張伯行操守清潔。立志不移。朕所深悉。江蘇重地。不得以衰病辭。五十年。江南鄉試副考官趙晉與總督噶禮交通關節。榜出譁然。正考官左必蕃不自安。疏聞。伯行亦據實奏。聖祖命尙書張鵬翮侍郎赫壽出按其事。伯行亦會鞫時舉人程光奎吳泌已具服。藩司吏李啓供與家僕軒三營弁軒三者。總督署閽人也。於是噶禮持其事。讞莫能定。明年春。伯行劾督臣抗旨欺君。營私壞法。請正國典以彰公論。噶禮亦飛章訐伯行不肯出洋捕賊。及誣陷牙行張元隆諸款。命俱解任。付使者雜治。尋奏晉與光奎泌賄通關節。擬罪如律。噶禮劾伯行不能清理案件。屬實。餘係苛劾。應降留。伯行劾噶禮索金事全虛。應奪職。聖祖責鵬翮等掩飾和解。命尙書穆和倫張廷樞覆訊。訊如前。噶禮免議。伯行仍奪職。部議亦如之。聖祖以張伯行天下淸官第一。責諸臣變亂是非。

且曰。「朕自幼讀書。研窮性理。如此清官。不爲保全。則讀書數十年何益。而凡爲清官者。何所賴以自安命九卿科道再議。」議上。復諭曰。「爾等身爲大臣。既知張伯行清廉。當會議時何無一言。及朕有旨。始同聲贊其清。亦已晚矣。宜體朕保全廉吏之意。使正人無所畏忌。庶海宇長享昇平之福。」遂命復任。而黜噶禮。尋革職焉。方伯行之解職也。百城罷市。哭聲殷揚城。且議相率叩閽。慰諭再三。環泣不肯退。蘇州等郡相繼報罷市。士民扶老攜幼。具菓蔬來獻。伯行辭。皆泣曰。「公在任。止飲吳江一杯水。今將去。子民一片心。不可卻也。」乃取腐一塊。菜一束。衆仍委地去。獄具回蘇。揚人慮中途不測。將集江干護行。衆數萬。伯行聞之。五鼓登舟。比曉已渡江。抵蘇。寓楓橋。士民獻蔬菓。如在揚時。七月。復赴揚聽勘。回蘇時。比戶焚香遮道。不可行。及復任。士民懽忭。拜龍亭呼萬歲者數十萬人。復相率詣闕。跪香進疏。願各減年壽一歲。祝添聖壽萬年。聖祖聞之大悅。而全閩士民。始奔號呼籲。既而頌恩祝聖。亦與江蘇不約而同。自是伯行直聲浩氣。震天下。五十三年。劾布政使牟欽元藏匿通洋匪棍張令濤。請旨革職。著追。張令濤者。噶禮前劾伯行拖斃之船埠張元隆。即其弟也。時部檄搜緝海寇鄭盡心餘黨。崇明鎮弁詰一船。人照不符。得元隆爲之關通領照狀。又上海民顧協一。訴令濤佔據房屋。謂其舊爲噶禮幕客。今匿牟欽元署中。有水寨數處。窩藏海賊。伯行捕治令濤。因劾欽元。得旨革職。下總督赫壽察審。赫壽奏協一所控無左驗。欽元署中亦無左令濤。復命張鵬翮等赴鎮江察勘。遂劾伯行狂妄自矜。請解官嚴究。訊疏六上。聖祖不得已允之。時伯行因事赴常州。即舟中解綬去。伴送鎮江。夜分對簿。多方摧折。并脅幕下客代承。鵬翮等奏元降令濤皆良民。伯行訴劾。聖祖責其不能盡心研審，令再詳訊，並命伯行回奏。乃疏言張令濤在藩幕爲其子張二所供也。牟欽元匿使不出耳。未幾，竟坐伯行挾詐欺公，誣陷良民，議斬。伯行處之恬然，讀書晝夜無間，爲門人講說，成講義數十篇。居半歲，體加充，色加睟。獄上，聖祖不允，命免罪入都。過揚州，父老數萬焚香夾兩岸行，求停舟一見，爲監行者所格。抵京，請陛見，使臣不可，以付吏。聖祖命使臣同伯行陛見，且曰張伯行原無罪，當以錢糧事任之。次日召對，命講太極圖。入直南書房，署倉場總督。五十五年，被命往賑順天、永平二府，講行社倉法。六十年，總裁會試，所得士來謁，必告以聖賢之學，務實心報國，不可汨沒勢利，負科名。世宗即位，命與議政，遷禮部尚書。雍正二年，進續近思錄、張南軒、陳克齋、陳北溪、許魯齋諸集。命赴闕里致祭追王先聖五代。三年卒，年七十五。贈太子太保，予祭葬，謚清恪。著述甚多，均行世。

三　聖祖之文治

紀聖祖勤學。聖祖親政後，輒於政務餘閒研精經史。康熙九年，諭曰：「帝王勤求治理，必稽古典學，以資啓沃之功。經筵日講，宜即舉行。禮部其詳察典例，擇吉具儀以聞。」十二年，諭學士傅達禮等曰：「人主建極綏猷，必以講學明理爲先務。隔日進講，朕心未愜。嗣後爾等須日侍講讀，闡發書旨，爲學之功，庶可無間。」復製講官箴以示勵焉。已而修葺宮殿，移駐瀛臺。又諭曰：「夫進講所以致知蓄德，期於日新，未容少間。其日至瀛臺，如常進講。」又諭講官熊賜履曰：「朕觀爾等所撰講章，較張居正直解更爲切要」．奏曰．「臣等章句小儒．不過敷陳文義．至明理會心．見諸日用．則在皇上自得之也」．聖祖曰．「講明道理．乃爲學切要工夫．修己治人．方有主宰．若未明理．一切事務．於何取則」．又曰．「學問之道．畢竟以正心爲本」．賜履奏曰「聖諭及此．得千古聖學心傳矣」．又諭講官等曰．「人心至靈．出入無鄉．一刻不親書册．此心未免旁鶩．朕手不釋卷．正爲此也」．因撰讀書貴有恆論．藉示克終之不易．十三年．以時當多事．諭傅達禮曰「不妨乘間進講．期於軍事無誤．爾衙門議奏」．翰林院奏請間日進講．聖祖曰．「軍機事情．有間數日一至者．亦有數日連至者．非可限以日期．其每日進講如初」．明年．諭曰．「嗣後講官講畢．朕仍覆講．如此互相討論．庶裨實學」．講官喇沙里孫在豐張英進講孟子道性善節．聖祖曰．「人性之善．無分賢愚．止有勉強行之．董仲舒言事在強勉而已矣．強勉學問．則聞見博而知益明．強勉行道．則德日起而大有功．此誠爲學之要也」．十九年．御懋勤殿．講官進講畢．諭曰．「堯舜禹湯以來心法治法．俱在尚書．爾等悉心講解．朕孜孜典學．未嘗稍懈也」．庫勒納奏曰．「書經應講者已畢．自明日始．當以易經進講」．聖祖曰．經史俱關至理．爾等進講易經．將通鑑講章陸續送入．著張英在內每晚進講通鑑．二十三年．御乾清宮．親講亢龍有悔一節．講畢．顧講官等曰．「亢龍有悔節何以注在不應講之例．大道人事．亢則有悔．易中所言．無非此理．正宜以此爲戒．不必避忌．以後繫辭講章．俱以次逐節進講」．已而車駕南巡．泊舟燕子磯．讀書至三鼓．侍講學士高士奇奏請宜少節養．聖祖諭曰．「朕五齡讀書．八齡踐阼．輒以學庸訓詁詢左右．日所讀書．必字字成誦．不肯自欺．四子書既通貫．乃讀尚書．於典謨訓誥中．

體會古帝王孜孜求治之意期見之施行及讀大易觀象玩占於數聖人扶陽抑陰防微杜漸垂世立教之精心朕皆反覆探索必心與理會不使纖毫扞格實覺義理悅心故樂此不疲耳」故事冬至後有停講例時值沍寒講官常書等請旨應否停講聖祖諭每日披覽經義裨益學問不必停講二十四年車駕將巡幸塞外以通鑑關於治亂諭扈從諸臣各以所攜書籍進覽於是以通鑑文選諸書進聖祖覽竟復諭曰「甚善朕所點定之書爾等亦試觀之」內閣學士圖納等閱畢奏曰「皇上萬幾之暇經傳悉加博覽又點定通鑑諸書自古帝王好學遠不能及諭旨猶謂不能盡記仰見皇上聖不自聖至意」四十三年諭大學士等曰「朕覽過之書雖久不甚遺忘今年歲稍增而記性更進卽目前陳列諸書欲稽考某卷某字第令近侍取之亦可卽得大約存心清虛匪唯事不遺忘卽養生亦爲有益」五十年御經筵諭曰「經筵之設但期實益非飾虛文朕於四書五經通鑑性理諸書凡儒臣進講朕輒先爲講解遇有一句可疑一字未協亦與反覆討論期於義理貫通而後已」五十四年諭侍衛內大臣等曰「朕常講論天文地理及算法聲律之學爾等聞之輒謂此由天授非人力可及轉掩卻朕虛心勤學處矣凡事皆由學習而成務學必以敬慎爲本朕之學業俱從敬慎中得來何得謂非人力也」隨作乾清宮讀書記以明道法大原得諸心而致諸用而庭訓格言中又復申明朱子讀書之法其爲學亦可謂勤矣

紀聖祖崇儒　聖祖以致治之道首重人才故於勸學之外尤以崇儒爲先務康熙八年明雍釋奠諭令國子監祭酒等督率諸生潛心聖道身體力行時祭酒徐元文以師道自任涖學四年端士習正文體條

春秋四書各解義、及經筵講章通鑑解義成、各御製序一篇、俾大經大法、垂諸久遠。（見御製文集）是年、御懋勤殿、親講易經噬嗑卦辭、講官庫勒納等進所撰乾坤二卦總論、聖祖覽畢、諭曰：「卦爻之義、原各不同、如噬嗑一卦、中四爻主用刑者言、初上二爻主受刑者言、爻各有取義、必得總論發揮、方覺全卦之義了然、諸卦可仿此撰進。」二十二年、聖祖召入大學士等、問所修明史若何、李霨奏曰：「草本已有大略、自萬曆後三朝事繁而雜、尚無頭緒、方在參酌。」聖祖曰：「史書永垂後世、必據實秉公、論斷得正、可以傳後、夫作文豈有一字一句不可更改者、即朕所製之文、亦常有斟酌更定之處、今觀翰林院所撰祭文碑文、不樂改易、若此、恐文章一道、流於偏私矣。」明年、諭大學士等曰：「朕前奉太皇太后詣五臺山、覽觀山川形勢、一一親歷其境、各臺所製碑文、爾等可詳加斟酌、近見漢人有自負才高、所作不容人點竄、此習俗之可鄙、文之所以不工也。」又明年、諭明珠曰：「朕觀今古文章、六經而外、秦漢最為古茂、非唐宋諸大家能及、凡明體達用之資、莫切經史、朕搜覽載籍、正以探索源流、考鏡得失、期於措之行事、治道之助、非小補也。」已而車駕南巡、諭扈從諸臣曰：「朕閱聖經賢傳、通鑑一書、尤關治道、故於資治通鑑綱目大全諸書、皆以硃筆點定、爾等職司文翰、其各以所攜書籍進覽。」洎四十六年、諸臣恭輯成書、御批通鑑綱目五十九卷、通鑑綱目前編十八卷、外紀一卷、通鑑綱目續編二十七卷、因朱子約資治通鑑為綱目、筆削義例、多擬春秋、尹起莘、劉友益等、多所發揮、而未得要領、爰親御丹毫、詳加論定、凡金履祥、商輅所補續者、至是益有折衷。五十一年、又欽定歷代紀事年表一卷、上起唐堯、下訖元末、仿史記年表通鑑目錄之體，編年系月，條列大事，經緯交貫，始末兼賅，足爲讀史之綱目。（見詞林典故）二十五年，聖祖顧常書曰：「爾曾讀何書？」奏曰：「文選離騷亦曾看過，但其用字僻奧，比物連類，多所未喻。」聖祖曰：「讀離騷當識大義所在，屈原以忠君愛國之心，原本山川，極命草木，微文見志，一篇之中，三致意焉，遂爲千古風騷之祖，且於作文深有裨益，非獨拾其字句已也。」二十六年，李光地疏乞終養，臨行進所著易學二卷，洪範說一卷，歷理新書一卷，召見論易學。光地薦德格勒、徐元夢論實學，薦衛既齊、湯斌，至李顒爲餘姚之學，李因篤爲淹博之學，耿介之篤行，仇兆鰲之屬志，楊文言之曆算，亦皆以其名聞。因奏曰：「秦漢以後，禮崩樂壞，六經雖經宋儒闡明，然永樂所修大全，未免蕪雜疏漏，宜大徵天下之士，蒐羅羣言，討論編纂，以垂禮樂制度，亦稽古論定，有典有則，貽厥子孫，誠千載一時也。」聖祖然之，但曰：「士人纂書，多挾私聚訟，求其虛心公道，實爲難耳。」俄出蓍策，命布一卦，得賁六爻不動，命論其卦意。光地曰：「賁文明之卦也，凡事無本不立，無文不行，故賁當得亨，然文貌勝則實意微，將不勝其弊矣。昔孔子筮賁，愀然不樂，蓋憂周末文勝，永終知弊耳。」聖祖曰：「此卽玉帛鐘鼓之喻也。」（李光地年譜）三十年，繙譯通鑑綱目成，刊刻資治通鑑綱目全書及文獻通考，俱成，各御製序文，以冠篇端，用稱表章之意。四十四年，大學士等以鄂羅斯貿易來使齎至原文及翻譯之文進，聖祖曰：「此喇提諾、托多烏祖克、鄂羅斯三種文也，外國文亦有三十六字母者，亦有三十字、五十字母者，朕交喇嘛詳考視之，來源與中國同，但不分平聲、上聲、去聲，而尙有入聲，其兩字合音甚明，中國平上去入四韻極精，兩字合音不甚緊要。是以學者少問翰林官四聲皆知兩字合音。則不能知中國所有之字。外國亦有之。特不全耳」四十九年。諭侍衛拉錫等曰。「滿字既有清文鑑。蒙古字書亦應纂輯。著交教習唐古特書之官員阿爾必特祜及拉錫等翻譯。會同蒙古侍讀學士中書修成滿蒙合璧清文鑑一部。有不知者。問諸八旗年老通曉蒙古書之人」四十九年。諭陳廷敬等曰。「朕留意典籍。編定羣書。比年如朱子全書佩文韻府淵鑑類函廣羣芳譜等。悉皆纂修告成。至於字學。並關切要。允宜酌訂一書。字彙失之簡略。正字通涉於汎濫。兼之四方風土不同。南北聲音各異。司馬光類篇分部。或有未明。沈約之聲韻。後人不無訾議。洪武正韻雖多駁辨。迄不能行。仍依沈約之韻。朕嘗參閱諸書。悉心考證。凡蒙古西洋諸國。多從字母而來。音由地殊。難以牽引。大抵天地之元音。發於人聲。人聲之象形。寄於點畫。今欲詳略得中。歸於至當。增字彙之闕遺。刪正字通之繁冗。勒爲成書。垂示永久。爾等酌議式例具奏」五十二年。命李光地修周易折中。王掞修春秋傳說彙纂。御製序文各一篇。以傳正學。五十八年。諭曰。「佩文淵鑑二齋。皆皇祖幾餘典學之所。屢命詞臣纂輯諸書。書成。多冠以二齋之名」所編纂有周易折中。詩書春秋傳說彙纂。日講四書五經通鑑解義。歷代年表。皇輿表。子史精華。性理精義。朱子全書。月令輯要。康熙字典。音韻闡微。淵鑑齋古文選。歷代賦彙。全唐詩。四朝詩。全金詩。詠物詩。題畫詩。歷代詩餘。詞譜。淵鑑類函。佩文韻府。駢字類編。分類字錦。書畫譜。廣羣芳譜各種。並經欽定。而資治通鑑綱目則聖祖御批也。又以載籍極博。浩如淵海。命廷臣做古人左圖右史之義。分類編次。合成一書。爲編六典三十有二部六千一百有九。名曰古今圖書集成。計

一萬卷，裝為五百函，徵引之富，卷帙之多，考覈之精，皆從古所未有也。（高宗御製全韻詩註）

紀聖祖論理學　聖祖提倡文學，尊崇師道，而又嘗服膺朱子之學說，故其生平所言所行，皆與理道相符合。康熙十二年，諭講官熊賜履曰：「大學格物二字，包括無餘，但其間有根本，有切要，非泛騖於器數之末，為支離無本之學也。」又曰：「天地古今，大本大原只是一理，故曰一以貫之，然則博文約禮工夫，合當如是。」又諭侍讀學士喇沙里曰：「朕博觀典籍，見宋儒周敦頤太極圖義理精奧，發前賢所未發，朕嘗極意探索，究其指歸，可命學士熊賜履編修葉方藹、張英修撰韓菼等各撰太極圖論一篇，朕親覽焉。」二十二年，御乾清宮，講官進講畢，特問：「理學之名，始於宋否？」張玉書奏曰：「天下道理具在人心，無事不有，宋儒講辨更加詳密耳。」聖祖曰：「日用常行，無非此理，自有理學名目，而彼此辯論，朕見言行不相符者甚多，終日講理學，而所行與所言背謬，豈可謂之理學？若口雖不講，而行皆與道理脗合，此即真理學也。」二十三年，論大學士等曰：「凡所貴道學者，必身體力行，見諸實事，非徒託之空言。今漢官員道學名者甚多，如崔蔚林好事，居鄉不善，可云道學乎？朕聞學士湯斌曾與中州孫鍾元相與講明道學，頗有實行，前典試浙江，操守甚善，可補授江寧巡撫。」二十四年，論大學士等曰：「從來道德文章，原非二事，能文之士，必須先明理，學道之人，亦貴能文章。朕觀周程張朱諸子之書，雖主明道，不尚辭華，而體裁簡要，晰理精深，何嘗不文質燦然？近世空疏不學之人，借理學以自文其陋，岸然自命為儒者，究其意解，不出庸夫之見，真可鄙也。」未幾，考試滿洲官繙譯，命明珠、麻勒吉等閱卷。聖祖顧麻勒吉問曰「爾閱性理大全否其中意義亦能通曉耶」奏曰「臣雖看閱至皇極經世篇茫然不得其解」聖祖曰「此邵堯夫以數合理之書所推先天卦書元會運世之數言之甚悉非淺學所能窺測全書卷帙尙多程朱恐其流於數學摘取大要著之此篇朕細硏究略識其義」因出手批性理大全以示二十五年諭大學士等曰「世間全才未易得但能稍觀性理一書則愧怍之處甚多雖不能全依此書以行亦宜勉強硏求明晰義理若祇泥辭章字句有何裨益」三十六年諭殿試讀卷諸臣曰「作文者無不論理朕觀性理一書大旨只一誠字人可不以誠自勉乎」四十三年諭講官等曰「古今講道學者甚多尤好非議人人各有長短必求全責備非忠恕之道孔子當時只求諸己不非諸人豈容有私意於其間宋司馬光編輯資治通鑑論斷得當彼乃言行相符由此以觀知不在空言也」俄而河間水災直隸巡撫李光地請解職聖祖以其專信講道學之人諭以孔子先行後言之理仍留任五十四年又以科道條陳多出私意諭曰「理學之書立身根本不可不學不可不行若以理學自任必致執滯己見宋明季世人好講理學有流入刑名者有流入佛老者昔熊賜履自謂道統之傳沒後卽有人非議凡人讀書宜身體力行空言無益也」其所以惓惓於此者蓋有鑒於空言之無補故不惜反覆申明以垂戒焉再觀其序性理大全深明乎治法之明備悉本於心法道法之精微其製愼幾微論也有曰「易與書之言幾猶大學之言獨中庸之言微顯總不外一愼而已」其製理學論也有曰「夫理語大乾坤莫能載語小乾坤莫能破散之萬物總歸於一中而已」其製性理精義序也有曰「使人知盡性之學不外循理也」其

書性理奧後也有曰「可以見性體之大而識盡性參贊爲一理也」而其爲庭訓格言始言志學之基繼言不踰矩之效而終言天人之辨與義利之防則所以致力於理學者至深且切而又受湯斌李光地輩之耳濡目染知理學不尙乎空言洵帝王而有師儒之學者也論者謂爲假朱子之學說以箝制愚民之口豈篤論哉

紀聖祖論輿地　聖祖之學術既如前章所述矣而猶有可紀述者則輿地與曆算是也從前中國地圖凡於經緯度綫皆不詳載以致紀里多差卽荒遠之山脈河流海綫氣候脈絡亦多未清晰聖祖於康熙四十三年遣侍衞拉錫等探視河源諭之曰「黃河之源雖名古爾班索羅謨實無人到過爾等務須直窮其源明白察視其河流至何處入雪山邊內凡經流等處宜詳閱之」及是拉錫等至星宿海還繪圖呈覽而黃河之源始漸明四十八年聖祖問大學士等曰「爾等知山東碣石諸山脈從何處來乎」李光地奏曰「大約從陝西河南來」聖祖曰「不然山東等山從關東長白山來卽如山海關與山東登萊相對渡海不過二百里中係海套凡山東泰岱諸山來脈俱從長白山來龍甚遠不知里數」光地奏曰「皇上博通典籍是以知之甚詳」聖祖曰「至於泲水伏流三處其實不止泲水水發源處多是伏流黃河九曲大曲有九小曲不知幾千從崑崙山未到積石亦是伏流卽如長江之水書云岷山導江似江源在岷山其實亦從崑崙來也伏流至岷山流更不伏矣」五十年諭大學士等曰「天上度數悉與地之寬大脗合以周尺算之天上一度合地下二百五十里以今尺算之天上一度合地下二百里古時繪圖俱不

依天度數。以推算地里遠近。故差誤者多。東北一帶山川地里。已依天上度數推算。鴨綠圖們二江間地方。知之不明。即遣烏喇總管穆克登等。詳閱鳳凰城。至長白山邊界繪圖呈覽。嗣因路遠水大未至所指之地。著於來春冰解時自義州乘小舟溯流而上至不可行處。改自陸路向圖們江以往。五十五年。又諭大學士等曰。「地理上應天文。宋儒云天下至大。不可執中國地方推算。其言甚精而有理。中國山脈。皆自崑崙而來。彼地方四面有江。土人呼崑崙為枯隴」。五十八年。諭內閣學士蔣廷錫曰。「皇輿全覽圖朕費三十餘年心力。始得告成。山脈水道。俱與禹貢相合。爾將此全圖及分省圖與九卿細看。有不合處。即便指出。」迺製皇輿表序以冠簡端。五十九年。諭大學士學士九卿等曰。「朕於地理從幼留心。凡古今山川名號。無論邊徼遐荒。必詳考圖籍。廣詢方言。務得其正。故遣使臣至崑崙西番諸處。凡大江黃河黑水金沙瀾滄諸水發源之地。皆目擊詳求。載入輿圖。今三藏阿里之地。俱入版圖。其山川名號。番漢異同。當於此時考證明核。庶可傳信於後。爾等將山川地名詳細改正具奏」。又曰。「自古論曆法未嘗不善。總未言及地球北極之高度。所以萬變而不得其著落。自西洋人至中國。方有此說。而合曆根。可見朱子論地。則比之卵黃。皆因格物窮理中得之。後人想不到此理也」。其餘論江源。論恆河。論九河故道。詳載幾餘格物編。元元本本。殫見洽聞。其研究地學。不得謂無系統也。

紀聖祖論曆算　聖祖未親政前。禮部等衙門議覆五官正戈繼文等與主簿陳聿新等。所算七政曆。俱有差忒。命監副吳明烜。著成曆書進覽。尋西洋人南懷仁。劾明烜推算差錯。監正楊光先復左袒之。幾至大辟。聖祖因思不諳算法何能斷人是非。遂刺心學習推步之學。始精。康熙二十八年。幸觀星臺問漢臣中有知天文者否。僉云臣等未能通曉。乃問掌院院學士李光地。「爾所識星宿幾何。」光地奏曰。「二十八宿臣尚不能盡識。」聖祖因令指其所知者。又問「古曆觜參今爲參觜其理云何。」光地曰。「此理臣殊未曉。」聖祖曰。「以觀星臺儀器測之。參宿至天中確在觜宿之先。觀此足信今曆之不誤。」又問「堯時中星今移幾度。」光地奏曰。「據先儒言已差五十餘度。」又問恆星動否。光地曰。「臣不能知。惟新曆言恆星天亦動。但其動微耳。」聖祖曰。「郭守敬儀器不可行於今。由不知恆星天動故也。自來史志曆法類空言無實。如熒惑退舍之說。天氣垂戒理則有之。若果退舍。後來推算者以何積算。」又歷指三垣星座問光地。光地不能盡舉其名。聖祖指示從官。歷歷明析。又披小星圖。按方位指南方近地大星諭諸臣曰。「此老人星也。」光地奏曰。「據史傳謂老人星見天下仁壽之徵。」聖祖曰。「以北極度推之。江寧合見是星。此豈有隱見也。」三十一年。聖祖曰。「算數精密。卽河道閘口流水亦可算晝夜所流分數。法宜先量閘口闊狹。計一秒所流幾何。積至一晝夜則所流多寡可以數計矣。」又命取測日晷表。以筆畫示曰。此正午日影所至之處。遂置乾清門正中。令諸臣候視。至正午日影與筆畫處適合。毫釐不爽。四十一年。車駕幸德州。命取梅文鼎書。李光地以天學疑問三卷進。聖祖覽而善之。明年復南巡。發回原書。光地復請此書疵繆所在。諭曰。「無疵繆。但算法未備。」四十四年南巡。光地扈從。聖祖問文鼎今安在。奏曰。在臣署。尋偕文鼎伏迎河干。召對御舟中。聖祖垂問凡三日。謂光地曰。「天象算法朕再留心此學．今鮮知者．如文鼎實僅見也．」嗟爲雅士．並惜其老．賜御書珍饌．命其孫瑴成直內廷．說者謂以算數被恩遇．周髀以來．未之有也．（見碑傳集郎潛紀聞）四十五年．光地薦蘇州府教授陳厚耀．通天文．算法．引見改內閣中書．聖祖試以算法．繪三角形．令求中線．及問弧背尺寸．厚耀具劄進．命入直內廷．授編修．與梅瑴成同修書．聖祖嘗召厚耀於便殿．問測景使何法．厚耀不知．聖祖寫西人定位法．開方法．虛擬法．示之．又命至御座旁．隨意作兩點．聖祖自用規尺畫圖．卽得相去幾何之法．瑴成直蒙養齋．聖祖亦授以借根方之法．諭之曰．「西洋人名此書爲阿爾熱八達 Algebra 譯言東來法也．」幾餘召對．時有指授．自後二人之學．彌益精邃．方瑴成初入見．聖祖語之曰．「汝知陳厚耀否．他算法近日精進．向曾受教於汝祖．今汝祖若在．尙將就正於彼矣．」厚耀侍從多年．蒙賜書籍文具錦綺瓜果．尙爲近臣所恢．有其頒賜儀器．疇人家詫爲未見．一日又賜熱河光木．供之几案．光皎如月．諭曰「以助汝鉤稽布算之勤也」厚耀有奉敕賦夜亮木詩．人咸羨其遇．後官至左諭德．瑴成由進士官至總憲．謚文穆．（見郎潛一筆二筆）聖祖又嘗製三角形推算法論．有曰．「孟子云．規矩方圓之至．聖人人倫之至．益見規矩方圓．乃數學之根本．太極兩儀之變化也．」又曰．「論者以古法今法之不同．實不知曆原．原出自中國．傳及於極西．西人守之不失．測量不已．歲歲增修．所以得其差分之疏密．非有他術也．」又曰．「曆本於測量．終於推算．授之於民時．驗之於交食．豈能逃衆目之所觀乎．」（見御製文三集）高宗曰．「聖祖天縱多能．深通算法．嘗指授臣工．編纂成書．曰曆象考成．曰律呂正義．曰數理精蘊．綜名之曰律曆淵源．於以齊七政．

正五音稽九章粲然大備矣」（見高宗御製全韻詩註）

四　聖祖之武功

三藩之變起　聖武記曰國朝兵事大者曰前三藩後三藩前三藩明福王唐王桂王也後三藩平西王吳三桂平南王尚之信靖南王耿精忠也初世祖入據中原東南尚為明宗室所有故命洪承疇經略五省而以定南王孔有德徇廣西尚可喜耿仲明徇廣東吳三桂徇四川及雲南皆以明故臣領所部綠旗兵逮南方略定承疇等整旅還京仲明已道死吉安有德亦已遇害無後故惟留三桂王雲南可喜王廣東仲明子繼茂王福建繼茂卒子精忠嗣是為三藩並建之始三藩之中耿尚二藩所屬各佐領十五綠旗兵各六七千丁口各二萬而三桂藩屬則五十三佐領綠旗兵萬有二千丁口計數萬論三藩勢力以三桂為最強而魏源謂其功最高遇最侈此非覈實之言也三桂封王在順治元年是歲冬從英親王征李自成於延綏自成已前走次年逐至湖廣至九江班師三桂率所部駐山海關外寧錦一帶五年始召至京出鎮漢中詔與定西將軍李國翰偕行時孔耿尚三藩已先三年出師湖廣矣三桂師行先剿隴賊次拒姜瓖夥寇然後赴鎮九年入川亦與國翰俱十五年國翰病卒三桂獨將入滇當時入滇之師分三路信郡王多尼一路征南將軍卓布泰一路三桂一路大軍入黔明人分守信軍當馮雙禮先至滇吳軍當白文選卓軍當李定國有盤江雙河鎮關索嶺數大戰定滇非三桂一軍之功也而磨盤山一役滿軍

將弁．死綏者多．吳軍獨無是．亦師行在後之明證．安得謂之功高．以定陝言．自是孟喬芳之功．以定川言．川之未定．龍興記中曾自言之．若謂破流寇．則更遠矣．自成經山海關望都潼關三大戰．精銳盡喪．奔出武關．王師但有尾逐．追見鉏田父．餘部投明．遂爾班師．是滅寇之名．英親王且不得居．更何有於三桂．至謂其遇侈．綜考四王之中．待遇孔藩最優．耿尙次之．三桂又次之．孔鎭廣西在七年．尙耿鎭廣東在八年．均視三桂鎭滇爲早．入滇虜桂．晉封親王．並授總管．乃是四大臣輔政時耳．度其恣睢專擅．應在此數年中也．爲固根蒂計．據桂王五華山舊宮爲藩府．增崇侈麗．盡括沐氏舊莊七百頃爲藩莊．通使達賴喇嘛．奏互市茶馬於北勝州．於是西番蒙古之馬．自西藏入滇者．歲千萬匹．假濬渠築城爲名．廣徵關市．榷鹽井．開礦鼓鑄．潛積硝磺諸禁物．重斂士司金幣．厚自封殖．散財結士．人人得其死力．剬制滇中．綿歲日練士馬．利器械．水陸衝要．徧置私人．各省提鎭．多其心腹．子爲額駙．朝廷纖悉．旦夕飛報．詭稱蒙古侵掠麗江中甸地．及調兵往．又稱寇遁．挾邊防以自重．而不軌之心亦漸露矣．而可喜老病．以兵事屬其子之信．以酗虐橫於粵．精忠以稅斂暴於閩．並爲三方患．方是時．聖祖親政數載．習知中外利害．與前代方鎭得失．而可喜適有歸老遼東．留子鎭粵之請．蓋受制於之信．冀見聖祖得自陳．時康熙十二年三月也．部議遂令其盡撤藩兵回籍．三桂及精忠聞之．不自安．亦於七月間疏請撤兵．以探朝旨．聖祖敕廷臣議．僉以爲勿徙便．唯戶部尙書米思翰．兵部尙書明珠．刑部尙書莫洛等力請徙藩．聖祖以三桂蓄謀久．不除必爲巨患．況其勢已成．撤亦反．不撤亦反．又念三桂子．精忠諸弟．宿衛京師．亮無能爲變．於是徙藩之議遂決而三藩之變起矣。

吳三桂之巔末上　撤藩命下。三桂愕然。遂陰勒士馬。禁遏郵傳。惟許入不許出。及侍郎哲爾肯學士傅達禮至滇。三桂陽拜詔而屢遷行期。反謀益急。念清廷諸將無足當己者。惟難於舉兵之名。欲立明後以號召天下。則緬甸之役。何以自解。且以滇蜀阻險難進。非舉兵之地。擬行至中原而後發。巡撫朱國治及達禮等數問行期。俱答緩商。又恐日久謀洩。遂於十一月二十一日集藩屬官於殿上。發兵縛國治於市。殺之。並執按察使以下之不屈者。自稱天下都招討兵馬大元帥。以明年為周元年。蓄髮易衣冠。旂幟皆白。移檄遠近。謂為明室復仇。有云「虜酋無道。奸邪高張。道義之儒。悉處下僚。斗筲之輩。咸居顯職。山慘水愁。婦號子泣。以致彗星流隕。天怒於上。山崩土裂。地怨於下。本鎮仰觀俯察。是誠伐暴救民順天應人之日。爰卜甲寅之年正月元旦。恭奉太子祭告天地。敬登大寶。建元周啓。」時貴州巡撫曹申吉提督李本深。雲南提督張國柱。皆起而相應。雲貴總督甘文焜聞變。遣弟文炯疏告。自度貴陽不能守。以十餘騎自隨疾馳至鎮遠。為鎮遠橋守將江義所遮。自刎死。兵部郎中黨務禮。戶部員外郎薩穆哈在黔督理移藩舟馬。疾馳十二日至闕告變。適湖廣總督蔡毓榮之疏亦至。舉朝震恐。大學士索額圖請誅諸臣之建議削藩者。聖祖不許。惟馳詔止閩粵兩藩勿撤。先遣都統巴爾布等帥滿洲精騎三千。自荊州守常德。命都統珠滿率兵三千。自武昌守岳州。命西安將軍瓦爾喀帥騎兵星夜赴四川。截由滇入蜀之路。命都督尼雅翰赫業席布根特穆占佟國瑤等分馳西安漢中安慶兗州鄖陽汝寧南昌諸要地聽調遣。而以順承郡王勒爾錦爲寧南靖寇大將軍。大學士莫洛經略陝西軍事。削三桂官爵。下其子應熊及家屬於獄。蓋聖祖之意。以重兵屯川陝。進而爲攻取雲貴地也。而三桂亦遣其部將王屏藩犯四川。馬寶等出貴州湖南。以除夕陷沅州。次年正月。復遣龔應麟夏國相張國柱引兵至湖南。提督桑額自澧州走夷陵。巡撫盧震棄長沙奔竄。巴爾布碩岱珠滿等兵。於二月初旬至荊州武昌。皆畏葸不敢進。而常德長沙岳澧衡相繼失陷。且散布劄書。四出誘煽。於是廣西將軍孫延齡提督馬雄。四川巡撫羅森提督鄭蛟麟總兵譚洪吳之茂。襄陽總兵楊來嘉皆叛應之。福建耿精忠聞之。亦同時反。數月之間。六省盡失。三桂聞湖南已定。乃親赴常澧督戰。驅土司苗猓助軍鋒。鑄滇銅爲錢。文曰「利用」。轉川湖之粟以餉軍。並遣其將吳應麒據岳州。城外濬濠三重。設陷坑鹿角。以拒步騎。就洞庭峽口攢立梢椿。以拒舟艦。而澧州石首華容松滋皆布重兵爲犄角。清兵雲集荊襄武宜諸郡。無敢渡江攖其鋒者。三桂設於此時毅然進取。天下事未可知也。乃以子孫並質京師。冀免其戮。又不欲輕去雲貴根據地。一誤於疏付撤藩使者折爾肯還奏。有所陳請。再誤於湖南已得。又下令毋得北進。並使西藏達賴喇嘛奏言。「三桂若窮蹙乞降。可宥其死。倘竟鴟張。不若裂土罷兵。」聖祖嚴斥不許。且使勒爾錦嚴加儆備。更賜其子世霖及應熊死。以絕其望。旋又命尚善爲安遠靖寇大將軍。移書三桂。許其自新。三桂以荊楚大兵當其前。乃使其將分道進。一自四川窺陝西。一自長沙出江西。其出江西者。分兵擾袁州。陷萍鄉安福上高。與耿兵合。連陷三十餘城。聖祖命岳樂爲定遠平寇大將軍。出江西。又以喇布爲揚威大將軍。統師鎮江南。以洞鄂爲定西大將軍。與莫洛由陝攻蜀。傑書爲奉命大將軍。傳喇塔爲寧海將軍。由浙討閩。而廣西孫延齡。則命尙可喜與總督金光祖由粵東進兵討之。且諭岳樂。「以湖南一隅。四方羣寇所觀望。今荊州兵未能渡江。岳州城堅難驟進。宜由袁州直取長沙。長沙一破。賊勢瓦解。荊州大兵卽可乘機進攻。」指揮甫定而陝西提督王輔臣又以是冬舉兵寧羌。遙附三桂。於是三桂之勢益張。

吳三桂之巔末下　初。西安將軍瓦爾喀。師抵保寧。餉餫爲王屛藩所絕。退至廣元。總兵王懷忠標兵譁變。輔臣遂唆其衆譟餉。攻莫洛於寧羌。殺之。先是。聖祖命莫洛統綠營兵先行。貝子洞鄂帥滿騎爲承。洞鄂迂回繞道。致莫洛孤軍遇變。及輔臣兵逃散過半。輔臣僅偕　走秦州。洞鄂復不躡擊。而遲回西安。致輔臣得據平涼。而漢中復陷。三桂聞之。急給輔臣犒師銀二十萬。鑄印曰平遠大將軍陝西東路總管。又令蜀將屛藩之茂。自漢中出隴西援應。偏布檄書。要約黨附。固原定邊等將從反。土寇光番亦蠭起。時荊州夷陵赴援之兵。及保寧引回之兵。盡集西安。詔分千人赴守蘭州。千人赴守延安。洞鄂及哈占皆留兵不遣。於是十四年。秦州蘭州鞏昌定邊靖邊臨洮慶陽綏德延安花馬池相繼失。輔臣使其黨分據之。隴右皆陷。惟甘肅提督張勇總兵孫思克王進寶陳福斬使繳劄。故河西及陝西獲保全。洞鄂督諸將復秦州。進攻平涼。張勇督諸將復蘭延鞏諸郡。自守鞏昌秦州。以隔敵人蜀隴相通之路。聖祖以勇爲靖逆將軍。便宜行事。而輔臣與洞鄂相持一年不下。十五年。乃命圖海爲定遠大將軍。蒞師。屛藩等分犯秦隴。悉爲所破。遁還漢中。輔臣亦降。乃詔圖海留陝。而令穆占等移征湖南。由是甘陝之事大定。初。三桂以輔臣之變。欲取道川陝入犯京師。乃留兵七萬守岳澧諸水口。以拒荆州江北之師。又留七萬守長沙萍鄉醴陵。以拒江西之師。而自親赴松滋。布船於虎渡口上游。截荆岳大兵咽喉。聲言將決荆州。夾隄灌城。潛分其衆據夷陵東北之鎮荆山。糾王會楊來嘉洪福。掠穀城鄖陽均州南漳。欲以通興安漢中之路。至是輔臣反正。屏藩遁逃。圖海張勇四守要害。而岳樂亦復建昌廣信饒州。聖祖命其趨長沙。而移喇布攻江西。岳樂乘三桂西上。由間道襲破袁州。遂自醴陵攻萍鄉。斬敵萬餘。國相棄城走。乘勝攻長沙。湖南震動。三桂既不得志於秦。聞長沙亟。乃自松滋還軍自將援之。屯隔江嶽麓山。使國柱守城中。馬寶于縉壁城外。盡調夷陵南漳之衆。合力拒守。聖祖以敵幷兵守長沙。其湖北各路守備必虛。趣荆岳兵濟江急進。於是勒爾錦敗敵於公安虎渡口。（澧水入江處）察尼敗敵於澧州太平街。尙善遣舟師入洞庭。克君山。其時三桂下游兵單。望風潰遁。苟清軍長驅逐北。則澧常湘陰迎刃立解。並可夾攻長沙。乃諸軍遷延不進。又不力阨虎渡口。致松滋上游。敵舟救至。荆州兵藉口溽暑引還。尙善亦未能斷其餉道。江湖之險。復爲三桂所有。又使其將高大節出醴陵萍鄉。陷吉安。以斷岳樂軍後路。喇布頓兵南昌不援。詔屢趣之。始赴軍。大節驍勇善戰。以少擊衆。清軍失利。螺子山一役。喇布及將軍布爾根皆倉卒棄營走。大節縱飲飽掠而歸。會其黨韓大任搆之胡國柱。大節憤死。大任不敢出戰。吉安遂爲清軍所圍。十六年。吉安糧罄。大任宵遁。清軍不敢追擊。旋合土寇據寧都樂安間。聖祖乃詔江西綠旗兵聽總督董衞國調遣。會閩粵告捷。精忠之信先後歸誠。大任走降於福建。江西遂略定。三桂乃使國柱等攻之信於韶。使吳世琮攻孫延齡於桂林。以圖兩粵地皆與湖南相唇齒。聖祖遂命諸將專力湖南。十七年。岳樂復瀏陽平江。穆占亦據永興茶陵攸縣酃縣安仁興寧郴州宜章臨武藍山嘉禾桂東桂陽十二城俱復。時三桂年已六十有七矣。失陝閩粵三大援。至是又失江西。清軍雲集湘湖間。領地日削。財用漸竭。川湘賦稅。不足供軍糈。情見勢絀。恐諸將解體。乃示威重建帝號。置百官。封諸將。壽發兵下郴州攻永興。會三桂卒。皆引去。衆迎其孫世璠於雲南立爲帝。清軍攻取岳州常德長沙衡州等。進赴貴陽。世璠還雲南。時趙良棟自四州進。賴塔自廣西進。合兵圍之。世璠自殺死。於是雲貴仍隸版圖矣。計是役起自康熙十二年。訖於康熙二十年。凡連兵九年。蔓延十省。卒爲清軍所滅。然生靈之苦。亦已極矣。

耿精忠之畔服　耿精忠者。仲明孫。繼茂子也。順治三年。命定南王孔有德。靖南王耿仲明。平南王尚可喜。同定湖南。既而有德入廣西。仲明可喜並鎮廣東。一府兩藩。民瘁供億。旋移仲明於閩。備海寇。其時仲明已先卒。子繼茂嗣。康熙十年。繼茂復卒。子精忠嗣。十二年。平南徙藩議起。精忠與三桂繼之。是冬三桂反。詔精忠仍留鎮。明年三月亦反。福州執總督范承謨幽之。以都統馬九玉。總兵曾養性。白顯忠三人爲爪牙。分三路出寇。養性出東路。寇浙江溫台。白顯忠出西路。寇江西廣信建昌饒州。馬九玉出中路。自仙霞嶺寇浙江金華衢州。並連嚴州徽州土寇。沿海震動。浙江總督李之芳聞變。疾馳提衢州。分兵守常山要路。聖祖命平南將軍賴塔赴浙。定南將軍布爾根赴贛。並敕杭州鎮江水師分防海口。遣使齎敕赴閩招撫。精忠留不遣。聖祖復使其弟聚忠齎敕往。至衢州。亦不納。於是乃命傑書爲奉命大將軍。傅喇塔爲寧海將軍。赴浙進討。是秋。養性率衆數萬窺衢州。之芳直薄賊壘。親冒矢石。麾衆敗之。乘勝復義烏湯溪壽昌。又遣將破金華紹興諸賊。分飭各路嚴守禦。勿迎擊。十一月。賊數萬壁衢城西溝溪。之芳乘夜突擣。斬級萬計。賊棄寨走。十四年。傑書統兵赴金華。遣都統瑪哈達。討賊將徐尚朝於至道山。總兵鮑虎討賊將馮公武於嚴州。先後恢復。以次復永康縉雲宣平諸縣。而傅喇塔自士木嶺間道出茂平嶺背。破養性二十五營。復黃巖。養性走溫州。增陴固守。環溫皆水。清軍不能陸攻。久不下。衢州則馬九玉據江山常德開化三縣。連結數十寨。負山阻水。與之芳相持。會次年耿繼祚方再犯建昌。忽棄營宵遁。聖祖知閩中必有海寇內患。乃詔傑書傅喇塔撤圍溫之師。直取福建。初。精忠之叛也。郎誘潮州總兵劉進忠使攻廣東。又約臺灣鄭經掠潮惠。圍海澄公黃芳度於漳。執續順公沈瑞於潮。及贛兵援粵。精忠益令白顯忠犯建昌撫贛。以阻援粵之師。內外夾擊。聲勢甚盛。至是經聲言借漳泉二府。精忠不許。耿鄭遂交惡。經奪其漳泉汀邵諸郡。傑書等遂乘勢合軍赴衢州。時九玉擁衆數萬屯九龍山。而分萬人壁大溪灘。護輓餉。傑書傅喇塔與之芳議。先奪其饟道。乃擊破大溪灘。復江山縣。即以中秋夕濟河。擣九玉營。適遇其來襲之衆。邀礮御之。敵營據高壘。複椿密。魚貫而出。不能驟返。轟擊之山下。殲焉。翌日。火其寨。九玉僅以三十騎潰遁。遂復常山。長驅入仙霞關。於是中路師破。時岳樂駐軍江西。亦使希爾根擊敗顯忠。復建昌饒州。並使江寧將軍額楚。擊走徽州土寇。復廣信。顯忠聞清軍入閩。聲言將趨建陽。斷其後路。之芳遣使說降其二裨將。顯忠勢孤亦降。於是西路亦破。精忠既失二路兵。而臺灣鄭氏。復乘虛偪其後。閩地半爲所有。清軍至延平。精忠不知所爲。乃遣子顯祚詣軍前。獻總統印。先殺承謨以滅口。而後出降。請隨大軍剿海寇贖罪。養性聞之。亦以溫州降。十六年。鄭經爲閩師所迫。退守廈門。盡復漳泉諸府。劉進忠亦以潮州降。而浙閩遂告定。

尚之信之畔服 尚之信。可喜長子也。康熙十年。可喜年老。請以子之信佐理軍事。之信酗酒嗜殺。所爲多不道。既掌兵柄。卽營別宅。擅威福。可喜不得出一令。十二年。可喜既受制於其子之信。卽用其客金光計。乃疏請歸老遼東。留子鎮粵。實爲三藩之亂所由起。然可喜始終無二志。嘗執三桂使。奏其誘降之書。又慮之信不可恃。遣次子之孝討劉進忠於潮。並請以之孝襲封。聖祖遂授之孝平南大將軍。而之信以討寇將軍協剿。朝廷亦信仗之。十四年。晉封親王。督撫以下咸受節度。廣東土寇蝟起。可喜皆遣兵剿蕩。會精忠構鄭經掠潮惠。祖澤清畔高雷。而三桂亦遣故提督馬雄偪肇慶。以夾攻可喜。廣東十郡失其四。可喜東西受敵。力不支。因自陳衰病將不起。亟請江西軍往援。詔將軍覺羅舒恕副都統莽依圖赴粵。甫至而之信已變。受三桂招討大將軍號。改制易服。殺金光。嚴兵守可喜府。禁出入。移檄諸郡使納款。當是時。之孝軍惠州。舒恕及粵督金光祖軍高州。莽依圖軍肇慶。精銳不下二三萬。足以合力制之信。而光祖潛受三桂密劄。阻撓諸軍。俾不獲進。於是潮屬總兵孫楷宗水師副將趙天元等皆畔。之孝勢孤。不得已解兵還廣州。之信之聲勢乃益振。且轟擊舒恕軍。江西援軍遂引還。而光祖與巡撫佟養鉅並降三桂。十五年春。可喜憂憤死。三桂封之信輔德親王。趣其出師。索其助餉。又遣董重民代光祖。馮甦代養鉅分守衝要之信與光祖皆後悔。潛通款江西清軍。詔莽依圖爲鎮南將軍。入粤。受之信降。復令都統賴塔。領漳汀兵赴潮應之。於是贛閩之師。同時入粤。之信遂於十六年六月。唆舊督標兵譁餉。執重民於肇慶。帥軍民薙髮迎降。七月。三桂遣馬寶胡國柱。出韶州攻之。會江西清軍已復吉安南安。莽依圖踰嶺援韶。韶居五嶺脊。爲贛粤咽喉。馬寶志在必得。莽依圖於城北敵衝厚築土牆。夜則縋卒出城濬濠通水。並遣一軍據廣州餉道。自七月至九月。寶攻城不下。乃據河西。斷清軍水運。復列營蓮花峯。俯瞰發礮。土牆盡壞。清軍退保土城固守。會江寧將軍額楚援至。與城中兵夾擊。督標兵亦橫衝其陣。遂大潰。乘夜追斬無算。河西衆亦遁。餉運遂通。十月追擊於樂昌風門澳。三路仰攻。而猺兵間道襲其後。斬敵二千。佟國卿以瓊州降。澤清以高雷廉三州降。並執送三桂之水師將軍謝厥扶。於是廣東亦略定。

附孫延齡之事略　方康熙十三年春。吳三桂之變起。同時孫延齡亦變於廣西。延齡本定南部曲。舊列於四藩。故其亂亦附三藩之末。蓋相波瀾相首尾云。延齡者。定南王孔有德之壻也。順治初。有德殉難廣西。無子。止遺一女名四貞。詔送入宮。爲太后養女。食郡女俸。年十六。適延齡。聖祖封爲和碩格格。掌定南王事。遙制廣西。軍權在延齡上。十二年。延齡與部下都統王永年等互訐。奏命大臣往勘。延齡應坐罷。被宥。是冬。三桂反。聖祖以廣西鄰貴州。特授延齡撫蠻將軍。與巡撫提督相守禦。延齡既與永年等不相能。三桂以書誘之。十三年二月。延齡遂殺永年等。並執巡撫馬雄鎮害之。舉兵應三桂。廣西提督馬雄。亦定南部下。三桂兵至。乘勢以柳州應之。廣西全陷。延齡招致土寇。參以舊軍。分設五鎮。每鎮兵二千。騷掠遠近。有傅宏烈者。舊慶陽知府。以訐三桂不軌事坐誣謫戍蒼梧。及是。欲集兵圖恢復。思假其事權。佯受三桂信勝將軍之職。入思州泗城廣南富川諸土司。及交趾界。聯絡義勇。得五千人。遂移檄討三桂。從尚可喜規復肇慶。通款於贛。大爲三桂所忌。使馬雄在柳州。害其家百口。然不能害宏烈。宏烈且以大義利害說延齡。延齡與妻四貞謀。約宏烈往迓清軍。至卽歸降。馬雄乃訐之三桂。謂延齡有異志。宜急圖之。三桂乃使其從孫世琮假復廣東爲名。進駐桂林。延齡出迎。敍舊甚懽。及送之轅門。有數十苗兵突出馬首。延齡出利刃奮擊。殺數人。力竭。旋爲所斃。時十五年十二月也。明年。宏烈赴韶迎清軍。謂「王師但進廣東爲聲援。則廣西一面。宏烈可獨當之。但當假以虛銜。並頒給各土司印。以便號召。」詔授宏烈廣西巡撫。撫蠻滅寇將軍。俾增募義兵。便宜行事。命額楚守韶。而莽依圖以兵八千。赴宏烈於廣西。又命尚之信分藩兵三千助之。之信不遣兵。復不爲莽依圖具舟艦。師久不集。宏烈遂獨領所部兵萬餘。乘機先進。克梧潯下鬱林。所向克捷。唯新兵皆無馬。無大礮。屢借於之信。不應。十七年二月。莽依圖軍至。乃進圍平樂。距桂林百餘里。而桂林已爲世琮等所陷。並帥水陸數萬來援平樂。與清軍夾江而營。敵渡江攻綠營。兵潰。滿營隔漲潦。不能救。世琮據河扼餉道。莽依圖軍退梧州。旋就餉德慶。所復郡縣盡失。澤淸復畔於高州。粵東亦震。詔之信討澤淸。並選藩兵萬人。及潮州標兵六千。付福建都統馬九玉。馳援廣西。又詔舒恕自贛州額楚自肇慶。兼程進攻。皆未至。宏烈孤軍據梧。十月。敵數萬渡左江來攻。宏烈戰於賀。戰於藤。皆不利。敵以三路偪梧。時三桂已死。之信始赴援。十八年正月。宏烈合莽軍分布水陸。乘其犯城時。三面環擊。

大敗之。長驅復桂林。而世琮復圍馬承蔭於南寧。承蔭。雄子也。雄死。以南寧降。世琮圍攻數月。垂克。而莽依圖等倍道援之。世琮悉銳依山。列鹿角拒戰。莽依圖使額楚引前鋒兵衝之。而自與舒恕麾軍進。隱兵山後。絕其走路。禽斬殆盡。世琮負重創。以數十騎遁。南寧圍解。廣西全復。宏烈請率所部隨莽依圖進取雲南。聖祖壯之。隨命喇布代守桂林。而承蔭所部降兵皆桀悍。十九年。承蔭請以七千人分設七營。部議止許五營。於是降兵復變。紿宏烈登舟赴柳城。而襲破其營。執送貴陽。吳世璠誘降。宏烈罵之、被害。莽依圖再赴討。以勁弩射其象陣。象反奔。陣亂。鐵騎爲承。遂大敗。喇布與光祖軍亦分路敗賊。俘承蔭至京伏誅。蓋自延齡死後。又三年而廣西始定云。

臺灣之役　臺灣自古不通中國。文獻通考云泉州之東。有島曰澎湖。澎湖傍有毘舍耶國。蓋即是也。臺灣山脈。發於福州之鼓山。自閩安越大洋爲澎湖三十六島。又東渡洋百里至臺灣。爲中國之右臂。臺灣在福建海中。袤二千八百里。衡五百里。與舊時福興泉漳四府相直。距澎湖約二百里。廈門約五百里。其山起雞籠。南盡沙馬碕。千里有奇。惟山西東兩面沃野。自海至山。淺闊相均。約各百里。大於琉球。埒於呂宋。自鄭氏以前。中國人無至其地者。皆生番據之。明末爲荷蘭人所占。適其主會計之臣負帑走投鄭成功。成功乃以戰勝之結果。據以爲窟穴。成功既有臺灣。用處士陳永華爲參軍。築招賢館。以居明宗室遺臣之來歸者。改赤嵌城爲承天府。置天興萬年二縣。招徠漳泉惠潮之民。汙萊日闢。外則置兵守金門廈門。與相犄角。雖在海外。密邇內地。閩省沿海港澳。可以出兵進剿者。在在皆是。倉卒攻之。守禦匪易。成功於內地港澳，悉設舟師，登陸爲寨，扼守水口，而又偏布腹心於內地，凡督撫提鎮衙門，事無巨細，莫不報聞，皆得早爲之備，其用心可謂深矣。清廷知成功終不可致，卽誅其父芝龍，並其子弟之在京者，而詔沿海居民三十里，界外盡徙內地，禁漁舟商舟出海，以杜構煽。康熙元年，成功卒，長子經入臺，繼嗣成功，弟世襲謀奪其位，經殺之，仍遵永曆紀元，靖南王耿繼茂，總督李率泰，貽書招經，經請如琉球朝鮮例，不登岸，不薙髮，不易衣冠，不報，是歲，魯王監國亦卒於臺，二年，明桂王亦滅，而經奉永曆之號如故，長至萬壽節，必設龍亭，率官屬朝賀如禮，三年，繼茂率泰施琅黃梧等進兵，幷檄荷蘭夾板船會剿，克金廈兩島，經退歸臺灣，乃興貿易，勸農桑，立學校，頗得治內之道，惟兵力漸衰，府藏漸耗，敗歸之後，以迄於三藩之亂，已不可爲矣。

鄭經之叛服　鄭經棄廈門而歸，同時張煌言亦爲浙督趙廷臣所執，島亂漸平，乃授施琅靖海將軍，以降將周全斌楊富副之，率衆進討，會阻風而罷，七年，詔明珠蔡毓榮赴漳招諭，經仍執琉球朝鮮例爲請，時鄭氏衰弱，不敢復出入於大陸上，十三年，三藩亂起，耿精忠執總督范承謨，據福建，乞援於經，許酬漳泉二府，臺民大喜，亟渡海而西，與耿氏合攻廣東，既而精忠背約，經恚甚，於是反兵自取之，閩中故多鄭氏舊部曲，海澄總兵趙得勝，與其屬劉國軒，廣東潮州總兵劉進忠，皆叛附經，經遂乘勢取漳取泉取潮，耿尙並訴之吳三桂，三桂令尙之信割惠州與經，盟申書疆界，不獲成，乘耿氏與清軍抗，卽躡其後，取汀州，運臺米內渡濟師，精忠前後受敵，十五年，乃反正，導傑書傅喇塔攻鄭氏，次年，復漳泉邵武興化惠潮亦內嚮。經遁入廈門。時傅喇塔卒於軍。以貝子賴塔繼之。十七年。春。經復遣將出沿海。連下十餘城。堡十八年。經將國軒。與吳淑何祐等分道入犯。總督郎廷相。檄諸軍四路進剿。大戰兼旬。海澄公黃芳世。都統穆赫林。提督段應舉。皆失利。國軒圍之於海澄。環塹樹柵。清軍援至。國軒處內外受敵。故開一面縱之入。以耗城中糧。圍復合。六月。城中糧絕。陷清軍三萬餘。馬萬匹。穆赫林以下皆死焉。詔罷廷相。以姚啓聖代之。授吳興祚爲巡撫。楊捷爲提督。其時國軒乘勝下漳平長泰同安。略取南安惠安安谿永春德化諸邑。國軒自圍漳州。遣兵圍泉州。而斷漳之江東橋。與泉之萬安橋。以拒清軍。傑書駐軍福州。不敢救。捷復惠安。興祚賴塔復漳平。捷又遣兵襲破陳山壩。以出萬安橋之背。與大兵夾攻。奪其橋。燬沈其舟。而興祚賴塔軍阻江漲。亦得翰林李光地。引出安溪間道。遂解泉圍。國軒與淑祐等以兵五萬。分軍漳州龍虎蜈蚣二山。勢甚盛。漳城兵少。哈喇達耿精忠欲棄城避其銳。啓聖閉城。假旗鼓。乘大霧。突出精兵五千衝之。破其十六營。斬四千餘級。復長泰同安。國軒等猶據江東橋不退。及楊捷軍赴援。復與啓聖夾攻力戰。克之。盡奪險要。而漳泉之路始通。國軒還據海澄。海澄三面環海。其陸地一面。復掘濠引潮。以阻清軍。且不時出犯江東橋諸營。窺漳州。兼刻艨艟。守諸島。相持一年不決。乃議厚集舟師。水陸夾攻。並約荷蘭夾板船爲助。時三桂已死。清舟師破岳州。詔水師提督萬正色督湖南江浙戰艦三百。自海赴閩。而啓聖興祚新修三百艘亦成。合兵共三萬。啓聖等復縱反間離其黨。重賞購募。先後降其官四百餘人。以之分隸水師。導軍進攻。並約海壇守將爲內應。故不俟荷蘭艦至。啓聖與捷即復海澄。正色亦以水師克復海壇。水陸並偪廈門。又降其戈船將朱天貴。乘勢擣襲。諸寨悉破。經及國軒等遂以十九年夏棄金廈歸臺灣。於是賴塔復貽書與經曰。「自海上用兵以來。朝廷屢下招撫之令。而議終不成。皆由封疆諸臣執泥削髮登岸。彼此齟齬。臺灣本非中國版籍。足下父子自闢荊榛。且眷懷勝國。未嘗如吳三桂之僭妄。本朝亦何惜海外一彈丸地。不聽田橫壯士逍遙其間乎。今三藩殄滅。中外一家。豪傑識時。必不復思噓已灰之焰。毒瘡痍之民。若能保境息兵。則從此不必登岸。不必薙髮。不必易衣冠。稱臣入貢可也。不稱臣不入貢亦可也。以臺灣為箕子之朝鮮。為徐市之日本。於世無患。與人無爭。而沿海生靈。永息荼炭。惟足下圖之。」經報書請如約。唯欲留海澄為互市公所。而啓聖持不可。議復寢。二十年。姚聖興祚疏請沿海居民展界復業。報可。初。閩人當成功世內輸官賦。外應鄭餉。十室九匱。及耿亂交作。殺掠所至。不知誰兵。閩中駐一王。一貝子。一公。一伯。將軍都統以下。各開幕府。所將皆禁旅。居民居。食民食。役其丁壯。而漁其妻女。又遷沿海之界。流離內徙。至是北還。始稍息肩。然驅掠而北者。尚有數萬。啓聖請傑書下令禁之。且捐金贖還者二萬。啓聖在閩。糜財如河沙。耳目徧海島。官帑不足。則貿遷以濟之。前後揮霍百萬。而對於鄭氏。則務欲剿平之。以為己功。經有嬖人施亥者。啓聖密賂使為間。誘經至海口。伏兵禽之。鄭氏大享將士。復賂五庖人謀毒。事皆不成。二十年正月。經死。方經出兵時。用陳永華言。留長子克𡒊監國。克𡒊禮賢恤下。謹法令。物望頗歸之。而羣小憚其明察。經諸弟亦不利其立也。侍衛馮錫範先以計罷永華兵柄。永華鬱鬱死。克𡒊失助。時成功妻董氏尚在。復入間言。遂襲殺克𡒊而立次子克塽。幼弱不任事。啓聖以經死內亂。時不可失。鷹水師提督施琅大破克塽國軒於澎湖。遂入臺灣。克塽降。先是成功世。廈門民掘得一碑文云。「生女滅雞。十億相倚。」見者莫能測。後鄭氏爲啓聖所殄滅。乃知十億兆也。加女姚也。鄭從酉雞也。滅雞滅鄭也。鄭氏初起海上。啓聖始生。傳四世六十年。而啓聖適爲閩督。遂平臺灣。執克塽以歸。此讖之有驗者。(見郎潛二筆)雖師武臣力。有以應之。亦見聖祖之廟算爲不可及也。計成功起兵及在臺。均秉明正朔。史家比之周室共和時代云。季年猶稱永曆三十有八年。即清康熙二十二年也。至康熙六十年。而又有朱一貴起兵之事。

朱一貴之叛亂　朱一貴。籍福建長泰。康熙五十二年。至臺灣。居母頂草地。販鴨爲業。其鴨旦暮出入自成行列。好結交。目覩守土者酣嬉。心易之。六十年。知府王珍稅斂苛虐。濫捕結會及私伐山木之民二百餘。淫刑以逞。鳳山奸民黃殿李勇吳外等。因民勿忍。密謀起事。以一貴朱姓。可託明裔。遂奉以爲主。與言曰。今地方有司。但知沉湎樗蒲耳。兵民瓦解。欲舉大事。此其時乎。就黃殿莊中。焚表結盟。立幟倡義。煽烏合數百人。幟書大元帥朱。夜出岡山。襲劫塘汛。總兵歐陽凱聞警。集衆議。游擊劉得紫最知兵。請行。不許。而遣游擊周應龍率兵四百及四社土番數百隨之往。應龍擁軀有口。實無能。行五里。卽止舍。次日。再進十五里。一貴夜出檳榔林汛。戕把總。掠軍器。應龍隔一溪不救。一貴旁掠四出。於是南路奸民杜君英等亦蠭起應之。約攻臺灣府。應龍遇一貴於岡山。甫交綏。一貴卽敗走。應龍又不追。而縱兵焚掠近村。於是各鄉皆煽於朱黨。樹幟響應。南路叛衆。攻參將苗景龍於淡水營。應龍聞報。復行十五里。翼日。遇敵赤山。

方合戰。應龍遁。以後隊遁歸府城。一貴大隊隨之。而君英等別攻鳳山。景龍敗死。府城大震。文武官吏盡室登舟。人無固志。歐陽凱得紫副將許雲率師千五百人出禦之。中夜自驚擾。黎明稍集。而一貴等至。許雲躍馬陷陣。諸軍繼之。一貴敗屯笭津林。時水師游擊游崇功出哨笨港。聞報。亦以兵還入鹿耳門赴援。五月朔。一貴君英合兵數萬進攻。得紫以兵截中路口。凱雲崇功迎戰春牛埔。而把總楊泰通敵爲內應。刺凱墜馬死。清軍大敗。得紫率兵還救。馬踣被執。雲與崇功血戰至日中。矢礮俱盡。各手刃數十人以死。於是水師游擊張彥賢王鼎等率兵千餘。戰艦四十。揚帆出澎湖。臺廈道梁文煊與珍等悉驅港內商船漁艇。出鹿耳門遁海。而應龍亦遁回內地。是日。一貴等陷臺灣府。掠倉庫。復開紅毛樓。卽荷蘭人所築之赤嵌城也。大獲鄭成功時所藏軍火。北路奸民賴池張岳等亦於同日陷諸羅。戕參將羅萬倉。凡七日而全臺陷。一貴遂自稱爲中興王。號永和。大封羣臣公侯太師將軍總兵以千計。優伶冠服。摩肩塞道。民間爲之謠曰。「頭戴明朝冠。身衣清朝衣。五月稱永和。六月還康熙。」蓋民心亦知一貴之決不能爲也。時官民逃難者。麕集澎湖。澎湖副將亦盡室登舟。將渡廈門。守備林亮疾馳至海濱。拔刀驅官民登岸。人心稍定。水師提督施世驃在廈聞警。卽調兵渡海。總督滿保亦調南澳總兵藍廷珍至廈。帥水陸兵八千。與世驃會澎湖。適臺灣朱黨內訌。君英爲一貴敗走。剽掠村莊。淡水營守備陳策等。又破一貴兵數萬。諸羅義民陳徽等亦攻復縣治。尋復陷。策遣人赴澎廈請兵。滿保世驃先後發兵千七百來援。滿保議三路進攻。廷珍與世驃言。謂宜直擣鹿耳門。六月十日。世驃然之。遂發澎湖。檄亮等爲前鋒。乘小舟至其地。表識沙路。載旗幟伏南北港。一貴將蘇天威列礮迎拒。亮等以六舟冒進。遙望礮臺。火藥礮積。專以礮注攻中之。轟發如雷。死者無算。清軍齊集兩港。遂直渡鯤身。鯤身者。海沙也。膠淺不能行大舟。是日。海潮驟漲。艦皆薄岸。天威遁保安平鎮。列隊迎敵。亮等復先登陷陣。廷珍率師繼之。入安平。天威敗走。世驃亦乘潮至鹿耳門。次日至鎮。一貴遣八千兵來擊。清兵迎戰四鯤身。別遣小舟沿岸夾擊。逐北七鯤身瀨口。縱火燔其船。十六日。一貴又遣黨來攻。駕牛車列盾爲陣。冒礮火死突。廷珍與戰二鯤身。亮等別以小舟載礮。附岸夾攻。斬溺甚衆。始退歸臺灣。不敢出。廷珍復率舟師入西港仔。至則亮等方與敵鏖戰。廷珍即分兵設伏而進。前鋒遇敵。左右奇兵繞後夾擊。隱兵突出竹林。朱黨大敗。十九日。逐北至府城。一貴率衆數萬遁。而世驃亦分敗西南兩路之敵。同日抵城。廷珍報滿保於廈門。而世驃先於軍中奏捷矣。一貴兵敗見執。其黨江國論鄭元長等相繼起兵。均見滅。仕英等亦先後出降。與一貴皆鏁送京師。磔死。臺灣遂平。

準部之經營　新疆跨有天山。周二萬餘里。天山以北爲行國。準部據之。南爲城國。回部據之。明時瓦剌中衰後。徙居喀爾喀以西。舊分四部。曰和碩特。居烏魯木齊附近。曰杜爾伯特。居厄爾齊斯河域。曰土爾扈特。居塔爾巴哈台附近。曰準噶爾。簡稱準部。居伊犂。總謂之厄魯特蒙古。康熙初。準酋噶爾丹兼併四部。勢強甚。回部諸國亦屬之。會喀爾喀三部（土謝圖汗車臣汗扎薩克圖汗）內訌。準兵攻之。不能禦。悉衆投漠南請降。聖祖以科爾沁水草地假之。自是準部版圖所及。包有青海天山南北路。科布多喀爾喀等地。遂南向與中國爭衡。以追喀爾喀爲名。選銳入犯。侵及烏爾會河。聖祖出塞親征。破其師烏蘭布通。噶爾丹遁去。未幾。復以三萬騎來。聖祖自帥兵出中路。而令將軍薩布素費揚古分出東西路。聖祖親追前敵。至拖諾山。不及而還。西路之師。大破敵昭莫多。噶爾丹僅以數十騎奔。初噶爾丹自破喀爾喀後。屢歲不歸。其先根據地伊犂。爲其兄子策妄阿布坦所據。自阿爾泰山以西地皆非己有。又連年搆兵。精銳殆盡。青海及天山北路。復乘機脫羈絆。及敗。益窮蹙無聊。聖祖欲因而降之。親至歸化城。令噶爾丹入朝謝罪。許以喀爾喀例待之。然噶爾丹竟不至。車駕復至寧夏。遣馬思哈費揚古等。大舉進攻。噶爾丹不知爲計。仰藥死。策妄阿布坦以其遺骸並一女獻之聖祖。於是阿爾泰山以東。皆隸版圖。拓喀爾喀西境千餘里。還其汗於舊牧。使爲屏藩。

西藏之經營　西藏達賴班禪。當太宗崇德中。以青海通貢之介紹。始與清相聞。時青海固始汗。兼制西藏。割喀木爲其領土。而以衛藏分居達賴與班禪。康熙二十一年。第五世達賴卒。第巴桑結。欲專國事。祕不發喪。僞言達賴入定居高閣。不見人。凡事傳達賴命行之。而陰通準噶爾。誘之爲亂。蓋套西青海。業已不振。固始汗後嗣之主藏者。亦衰庸不足爲。故藏事皆專於第巴。而蒙古溺於佛教。奉達賴如神明。且得假之以爲煽惑也。越十五年。聖祖賜書詰責。第巴不能隱。始立新達賴。其後益橫。謀毒拉藏汗不遂。欲以兵逐之。爲拉藏汗所誅殺。拉藏汗。卽固始汗後嗣之主藏者也。初以議立新達賴。故與第巴交惡。至是奏廢第巴所立假達賴。而自立新達賴。然青海諸部復不信之。別奉裏塘之噶爾藏嘉穆錯爲眞達賴。居之西寧。兩部爭議未決。而策妄擾藏之事起。準酋策妄者。蓄意窺藏久。乘兩部交鬨。又諗拉藏汗之昏耄。以康熙五十五年冬．發兵入藏．執殺拉藏汗．禁錮新達賴．聖祖所遣援軍復大敗於哈喇烏蘇河．廷臣多請緩西征．聖祖以準部世爲邊患．不宜使兼藏地．遂以五十九年．遣都統延信．率西寧軍出青海．又遣年羹堯鎮四川．而以川軍屬統領噶爾弼．出打箭爐．分道入藏．是時藏人亦悟青海所立達賴之眞．藏中舊立之贋．合詞請於朝．於是蒙古諸部．亦各率兵隨西寧軍．扈新達賴西行．準部兵屢戰皆北．西藏大定．因以拉藏汗舊臣．分掌兩藏權．迨雍正初．復設駐藏大臣以監之．自是西藏完全爲中國之領土．

五　聖祖之外交

俄羅斯來聘及尼布楚　初．俄東邊接黑龍江者．以外興安嶺爲界．當明末季．清兵略定黑龍江．時．俄東部曰羅刹者．亦踰外安興嶺．侵佔黑龍江北岸樹木城居之．順治初屢遣兵逐之．皆以餽不繼而返．十二年．十七年．俄商至北京．呈遞國書．不及邊界事．康熙十五年．（一六七六年）俄商尼果賚等至．聖祖召見之．貽察罕汗（卽俄皇）書．令約束羅刹．毋寇邊．久未答．而羅刹復東掠赫哲費雅哈．將割據黑龍江東北際海數千里甌脫地．聖祖以密邇留都．不可使異族偪處．遂於二十一年．（一六八二年）遣都統彭春等．合水陸軍二萬人攻之．克其城．酋爲所獲．乃介荷蘭使臣致書於俄．會俄皇彼得第一新立．受制於其姊索希亞．未有實權．又以戰地距國都遠．應援不時達．亦亟欲與中國和．覆書謝邊人搆衅罪．遣公使費要多羅自北路至喀爾喀土謝圖汗境．移文往復．二十八年十二月．始與大臣索額圖等．定約尼布楚．訂條約七款．立石黑龍江西岸。刻以五體文。（滿文漢文拉丁文蒙文俄文）大旨毀向所築城。而以外安興嶺之南。路額爾古納河南岸爲中界。北爲俄界。於是東北數千里外不毛之地。盡隸中國版圖。是爲中俄最古之條約。亦中國外交史上第一光榮之條約。自是約定後。俄人之對中國。純主和平。數遣留學生至京習華言。或發商隊沿邊行貿易。蓋遵守至咸豐初年。兩國界約無少變更云。

歐人傳教之齟齬　明清之交。歐人傳教事業。皆爲兵亂所阻礙。第北方一帶宣教師。因已歸命於清廷。得以保全其位置。且湯若望。以曆學受世祖之知遇。司欽天監事。於是學者頗以廢古法爲憾。康熙四年。回教徒新安人楊光先。上書攻擊。楊因論磔。其徒衆亦多坐罪。聖祖親政。大赦釋放。而南懷仁復上疏。極論欽天監推算乖謬狀。校驗得實。八年。南卽任監副。聖祖知若輩博學可用。舉凡外交通譯。與夫測量境土事。皆委用之。彼等亦遵守利瑪竇遺法。許入教信徒。保存中國古來習慣。如崇奉孔子。祭祀祖先。概不禁阻。因之。清廷雖無公布法令。亦聽臣民信教之自由。所以康熙中葉。天主教極盛。一時教堂在廣東有七所。在江南有百餘所。合各省教徒。已達十二萬人。傳播亦云速矣。至四十三年。羅馬教皇克勒門十一世發勅諭。謂「中國一切祭祀。與崇拜偶像無異。非天主教徒所當行。」並遣教正鐸羅來華。禁止。政府屢與鐸羅辯難。卒不得要領。聖祖震怒。遂於四十六年。逮捕鐸羅。押送澳門。改天主教堂爲公所。嚴禁人民信教。歐人傳教事業爲之一挫。此後強訂片面條約時。所由往往有准許傳教之規定。而傳教與通商之相輔而行。於此又可徵矣。蓋通商之力。猶止及邊境。而傳教可深入內地以覘政俗也。

歐人通商之齟齬　歐人於中國擴張通商利益。其所操術有二。傳教而外。厥惟通商。自明代葡萄牙人。既得澳門爲通商地。於是歐羅巴諸國商船。來中國沿海求互市者。駱驛不絕。多因與葡人有妨害。怏怏失望而去。英吉利人經營遠東。殆與荷蘭人同時。惟荷人注重於馬來羣島。而英人則注重於印度大陸。但自威代爾以強力要求。頗引起中國官民之反感。其始也。欲絕之不許其通商。及其既通商也。則重征稅課以困之。故康熙三年英船來澳。既索其租金二千兩。復派兵警備之。船停留五閱月而去。越十年。英船再至澳。復僅以賤値售去織物十一疋而歸。當時英在遠東能通商者。蓋僅有明遺臣鄭經所據之臺灣廈門兩處而已。迨鄭氏失敗。即此兩處之商務亦復停止。其後由東印度公司經營之結果。乃得在廣州通商。於是英國對華商務。遂由東印度公司壟斷其利。未幾。又得廈門貿易權。十六年。思於廈門建商館。清廷拒之。二十三年。始在廣州地方。達到建設商館之希望。第以粵海關檢查嚴密。與稅額繁重。心猶未慊。擬於廣州外闢一新商港。四十年。東印度會社社員甲赤普爾乘商船二艘至舟山寧波。試行貿易。顧其地課稅。亦類廣東。於是東印度會社。在此兩處經營。仍歸失敗。英商屢請減稅。幷免去種種束縛。皆不得請。其波折至多。此亦異日不平等條約之所由締結也。回思當日清廷上下。殆亦未知通商之利害關係。唯視之爲古代沿邊之互市。不過厭惡其繁擾而已。而孰料其侵犯主權。即於是開端也哉。

六　康熙朝之政況

治河之概略　黃河自古爲患。元代以後。河卽兼運。明則治河兼治淮。其時有功於治河者。徐有貞白昂劉大夏。大都皆相其水勢地勢。疏與築並行也。清初河淮同流。漸至淤塞。順治九年。河決封邱。十五年。決山陽。康熙初。漕運總督林起龍。濬淮安涇河閘七十餘里。總河靳輔。大修歸仁隄。然未大修全河也。十六年。輔目擊河道敝壞已極。修治刻不容緩。謹列八疏以奏。一。挑清江浦以下。歷雲梯關。至海口一帶河身之土。以築兩岸之隄。一。挑洪澤湖下流高家堰以西至清口引水河。一。加高幫闊七里墩武家墩高家墩高良澗。至周橋閘殘缺單薄隄工。一。築古溝翟家壩一帶隄工。並堵塞黃淮各處決口。一。閉通濟閘壩。深挑運河。堵塞清水潭等處決口。以通漕艘。一。錢糧浩繁。須豫籌畫。以濟工需。一。請裁併河工冗員。奏調賢員赴工襄事。一。請設巡河官兵。此寓濬於築之法。輔行之甚力。初議日用夫十二萬人。令鄰省協募。屢經議減。猶日用三四萬人。易派募爲雇募。多方鼓舞。遂使大工告成。而民不擾。蓋大工亦用雇募。其制實自輔始。二十四年。聖祖念高郵寶應諸州縣湖水泛溢。民田被淹。命安徽按察使于成龍。經理海口。旋召輔及成龍至京集議。成龍力主開濬海口故道。輔仍初議。築長隄束水敵潮。時大學士九卿從輔議。而通政使參議成其範。給事中王又旦。御史錢珏。均是成龍。侍讀喬萊。亦奏輔議非是。乃命尚書薩穆哈等勘視。奏稱海口不必開。會湯斌入爲尚書。獨奏下河宜濬。卒以廷臣異議。命侍郎孫在豐往董其役。未嘗專從輔策也。越二年。聖祖又詢下河田畝何策可紓水患。輔仍主築隄減水之說。時成龍撫直隸。聖祖以輔疏示詢成龍。仍言下河宜開。重隄不宜築。詔遣尚書佛倫。侍郎熊一瀟。與總督董訥。總漕慕天顏。孫在豐會勘。唯佛倫奏。應從輔議。餘並與輔左。明年正月。御史郭琇。劾輔靡費帑金。攘奪民田。橫取米麥。越境貨賣。給事中劉楷。御史陸修祖。復交章劾之。天顏等亦疏論輔屯田累民。及阻撓下河開濬事。輔自請入覲。聖祖御乾清門。命輔與成龍琇各陳所見。卒允九卿議。停築重隄。革輔職。後又命學士凱音布侍衞馬布尙書張玉書圖納等先後往勘。均稱輔治河功。二十八年正月。聖祖南巡閱河。輔從行。聖祖親見隄工河道。始褒輔實心任事。勞績昭然。復原品。三十一年。復任河督。然不久逝矣。逾年召見成龍。原署河督董訥責以排抑輔。聖祖諭大學士曰。「于成龍曾奏河岸未見靳輔栽柳。及朕南巡指詢。成龍無辭以對。董訥亦曾言之。彼時九卿皆言靳輔當從重治罪。若卽誅輔。則死者可復生乎。」成龍訥皆叩首。自來勞臣任事。異說朋生。因而毀成功。沮大計。或且殄身其中者何限。以聖祖之明。輔之忠勤結主知而斌琇成龍諸人又皆公忠者碩。絕無一豪妨賢害正之心。而時會所遭。乃至千挫百折。含尤忍詬。幾幾喪生平之望。實而是非功罪。後人亦莫可與明。益嘆功名之地之不易處有如此也。

車駕之巡幸　聖祖初親政。以三藩。漕運。河道。爲三大事。夙夜廑念。爰親書大略。懸之宮中柱上。以誌勿忘。是以聞黃河屢決。欲親至其處。視察隄工。且東南民情未洽。思有以鎭撫之。地方風俗情形。更思有以周知之。故南巡之典。六次舉行。十月。至山東。祀泰山。爲民祈福。至宿遷。閱黃河北隄岸百八十里。舟過高郵湖。見民間田廬多在水中。惻然念之。因登岸巡行隄畔十餘里。召耆老詳問致災之故。諭王新命曰。「朕此行原欲訪民間疾苦。凡有地方利弊。必設法興除。使之各得其所。昔堯憂一夫之不獲。況目睹此方被水情形。豈可不爲拯濟耶。」抵江寧。閱高家堰隄工。經泗水。過少昊陵。顏子林。駐曲阜。祀闕里。遂由汶上東阿高唐至德州而還。此第一次南巡也。有南巡筆記紀其事。（見聖刊御製文二集）二十八年。正月。復南巡。二月。幸杭州。渡錢塘江。謁禹陵。三月。駐江寧。紳民叩請暫留數日。幷獻所產土物。聖祖曰。「朕茲南行。秋毫無擾。爾等既各輸誠。姑取米一撮。果一枚。以慰來貢之意。明日發駕。不必勉留。」臣民再三叩請。繼以泣下。聖祖勉俞其請。命再駐一日。此第二次南巡也。三十八年。正月。諭吏部戶部兵部工部曰。「今邊烽永靖。四方無事。獨黃淮爲患。衝決時聞。下河地方。田廬漂沒。以致民多失業。朕懷未嘗稍釋。在內諸臣。請朕親臨指示。今春雨水減少。正宜疏濬。及時爰諏吉南巡。親加勘閱。更以吳地衿帶江湖。乃東南奧壤。勵俗省耕。兼行臨視。」於是復奉太后南巡。沿途審視黃河水勢。至歸仁隄高家堰。量度高下。指示方略。諭河道總督于成龍。測量水土。繪圖以進。後自杭州還。卽以成龍所繪河圖示大學士等曰。「靳輔董安國于成龍。但知築隄禦水。至於改河身使北俾清水通流。並未言及若不令清水通流。雖修築隄岸。黃水終致倒灌。焉能禦之。」蓋聖祖察知非改河道。不足以弭潰決之災也。此次自浙回蘇。駕幸洞庭東山。有民人告菱湖坍田賠糧。聖祖問守備牛斗曰。「太湖廣狹若干。」奏云。「八百里。」聖祖云。「何以具區志止稱五百里。」奏云。「積年風潮衝坍隄岸。故今有八百里。」聖祖云。「何不奏聞開除糧稅。」奏云。「匪但水東一處。卽如烏程之湖海。長興之白茅嘴。宜興之東塘。武進之新村。無錫之沙激口。長洲之貢湖。吳江之七里港。處處有之。」聖祖曰。「朕不到江南。民間疾苦利弊。焉得而知耶。」諭令查明奏免。（見燕下鄉脞錄）此第三次南巡也。四十二年。復南巡。至杭州。還。徧閱高家堰。徐家灣。翟家壩等處隄工。歸諭大學士九卿等曰「朕此次南巡。徧閱河工。大約已成功矣。曩者河道總督于成龍。未遵朕指授修築。故未能底績。今張鵬翮一一遵諭而行。向來黃河水高六尺。淮河水低六尺。不能敵黃。所以常患淤墊。今將六壩堵閉。洪澤湖水高。水能敵黃。則運河不至有倒灌之患。此河工所以能告成也。」此第四次南巡也。四十四年。復南巡。至濟寧。浙撫張泰交。以浙民望幸奏。允之。三月入江南境。紳民夾道跪迎。奏稱「皇上軫念萬民罹於水患。屢臨河上。指示修築黃淮方略。故能不告成功。永無衝決之虞。今復謀及萬全。爲小民閱視河道。亙古未有」感恩叩謝。懽聲雷動。此第五次南巡也。至四十六年正月。復南巡。次清河。閱武家墩。旋閱視溜淮套。自清口登陸。詳看地方形勢。見沿河所立標竿。不獨壞民田廬。甚至毀民墳塚。命盡撤去。又以張鵬翮阿山奏開溜淮套。以不可開濬者妄請開濬。革阿山任。奪鵬翮宮保銜。幸江寧。以致仕大學士張英籲請。允留一日。四月還。是爲第六次南巡。讀高宗御製全韻詩註謂「聖祖軫念民依。省方問俗。察閭閻之疾苦。訓官吏以法廉。舟行周覽運河。輦路登臨泰岱。清蹕所至。盛典昭焉。康熙甲子始南巡江浙。嗣是己巳己卯癸未乙酉丁亥。巡典遞舉。前後凡六度。自宿遷至淮揚。閱視河隄。遍覽牐壩。往返經臨。每次必三四莅。率以爲常。隨時指示機宜。實足爲治河典要。己卯春。聖祖親閱清黃形勢。命於清口迤西隔岸。挑治陶莊引河。立椿爲誌。並命於南岸築挑水壩。橫截河流。偪入陶莊河口。俾避清口倒灌之患。實釜底抽薪之良策。惜其時河臣未能善體聖意。隨濬隨淤。後雖遣大臣履勘。屢經疏濬。工迄無成云」蓋亦實錄也。

諸王之朋黨　康熙中世以後，朋黨之風大啓。不唯諸臣中各樹黨援，卽諸皇子間亦各布黨與，希望嗣立。而推原其故，蓋因儲位之未定也。聖祖共生二十四子，以胤禔爲最長，爲庶妃納喇氏出，不得立。二子胤礽，小名保成，孝誠仁皇后赫舍哩氏所生，嫡而長。康熙十四年十二月，立爲皇太子。三十七年三月，册封皇長子胤禔爲直郡王，皇三子胤祉爲誠郡王，皇四子胤禛、皇五子胤祺、皇六子名祚殤、皇七子胤祐、皇八子胤禩俱爲貝勒。諸子既各自開府，不能無爭相營謀之事。胤礽性乖戾，及聖祖晚年，見諸子互相搆煽，大有欲速之意。聖祖覺之，目爲狂疾，廢之，而幽禁宮中。自是諸子益謀奪儲位，植黨暗爭，畜術士，結宦官，互相傾軋不已。初，胤礽之被逮也，胤禩覬覦非分，潛使胤禔宣言，謂相者張明德曾相胤禩當大貴。以試探聖祖意。聖祖卽召諸子入宮，諭曰：「當廢胤礽時，朕已有旨，諸阿哥中如有鑽營謀爲皇太子者，卽國之賊，法斷不容。太子廢後，胤禔曾奏稱胤禩好春秋之義，人臣無將，將則必誅。大寶豈人可妄行窺伺者耶？胤禩柔奸性成，妄蓄大志，其黨早相要結，謀害胤礽，今者事已敗露，着鎖送議政處審理。」且疑胤礽狂疾，或有他故，乃窮治之。果得胤禔令蒙古喇嘛呪咀太子，用術厭魅狀。於是削胤禔爵，拘繫高牆。遂命親王等與漢大臣集議，於諸阿哥中推舉誰可爲儲貳者。內大臣阿靈阿、散秩大臣鄂倫岱、尙書王鴻緒、侍郎揆敍私議保舉胤禩，與諸大臣潛通消息，令內侍轉奏。次年，聖祖因問諸臣曰：「去冬命爾等保奏儲貳，何以獨保胤禩？其日先舉者爲誰？」內大臣巴渾海奏稱無倡首者。聖祖曰：此必舅舅佟國維、大學士馬齊．默喻於衆．衆乃畏懼．依阿立議耳．」因窮詰詳究．嗣以張玉書之奏．遂斷爲馬齊指使．被拘禁．且詰責國維．謂「爾既有祈望朕躬易於措置之言」又曰．「此事與爾無涉．乃身先衆人啓奏．是誠何心．」又曰．「此事關繫甚重．觀衆人情狀．果符爾所奏．日後難於措處之言矣．」國維伏罪請死．聖祖曰．「朕特爲安撫羣下．降旨申明．非欲有所誅戮也．爾其坦懷勿懼．」至五十四年．翰林院編修何焯．又以阿附胤禩革職．而淸史稿列傳七十四一卷．專紀廉親王黨附諸人．共五人．附一人．史亭識小錄謂有無涉者．有被誣而旋白者．有有連而無事者．且爲別白於下．言國維不在附廉之列．當日聖祖因太子廢立．遑豫數月．佟疏止寬譬上意而已．作奏不達．爲滿人常態．不能爲佟咎．況除疏外無一事與廉涉也．其言馬齊也．謂旋釋旋起用．又逾數年．而依然大學士．事跡大明．不能以一詔卽作爲證．左阿爾松阿．以「柔奸狡猾．過於其父」八字．逐之誅之．朝旨未及其他．鄂倫岱侍中被斥．舊事兩俱有首無尾．及何焯旋卽釋之．旣鞭撻而不褫官．亦甚惝怳．俱不得加以擁廉最力之名．其可得指目者．止阿靈阿揆敍二人似也．然當時史臣紀載．往往因建儲大事．多畏忌而不敢言．卽思究其根源．又無朋黨懷私之證據．彼謂因無事實．不能指爲黨附也．然則因無事實．而卽指爲不黨附．可乎．且國維等卒坐黨附．阿靈阿揆敍等論死矣．馬齊以仍復故官．爲大白．則諭旨中非明言其「向來謬亂」乎．非明言其「與胤禩爲黨」乎．果無黨附之事．何以當日羣臣集議．不使干預此事乎．卽以何焯論．則諭旨中不明言將伊女兒與胤禩撫養乎．厥後聖祖念儲位不定．必爲亂階．於是復立胤礽．然胤礽乖戾如故．仍廢黜而禁錮之．自是不復敢言建儲事。

諸臣之朋黨上　滿臣中之黨。鰲拜而後。首推明珠。明珠柄國日久。招權納賄。頗以博古自炫。凡居處。無不錦卷牙籤。充滿庭宇。時與之暱近者。大學士勒德洪余國柱。尚書佛倫葛思泰。侍郎傅臘塔席珠李之芳熊一瀟科爾坤等。而綜攬其事者。國柱也。曩時會議會推。佛倫思泰把持。國柱且爲之囊橐。明珠口含天憲。市恩私門。諭旨稱某賢。則曰由我力薦。諭旨稱某不善。則曰我當挽救。至閣中票擬。尤輕重任意。國柱承其風旨。即有舛錯。同官莫敢駁正。督撫藩臬闕出。國柱更爲之販鬻。必滿所欲而止。考選科道。即與訂約。選擇九卿。公然承風。即學道報滿應陞者。亦皆先往論價。且聯姻帝室。聲勢薰灼。佛倫長御史臺。見言官李時謙。累奏稱旨。吳震方頗有參劾。即令借事排陷。聞者駭懼。明珠亦自知罪戾。見人輒用柔顏甘語。款曲百般。而陰行鷙害。論者方之口蜜腹劍云。至康熙二十七年。御史郭琇始列其事疏劾之。末云。「臣受非常殊眷。若含豺狼而問狐狸。即爲孤負聖恩。臣罪滋大。臣固知其黨羽實繁。睚眦必報。特有聖主當陽。何所畏忌。伏祈霆威。立加嚴譴。」疏入。聖祖大怒。革明珠勒德洪大學士職。之芳休致。國柱罷官。科爾坤佛倫一瀟。俱解任。其時與明珠並相者。有索額圖。權勢相侔。互相仇軋。索額圖爲索尼子。與明珠皆各樹黨援。然二相並有絕技。明好書畫。眞贋立辨。索尤好古玩。凡漢唐以來鼎鏤盤盂。善鑒無敢欺者。康熙初。索爲大學士。引額庫禮江潢等爲黨。凡會闈榜出。索必羅致有名者。令拜門下。否則抑之。下第士夫非濟自結託。官無由達。與額等嘗於私第議國事。十八年。京師地連震。左都御史魏象樞入對。伏地涕泣。請屏左右語移時。極言天變若此乃索額圖明珠二相植黨市權。排忠良。引用僉壬。以剝蒸黎之應。及出語副都御史施維翰曰「今百姓困苦已極而大臣家益富地方官吏剝民媚上督撫司道。又轉餽政府。小民愁苦之氣。上干天和致召水旱日食星變地震之異又會推動輒徇私將帥無復紀律餉免錢糧災黎不沾實惠刑官鬻獄。豪右爲姦皆可憂可危之事。」次日聖祖以六條宣廷臣集議。大略如象樞所指會天久不雨命德格勒筮之遇夬奏曰「澤上於天將降矣一陰居上天屯其膏決之卽雨」聖祖愕然曰「安有是」德以索對聖祖猶豫未發無何索家人告發查搜江潢家果得索密書甚多遂交宗人府拘禁。噶禮亦樹黨援擅威福者阿三陳鵬年皆其黨。康熙四十三年聖祖將復南巡時阿山爲兩江總督召屬官議增賦衆無言而注目鵬年。鵬年力爭。且曰官可罷。賦不可加也議遂寢阿山由是滋不悅明年巡江南使鵬年主辦龍潭行宮故事。自左右侍衞。及閹寺牧圉皆有餽鵬年一切不問或竊置蚯蚓囊簟席間聖祖召鵬年詰問先是聖祖駐蹕織造府。一日。織造幼子趨庭。聖祖以其無知也曰「兒知江寧有好官乎」曰「知有陳鵬年」會致仕大學士陳英入覲。聖祖問江南廉吏英以鵬年對而織造曹寅亦免冠叩血爲陳請益力聖祖遂釋然四十八年特命署布政使時張伯行撫江寧夙重鵬年事無巨細皆與裁決噶與張不相能因愈遷怒鵬年遂密奏鵬年所作遊虎邱詩爲怨望字箋句比以周內之乃錮於鎭江。初鵬年謁總督白事不跪噶禮怒呵曰「知府生死我手何敢爾」鵬年曰「果有罪雖幸賜寬假寸心具有鈇鉞如其不然君主之百姓安之生死不在公也」徐步出。噶禮遂必欲死之部議削籍戍黑龍江。聖祖鑒其枉。仍命來京修書。百姓遮留閉十二門凡九日。不獲行。鵬年泣諭乃就道。五十年。噶禮與江南副考官趙晉交通關節。士子譁然。致伯行與噶互相糾劾。一時不能決。噶督兩江。貪貲巨萬。嘗爲其母造金絲帳。以母素奉佛。畜女尼數百。而母暱少子。不喜禮所爲。後與伯行互劾。聖祖初右禮。置伯行獄。吳民夙服伯行。從行數千人至暢春園爲伯行請命。聖祖益厭伯行沽名。會問安孝惠章皇后宮。禮母乃后近戚。適進見。聖祖遇之。詢禮與伯行齟齬故。母乃言其貪狀。且白伯行寃。聖祖怫然曰。「其母尚恥其行。罪不容誅矣。」置禮於法。復起用伯行。母後貧窶。織紝爲生。其族咸歸怨之。時諺曰。「噶禮之母爲禍之祖。」然母亦賢矣哉。（此條見嘯亭雜錄）

諸臣之朋黨下　以上所言皆滿大臣之黨也。然漢大臣中亦有之。第滿臣之黨在爭利。故皆圖取賄賂以自肥。漢臣之黨在好名。故皆獵取聲華以自炫。如徐乾學者。漢臣中之黨魁也。同時如高士奇王鴻緒陳元龍王頊齡輩。皆相倚爲聲援。乾學八歲能文。十三通五經。以文學受知聖祖。元文秉義皆其弟也。亦各以鼎甲致顯仕。時號崑山三徐。太夫人教子極嚴。爲顧亭林女弟。三徐既貴。太夫人必教以矢愼矢公。然康熙以後。諸名人詩文筆乘。於徐氏子弟之豪橫。聲氣之鳥奕。頗有微詞。即亭林致諸甥書。亦屢以權勢鼎盛爲戒。此數語見長洲彭紹升測海集。紹升與徐氏爲同鄉。其言當有據也。蓋乾學既以文學負名。輕財好客。交游頗盛。而其家人門客復時因緣爲奸利。人言嘖嘖。如張汧之劾。其納賄事雖近誣。然人之多言。亦可畏也。其時彭鵬郭琇許三禮爲言官。以清望自詡。直聲震於朝野。鵬既劾李光地奪情貪位。琇亦劾靳輔治河無功。朝端爲之側目。至是琇復以士奇鴻緒植黨營私。劾其可誅之罪凡四。略謂。「高士奇徒步入京。覓館爲生。皇上擢補翰林。令入南書房供奉。日思結納。諂附大臣。攬事招搖。以圖分肥。可誅者一。久之羽翼既多。自立門戶。結王鴻緒爲死黨。科臣何楷爲義兄弟。翰林陳元龍爲叔姪。鴻緒胞兄王頊齡爲子女姻親。俱寄以心腹。凡督撫藩臬道府廳縣以及在內大小卿員。皆鴻緒楷等爲之居停哄騙。餽至成千累萬。可誅者二。光棍俞子易。在京肆橫有年。恐事發。逃至直隸天津山東洛口。餽送士奇。虎坊橋瓦屋六十餘間。價值八千金。順城門斜街各處房屋。令心腹出名置賣。楷代收租。打磨場陳元師。士奇親家也。夥計陳季芳開張緞號。寄頓各處賭銀。資本約至四十餘萬。又於本鄉平湖縣置田千頃。杭州西湖廣置園宅。蘇松淮揚。鴻緒與之合夥生理。又不下百餘萬。非侵國帑。即剝民膏。可誅者三。聖駕南巡。諭旨嚴誡餽送。定以軍法治罪。誰敢不遵。唯士奇鴻緒愍不畏死。即淮揚等處。鴻緒招攬府廳各官。約餽黃金。潛送士奇。淮揚如此。他處可知。可誅者四。更可駭者。鴻緒元龍。鼎甲出身。不顧清議。爲人作壟斷。而不以爲恥。且依媚大臣。卽人之所不屑爲者。亦甘心爲之。而不以爲辱。豈不玷朝廷。而羞當世士哉。總之士奇鴻緒元龍楷頊齡等。豺狼其性。蛇蝎其心。鬼蜮其形。畏勢者卽觀望而不敢言。趨利者復擁戴而不肯言。臣若不言。負罪滋大。請賜罷譴。明正典刑。」疏入。士奇鴻緒元龍俱休致回籍。清史稿高士奇傳內。全錄琇劾疏。而論者謂士奇以解任少詹事。領辦書局。非柄國權奸也。琇劾其可誅者。並無蠹國殃民之事。不過曰有田千餘頃。有房數百間。有銀四十萬。是直劾一富人耳。而又推其原謂琇之私函事發。勘訊方急．既劾馬齊．又劾高王．冀有解免．卽使請託考實．仍可號於人曰．吾乃以建言得罪也．用心巧矣．竊以為論者之解說．亦太苛矣．若是者．以為吟蟲亂聽．則必使之仗馬不鳴而為得耶．未幾．三禮又疏劾乾學品行不顧．律身不嚴．以汧所供納賄事為證．又其子徐樹穀考御史不遵迴避例．部議謂其所劾不實．降二級調用．而三禮復疏攻訐．列乾學考試舞弊．違禁取利．納賄置產九大款．第五款並及其弟元文．乾學再疏乞骸骨．聖祖始允所請．命以書局自隨．紹升謂郭琇不及秉義．亦以秉義風政素立．一切餽遺無敢及門．蓋與乃兄不理於口者異也．不然．何齮乾學者之多也．

儲位之不定　胤禔雖長．以非嫡出．乃擇嫡而長者之胤礽．立為太子．既如前所述矣．其初立時．使大學士．張英為之師．復使儒臣熊賜履等為之講明性理．日日望其為啓之賢．不期為丹朱之不肖．不能無慨於中．因之遲豫數月．遂執而置之咸安宮．嗣念儲位不定．必為亂階．復立胤礽．然胤礽乖戾如故．仍付禁錮．自是絕口不言此事．羣臣言者．輒疑其為私黨罪之．蓋清代家法．不立儲貳．然亦自乾嘉以後．始明宣諭旨．奉為祖訓．開國時未嘗有也．聖祖晚年．至有「朕衰老．中心憤懣．衆人虛誑」之語．深以為一生憾事矣．康熙五十年後．時太倉王相國掞．年已七十餘．自以受恩深重．不能無一言以報之．且鑒於其祖王錫爵在明時因議建儲事．為清議所不容．遂擬力反其行．密疏請早建國本．侃侃數千言．義錚詞屈．疏入．不報．是冬．又有疏言建儲者．聖祖不悅．並發掞疏．命內閣議處．掞不敢入．聖祖問左右曰．「王掞何在．」李光地謂掞待罪宮門．聖祖曰．「掞言甚是．但不宜命御史同奏．蹈前明惡習．汝等票擬處分太重．可速召其來。」掞聞命趨入免冠謝。掞前後七上密疏。至六十年復申前請。適御史十三人合疏上陳。與掞不謀而合。或疑掞指使。聖祖怒。發掞前後疏。手詔切責。命御史及掞之子詹事奕清。以額外章京銜往軍前效力。蓋聖祖念掞年老。之故令子代戍以卹之也。至同日上疏。同時出塞之御史。未詳姓氏。玆考各書。知爲大興陶彝。高密任坪。秀水范長發。南城鄒圖雲。柘城高玢。清苑王允晉。嘉善李允符。溧陽陳嘉猷。錢塘范允鏋。武康高怡。吳趙成穮。山陰孫紹曾也。時號十二忠臣一孝子。孝子卽奕清也。又有稱十三忠臣者。因其時仁和柴御史謙。亦以言建儲同謫。後且同釋。釋以雍正四年。存者止六人。唯奕清於諸御史赦後。又戍阿爾泰十年乃歸。歸後猶爲父掞請賜卹。高宗諭以王掞當日不能深知聖祖默定儲位之心。冒昧瀆奏。固不合。但身居政府。爲國本起見。尚屬分所應言。賜祭葬如例。人臣效忠靖獻。不顧身家。事隔二朝。終邀鑒宥。義可無悶也。第當時胤礽再廢。儲位虛懸。將來授受之間。又有可紀述者。

文字獄之肇興　聖祖旣以武功得志內外。復奬勵文學。表章理學。以鎭定人心。而其手段最強。士大夫受禍最慘者。則莫如當時文字之獄。獄凡二起。其一爲明史之獄。先是莊廷鑨刊明史。於崇禎一朝事。凡有關涉清廷者。無所隱飾。歸安知縣吳之榮。方褫職罷官。冀以告訐圖起復。遂白其事於將軍松魁。魁移巡撫朱昌祚。昌祚牒督學胡尙衡。正擬窮治。其究竟廷鑨並納重賂以免。乃稍易舊稿重刊之。而之榮之計不獲行。復特購初刊本上之法司。事聞。詔刑部讞獄。其時廷鑨已死。讞上。戮其尸。並誅其弟廷鉞。及四子。諸凡序者。校對者。刻者。鬻販者。購者。與夫前隱廷鑨罪者。均論罪棄市。婦女皆給邊。又是書自崇禎前。

本爲明相國朱文恪所著。有南潯富人朱佑明者。之榮與有隙。遂嫁禍。以序中單稱舊史朱氏而不名。因卽指佑明名以實之。誅佑明及其五子。卽籍佑明產給之榮。並起用之。後仕至右僉都御史。其二爲南山集之獄。南山集者。戴名世之所著也。先是桐城方孝標著有鈍齋文集滇越紀聞。其中紀載於清事頗多微辭。名世見而心喜之。所著南山集。多採孝標所紀事。都諫趙申喬據以奏聞。聖祖怒。令九卿會鞫。獄具。當名世大逆法至寸磔。族皆棄市。未及冠笄者發邊。孝標已死。剉其尸。斬其子孫。至方氏族屬以及序者。捐資刊行者藏板者。均分別治罪。是案牽連至數百人。而尙書韓菼侍郎趙士麟御史劉灝淮陽道王英謨庶吉士汪份等二十三人。亦以平時與名世論文坐罪議處。供詞五上五折本。聖祖以株連太衆。覽之惻然。諭曰「戴名世從寬免凌遲。著卽處斬。方登嶧方世樵方雲旅俱從寬免死。並伊妻子充發黑龍江。案內干連人犯俱寬免治罪。著入旗」。是案得此旨而獲生者三百餘人。時康熙五十二年二月也。是猶不幸中之幸也。其三爲沈天甫朱方旦之獄。沈天甫者。籍江南。與呂中夏麟奇輩撰詩二卷。詭稱黃尊素等所撰。陳濟生編集。明大學士吳甡等爲之序。天甫使麟奇詣甡子吳元萊所索財。元萊察非父手筆。控之巡城御史。上聞。因下所司鞫實。餘不問。朱方旦楚人。自號二眉道人。託名修煉。廣招黨與。陰行欺詐之術。潛刊祕書。其書中有云。「古號爲聖賢者。安知中道。中道在我山根之上兩眉之間」。而其徒亦曰。吾師眉山夫子。以煽其談。而售其奸。侍講王鴻緒疏劾其刊書流布。蠱惑庸愚。乞正典刑。以維世道。疏入。下九卿議覆。僉謂朱方旦詭立邪說。煽惑愚民。應立斬。顧齊宏等造刻邪書。應監候。而大將軍勒爾錦前在荆州，曾額其堂曰聖人堂，里曰至人里，原任湖廣巡按張朝珍，亦贈其聖教帝師扁額，宗人府即據以題參，聖祖謂大學士等曰，「前勒爾錦領兵荆州，朕已聞知此事，曾諭彼軍機大事，萬不可聽其蠱惑，又遣對秦往軍前，道經武昌，張朝珍向彼言，『朱方旦果一奇異神人，爾宜相會』，遂接見，以賓禮優待，著即據此議結，」旋議勒爾錦見在羈禁，朝珍已死，革其所贈世襲官，此皆不如明史獄南山集獄之大，而且沈朱所著之書，今已散佚，所謂逆蹟，無由知其內容，然左道惑衆，其蹟已著，要不得謂之無罪者矣。

第八章　雍正朝之事實

一　世宗之綜覈

世宗之踐阼　世宗胤禛嗣聖祖而立。改元雍正。聖祖初立太子胤礽。以狂疾被廢。較漢武望思之心尤苦。因之氣忿成疾。康熙四十七年。胤禛泣奏曰。「聖體違和。爲日已久。應選太醫及臣兄弟中稍知藥性者。胤祺胤祉胤禩同臣檢視方藥。」聖祖服藥後。漸就痊愈。遂命內侍梁九功李玉傳諭諸皇子及王公大臣曰。「前拘禁胤礽時。並無一人爲之陳奏。惟四阿哥性量過人。深知大義。屢在朕前爲胤礽保奏。似此居心行事。洵是偉人。」又當胤礽罪廢時。衆議當幽禁。世宗獨涕泣不能起。聖祖爲之動容。自是意遂有所屬。初封多羅貝勒。四十八年。晉封和碩雍親王。嘗諭諸大臣曰。「朕萬年後。必擇一堅固可託之人。與爾等作主。令爾等永享太平。」蓋天心默定。神器攸歸久矣。（見東華錄）事關宮廷祕密。繼嬗之跡不明。以致燭影斧聲。同滋疑竇。有謂聖祖彌留。手書遺詔傳位十四子。十四子者。胤禵也。嘗統師西征。甚得西北人心。故聖祖欲立之。世宗詗知遺詔所在。欲私改十字爲于字。遂獨入暢春園侍疾。盡屏諸昆季於外。時聖祖已昏迷矣。有頃微醒。見世宗一人在側。知被賣。乃大怒。投玉念珠擊之。不中。世宗跪謝罪。俄而遂宣言聖祖上賓矣。或曰：竊詔改竄之策，年羹堯實主持之。或又曰：聖祖遘疾甚篤，諸皇子方在宮門問安，隆科多受顧命御榻前，聖祖親書皇十四子四字於其掌，隆科多出，胤禛迎問，隆科多遽抹去掌中所書十字，只留四子字樣，胤禛遂得立。以上數說，或出於宮闈祕記，或出於近時所著清史纂要，匪失之妄，即涉於虛，皆不足據爲典要。至天心默定之語，雖屬史氏頌揚之詞，然吾人知人論世，既有方策可據，即當據事實書，何必習爲不衷已甚之言，淆人觀聽。茲綜官書考之，當六十一年十一月，上（指聖祖）不豫，自南苑回暢春園，因南郊大祀，特命皇四子和碩雍親王恭代。皇四子以聖躬違和，懇求侍奉左右，上諭：「齋戒大典，必須誠敬，爾爲朕虔誠展祀可也。」皇四子遂於齋所致齋。十二月甲子，丑刻，上疾大漸，命趣召皇四子於齋所，寅刻，召皇三子誠親王胤祉、皇七子淳郡王胤祐、皇八子貝勒胤禩、皇九子貝子胤禟、皇十子敦郡王胤䄉、皇十二子貝子胤祹、皇十三子胤祥、理藩院尚書隆科多至御榻前，諭曰：「皇四子人品貴重，深肖朕躬，必能克承大統，著繼朕登基，即皇帝位。」皇四子聞召馳至，趨進寢宮，戌刻，上崩，在位六十一年，年六十有九，廟號聖祖。觀此則皇位繼承之事，亦可大白於天下矣。

朋黨之禁止　聖祖晚歲，諸王子既以爭位之事，各樹黨援，互相傾陷，方胤禩被罪染病，縛置空廬，禁人往見，世宗居藩邸時，嘗親持湯藥以進，守者遏之，世宗曰：吾唯知昆弟之情，不知利害也。（見嘯亭雜錄）及康熙五十五年，奉命使人往看，聖祖云：「四阿哥隨駕在外，惟伊一人乃置扈駕之事」，奏請回視胤禩，觀此關切之意，亦似黨庇胤禩，嗣經反覆奏明，聖祖意始釋然。至是嗣位，深知儲位不定，易啓黨爭，且古來爲亂之階。多由於此。乃於雍正元年八月召王大臣及文武諸臣諭曰。「今朕諸子尙幼。建儲一事。必須詳加審愼。此時未可舉行。然事關宗社。不得不預爲之計。朕欲將此事親寫密封藏於匣內。置之乾清宮正中世祖御書『正大光明』匾額之後。乃宮中最高之處。以備不虞。」又召總理事務王大臣等。諭以此意。令共議之。僉曰「皇上聖德周詳。臣下豈有異議。」乃令諸臣退。親書應立太子名。各密封錦匣收貯。自是遂立爲永制。世宗既創此密建法以垂家法。復以諸王樹黨。易啓分門別戶之嫌。小之興口舌爭端。大之釀干戈巨禍。宜思有以遏其漸而峻其防。乃於踐阼之初。垂示臣工。略云。「朋黨惡習。起於明季。至今未息。爾大臣有則痛改。無則永以爲戒。」纚纚數百言。頗中時弊。故於宣示隆科多年羹堯罪狀。痛斥「二人門下。向來趨赴奔走者不少。此亦中人之常情。希其薦拔。畏其加害之所致。但宜急散黨與。洗心革面。若仍念舊情。負國恩而感私惠。蔑大倫而重小節。往來鑽營。妄有希冀。或餽送賂遺。或書札往來。設計陷人。或揣擬伺探朕意。暗作威福。不能改革。唯務隱密巧詐。若再發覺之時。決以逆黨從重正法。」其深惡朋黨之習。至昭著矣。而世宗復以爲欲防朋黨之端。宜令輿論之所是非。與朝廷之所賞罰。相爲一致。又特製朋黨論。力駁宋歐陽修「君子有朋」之說。頒示羣臣。大旨謂。「天尊地卑。君臣分定。臣能與君同好惡。夫是之謂一德一心而上下交。」其所以諄諄誥誡者。蓋欲使知人臣無好惡。當以君之好惡爲是非。是極予言莫違之能事也。嗣又以言路紛爭。實爲羣臣朋黨之代表。故於言官陳白。尤所注意。特命六科給事中。改隸都察院以抑之。由是言路阻滯。唯阿成風。終淸之世。臺臣蟬噤。鮮能以犯顏直諫爲己任者．則世宗之原動力也．

親藩之慘待　初．聖祖立胤礽爲太子時．其兄弟各結黨援．出其互相殘害之手段．思以遂其覬覦大寶之陰謀．康熙末葉．明珠擅權．政事敗壞．胤礽再立再廢．希冀得推戴之功者．各以爲己黨之排陷使然．遂益交相附和．宮廷之中．大爲紛擾．其間尤著者．爲胤禩胤禟．次之則胤禔胤䄉胤禵也．聖祖既以耄老不能制．憂憤成疾．亦極人世乖戾之境矣．世宗於彌留倉猝之頃．卒得遺命踐位．是爲雍正帝．私念胤禔既被禁．胤禩亦削爵．胤禟以下．又復聽胤禩指示遵行．唯胤禩有才難制．若其一人能就範圍．則其餘自可無慮．乃於雍正元年．始封胤禩爲和碩廉親王．使與己同母弟胤祥並理政務．而胤祹與胤礽子弘晳．亦晉爲郡王．先是康熙五十七年．授胤禵撫遠大將軍．征策旺阿喇布坦．駐師西寧．至是亦解其職．予以郡王．命守景陵．且諭總理王大臣曰．「貝子胤禵無知狂悖．氣傲心高．今晉封郡王．藉慰我皇妣皇太后之心．從此若知改悔．自當疊沛恩施．若怙終不悛．則國法具在．朕不得不治其罪．」嗣命胤禟赴西寧代胤禵職．亦以孤其勢也．已而胤祹坐辦事不謹．仍降貝子．明年．胤䄉以違旨居住張家口．議革郡王．又以胤禟差往西寧．擅自遣人往河州買草．踏看牧地．革去貝子．胤禩內不自安．頗懷怨望．而胤禟羈在西寧．密用歐人穆經遠爲謀主．以家財付之．復造新體字爲密書．與胤禩往來通訊．是年十二月十四日．胤礽幽死．追封爲和碩理親王．謚曰密．三年二月．罷總理事務．予胤祥隆科多馬齊議敍．獨不予胤禩．十二月．宗人府奏參郡王胤禵前膺大將軍任．乃違背聖祖仁皇帝訓示．任意妄爲．苦累兵丁．侵擾地方．軍需帑銀．

徇情縻費請將胤禵革退郡王。降爲鎭國公。得旨。胤禵革去多羅郡王。降爲固山貝子。四年五月。諸王大臣等復奏劾胤禵身爲大將軍。止圖利己營私貪受銀兩。縱容屬下。騷擾地方嚇詐官員固結黨羽。心懷悖亂。請正典刑。以彰國法。世宗曰「阿其那胤禟胤禵等。結黨營私同惡相濟朕以宗廟社稷爲重遲回審愼。多方勸戒而彼等怙終不悛罪惡昭著。朕亦無可如何。但胤禵與阿其那胤禟。雖均屬罪人而胤禵爲人。止於賦性糊塗。行事狂妄。因胤禟多方籠絡。胤禵墮其術中受其指使不知悔悟。設令彼一人獨處則才具庸劣。斷不能獨爲一事。若與胤禟一處。聽其慫弄。則狂悖恣肆。可以無所不爲矣。如謂朕於胤禵獨有偏徇。則何以仰對聖祖在天之靈乎。朕之此心天地神明自能昭鑒。前令胤禵居住馬蘭峪原欲其瞻仰景陵。感發天良痛改前非。而胤禵並不醒悟。奸民蔡懷璽又搆造大逆之言。冀行蠱惑則馬蘭峪亦不可令其居住。著滿都護常明來文。馳驛前往。將胤禵撤回。朕思壽皇殿乃供奉皇考皇妣聖容之處。將胤禵於附近禁錮。令其追思教育之恩。寬以歲月待其改悔。其子白起甚屬不堪。著與胤禵一處禁錮。其子白敦尙好。可封爲鎭國公」蓋世宗之心中以胤禵身處西陲。甚得民和。又娶青海台吉之女。疑其必有外援。而唯反覆醜詆其罪狀。不遽加以誅戮。果將寬宥施恩歟。抑或遲回有待歟。讀其諭旨。亦可以知其概矣。

胤禩等之幽死　雍正四年正月。諭大學士等曰。「胤禩等不可留於宗姓之內。此朕灼知確見者。今撰文告祭奉先殿。可將祭文宣示諸王大臣。或朕之所見如此。而仰體列聖之心稍有不慊。諸王大臣不妨直言各出所見回奏。此事關係重大。朕既切加詢問諸王大臣等。若有所見而不行陳奏。則大不忠矣。」諸王大臣上希風旨覆奏。「胤禩等逆天犯法。歷有確據。臣等咸所深悉。昭告奉先殿。除其宗籍。實爲允協。」於是嚴旨歷數罪狀。削爵除籍。並革其妻福晉。休回娘家。嚴加看守。二月。圈禁胤禩於高牆。三月。改其名爲「阿其那」。復改其子弘旺名爲「菩薩保」。四月。逮繫胤禟保定獄。改其名爲「塞思黑」。阿其那塞思黑者。蓋滿洲語比之於豬狗也。既屏之宗籍之外。復列之畜類之中。其待骨肉如此。已不知自居於何等也。胤禩胤禟既獲譴。乃並拘胤禵胤䄉。宣布其罪狀。詔入諸王大臣九卿等。諭曰。「歷年以來。朕之數弟。昏昧無知。不安本分。朕因共在一處。知之甚悉。伊等僭妄之心。悖逆之行。及其黨與。於國家大有關繫。從前阿其那塞思黑胤禵胤䄉等。串通奸僞之人。希圖大位。外則與阿靈阿鄂倫岱蘇努七十林壽等亂臣。結黨往來。內則與御前侍衛拜唐阿太監等。鑽營交結。探聽喜怒信息。詭祕之計。皆我皇考所洞悉。乃窮困懷羞。兇心益逞。反將皇考高年。激怒成疾。皆阿其那等不忠不孝之所致也。朕卽位以來。將伊等罪過。俱從寬宥。凡事教訓。冀其解散黨與。痛改前非。封阿其那爲親王。簡用重任。總理事務。阿其那仍不改其悖逆之心。事事以美譽自居。欲將惡名歸朕。且在衆大臣前。誓公然詛咒。連及朕躬。狂悖一至於此。朕封阿其那爲親王時。伊戚賀喜。阿其那卽云。『何喜之有。我頭不知落於何日。』等語。朕不知其何心而出此言。又在禁所。語看守太監云。『我向來每餐飯止一碗。今已加二碗。我斷斷不願全屍以沒。必使見殺而後已。』等語。豈有身爲臣子。而如此暴虐悖逆之理耶。至塞思黑。乃係癡肥臃腫。矯揉妄作。粗率狂謬卑汚無恥之人。向因阿其那事敗。未稱厥心。數年間挺身覬覦大位。亦阿其那將伊慫恿之所致也。朕即位以來。因思伊等不可置之一處。將伊遣往西大通居住。原欲令其更改惡心逆行也。伊覺朕之寬仁。斷不肯傷伊等身命。反種種妄亂。敢行自古人臣未行之事。敢言自古人臣未出之言。止欲激怒朕心。務令誅之而後已。至於帶給胤䄉書札內有『機會已失悔之無及』等語。數千里寄此悖逆書信。毫無畏懼如此不法。是誠何心。以不足比數之人。賄買棍徒。而小人惑於流俗之言。以爲塞思黑可邀大位。而伊亦公然自受。恣口亂言。自古以來。亦未有不自度量。靦顏無恥。悖謬干法。如塞思黑者也。至胤禵生性糊塗。皇考知伊在家必然生事。特遣出征在外。乃胤禵信阿其那塞思黑之唆誘。頓萌大志。自古有大志之人。豈有不願身名美善之理。而胤禵妄費國帑。肆行貪饕。騷擾地方。淫亂貪汚之行。衆皆知之。且其於未到京之時。即露種種狂悖。於到京之日。向朕輕躁妄行。狀類棍徒。其罪不可枚舉。至於胤䄉。但知索取民財。爭奪買賣。交結內侍。無恥劣行。難以屈指。從前諸王大臣請將阿其那塞思黑胤禵即行正法。所奏甚爲當理。但伊等種種奸詐惡逆之事。中外及八旗軍民人等。尙未得偏知。此事乃關繫皇考及朕躬之事。故將此種奸惡不忠不孝大罪。備悉言明。使中外昭然盡曉。即將此輩正法。亦屬當然。日後亦不得議朕。即姑留之。不過稍延其生命耳。亦無所關礙也。」當時世宗不憚反覆而申其罪者。豈眞如諭旨所言「朕斷不治胤禩之罪」乎。抑果如「朕與此等不肖弟輩。豈但並無仇隙。即些微一言之不合亦未有」乎。於是諸王大臣等。有以窺其隱矣。遂於六月公奏胤禩罪狀四十款。胤禟罪狀二十八款。胤禵罪狀一十四款，皆舉臣等所知者言之，卽秦道然何圖穆經遠三人所供阿其那惡蹟，繁不勝書，臣等謹案阿其那等以邪黨爲足恃，而要結之念彌堅，以大位無可干，而搆禍之心不已，不忠不孝，實朝廷之罪人，宗社之蟊賊，請速正典刑，以爲萬世臣子之炯戒，疏入，世宗乃諭列胤禩等之罪，並云胤禩胤䄉胤禵雖屬狂悖乖張，尙非首惡，已皆拘禁，尙冀悔改過惡，至治罪之處，朕不能卽斷，候朕詳細熟思，並將王大臣所奏與朕此次諭旨頒示中外，俾咸知朕萬難之苦衷，實有不得已者在也，至八月二十七日巳刻，胤禟死於禁所，九月初五日胤禩亦幽死，或言二人之死，「血滴子」爲之，血滴子之製造法，形渾圓，似珠，中藏快刀，刀之旁有機關，如彈簧式，陰圖謀害者，卽暗以其器罩人頭上，用機一發，其首斷入器內，捷飛而逸，雖大廷廣衆間，亦倉猝不及覺也，因名爲血滴子，今蘇人遇凶悍者，猶以此相呼，其言實亦不足據也，他如胤禵胤䄉亦被禁，親王保泰雅爾江阿等，誅遣降革有差，諸王之子孫親戚，亦多伏辜，嗚呼，誰爲爲之，孰令致之，兄弟間之慘禍，固有若是其甚者哉，

邏察之嚴密　世宗既以諸王植黨，不得不以嚴厲繩人，故詗騎四出，耳目徧及於閭閻，卽位之後，凡關防風憲衙門，多密遣親信詗察，凡臣下纖細之事，悉以上聞，世所逃軼事甚夥，以未見紀載，不錄，茲錄其可據者數事，當雍正六年上元夕，內閣供事，以逢佳節，多歸家，有富陽人藍某者，獨留閣中，方對月獨酌，忽見一偉丈夫至，冠服甚嚴，藍某疑爲內廷直宿官，亟起迎奉觴致敬，其人欣然就坐，問藍某何官，曰非官，供事耳，問何姓名，具以對，問何職掌，曰收發文牘，問同事若干人，曰四十餘人，問皆何往，曰今屆令節，

皆假歸矣。問彼皆假歸。君何獨留。曰。朝廷公事綦嚴。若人人自便。萬一事出意外。咎將誰歸。問當此差有何益。曰。將來差滿。冀注選一小官。問小官樂乎。曰。若運佳。獲選廣東一河泊所官。則大樂矣。問河泊所官何以獨樂。曰。以其近海。凡舟楫往來。多有餽送耳。其人笑頷之。又飲數盃。別去。明日。世宗視朝。問諸大臣曰。廣東有河泊所官乎。曰。有。曰。可以內閣供事藍某補授是缺。諸大臣領旨出。方駭愕間。一內監密白昨夜事。乃共往內閣宣旨。藍某聞命。咋舌久之。又某年元日。修撰王雲錦早朝後。歸邸舍。約友人作葉子戲。已數局矣。忽失一葉。徧覓不獲。局不成。遂罷而飲。一日。蒙召對。世宗問元日何事。雲錦具以實告。世宗嘉其不欺。出袖中一葉還之。曰。俾爾終局。雲錦諦視之。卽前所失也。趙雲崧簷曝雜記中。謂聞之殿撰孫日杏者。又按察使王士俊將之官。張廷玉薦一健僕供役。甚謹。後士俊將入都陛見。僕預辭去。士俊問故。僕曰。「汝數年無大咎。吾亦入都面聖。爲汝先容地。」至是始知此僕爲世宗之侍衞某。而來伺察其動靜者也。又海濱人物鈔存。稱天津周撫部人驥。雍正丁未進士。以禮部視學四川。三年。操守潔。無苟且。先是本部堂官薦一僕。甚勤敏。至任滿。數請先行。人驥曰。「我卽日囘京覆命。若當隨往。」其人曰。「我亦欲囘京覆命耳。」人驥驚詢。乃曰。「某實侍衞某也。特來伺公。公考試好。某將先期奏聞矣。」人驥歸。果蒙褒旨。其弟人騏爲兄立傳。敍其事甚詳。又世宗一日密取刑部大門之匾額匿之。次日以刑部有無匾額質部員。部員僉以有對。世宗命出匾額示之。曰。「是額在此已久。汝輩皆不知。平素出入時之疏忽可知。」因大加詰責。凡此之類。不一而足。當時朝野中外。無不畏其察察之明。語云。「察淵魚者不祥。」世宗得毋瞬於苛察乎。

貴族之抑止　世宗即位之後。念諸王種種妄亂。即諭宗室及覺羅人等。當以宗支為念。「須各閉戶家居。安分靜守。慎毋怙過不改。再罹重罪。並禁止八旗官員。詬罵屬下人等父母。違者交該管官懲治」清初入關時。諸王多著勞勳。故酬庸錫類之典。頗為優厚。鑲黃正黃正白三旗。為皇帝所親將。正紅鑲白鑲紅正藍鑲藍。為諸王所親將。故五旗戶籍皆為王公僚屬。制分十等。遞為臣僕。升擢皆由王公掌之。諸王既樹黨援。則八旗屬籍。亦皆倚勢抗命。所以世宗嘗言「上三旗風俗。唯知尊君。嗣與下五旗並用。遂染卑靡之風。都統武格昨在予前奏對。尚呼罪犯胤禩為主人。大義不明故耳」又承平日久。諸王習尚驕慢。往往御下殘暴。如兩廣總督楊琳。本為敦郡王屬下。王遣閹人赴廣州。據署搜索。世宗習知其弊。即位後。禁抑宗潢。不許交通外吏。除歲時朝見外。不許私謁邸第。復以莊親王胤祿等言。將所屬值宿護軍。撤歸營伍。而宮廷禁地。代以內府護軍。因慮旗下護軍。或有二心。蓋為靖內亂計也。又鑒於聖祖注重文教。漢族頗知觀感。風氣乃歸於縝謐。目擊八旗子弟。第知騎射之重。往往專擅威福。恣為不法。鮮克有尊君親上之忱。於是世宗乃特設宗學。左右翼各學。簡王公專管之。歲時派大臣攷其殿最。以為王公獎罰。並設宗室總管副管各一人。以司月餉公費。三歲攷績。授七品筆帖式。覺羅八旗各設學一。其總副管如宗學制。又設八旗官學三。曰咸安宮官學。擇八旗子弟聰慧者。充補學弟子。月有帑糈。不計歲月。以大臣綜其事。曰景山官學。皆內務府子弟充補。制與咸安宮同。為內府總管所轄。曰八旗官學。每旗各設學一。擇滿蒙漢軍之子弟充補。期以十年。爲國子監祭酒所司。亦附於太學之意。

二　世宗之治內

吏治之整飭　聖祖晚年政尙寬大。寬大之後。不免頓生窳敗。故寬必濟之以嚴。況値諸王多事。防制維艱。誠恐官吏日久玩生。政綱因之廢弛。故世宗卽於雍正元年元旦頒諭旨十一道。訓飭督撫提鎭以下文武各官。詞正義嚴。頗中肯綮。四年又諭曰。「居官之道。自以清廉爲本。但地方大吏。職任甚鉅。察吏安民。興利除弊。其道多端。倘但恃其操守。而於地方不能整飭。貽害甚大。蓋此時淸官。無取於民。不能禁民之爲非。故百姓賢不肖皆稱之。無所取於屬員。亦不能禁屬員之不法。故屬員賢不肖皆安之。大臣子弟親戚。犯法則姑容。地方強紳劣衿。生事則寬待。故大臣紳衿皆言其和平。甚至胥吏作姦不能懲。盜賊肆行不能察。及事務廢弛。加以罷斥。而地方官民。羣然嘆息。以爲去一清廉上司。爲之稱屈。此則平日模棱悅衆。違道干譽之所致也。且操守平常者。心懷懼畏。頗能整頓經理。不致曠廢。朝廷又時留心訪察。一有不善。卽加懲戒。在朝及屬下之人。皆伺察其過。不爲隱諱。是以此等之人。貽害於地方尙輕。朕深望爾等爲明體達用之全材。而深惜爾等爲同流合汚之鄉愿。勉之勉之。」世宗綜核名實。每觀所舉之人。以決其心術之公私。識見之明昧。詔令切核。賞罰必行。又嘗諭曰。「知人則哲。自古爲難。朕藩邸不與朝臣往來。大小官吏。不能悉知。今臨御之初。簡用人才。諸大臣久任股肱。內而大臣以及開曹。外而督撫以及州縣。或品行端方。或操守清廉。或才具敏練。各具真知灼見。具摺密奏。素日同僚共事。或同鄉同年門生親戚子弟。俱准保奏。勿避嫌疑。勿徇私黨。勿沽名市恩。勿輕聽風聞。言過其實。負朕諮詢之意。」又嘗以湖北藩缺。世宗思之數日。不得其人。令九卿密保。蓋明保之制。所以揚於王庭。與衆共之。至黨援聲氣。不得不防其漸。於是有密封啓事而人不知者。斯謀斯猷。惟我后之德。亦古大臣寵利不居之義也。」又諭各省督撫事繁。勢必延請幕賓。今之幕賓。卽古之參謀記室。凡節度觀察等使。皆徵辟幕僚。功績果著。卽拜表薦引。彼愛惜功名。自不敢任意苟且。嗣後督撫所延幕客。須擇歷練老成。深信不疑之人。將姓名具奏。如効力有年。果稱厥職。咨部議敍。此幕賓薦舉舊例也。至勾通內外。肆行作弊。著卽嚴行查察。而縱容書吏差役。無惡不作者。亦飭令督撫痛自革除。若夫各部書吏。往往據爲世業。世宗亦令各堂官於五年考滿之後。勒令回籍聽選。違者遣逐。是以雍正十餘年間。朝野皆奉公守法。今時所謂法治國者。庶幾近之。

耗羨之歸公　讀會典事例。載耗羨之分數。而不載歸公之緣起。與起存撥用之款目。夫今之耗羨。同於正供。軍國之用取焉。官之養廉取焉。地方公費取焉。非前代進羨餘充私藏之可比也。順治初令曰。「官吏徵收錢糧。私加火耗者。以贓論。」康熙間。有額外科斂。許民控告之律。有尅取火耗。上司徇隱之律。禁令非不嚴也。厥後州縣徵收火耗。藉資日用。上司所需。取給州縣。不無貪吏藉口。上司容隱之弊。於是提解歸公之議。倡於雍正二年山西巡撫諾岷。奏請將山西一年所得耗銀。提解司庫。除抵補無着虧空外。分給各官養廉。而布政使成齡復請倣山西例。通行直省。世宗以剔除弊竇。必更定良法。耗羨必宜歸公。

養廉須有定額詔總理王大臣九卿集議衆以世宗已許行不敢爭時沈近思方以郎中晉太僕卿爭之甚力言「今日正項之外更添正項他日必於耗羨之外更添耗羨他人或不知臣起家縣令故知其必不可行」世宗曰「汝爲令亦私耗羨乎」近思曰「非私也非是且無以養妻子」世宗曰「汝學道人乃私妻子乎」近思曰「臣不敢私妻子但不能不養妻子若廢之則人倫絕矣」世宗笑曰「朕今日乃爲沈近思所難」是日衆皆爲近思危然世宗雖不用近思言而亦不怒也會各省皆望風奏請議遂定世宗諭曰「州縣火耗原非應有因地方公費各官養廉不得不取給於此且州縣徵收火耗分送上司以致有所藉口肆其貪婪上司瞻徇容隱此從來積弊也與其州縣存火耗以養上司何如上司撥火耗以養州縣乎爾等請將分數酌定朕思州縣有大小錢糧有多寡地廣糧多州縣火耗已足養廉若行之地小糧少州縣則不能矣惟不定分數遇差多事繁酌計可以濟用或是年差少事簡即可量減又或偶遇不肖有司以時加增而清廉者自可減除若酌定分數竟爲成額必至有增無減又奏提解火耗非經常可久之道凡立法行政孰可歷久無弊提解原一時權宜之計將來虧空清楚府庫充裕有司皆知自好則提解自可不行火耗亦可漸省」嗣乃酌定分數而各省文職養廉二百八十餘萬兩及各項公費實取諸此使後此爲民牧者恪守成規不於耗羨外更加耗羨則是舉也國與民不俱受其利歟惜乎世宗所云將來府庫充裕提解不行火耗漸省者卒無有議及者矣

賤籍之革除　雍正十餘年間銳意更革可紀述者不一而貴族之裁抑與賤民之革除雖不能幾於平

等之列。而平民思想至是已嘷然導其先聲。初山西陝西等省樂戶。浙江紹興府之惰民。俱除籍為良。不得與平民為伍。樂戶者。始以不附靖難兵。編為樂籍。令世世不得自拔為良。惰民與樂籍同。不知所自起。或言為陳友諒之後。與明太祖抗。為太祖之所貶。二者皆明之暴政也。並於即位後革除。五年開除徽州府伴儅寧國府世僕。並為良民。二者江南呼為細民。籍業幾與樂戶惰民等。七年。諭廣東督撫。謂粵東地方。四民之外。另有一種。名為蜑戶。即猺蠻之類。以船為家。以捕魚為業。通省河路。俱有蜑戶。生齒繁多。不可數計。粵民視為卑賤之流。不容登岸居住。蜑戶亦不敢與平民抗衡。畏威懷忍。跼蹐舟中。終身不獲安居之樂。深可憫惻。蜒戶本屬良民。無可輕賤擯棄之處。且彼輸納魚課。與齊民一體。安得因地方積習。強為區別。而使之飄蕩靡寧乎。著督撫等轉飭有司通行曉諭。凡無力之蜑戶。聽其在船自便。不必強令登岸。如有能建造房屋及搭棚棲身者。准其在近水村莊居住。與齊民一同編列甲戶。以便稽察。勢豪土棍。不得借端欺凌驅逐。並令有司勸諭蜑戶開墾荒地。播種力田。共為務本之人。以副一視同仁之至意」明年。又除蘇州府之常熟昭文二縣丐籍。籍業與惰民無異。從江蘇巡撫尹繼善請也。餘如浙閩贛山縣內之棚民。世以造紙冶鐵為活。亦一律視為編氓。舊染汚俗。咸與維新。蓋綜覈之中。尤極寬大云。

免科與蠲租　清初承明季兵荒之後。朝廷以勸墾殿最有司。而俗吏無招來勸相之素。但虛張其數。以邀功敍。荒墾不常。職由於此。世宗即位。以陝甘額外賦糧。錢收三釐。斗收三合。為備荒之用。詔此項徒有加賦之名。而無備荒之實者。著永行停止。雍正二年。免江西南昌等七縣浮糧銀七萬五千餘兩。（見會典）三年從怡親王允祥請（世宗即位詔改諸兄弟名上一字爲允字以與御名同也惟胤祥卒詔復其名上一字爲胤）除蘇州浮糧三十萬。松江十五萬。著爲例。五年又諭曰「各省賦稅最多者莫如江南之蘇州浙江之嘉湖由明初籍富民之田爲官田按私租爲正賦。此洪武之刻政也。明二百餘年減復不一。我朝因軍需經費未遑裁減皇考嘗論及此。朕仰體聖心。已將蘇松浮糧豁免。今特沛恩膏將嘉興額徵四十七萬。湖州三十九萬。減十分之一。著爲例」。先是阜寧縣之射陽湖報升淤地八千餘頃。有糧無地逋負纍纍。九年乃悉除之。通考於國用蠲貸門曰免科。免科者永停輸納者也。此寬卹之善政也。至於普免錢糧輸免漕糧之舉則猶有可紀述者。聖祖曠典屢行。施從其厚。而世宗頗能承其家法。即位之初以昌平六州縣爲聖祖每歲巡幸之地及陵寢所經。免雍正元年額賦。時普免天下康熙五十年以前宿逋。江蘇一省至八百八十萬。六年免直隸明年起運銀四十餘萬。福建逋賦三十餘萬。七年以浙省未完舊欠踴躍輸將。免本年額賦十之二。計六十萬兩。時西藏苗疆甫平。免甘肅四川廣西雲貴明年租。又諭以國家經費已敷。宜藏富於民。於是次第免各省額賦各四十萬。以直隸首善之地。山東被水之區。特再免之。甘肅地瘠。又值軍興。八年九年免地丁。次年免糧草。又次年免額賦二十七萬以贍之。自十年平臺灣生番。十一年剿雲南猓夷。兵所經過復加優免。十三年。免雲南貴州及湖南沅州今年田租。特詔貴州被兵之處給復三年。若因災蠲賑。戶部嘗會計江南之數。雍正十三年間。凡免百四十餘萬。是皆注意民生之事。下卹民依。即所以上培國脈。故世宗於此尤兢兢焉。

軍機處與上書房　清承明制。通政使司。掌受四方章奏。凡在外題本奏本。與在京奏本。並受之於早朝。彙而進之。有徑自封進者則參駁。不啻爲中外庶政之樞紐。自改內三院爲內閣。台輔拱袂。專司票擬批答。中書則入直繕寫。不啻爲承上起下之機關。世宗御極以後。慮通政權重。別設奏事處。章疏直達御前。而通政失其權。又設軍需房。參畫軍要。適值用兵西北。慮傳直者洩機密。始改名軍機房。旋改爲處。題本既廢。而內閣益類閒曹。軍機常日侍直。巡幸亦如之。明降諭旨。述交內閣。諭本處行者。封寄所司。其政權所在。始而由內閣移之軍機。終且由軍機而還之君主。其所附設者。一爲方略館。主編纂。一爲內繙書房。主繙譯。自此以迄末葉。不過供傳述而已。而原其設立之初。則固因軍務叢集。爲指授機宜地也。至上書房亦設於雍正朝。凡諸皇子。暨近支王公。及歲讀書。必特簡翰林官。使授讀。耆儒教冑。天字傳經。古元子入學遺法也。世稱上齋曰三天。蓋由從前車駕每歲駐蹕澄懷園。諸王公邸讀書園廬。其地爲殿三層。皆有世宗御書扁額。前曰「前垂天貺」（一作先天不違）謂之前天。中曰「中天景物」（一作中天立極）謂之中天。後曰「後天不老」謂之後天。統謂之三天。自淀園被毀。昔日天潢授簡之區。鄒枚橐筆之舍。瑤瓦芝楣。鞠爲茂草。今則時移勢易。游騎所經。詢以三天之舊稱。蓋幾幾乎不知緣始矣。

畿輔營田水利　雍正三年。畿輔大水。既賑卹之。世宗念水利未興。則水害不可得而去。乃命怡賢親王允祥。偕大學士朱軾。相度之。先是近畿水潦。聖祖之世。方急東南水患。下河海塘諸役。經營數十年。於畿輔未遑也。允祥等既勘。乃圖上方略。請於灤薊等處。各設營田。世宗命九卿速議具奏。尋戶部等遵旨議准直隸河防水利事宜。據怡親王允祥等奏陳疏濬滄州磚河青縣興濟河故道。於舊時建閘處與靜海權家口。並築減水壩。復於白塘口入海處開直河一道。俾磚河與濟河之委同歸白塘出口。修理海口舊閘。以時啓閉。則滄瀛以北水患自除。又濬東西二淀。多開引河。使諸淀脈絡相通。汙田開渠。中穿溝洫。斯旱澇有備。爲東西二淀咽喉者。趙北苑家二口。趙北口板石橋。升高加闊。苑家河之中亭河與上流玉帶河對岸十望河。均可開通。庶二淀無衝決之患矣。子牙河地極平衍。自滹沱滏陽會入。水勢迅激。其下流清河夾河月河。皆分子牙之水。同趨於淀。宜開決分注。以緩子牙奔流之勢。永定河俗名渾河。水濁泥多。故道遂湮。應自柳岔口至三角淀（卽東淀）爲衆流歸宿。照舊開通。逐年疏濬。兩河濁流自不能爲患矣。再請於京東之灤薊天津。京南之文安霸任邱新城雄等。各設營田專官經理。募江浙老農勸導耕種。如所請行。是秋田之熟者百五十頃。而霸州文安保定新城安肅任邱民自種植者又七百餘頃。比歲皆登。五年合疏請分直隸諸河爲四局。南運河及臧家橋以下子牙河范家口以東之淀河爲一局。請令天津道綜理。北運河爲一局。又裁分司。令通永道兼理。范家口以西各淀及畿南諸河爲一局。請改大名道爲清河道管理。局設長副。司之定某縣某莊營田。引某泉某河灌溉。大小數百處。皆有條貫。至七年營成水田六千頃有奇。所司以營田瑞稻進。召大學士等賜觀焉。九年有距水稍遠。聽民自便之令。而水足地平無煩戽汲之處。仍令永爲水田。議設觀察使副使各二。以重其權。不久旋罷。有司奉行亦漸不實。惜垂功未竟。當世大政莫亟於是。

田文鏡李衛之任用　田文鏡，籍漢軍正藍旗，官內閣侍讀學士。世宗御極，被命往祭華山，目擊山西荒歉，民窮無告，還朝直陳其狀，令往賑之，以授山西布政使，晉河南巡撫。頻年豐稔，黃河當暑雨時，全無汛濫，世宗信任之。唯田素惡科目，一疏劾科甲牧令數十人，黃振國、邵言綸、汪誠等與焉。會直隸總督李紱過汴，相見揖未畢，即厲聲曰：「明公身任封疆，有心蹂躪讀書人，何也？」田不能堪，遂密奏紱與振國同年，將結黨爲被劾諸員報復。既而李果面奏，退復連疏糾之。世宗先入文鏡言，將罪李紱，牽連入蔡珽案擬辟，兩次決囚，刀加頸，問此時知田文鏡好否，李奏：「臣愚雖死，不知文鏡好處。」乃赦還。雍正五年，授文鏡河南總督，改籍正黃旗。時王士俊知祥符縣，庭參日，田問出身，士俊攢眉囁嚅，故作羞愧狀，良久始對曰：「士俊不肖，讀書出身，某科散館翰林也。」田以爲刺己，怒斥之。士俊知不免，回署，即詳請免河南蘇地稅，冀見忤放歸。田果疏劾，會楊文乾方爲布政使，司入謁曰：「王某請免稅，邀譽耳，公不欲成孺子名，盍少緩。」田諾之。未幾，文乾巡撫廣東，即保薦同往，以道府用，洊升兩司。六年，世宗以山東民俗官方宜加整頓，授文鏡河東總督，管理二省事務，諭曰：「此朕因人設立之曠典，不爲定例。」又曰：「若督撫皆如田文鏡，則天下允稱大治矣。」其信任之專如此。九年，稱疾解職，尋卒，諡端肅，以士俊代其任。同時爲世宗所信任者，又有李衛，籍江蘇銅山，入貲爲員外郎，後巡撫浙江，嚴苛明察，不及文鏡，而素惡科目，不差上下，世宗常並提之，蓋得君之專有所自也。世宗喜談符瑞，二人首先窺其旨，合薦方士賈士芳等入內供奉，於是內外臣工爭先供媚。文鏡奏自陝州至徐邳淮，黃河清二千餘里，數旬不散；李衛亦始進浙江瑞穀繼進湖州民王文隆家萬蠶同織瑞繭一幅天然成就不由人工廷臣皆以爲瑞應世宗聞之甚喜衞在浙爲政以疏濬稱然亦有可紀述者浙鄞縣大嵩港灌民田數萬畝日久淤淺且無支河蓄水疏請濬大嵩港於港口建壩分濬支河於通海之橫山頭等處築土塘幷石閘六又鎭海之靈巖太邱二鄉有浦口通流入海閘已圮廢應築塘修閘以資蓄洩又玉環山地方周圍七百餘里田地十萬餘畝山懸平衍土性肥饒界溫台之間實爲海疆要地奏設淸軍餉捕同知添設弁兵並如所請行二處距省會甚遠大吏耳目所不及誰復過而問之衞雖恃氣驕倨不純用儒術而澤及海隅蓋猶封疆中之佼佼者卒後謚敏達蓋猶彼善於此云

鄂爾泰張廷玉之任用　田文鏡李衞之流身膺封疆重寄雖爲世宗所眷念然俗吏而非儒吏若以讀書有得文字受知一則屢樹邊功不愧國家之柱石一則從容坐論堪爲樞府之儀型恩禮始終得與侑饗之榮者如鄂爾泰張廷玉洵一朝之魁碩也鄂爾泰姓西林覺羅氏字毅庵湖洲鑲藍旗人康熙三十八年舉人釋褐三等侍衞遷內務府員外郎時世宗在藩邸遣使來召鄂拒之曰「皇子宜毓德春華不可交結外臣」世宗心善其言及即位首召鄂入戚友以前事代鄂憂世宗既見即諭曰「汝以郎官之微而敢上拒皇子守法甚堅爲大臣必不受請託」立授江蘇布政使俄遷廣西巡撫雍正三年署雲貴總督明年黔苗負險抗命鄂建改土歸流議世宗大悅曰「此奇臣天賜朕也」令佩雲南貴州廣西三省總督印經營凡五年苗咸順十年論功拜保和殿大學士兼兵部尚書軍機大臣封一等伯時大軍進

剿準噶爾．命督巡陝甘經略軍務．賜金甲上方劍．出巡阿爾蘇．疏上屯田事宜．會果親王允禮自西藏歸．與鄂言同．世宗遂罷兵與天下休息．鄂受世宗非常之知．入朝盡三鼓方出．語祕．外莫能知．雖尋常劄子．世宗必嘉奬忠誠．頒示天下．嘗云．「朕有時自信不如信鄂爾泰之專」．事無大小．必命其平章以聞．雍正末年．台拱苗叛．鄂以從前籌畫未周．具疏請罪．且斥削封爵．詔許之．世宗崩．惟鄂受顧命．乾隆初年．與張廷玉等總理事務．十年卒．謚文端．以世宗遺命．配饗太廟．居恆勇於任事．好奬勵名節．惡偷合取容以媚世者．及爲相．益自誓以身殉國．屬從既久．見良馬甚多．嘗謂杜少陵胡馬詩「『所向無空闊．眞堪託死生』．此二語人知其妙．而不知其所以妙．蓋良馬蹀躞奔騰之時．步步著實．所以說無空．又步步不越尺寸．所以說無闊．唯其如此．所以堪託死生也」．鄂蓋實自喻云（見澄懷國語）．張廷玉字衡臣．一字硯齋．太傅英仲子．康熙三十九年．成進士．選庶吉士．授檢討．分校春闈．或探以微詞．因作對月絕句有云「簾前月色明如晝．莫作人間暮夜看」．其自待不苟如此．直南書房．五遷至刑部侍郎．是時廷玉以名相子．迴翔卿貳．文學經濟．巳巋然負台輔望矣．世宗御極．初政殷繁．諭旨日數十下．廷玉承命應奉．精敏詳贍．悉稱旨．擢禮部尙書．轉戶部．御製詩賜之．有「大政資經畫．訏謨待討論」之句．四年．拜文淵閣大學士．明年．晉文華殿大學士．又明年．晉保和殿大學士．七年．晉少保．是時西北兩路方用兵．創設軍機處．爲承旨出政之總滙．被命爲軍機大臣．規程皆其所手訂．世宗倚任益隆重．凡朝會班次．大學士例在領侍衛內大臣下．世宗特命列王之下．公侯領侍衛內大臣之上．嘗小疾．及痊．世宗告近侍曰．「朕股肱不快．數日始愈。」衆爭來問安。世宗笑曰。「張廷玉有疾。豈非朕股肱耶。」高宗卽位。信任有加。賜爵三等子。尋命爲皇子師。與鄂爾泰等總理事務。聲勢烜赫。趨附者實繁有徒。漢人附張。滿人附鄂。黨同伐異。浸至大開傾軋之風。而國家自此多事矣。然不能爲二人咎也。

岳鍾琪之任用　當時文臣以邊勳置高位者鄂爾泰。而武臣以邊勳置高位者岳鍾琪。鄂則識量淵宏。始終獲世宗殊眷。岳則爲讒人所構。疏防削爵。而卒能以功名終。亦武夫之干城也。鍾琪字東美。號容齋。先世籍湯陰。宋忠武王飛二十一世孫。後遷蘭州。父昇龍從征有功。官四川提督。聖祖西巡。賜御書「威信著聞」匾額。入籍四川。遂爲成都人。卒謚敏肅。鍾琪其仲子也。生而駢脅。目光炯炯。四射。魁奇沈雄。兒時好布石作陣。進退羣兒。頗有法。由同知改授松潘鎮游擊。累遷永寧副將。師征西藏。嘗從行有所衝陷。晉左都督。擢四川提督。雍正元年。青海羅卜藏丹津寇西寧。年羹堯奏授參贊大臣。鍾琪沿途勦撫。自松潘至西寧五千餘里。烽煙肅澄。青海爲奪氣。明年。加奮威將軍。專任西征事。遂獨率師平青海。（詳見後）詔封三等公。三年。授川陝總督。加太子少傅。川滇苗相構爲亂。鍾琪與滇督鄂爾泰會勦。事寧入覲。賜雙眼孔雀翎。晉少保。六年。準噶爾不靖。佩撫遠大將軍印。復奉旨入覲。命提督紀成斌權篆。準夷入擄馬駝萬餘。爲總督查郎阿所發。遂褫爵。置成斌於法。相傳鍾琪既入朝。成斌念滿洲人強勁。以駝馬令副參領查廩領卒萬人驅牧。廩性懦葸。畏邊地寒。以偏裨五十人放牧。已率衆避寒山谷間。日置酒高會爲樂。諜報準夷至。廩笑曰。鼠盜不久自散。按兵不往。及馬駝被擄。廩聞報棄軍去。過總兵曹勷壘。呼勷救之。勷性急。率兵往。爲敵所敗。單騎奔。賴提督蔣建率標兵追之。轉戰七晝夜。敵始卻。麋見成斌。皆委罪於勳。成斌笑曰。滿洲人之勇固如是耶。收縛將斬之。鍾琪至。成斌告其故。鍾琪驚曰。君今族矣。滿洲爲國舊人。吾儕豈可與抗。以干其怒耶。解麋縛。以善言諭之。委罪於勳。斬之以徇。而以捷聞。麋反恨鍾琪次骨。會查郎阿巡邊。故麋戚也。麋因控鍾琪諸不法。及成斌掩敗爲功狀。查據以入告。世宗大怒。斬成斌於營。鍾琪逮獄。而麋竟得苟免。乾隆二年。放歸田里。至十三年。再起征金川。有功。（詳見後）加太子少保。復公爵。十四年。賜號曰「威信」。十七年卒。諡襄勤。初督川陝時。或言其爲岳武穆後。又宋金世仇。世宗特封其奏以示鍾琪。後鍾琪出征西域。世宗特命其子濬送至玉門關以慰之。故一時將相無不用命。

三　世宗之用兵

青海之征服　青海自唐龍朔以來。世爲吐蕃屬境。明正德後。始爲蒙古部酋所據。頗爲邊患。明末。和碩特部固始汗。自烏魯木齊襲有其地。清順治時。因受封爲汗。康熙時。其子率族來朝。復封爲親王。西藏之役。青海兵來會。而固始汗之孫羅卜藏丹津。適於是時襲王爵。自以青海及西寧。爲其祖時舊屬地。陰有異謀。乃於雍正元年夏。誘諸部盟於察罕托羅海。令各仍故號。而自號「達賴渾台吉」以統之。於是西北同時騷動。幷誘青海大喇嘛。曰察罕諾們汗者使從己。又陰結準噶策妄阿布坦爲後援。聯兵犯西寧。掠牛馬。冬十月。命川陝總督年羹堯爲撫遠大將軍。駐西寧。以四川提督岳鍾琪爲奮威將軍。參贊軍務。

羹堯分兵北扼疏勒河，防其內犯，南守巴塘裏塘等地，斷其入藏之路，又請屯重兵吐魯番及噶斯泊湖，絕其準部之交通，而鍾琪自松潘至西寧相機剿撫，西邊數千里皆肅清，丹津兵敗歸，世宗以鍾琪爲奮威將軍，乘敵不備，擒獲丹津家屬於柴達木河流域，丹津遁投準部，青海悉定，設西寧大臣以轄之，世宗封羹堯一等公，鍾琪二等公，時雍正二年也。

紀西北用兵決議及將帥得人　丹津之投準部也，策妄阿布坦納之，清廷遣使索獻，不奉詔，亦不敢犯邊，清廷亦罷西師。五年冬，策妄阿布坦死，子噶爾丹策零立，年少喜用兵，屢寇邊。七年，世宗議討之，大學士朱軾、都御史沈近思並言時未至，惟大學士張廷玉主戰，並薦領侍衛內大臣傅爾丹爲帥，傅儀容修偉，美鬚髯，有名將風，築大將軍壇，率滿洲綠營等五萬兵討之，諸蒙古藩臣皆執鞬以從，都統達福力諫，世宗曰：「策零新死，噶逆新立，何云不可？」達曰：「策零雖死，老臣固在，噶逆親賢使能，諸酋長感其先德，力爲捍禦，我以千里轉餉之勞，攻彼效死之士，未見其可，況溽暑未易興師。」廷玉曰：「六月興師，載諸小雅，君未知耶？」達詞色愈厲，世宗曰：「然則命汝副傅爾丹行，倘敢辭耶？」達語塞，遂叩首出。世宗親酌傅爾丹，寵其行，從征者爲副將軍查弼納，將軍巴賽，副都統戴豪、海蘭、西彌賴、定壽、蘇圖、馬爾齊，侍郎永國、塔爾岱皆一時將帥之選。八月，會師科布多城，噶逆遣將僞降，言其國攜貳，與哈薩克壘戰經年，馬駝羸弱，可襲滅也。傅欲進師，定壽曰：「噶逆聞警，斂師境內，靜以觀變，其謀可知，莫如耀兵境上，以揚我武，全師凱旋，策之上也，安可信俘虜片言，突入敵壘？」傅曰：「不入虎穴，焉得虎子，彼窮蹙之餘，安敢精強之士。汝何怯也。」定默然出。以袍付僕曰。汝持此歸葬。永國曰。「國聞用師。乘暇而戰。未聞無隙而致勝者。今嚮逆親親用能。選不失材。賢不失位。疆圉遠闢。牧養蕃滋。彼犯我。尚當籌以禦之。況斂兵蓄銳之時。可深入乎。」海蘭曰。「量敵而入。將之能謀也。知難而退。武之善經也。敵未可輕。武未可黷。俘虜之言。奚足為信。羸師待敵。外夷故智。君其防之。」傅艴然曰。「國家所以無敵者。以武臣不畏死耳。君等安可蹈漢兒弱習哉。」因命整軍以進。主事何溥。執轡以諫。傅曰。「嘉爾豎儒安識兵事。」以鞭揮何手而去。馬爾齊退。告衆曰。「師殆哉。」戴曰。「帶組具存。何畏死無具也。」查曰。「余刀俎餘生。受君恩不死。今得以馬革裹屍幸矣。」遂全師以進。

紀和通淖爾兵敗事　其時師出境數百里。不見敵壘。傅爾丹檄蘇圖往剿。未數里。聞胡笳遠作。氈裘四合如黑雲。傅懼移師。東陷和通淖爾。淖爾。華語大澤。蒙語湖泊也。宗壽謂傅曰。「違衆陷師。誰之咎也。」傅默然。定曰。「責在先。敢辭死乎。」遂與馬爾齊率師援蘇。兵既接。忽大風蔽日。雹如牛首。清軍血戰無繼。師定中矢殞。蘇等俱沒於陣。西彌賴率本部援之。兵潰身殉。敵遂犯大營。傅遣蒙古兵禦之。故事。科爾沁王公樹紅纛。士默特旗樹白纛為識。時科爾沁王某。偃旗首遁。士默特公沙津達賴。奮身入賊壘。衆見白纛。謂蒙兵敗。駭曰。「白纛兵陷於賊矣。」諸軍遂大潰。終夜甲仗聲不絕。傅舉止失措。惟撫馭滿洲士卒曰。「慎勿隳家聲也。」永刎頸死。戴豪年蘭自縊於幕杖上。何溥曰。「死為國殤。永享俎豆榮矣。」遇敵而死。傅雜士伍奔竄出。查弼納躍馬舞刀。敵皆披靡。潰圍而出。不見傅。恐蒙陷帥罪。曰。「殞白之年。豈可復對獄吏.」遂復入陣而死.達殿軍被殺.達紫拜孫也素矢節.雪祖恥竟遂其志.巴賽血戰死之.惟塔爾岱冒鋒矢.以皮繩穿其脛.盛以皮袋.載諸馬後.從容唱胡歌返.蒙古科爾沁王逃匿萑苻中.以千金賂傅.傅受賄.言蒙古白纛先敗.收公沙津斬之.蒙古士卒皆忿.事聞.世宗震悼.曰「朕悔不聽達福言.」厚卹其家.斥傅爵賞.卹潰卒.後二年.噶逆大入.賴額駙超勇親王光顯寺之捷.始和.初世宗命傅爾丹與岳鍾琪會議進兵策.岳赴傅穹廬中.見壁上刀槊森列.問何所用.傅曰「此吾所素習.懸以勵衆.」岳出語人曰「爲大將者.不恃謀而恃勇.亡無日矣.」後卒如岳所料.

三音諾顏獨立及光顯寺大戰　傅爾丹既大敗和通淖爾.世宗以馬爾賽爲撫遠大將軍.馳赴土拉河域.會喀爾喀諸王.議蒙古防務.又徙科布多營.駐察罕廋爾.削馬爾賽大將軍號.以順承郡王錫保代之.而遣馬爾賽屯歸化城.以爲後援.方是時.準部亦兩路備兵.令諸台吉環峙烏魯木齊.以當清西路.又屯田鄂爾齊斯河.以窺清北路.北路隣喀爾喀.尤其所注意.至是九月.大小策零謀乘勝東犯喀爾喀.以察罕廋爾科布多皆有備.乃取道阿爾泰山迤南.小策零以精騎六千深入.而大策零擁衆二萬.蘇克阿勒達以援應.時土謝圖汗境內.三音諾顏郡王額駙策淩.以善治軍雄漠北.與親王丹津多爾濟合兵迎擊鄂登楚勒河.以六百騎宵入敵營挑戰.誘其來追.而伏兵擊之.大敗其衆.斬其驍將喀喇巴圖魯.詔封策淩和碩親王.並以三音諾顏爲獨立部云.方準兵之北犯也.同時西路亦被兵.岳鍾琪以車騎營失利.世宗以張廣泗代之.步騎兼用.成效頗著.鍾琪坐削職十年.夏.大策零復思北出.進次奇蘭河附近.清廷以

察罕廋爾大營勢孤。乃於拜達里克河推河及翁金河畔。三處各築城。與察罕廋爾大營爲犄角。乃命馬爾賽以綏遠將軍移守拜達里克城。受北路大將軍錫保節度。七月。大策零越科布多察罕廋爾潛至厄得爾河源。錫保檄策淩及將軍塔爾岱等禦之。木博圖準兵詷知策淩西出。襲擊其帳塔米爾河。策淩聞警大怒。返旆馳救。並亟報錫保。請師夾攻。卽調蒙兵三萬人乘夜繞出山後。黎明自山巔大呼而下。敵夢中驚起。人不及甲。馬不及鞍。追擊於喀喇森齊泊。大戰二日。準兵大敗。沿途轉戰。至額爾德尼昭。蒙語謂寺曰昭。卽嘯亭雜錄書光顯寺戰事也。期馬爾賽會兵夾擊。不至。世宗賜策淩超勇名號。斬馬爾賽以徇。準部旋遣使乞和。世宗遣侍郎傅鼐等報之。罷西路出征之師。時雍正十一年也。

四　世宗之外交

俄羅斯遣使來朝　尼布楚條約以後。清廷尚持鎖國主義。妨礙俄國通商。俄人向於喀爾喀土謝圖部。有貿易之關係。逮喀爾喀三汗內附後。中國北境與俄領西伯利亞之交涉漸繁。而中俄互市之問題以起。康熙五十年。一七一一年清廷遣圖理琛至土爾扈特。假道於俄。俄厚致禮餽。以兵護使行。歸途有希臘正教僧伊立禮者。與圖理琛俱歸北京。清廷優遇之。繇是兩國之交誼。稍見親睦。五十八年。俄皇彼得第一遣正使衣司瑪羅夫。副使豆朗格齋國書至京。再求條約之實行。俄使以覲見禮節。當從俄俗。與清廷抗議。後不得已。以中禮見。至外交上之要求。僅允在京建設一教會。駐劄一外交事務官。通商所請。置之不答．衣司邁羅夫廢然而返．留豆朗格駐焉．是爲俄公使駐華之始．嗣豆朗格以清廷有蔑視條約之概．遂出京．時中俄兩國君主．相繼崩御．故外交上得免決裂焉．已而世宗立．至雍正三年．俄女帝加他鄰一世嗣位．特派大使薩瓦來聘．告新帝初立．且通好焉．至則告以來意．請締結新約．清廷不能峻拒．命理藩院尚書圖理琛爲全權大臣．與協商焉．

恰克圖條約之訂立　俄女帝既立．仍欲達通商之願望．乃遣拉克靑斯奇爲大使．復以雍正五年至北京．申前請．且欲會議蒙古與西伯利亞之界綫．世宗亦認北方劃界之不可緩．特派郡王策淩．內大臣四格．尙書圖理琛．爲議約使．在京開談判．既而世宗不欲俄使在輦下協議．中途命往國境布拉河上．爲兩國公使議場．於是兩使各遣員往勘其地．以是年九月初七日約成．謂之恰克圖條約．因訂約在波爾河畔．故亦名波爾條約．（卽布連斯奇約）茲舉其要如下．（一）自議定日起．兩國各自嚴管所屬之人．（二）兩國邊吏當互查彼此逃人．捕送本國．（三）於恰克圖小河溝．俄國卡倫與鄂爾懷圖山中國卡倫適中地方．建立界碑．作爲兩國彊界貿易之地．自此界標迤東至額爾古納河．迤西至沙畢納伊嶺．此間如橫有山河．則橫斷山河爲界．如空曠地．則於適中地立標爲界．陽面作爲中國．陰面作爲俄國．（四）貿易人數．仍依原定．毋過二百人．間三年進京一次．疆界零星貿易．亦無庸取稅．但止准依正道行走．繞他道者沒收貨物．（五）俄國於北京設立教會堂．中國予以補助．聽俄教徒居住．並得依本國法規．在堂內誦經禮拜．（六）送文之人．俱自恰克圖行走．有緊要事．許酌量抄道．因道遠抄道者須彼此咨明．各自治罪。（七）烏帶河地方作爲兩國共有之地。彼此不得占據。（八）兩國頭人。凡事秉公迅結。有懷私諉卸貪婪者。各按國法治罪。（九）彼此咨行文件。如有擱延不覆或留難差人。是與兩國和好之道不符。則暫爲停止通商。（十）嗣後彼此不容隱逃亡。所屬之人有逃走者。於拿獲地正法。持械越境殺人行竊者亦如之。軍人或竊主人物逃走者。華人斬。俄人絞。越境竊牲畜者。初犯罰所盜物價十倍。再犯三倍。三犯者斬。（十一）兩國既定新約。永相和好。換文刊刻。曉諭在邊諸人。是約既成。外交史上可特起者有二（一）外交文書之形式。兩國外交文書因君主署名之先後。常起紛爭。爾後一切文件。避君主之署名。中國以理藩院。俄國以薩那特衙門。（即元老院）爲代表。此儀式後永遵守之。（二）政府國際道德之蔑視。雍正五年兩國全權大臣蓋印後。待世宗之批準。及批準後出示與草案之條款全部變更。薩瓦遂送還北京。痛責其不法。清廷仍以最初之條約交付之。夫以上二條約之訂結。俄人拱手聽命。罔有異言。實國際上最有光榮者也。據俄史所載。雍正九年以準部變亂。戒俄人嚴守中立。又以俄女帝安那宜萬新立。往賀即位。曾兩次遣使至俄。殆亦別具深心者歟。

五 雍正朝之大獄

年羹堯之獄 年羹堯與隆科多。以擁立世宗功。受世宗恩遇。而卒不免身敗名裂。或疑竊詔改竄之策。二人實主持之。此傳聞之異辭。要不足以之爲實據也。羹堯。年遐齡子。字亮工。鑲黃旗漢軍人。康熙三十九年進士．散館授檢討．歷充四川廣東試差．不十年擢為四川巡撫．西藏軍興．請親赴松潘協理軍務．以功晉總督．旋授定西將軍．時允禵為撫遠大將軍．羹堯以總督佐進取．世宗嗣位後．召允禵還京．以延信代之．令羹堯於軍事糧餉及庶政．俱關白延信．協同管理．事寧入覲．賜弓矢．授四川陝西總督．封三等公．加太保．青海軍興．授撫遠大將軍．督奮威將軍岳鍾琪進剿．凡百有五日而青海平．晉一等公．加太傅．父遐齡如其爵．長子斌給子爵．入覲．賜雙眼花翎．四團補服．黃帶．紫轡．值莊浪番賊滋擾．又率鍾琪討平之．

雍正三年．羹堯奏摺內．將朝乾夕惕書作夕惕朝乾．字體復潦草．諭責其「自恃己功．顯露不臣之跡．乖謬處斷．非無心．着原本發還．明白回奏」．未幾．調補杭州將軍．於是山西巡撫伊都立．劾其擅給鹽商引票．增引十萬等罪．尋漢軍都統范時捷．又劾其欺罔貪婪五款．部議罷任留爵．世宗嚴旨斥之．疑隆科多徇庇．削太保銜．時朝議羹堯狂妄悖逆．請正典刑．得旨．俟羹堯回奏．七月．又革將軍職．授閒散章京．在杭州效力．既而廷臣又合詞參奏．世宗又令將軍督撫提鎮．各抒己見．八月．有虎夜踰城入羹堯宅．是月被逮．（見鮑氏稗勺）十月．提解來京．時各省督撫等．亦先後奏陳殘逆罪狀．而議政大臣等題奏羹堯大逆之罪五．欺罔之罪九．僭越之罪十六．專擅之罪六．殘忍之罪四．貪黷之罪十八．侵蝕之罪十五．凡九十二大款．得旨令自裁．先是吳三桂開邸滇雲．擅選月官．時號西選．而羹堯在西域．行營引用私人．但咨吏部．不由奏請．謂之年選．隆科多長吏部時．所辦銓選官員．皆自稱為佟選．佟其姓也．昏制謬封．若合符節．後三桂伏天誅．羹堯賜自盡．而隆科多則死於禁錮云．（見燕下鄉脞錄十六卷）

隆科多之獄　隆科多．佟國維第三子也．襲、等公爵．聖祖倉卒𫐄崩．大臣承顧命者．惟隆科多一人．世宗恩遇極隆．親政之初．諭隆科多應稱呼舅舅．嗣後啓奏處．皆書寫舅舅隆科多．以國維爲孝懿仁皇后父也．初與怡親王允祥等同理事務．尋又賞阿達哈哈番世職．官吏部尚書．與年羹堯並加太保．後以四十一款重罪應誅．雍正五年．獄成．奉旨免其正法．於暢春園外造屋三間．錮之．獄詞載隆科多私鈔玉牒．收藏在家．大不敬之罪一．將聖祖御書貼在廂房．大不敬之罪二．妄擬諸葛亮奏稱白帝城受命之日．即是死期已至之時．大不敬之罪三、瑪佁之事．渥奉諭旨．隆科多明知干犯．復行妄奏．大不敬之罪四．皇上賞銀修理公主墳墓．遲至三年．竟不修理．大不敬之罪五．聖祖升遐之日．隆科多並未在御前．乃詭稱曾帶匕首以防不測．欺罔之罪一．狂言提督之權甚大．一呼可聚二萬兵．欺罔之罪二．時當太平．臣民戴德．守分安居．而隆科多作有刺客之狀．故將壇廟桌下搜查．欺罔之罪三．皇上謁陵之日．妄奏諸王心變．紊亂朝政之罪一．妄奏調取年羹堯來．亦必生事端．紊亂朝政之罪二．妄奏舉國之人．俱不可信．紊亂朝政之罪三、其奸黨之罪凡六．如交結阿靈阿揆敍．邀結人心．保奏大逆之査嗣廷．徇庇傅鼐等．比暱蔡也倭．不法之罪凡七．如任吏部尚書時．所辦銓選官員．皆自稱爲佟選．縱容家人勒索財物．包攬招搖．肆行無忌．因佟姓揑造「惟有人冬耐歲寒」之語．向人誇示．以爲姓應圖讖．自知身犯重罪．將金銀預行寄藏．挾勢恐嚇內外人等．貪婪之罪凡十六．罪案昭著．應斬立決．妻子入辛者庫．財產入官．世宗召議政大臣等諭曰．「隆科多所犯．罪不容誅．但念皇考升遐之日．大臣承旨者．惟隆科多一人．朕不忍戮．其永遠禁錮」尋卒猶賜白金千兩治喪蓋至是已無忌恨之心矣。

作詩之獄　年羹堯隆科多既以怨望獲罪其黨於二人者流言蠭起甚或藉文章著述以洩其憤懣不平之鳴如浙人汪景祺者向隨羹堯爲記室羹堯爲人告訐大逆罪中有見汪景祺西征隨筆不行參奏等語旋由刑部等衙門議奏妄作西征隨筆之汪景祺照大不敬律斬決得旨「汪景祺作詩譏訕聖祖大逆不道應當處以極刑著立斬梟示其妻子發往黑龍江給與窮披甲之人爲奴其期服之親兄弟姪俱著革職發遣寧古塔五服以內之族人皆革職約束不許出境」此雍正三年十二月事也。

試題之獄　查嗣庭亦浙人康熙四十五年進士散館授編修官至禮部侍郎爲隆科多之黨雍正四年出爲江西正考官試題曰維民所止有訐者謂維止二字是取雍正二字而去其首也世宗大怒謂其逆天負恩比諸共工驩兜之流特諭法司審擬當諭未下時遣人檢嗣庭寓所於行李中獲所撰日記中有直論時事者世完援以爲叛逆之實據浙撫李衞亦在其家中搜出科場懷挾細字密寫文章數百篇又諭云「浙江文詞甲天下而風俗敝壞已極如查嗣庭汪景祺喪心悖義乃敢肆行謗議悖逆猖狂公然紀載誰無君父能不痛心能不切齒」嗣庭尤玷科名浙江士子未必不因此效尤乃停鄉會試六年既而嗣庭死於獄仍戮尸梟示其子坐死家屬流放此雍正四年九月事也。

論史之獄　已革工部主事陸生柟與謝濟世並籍廣西生柟在軍臺時所著有通鑑論十七篇爲順承郡王錫保所舉發謂「論中言封建建儲府兵人主相臣及附煬帝王安石等事其論封建尤爲狂悖顯

係非議朝政。」云云。世宗以爲借古誹今。肆無忌憚。實天下之所不容。宣布其種種罪狀。且以諸王謀亂。封建論復從而挑之。宜生柟之不獲保首領以沒也。令九卿翰詹科道定擬。論辭至三四千言。遂於七年七月。生柟被殺於軍前。

註經之獄　當陸生柟案發。同時有同在軍臺之謝濟世。本以奏參田文鏡。營私負國。貪虐不法獲罪。文鏡以嚴酷得世宗幸。故世宗於濟世之奏。極爲震怒。令刑部審擬。濟世妄劾之罪。因褫職發往阿爾泰軍前效力。而與生柟並遣也。於是錫保以濟世註釋大學。毀謗程朱。參奏之。世宗以其意不止毀謗程朱。乃用大學見賢而不能舉兩節。藉以抒寫其怨謗之私。交九卿翰詹科道定擬。議上。應正法。奉旨免死。令當苦差。此七年五月事也。

選文之獄　先是湖南靖州人曾靜。以應試州城。獲見呂留良評選時文。內有論夷夏之防。及井田封建等語。遂遣其徒至留良家。求其著述。其子葆中。悉以父遺書授之。書中多慷慨不平之鳴。靜頗傾信。復以張熙之介紹。與留良弟子嚴鴻逵等。貽書往復。遂起革命之思想。其時岳鍾琪督川陝。或言其系出宋岳飛。與金世仇。宜仇清室。又傳聞鍾琪再請陛見不獲。深自危疑。會世宗弟允禩允禟等。多以憂死。所屬門徒近侍罷並發遣廣西。其於世宗。均不無怨辭。沿途傳播。靜聞而益奮。謂有隙可乘。遂以雍正七年。遣熙託名投書。勸鍾琪起兵舉大義。鍾琪計訊得主名。事聞。世宗特宥曾靜。而嚴治呂嚴。至戮屍。並嚴之徒沈在寬族誅之。株連甚衆。又將呂嚴曾沈之著書言論。及累次諭旨。自爲一書。刊布學宮。名曰大義覺迷錄。

第九章 高宗朝之實錄

一 初年之政治

高宗之踐阼 高宗名弘曆，世宗之第四子也。其初行次爲第五。母鈕祜祿氏，爲巴圖魯額亦都曾孫女，四品典儀淩柱之女，初爲熹妃。康熙四十三年，賜侍世宗藩邸，爲格格，以五十年八月生，玉牒彰彰可考。稗史所云，絕無確證，不足辨也。高宗生而神靈，天挺奇表，規度恢遠。六歲就傅，受書於庶吉士福敏，過目成誦，課必兼治。年十二，謁聖祖於圓明園之鏤月開雲，見即驚愛，命宮中養育，備荷飴顏，親授書課，教牖有加。偶舉愛蓮說以試，誦解融徹，獎悅彌至。命學射於貝勒允禧，學火器於莊親王允祿，肄輒精能。其年秋，隨侍避暑山莊，賜居萬壑松風讀書其中。一日望見御舟泊晴碧亭畔，聞聖祖呼名，卽趨巖壁而下，顧謂勿疾行，恐致蹉跌，愛護殊常。獅子林北，爲世宗藩邸扈蹕時賜園，聖祖幸園中進膳，特命孝敬憲皇后、孝聖憲皇后問安拜覲，天顏喜溢，連稱有福之人，蓋豫信也。木蘭秋獮，入永安莽喀圍場，高宗甫上馬，熊突起，控轡自若，聖祖御槍殪之。事畢入武帳，溫惠皇貴太妃曰：是命貴重，福將過予。乃益愛之。或謂世宗得立由此也。雍正元年，次辛祈穀禮成，爲世宗登極初次大祀之典，特召高宗入養心殿，賜食一臠，蓋已爲他日付託之本．是秋八月．卽遵聖祖故事．御乾清宮．密書弘曆名．緘存寶匳．召諭諸王大臣．敬藏正大光明殿匾額上．五年．年十七．賜成大婚禮於西二所．踐阼後．賜名重華宮者是也．八年．彙書闈所製詩文爲樂善堂集．告成．十一年二月．封和碩寶親王．每歲命代祀北郊．準噶爾之役．高宗親聆運籌．黔苗不靖．繼有兵事．復命綜理軍機．諮決大計．十三年八月．世宗崩．王大臣等宣讀詔書曰．「寶親王皇四子．秉性仁慈．居心孝友．聖祖仁皇帝於諸孫中最爲鍾愛．撫養宮中．恩逾常格．雍正元年八月間．朕於乾清宮．召諸王滿漢大臣入見面諭．以建儲一事．親書諭旨．加以密封．藏於乾清宮最高處．卽立爲皇太子之旨也．其仍封親王者．蓋令備位藩封．諳習政事．以增識見．今旣遭大事．著繼朕登基．卽皇帝位」．九月．卽位於太和殿．以明年爲乾隆元年．時年二十五歲也．

四大臣之輔政　禪位詔旨旣下．同時並著莊親王允祿．果親王允禮．鄂爾泰．張廷玉輔政．鄂爾泰因病．解任調理．今旣輔政．著復任．賜莊親王．果親王．永遠食雙俸．鄂爾泰．張廷玉．世襲一等輕車都尉．時莊親王．果親王．便殿宴見．常行拜禮．莊親王等．皆聖祖之子．世宗之弟．高宗之叔也．高宗曰．「禮以義起．古人所貴．朕心所未安之處．卽禮之所當隨宜斟酌者．嗣後如陛殿朝賀典禮攸關．諸王等仍遵定例行禮．若便殿宴見．朕親叔輩均不必叩拜．以昭敬長親親之意」．乾隆元年三月．果親王坐事．奪雙俸．二年十二月．諭大學士張廷玉．輔弼贊襄．勤勞茂著．朕視鄂爾泰．張廷玉．一切恩眷．均屬一體．今大學士鄂爾泰．因賞給騎都尉．已由一等子．倂授爲三等伯．張廷玉亦著加恩．由三等子．從優授爲三等伯．著其子張若靄承襲。三年，果親王卒。四年，莊親王亦坐與理親王弘晳等結黨營私，罷職停雙俸。鄂既以翊戴封晉三等伯，次年復命為軍機大臣，兼領侍衛內大臣，賜號襄勤公，已復兼議政大臣，加太保。廷玉亦封勤宣伯，加太保，軍機之事，皆其主持，且薦同鄉汪由敦為章京，屬草，而高宗信任尤隆。二人者，皆世宗舊臣，並受顧命。乾隆初，以身後配享太廟事，繕入遺詔，且屢降明旨，稱為不世出之名臣，權勢既相埒，則疑忌自所難免，而其下之所屬者，又復各為其黨，互相傾軋，浸成仇敵，而黨禍即繇是而興。故於五年河南巡撫雅爾圖奏罷田文鏡入賢良祠一事，高宗諭旨中謂：「是奏不從田文鏡起見，彼見朕令李衛入祀賢良，其意以為李衛與鄂爾泰素不相合，特借田文鏡之應撤，以見李衛之不應入耳。」又謂：「鄂爾泰、張廷玉亦不敢存黨援庇護之念，而無知之輩，妄行揣摩，如滿洲則思依附鄂爾泰，漢人則思依附張廷玉，即尚書侍郎中亦所不免。如李衛身後，無一人奏請入賢良祠。此孫嘉淦素與鄂爾泰、張廷玉不合，故能獨抒己見。如此陳奏，朕用人之權，從不旁落，試思數年中因二臣之薦用者何人，因二臣之劾退者何人，即如持古勒德爾因坐臺托故不往，朕加以處分，又刑部承審崔起潛一案，擬罪具題時，鄂爾泰曾為密奏，後朕降旨從寬，外間即知為鄂爾泰所奏，非其漏洩，人何由知，是其慎密不如張廷玉矣。又如前日刑部侍郎員缺，朕原批用張照，因彼時鄂爾泰未曾入直，而張廷玉在內，朕恐人疑為張廷玉薦引，是以另用楊嗣璟。又如勵宗萬鑽營生事，朕因其小才可用，令在武英殿行走，亦足滿其分量矣，而外人以為張廷玉所劾，不得起用，其實勵宗萬受賄，果親王曾經奏聞，並非出於張廷玉也。」又謂：「鄂爾泰、張廷玉乃皇考與朕久用之好大臣．衆人當成全之．使之完名全節．若必欲依附逢迎．日積月累．實所以陷害之也．二臣當更仰體朕心．益加敬重．以成我君臣際遇之美」已而鄂爾泰於十年四月病卒．張廷玉亦於十四年十一月乞休．然二人門徒之在朝列者．尚齗齗而未有已也．至二十年而遂有胡中藻之事．

因時之政策　康熙六十一年間．深仁厚澤．久道化成．聖祖務以寬大爲治．雍正十三年間．綜覈名實．吏治整肅．世宗務以嚴厲爲治．高宗英武明睿．即位之初．既思法聖祖之寬大．以期民康物阜之休．而又慮臣下不善奉行．泄沓成風．漸趨於縱弛之習．故詔旨屢下．申明因時以制宜．執中而爲治．乾隆元年二月．諭曰．「天下之事．有一利必有一害．凡人之情．有所矯必有所偏．是以中道最難．必如古聖帝王．隨時隨事．以義理爲權衡．而得其中．乃可以類萬物之情．而成天下之務．故寬非縱弛之謂．嚴非刻薄之謂．朕惡刻薄之有害於民生．亦惡縱弛之有妨於國事．爾諸臣尚其深自省察．交相勸勉．屏絕揣摩迎合之私心．庶幾無曠厥職．而實有補於政教．戒之慎之」三月又諭王大臣等曰．「天下之理．惟有一中．中者無過不及．寬嚴並濟之道也．我皇考臨御之初．見人心玩愒．諸事廢弛．勢不得不加整頓．乃諸臣誤以聖心在於嚴厲．以致政令煩苛．每事刻覈．大爲閭閻之擾．累皇考之意．果如是乎．朕即位以來．留心經理．不過欲去煩苛．與民休息．而諸臣又誤以爲朕意在寬．遂相率而趨於縱弛．見在各省督撫．皆昔年皇考簡用之人．乃當年條奏．則專主於嚴．而近日條奏．又專主於寬．以一人之身．而前後互異如此．是胸中毫無定見．並不計理之是非．適成爲庸鄙之具臣而已．若循此以往．不知省改．勢必禁令廢弛．奸宄復作．將我皇考十三年教養整理之苦心。功虧一簣。此朕心所大懼者。冀自今務去偏私之錮習。各以大中之道。體朕辦理天下事務。共底平康之治也。」高宗般般誥誡若此。而巡撫王士俊猶謂。「近日條陳。惟在翻駁前案。甚則對衆揚言。有止須將世宗時事翻案。卽係好條陳之說。傳之天下。甚駭聽聞。」於是高宗深知臣下之習。益不得不屢諭以誡之矣。然猶慮諸臣未喻其旨也。復明揭其寬嚴互劑之策。其寬者如豁除賠累。蠲免租稅諸事。其嚴者。如汰除僧道。懲誅玩愒諸端。因其時而調劑之。論者所由謂乾隆之治。媲美於漢唐也夫。

二 高宗之內政

服御之節儉 清初起自東陲。習尚樸質。自入關以來。世祖屢罷織造。聖祖末年光祿寺年用四五萬。工部十五萬餘。是以部庫有五千餘萬之積。世宗於宮中食餘之物。皆不忍棄。又常諭多用工匠。不但害農。而且害工。所以昭儉德而示子孫也。乾隆初禁奢之令屢下。尤以旗人喪事粉飾虛文。吳下風俗疾病禱賽。垂爲誥誡。自十六年至四十九年六度南巡。及幸淀祠五臺闕里。或以戶口日增。宜敎儉樸。或以車駕所駐。不過數日。但須掃除潔淨。以供憩宿。或禁點綴飾景。供備龍舟。或禁增設坐落。戲臺排當。蓋翠華所蒞。觀民察吏之外。又以河工海塘。親授方略。雖一游一豫。常日昃不遑。且唯恐派累民間。偶見行營以布幕牆。卽念及貧民襦袴之用。皆兢兢以崇實黜華爲念。二十七年。南巡。諭曰。「名山勝蹟。以存其舊規爲得自然之趣。即如浙江龍井山水自佳。何必更興工作。」此則皇情所屬。更非生長細旃廣廈者所知而疆吏如三寶王亶望。以添繪屋宇。點綴鐙綵爲足以奉承上意。亦適形其鄙俗自取申飭而已。迄至五十六年。又諭曰。「本朝恭儉相承。惠民益下。偶有行軍征討。即芻秣亦不取之民間。是以拓地開疆。大功屢蕆。雖用兵而民不知兵。」宮中嬪御。以及給使女子。合之皇子皇孫乳嫗使婢。約計不過二百人。實從古宮闈所未有也。

貧民之賑貸　高宗承世宗之後。務期寬大。踐阼伊始。他務未遑。亟以愛民爲先務。而愛民之道。尤莫重於賑卹。況其時承平日久。府庫漸充。賑貸之費亦漸廣。茲先舉其大者言之。如乾隆七年。黃淮交漲。石林決口。江蘇安徽。共賑米二百四十萬。銀七百四十餘萬。十二年。山東九十州縣大水。賑米五十餘萬。穀四十餘萬。銀一百七十餘萬。三十五六年。直隸災。用部庫二百二十餘萬。通倉及截漕米稱是。又撥西安藩庫二百萬。以賑甘肅。四十三年。河溢河南。四十六年。江蘇大水。各賑銀百六七十萬。次年黃河溢三省。撥浙商佐工銀八十萬。濟江南。淮商公輸銀二百萬。濟山東。時豐沛曹單災尤劇。命予賑不論月。災退始停。五十年。河南旱。賑銀二百五十萬。五十一年。賑安徽。撥關稅一百萬。時河決山安北岸。總河李世傑。請開捐例。以佐工需。高宗不許。並諭以上年江南等處賑費用至千餘萬。部庫尚存銀七千餘萬。五十五年。蕭碭水災。撥銀百萬。又撥運關庫銀百萬以賑之。六十年中。凡一隅偏災。賑費數萬兩。至數十萬者。不可勝計。而屢端行慶甲年災區。乙年新春加賑。蓋歲以爲常。凡貸有籽種。有口糧。有折貸。大約常年之貸。遇歉免息歉歲之貸徑免其息（見乾隆元年諭）如雍正四年定收成八分以上石收息一斗七分以上免息六分五分分兩年責償此常賑也如乾隆十七年令災民所貸種食夏災貸者秋後責入秋災貸者來年麥收責入均免息此災貸也又高宗嘗言積歉之區尤資良牧蓋深得賑政之道哉

賦稅之蠲免　愛民之政凡逋負之在民者與民糧食種之貸而未收者遇國家慶典或巡幸或軍興輒止勿責帑庫藏所充即務推所有以益下於是又有普免錢糧輪免漕糧之舉茲姑撮其普及諸路與所蠲名目之大者高宗即位詔免天下田租先後免雍正十三年以前各省逋賦幷及江南錢糧之官侵吏蝕者寬政所及廓然更始令業戶計所免之數減半以惠佃農時黔蜀徵發山陵大工屢有蠲免令以奉旨之日爲始已輸者准抵明年正賦二年全免甘肅錢糧陝西半之（見會典）四年免直隸錢糧九十萬兩江蘇百萬安徽六十萬十年諭曰「朕臨御天下十年於茲撫育烝黎躬行儉約直省水旱賑濟多在常格之外如前年江南被水費帑金千餘萬朕思持盈保泰莫先於足民我皇祖在位六十一年蠲租賜復之詔史不絕書曾將天下錢糧普免一次我皇考勤求民瘼減賦寬征如甘肅一省正賦全行豁免者十餘年朕纘志述事欲使山陬海澨均沾大澤特將十一年直省錢糧通行蠲免」廷議三年之內輪免一周計爲數二千八百二十四萬有奇（總數見會典事例）而諸不在蠲免之條者如甘肅番糧草束福建臺灣之粟米四川之夷賦陝西西寧之馬貢浙江濱海之租穀租銀直隸固安霸州之旗戶屯糧奉天之米豆山西之本色兵餉河南之官莊義田廣東之官租學租遇屆免之年一律停其輸納北方五省惟

甘肅尤爲瘠貧。二十一年以後。疊免連年額賦。三十一年。以京通倉貯有餘。遵康熙三十年慶典。次第免各省漕糧。五年而徧。又以漕糧內有例徵折色者。令一體蠲免。三十二年。用兵緬夷。蠲減滇省兩年額賦。凡過兵之處。各免三之一。以爲例。三十五年。諭曰「國家全盛。內外度支有盈無絀。府庫所貯。月羨歲增。因思天地止此生財之數。與其多聚左藏。不若使茆檐蔀屋。自爲流通。且今年朕六十誕辰。明年恭逢聖母八旬。宜更沛非常之恩。著自三十五年爲始。各省錢糧通行蠲免一次。」計是年蠲免爲二千七百九十四萬有奇。三十九年。以金川用兵。蠲免四川租賦。四十三年。因太后崩。普蠲天下錢糧。三年而遍。計二千七百五十九萬有奇。又以四十五年爲七旬萬壽。普免漕糧一次。七年而遍。四十四年。四川軍需。免官民賠貼三百八十萬。四十八年。普免河工徵銀九百四十餘萬。及上次未完者九十餘萬。明年。甘回擾亂。除今年租。並豁歷年積欠。五十二年。臺灣軍興。減免福建各屬田租。五十五年。因八旬萬壽。輪免各省錢糧二千七百七十萬有奇。普免天下錢糧。至是凡四次矣。六十年。普免八省漕糧。五年而遍。普免漕糧。至是凡三次矣。稽高宗之世。省方時巡。加恩減賦。更僕難數。有可紀述者。如謁祖陵。盛京則免奉天今歲田租。及莊頭糧石。減旗地糈糧之半。幸五臺。木蘭。盤山。皆賜復如例。若東巡闕里。禋祀岱宗。則免曲阜。歷城。泰安額賦。每回蹕淀津。復加恩澤。幸嵩洛。則免祥符登封田租。其最著者。南巡六次。六舉免除浙蘇贛通賦錢糧至二千餘萬。論者謂自古游豫補助。未有若斯之盛云。

輸納之永停　永停輸納者。卽通考所謂免科也。國家特恩及慶典。有詔停罷。則入蠲免篇。而減浮賦。豁荒田永著爲令者則入免科篇。自明初籍富民之田爲官田，按私租爲正賦，如蘇州嘉湖之浮糧，鮮不目爲刻政者。清初因軍需經費，未遑裁減，逮世宗爲政，已將蘇松浮糧豁免，幷將嘉湖額徵亦減十分之一。高宗卽位恩詔，再除江省浮糧二十萬，以紓民力。虹縣桃源之水，歸泗州安河入洪澤湖，兩岸淤地千二百餘頃，淹涸不常，詔永除其租（見會典）。而睢寧宿遷桃源先報涸出升科地萬三千餘頃，世宗察其不實，已豁地七千餘頃，至是存地五千餘頃，比年催徵不前，諭曰：「此淤出之地，卽舊有糧田，是以民力維艱，輸將不繼，著將三縣新淤涸後改科地糧，全行蠲免。」是年湖北之鶴峯長樂新設起科，得旨照容美秋糧原額，仍免三年。二年免甘肅河西馬糧萬餘石。九年除四川水決田九十餘頃租課。十一年免慶雲縣額賦十之三，著爲令。十六年諭曰：「朕聞武進陽湖二縣開抵役田一頃，原係前明虛田領價，本戶逃亡，株連親族，將產開抵，小民條糧役租，力難並輸，致積年拖欠，除條漕外，概予豁免。」時南巡淸問，故有是詔。十八年免臺灣風潮衝陷田園五百四十餘甲，山東潮鹹地四百二十頃。二十二年減山東武定府黎敬等莊窪地四百四十八頃，以下則徵租（並會典）。二十九年免漢陽縣坍田五百餘頃。三十一年以漢川縣垸地低窪，改田賦照漁糧科則。又諭曰：「滇省山多田少，可耕之地，俱經懇闢，惟山麓河濱，尚有曠土，貧民耕種，以供口食。定例山頭地角三畝以上者，照旱田十年之例，水濱河尾二畝以上者，照水田六年之例升科。第念此等零星土地，本與沃壤不同，倘地方官經理不善，丈量查勘，恐吏胥從中滋擾。嗣後滇省山頭地角，水濱河尾，俱聽民耕種，概免升科。」（石渠餘紀謂係滇撫鄂慶所奏請）三十九年。以文安大窪。連絡四淀水占民田。定田糧視水潦輕重。隨年蠲減。後凡畿輔近水之地皆視此。免山西豐鎮荒坍旗地八百餘頃。四十九年。免吳縣無著田四千四百餘石。五十二三年。除河南各屬水衝地百餘頃。山西五臺五州縣水坍地百七十餘頃。浙江仁和錢塘水坍地五十餘頃。五十四年。豁免山東曹縣利津壽光三縣廢地五百九十餘頃。河南蘭陽考城積年隄侵柳占地銀九千八百餘兩。五十七年。除河南蘭儀五縣臨河新灘地四千九百餘頃。(五十年以前據通考以後本實錄)此亦寬卹之政也。愛民之道。此亦其亟務歟。

丁額之繁盛　國家戶口之登耗。恆視其時爲定衡。乾隆之治之所以鼎盛者。亦數朝之培養有以致之也。清初丁徭之法。悉沿明舊。順治十八年。編審直省人丁二千一百六萬有奇。至康熙五十年。編審二千四百六十二萬有奇。以聖祖如此之休養。而滋生不過十分之二。蓋各省未以加增之丁。盡數造報也。雍正初。定丁隨地起之法。各省丁賦。以次攤入地糧。於是夫徭口賦。一切取之田畝。而編審之法愈寬。初直省滋生戶口。報部而已。高宗卽位之後。令於每歲仲冬。隨穀數上聞。時又減各省重則丁銀。缺額攤賠。輒與蠲免。五年。戶部請停編審。以保甲丁額造報。於是乾隆十四年。總計直省人丁一萬七千七百四十九萬有奇。(此據通考)距定額方三十餘年。所增七八倍。蓋自丁隨地起。無編審之擾。自無減匿之弊。二男三女。皆樂以其數上聞。又是時更定保甲之法。奉行者唯謹。戶口之數。大致得其實矣。又三十餘歲。爲乾隆四十八年。其數二萬八千四百三萬有奇。又十歲。五十八年。高祖閱聖祖實錄。至康熙四十九年民數二千三百三十萬．因察上年各省奏報民數三萬七百四十六萬．計增十五倍有奇．乃諭曰．「國家承平日久．版籍日增．一人耕而供十數人之食．蓋藏不能充裕有牧民之責者．務當剴切化導．俾皆服勤稼穡．惜物力而盡地利．」先是湖北巡撫陳輝祖．奏應山棗陽．所報滋生民數不實．安徽巡撫長麟．亦奏各屬造報民數未確．請展限查造．諭曰．「戶口繁庶．即細加查造．亦斷不能一無舛漏．且恐吏胥藉端滋擾．更非安輯閭閻之道．」論者謂重養民之原．而不斷斷科民之數．所謂石稱丈量．徑而鮮失也．馬氏通考言古今戶口之盛．無如宋之崇寧大觀．今觀乾隆丁額．益信享國久而膏澤多云．

府庫之充盈　清初受故明一縣磬之天下．而復首除三餉．歲入不足．乃議節用休養撙節．不過數十年．至康熙末葉．部庫所存．已有八百餘萬．又加雍正整頓財政之結果．國庫貯存．漸積至二千四百萬．（見阿桂奏）時江蘇未完地丁八百餘萬．以解部平餘減半留貯本省．至乾隆三年．乃全數停解．留充各省公用．十二年．定州縣侵盜庫帑．身故將其子監追．十八年．河南河員虧空未完數逾鉅萬．諭以虧帑之員．輒先寄頓．此番不必抄查家產．唯勒限一年．限滿先期請旨．卽於該處正法．二十六年．平定新疆．較嚴葉爾羌喀什噶爾等城．應需經費．合之陝西節省諸費．視未用兵以前．減用三之二．諭曰．「用兵之初．無識之徒．好生浮議．今武功大定．又或以長駕遠馭．不無多耗內地物力為疑．將此通諭中外知之．」四十六年．甘肅折收監糧．恤災冒賑．命阿桂等查辦．諭以甘肅素稱磽瘠．冒賑之弊．不可不辦．而賑卹之事．仍不可不行．時京外添兵．幷賞卹紅白．歲增百萬．武職養廉．歲增二百萬．計乾隆間經費．及本省留備供支之外、凡京外各庫之撥用、有可得其略者、如直隸城工、則十六年撥山東山西河南耗羨二十五萬、三十年、撥安徽三十萬、四十六年、撥廣儲司四十萬、如河工則十八年、豫省工、撥浙江藩庫百萬、二十三年、南河工、撥糧道庫二十三萬、三十六年、北河工、撥部庫五十萬、四十一年、撥部庫貯河道庫三十萬、四十四年、豫省黃河漫口、撥部庫及鹽課五百六十萬、四十七八年、豫省添築新隄、開挖引河、撥部庫及內庫七百萬、合之司庫所出、蓋千餘萬、又免民間新舊攤徵加價一千三十餘萬、時又以山東運河隄牐撥部庫五十萬、又隄埝之工百餘萬、如軍需則二十二年、甘肅軍需撥隣省二百萬、次年又撥三百萬、再撥三百萬、爲屯田籽種之用、二十四年、西北蕩平、兩淮等商捐一百五十萬、以備屯務、三十二年、雲南軍需、淮商捐銀百萬、次年撥廣儲司一百五十萬、又次年撥江寧藩庫二百萬、隣省一百萬、又撥廣儲司百萬、時四川亦請撥茶鹽耗羨三十萬、以供支放、於是金川用兵、三十九年、諭曰、「四川軍需、節經部撥及各省協撥捐解、通計三千四百餘萬、見在將次蕩平、而善後事宜、亦當豫計、著戶部於各省存留內撥銀五百萬兩解川」、是年、又於附近省分撥銀四百萬、十一月、撥部庫捐款五百萬、次年又撥部庫一千六百萬、通計六千餘萬、嗣是又撥三百萬、蓋七千萬有餘矣、四十六年、撥甘肅一百八十萬、其間遇車駕南巡、輒賞銀二三十萬、辦理差務、其修葺行宮、每次賞給二三萬、又屢撥貯熱河道庫、備資賚外藩之用、每事關庫款、輒諭以府藏充實、國用充饒、四十六年、諭曰、「朕即位之初、部庫不過三千萬、今已增至七千餘萬、復有何不足、而不加惠天下乎」、五十四年、安南用兵、有帑項現存六千餘萬之諭、卽此以觀、則高祖承祖父之膽席豐厚之規亦可謂清代財政極盛之時期矣。

窮民之安置　僧尼道士古者目爲害民之蠹歷代所以有官給度牒之制也。順治初度牒罷其納銀。其時開國伊始僧道尙知守法。故康熙初幷給度牒而除之。迨及高宗之世流品渾殽緇流叢雜。不法之徒。往往藉紺宇紅牆爲獲罪逋逃之淵藪。以致佛教日壞。道教日微。而小民之嬰其害者亦日衆。高宗慮流風所煽漸開澆漓恣惡之端思有以惠保良民而嚴行甄別。乃命僧人披剃。仍頒度牒。禁擅造寺觀神祠。並淸查叢林古刹齋田編入冊籍。且其時僧人中有所謂「應付」者。恣飲食畜妻孥各分房頭世守田宅。肆無忌憚。道士「火居」亦復類此。高宗念農夫終歲勤動而僧道坐享其成非治民之道也。於是命禮部詳議請釐僧道之法。議上。諭「令順天奉天兩府及各省督撫轉飭地方官限文到三月內將各戒僧全眞道士年貌籍貫焚脩處所淸查造冊。取具印結具送彙齊到部發給度牒。給各僧道收執。遇有事故追出彙繳。嗣後願出家者必給度牒方許簪剃受戒。如有借名影射及私行出家者。查出治罪。至「應付」僧人亦倣照辦理。否卽勒令還俗。至淸微正一道士。除龍虎山上淸宮由眞人給照。各省淸微靈寶道士仍給部照。無庸給牒外。「火居」道士俱令還俗。年老者亦暫給部照。永不許招生徒。僧尼亦依僧道例。婦女年踰四十者方准出家。少者嚴行禁止。」又以豫省標立三教名目建堂設像使萬世之師屈居釋道之下。耗產蠱經誣民實甚。勑督撫嚴行禁止。復徇副都御史梅穀成請以正一眞人依道官例。註冊。停止朝覲筵宴。由此以觀足見高宗沙汰僧道之嚴矣。然卽此一事。亦有時行寬嚴互劑之法者。讀高宗御製詩云，有以沙汰僧道爲請者，朕謂沙汰何難，卽盡去之，不過一紙之頒，天下有不奉行者乎，但今之僧道，實不比昔日之橫恣，有賴於儒氏辟而闢之，蓋彼教已式微，已且藉以養民，分田授井之制，既不可行，將此數千百萬無衣無食游手好閒之人，置之何處，故爲詩以見意曰，「頹波日下豈能迴，二氏於今亦可哀，何必闢邪猶泥古，留資畫景與詩材，」繹其語意，蓋亦借寺觀神祠爲安置窮民之藪澤也，夫玩愒之懲治，聖祖政主於寬，世宗政主於嚴，高祖承兩朝之後，既思以蠲免租稅，豁除賠累，以期惇大成裕之治，而猶慮諸臣錯會其旨，輩趨於玩愒之風，浸至玩愒不已，流爲放縱，放縱不已，流爲廢弛，弊風所煽，終必至官吏懵於公事，風俗卽於澆漓，此貴乎相其時而消息之，而調劑之，則高宗之所以剴切曉諭於臣工者，冀諸臣交相勸勉，而實有裨於國事也，故當踐位伊始，深悉弘春辦理旗下事務，始則紛更多事，後則因循推諉，卽命革去貝子，法自親始也，先是選文之獄興，世宗特宥曾靜與張熙，而嚴治呂留良嚴鴻逵至戮屍，高宗以爲靜熙之罪，不宜獨邀寬典，卽命鏁送京師，棄之於市，時內監跡近放縱，往往與王公大臣，交懽結納，恬不爲怪，高宗既登位，卽諭內監等，國家政事，毋許妄行傳說，外言亦毋得傳人內廷，犯者正法，又嘗坐乾淸宮西煖閣，於窗內望見西廊，有太監與職官錯行，並不讓路，乃嚴責總管太監約束之，又高宗初爲皇子時，嘗見內監與親貴近臣，並坐接談，至是乃降敕嚴禁，責蘇培盛等，繩繩千餘言，並謂，「倘仍怙惡不悛，不但重治其罪，必將衆太監之官職，盡行革削，」其裁抑貂璫，亦可謂整飭紀綱矣，已而江西巡撫常安，回京越漕啓行，高宗聞之大怒，著拏交刑部，遂傳諭曰，「朕見從前內外臣工，不能仰體皇考聖意，諸凡奉行不善，遂有流於刻覈之處，是以去其煩苛，與民休息，而內外臣民，不喻斯意，遂謂法令既寬，可以任意疏縱，即如鹽業稍寬，乃朕體恤窮民之意，而直隸江浙閩廣私梟鹽棍，肆行無忌，觸法犯禁，猶可曰愚昧無知，常安身爲封疆大吏，而亦爲此市井䟦扈之舉乎，傳曰『寬則得衆』，易曰『元者，善之長也，』朕以天地好生之心爲心，豈肯因一二無知之徒，頓易初志，但治貴得中，若於玩法者亦主用寬，則稂莠不除，將害嘉禾，是以近日處分臣工數案，懲一儆百，朕豈忽變而爲嚴刻者哉，總之治貴得中，事當求理，不當寬而寬，朕必治以廢弛之罪，不當嚴而嚴，朕又必治以深刻之罪，內而九卿百職，外而督撫庶司，咸當流心滌慮，各加儆省，毋蹈前轍，自干咎戾，』又以莊親王允祿與弘晳弘昇弘昌弘晈等，結黨營私，往來詭祕，革爵圈禁有差，晳黨安泰坐絞，乾隆五年，提督鄂善受賄巨萬，賜死，六年，山西學政喀爾欽，賄賣生童，縱僕營私，違禁漁色，伏法，又原任山西巡撫石麟，於布政使薩哈諒婪贓，不行訪察題參，革任，薩哈諒擬斬監候，其整飭吏市，即所以惠保黎民，寬以濟猛，猛以濟寬，斯亦執兩用中之道也，

惡習之禁止　高宗既主執中之政策，故承世宗嚴厲之後，乃法聖祖之寬大，以期減去繁苛，與民休息，乃諸臣誤以爲君心尙寬，遂相率而趨於縱弛，民間妄冀優容，利害僅如毛芥，人皆知法之易撓而可踰也，則柔弱者，舞其私意以動法，傑健者，奮其亂力以干法，籍頓關紐，嬉弄機樞，風俗遂恣惡澆漓而不可制，正道於是隳其坊已，高宗乃銳意厲治，糾剔是非，既整臣下之紀綱，復期民風之良善，故樹德務滋，而

除惡務盡。此四惡之禁之所由來也。諭曰。「朕聞奸宄不鋤。不可以安良善。風俗不正。不可以興教化。閭閻之大惡有四。一曰盜賊。三代聖王所不待教而誅者也。二曰賭博。干犯功令。貽害父兄。以視周官之罷民。未麗於法。而繫諸嘉石收之圜土者。罪有甚矣。三曰打架。即周公所謂亂民。孟子所謂賊民也。四曰娼妓。則自周以前。人類中未嘗有此。此四惡者。劫人之財。戕人之命。傷人之肢體。破人之家。敗人之德。爲良善之害。莫大於此。是以我皇考愛民之深。憂民之切。嚴申糾禁。飭守土之官。法在必行。日夜緝捕。積歲月之久。然後道路少響馬及老瓜賊。而商旅以寧。賭博及造賭具者。漸次改業。而室家以安。聚黨打架者斂跡。而城市鄉鎮。鮮聞鬬囂。娼妓遠藏。不敢淹留於客店。此皇考十有三年政教精神所貫注。而海內臣民。顯見其功效。實享其樂利者也。朕自即位以來。蠲免租稅。豁除賠累。增廣赦條。無非惠保良民。使得從容休息。衣食滋殖。而無識諸臣。誤謂朕一切寬容。不事稽察。以致大小百官。日就縱弛。民間譌言諸禁已開。風聞直省四惡。皆微露其端倪。即如天津一帶。私鹽橫行無忌。恐其他類此者。相繼而起。是守土之官。敢悖世宗憲皇帝之明旨。隳十有三年之成功。而戕賊善良。傷敗風俗也。自後州縣官有政令廢弛。使四惡復行於境內者。諸督撫不時訪察。即行嚴參。督撫司道郡守。有不能董帥州縣。殫心捕治者。或被臣工覈實列奏。或朕訪聞得知。必以溺職治罪。與通苞苴受賄賂者等。決不輕貸。爾諸臣慎勿泄泄沓沓。自取殃咎。戒之戒之。」高宗之施。從其厚。斂從其薄者。正所以厚民生也。厚生而不務正德。是豈愛民之道哉。故於此尤兢兢致意焉。

漢大臣中之顯著者　乾隆鼎盛之朝，凡漢臣中宣力最久而盼遇最優者，自以張廷玉爲巨擘。其餘若陳宏謀、劉統勳、汪由敦、彭啓豐、裘曰修，皆大臣中之矯矯者也。陳宏謀字榕門，籍臨桂。雍正初進士，授檢討。後擢雲南布政使。高宗即位，以粵人數陳粵事，恐啓鄉紳挾持官府之漸，降授天津道。不數年，官巡撫總督，外任三十餘年，歷任二十有一，到官無間久暫，必究心人情風俗，當興當革，次第舉行。凡各屬村莊河道，皆繪圖懸壁，回環審視，寢饋以之。故所施各當，甚得民和。內遷兵部尙書，加太子太保，及在吏部，巨細無不詳審，寮屬白事，當機立斷。乾隆二十九年，高宗特設協辦大學士，命宏謀爲之，學士之有協辦，自宏謀始。三十二年，拜東閣大學士。越四年，稱疾歸，加太子太傅，御製詩送行，有句云「粵西天末相望遠，祝爾平安歸里人」。六月卒，詔入祀賢良祠，謚文恭。宏謀之學，以不欺爲本，發明孔孟之旨，以反身實踐爲歸。廷玉嘗薦以自代，謂能以民心爲己心，亦視官事如家事，此可以覘其概已。劉統勳字爾鈍，山東諸城人。雍正二年進士，授編修。乾隆元年，貳刑部。十四年，長工部。越二年，充軍機大臣。二十四年，拜協辦大學士。二十六年，晉東閣大學士。嘗出勘河工，精詳籌畫，積弊肅清。其出視楊橋漫工也，屬吏以芻茭不給爲辭。統勳微行河干，見大小車載芻茭凡數百輛，皆弛裝困臥，有泣者，問之，父老皆言奉示運楷料赴工，縣丞某索賄，乃收。貧不能具，遂弛置，欲歸不能也。統勳回邸，即令巡撫縛縣丞至，數其罪，將斬之。巡撫力請，乃杖而荷校以徇。芻茭數百車，一夕收立盡，逾月工遂竟。戶部奏天下州縣府庫多空闕，高宗震怒，欲盡罷州縣之不職者，而以筆帖式等官代之。召統勳入對，諭以此事。且曰：「朕思之三日矣，汝意云何。」

統勳默然。高宗變色詰責。統勳徐曰：「聖聰思至三日，臣昏耄，誠不敢遽對，容退而熟審之。」翼日入對，頓首言曰：「州縣治百姓者也，當使身爲百姓者爲之。」語未竟，高宗霽顏曰：「然。」事遂寢。當統勳進說時，同列皆爲變色，而統勳進趨凝然，若無事。其能斷大事，力回天聽，多類此。三十八年卒，贈太傅，謚文正。入祀賢良祠。子墉，字石庵，乾隆十六年進士，由編修累官體仁閣大學士，加太子太保，謚文清。父子俱爲名相，高宗賜翰，遂稱爲「海岱高門第，清德重望均」云。汪由敦，字謹堂，籍休寧。雍正二年進士，授編修，遷四譯館少卿。乾隆元年，擢內閣學士，左遷侍讀學士。五年，復故官。六年，遷禮部侍郎，調兵部、戶部，晉工部尚書，充軍機大臣，加太子少保。十九年，加太子太傅。二十一年，授吏部尚書。由敦篤於內行，記誦淹博，文章典重有體，直內廷幾三十年，以恭謹結主知。世宗初設軍機處，以張廷玉專任之。高宗御極，廷玉以由敦長於學文，特薦入以代其勞。金川用兵，前後所下廷諭，皆出其手。初惟大學士訥親一人承旨，既出，令由敦在直廬撰擬。訥親唯恐不得當，輒令再易，有屢易而仍用初藁者。一藁甫削，又傳一旨，改易亦如之。時傅恆在旁，竊不平。迨平金川歸，首揆席，則自陳不能多識，慮有遺忘，乞令軍機諸大臣同進見，遂沿爲例。然秉筆之任，率推由敦。其後滿司官欲藉爲見才地，傅恆稍假借之，令其代擬。由敦見滿司官如此，而漢文猶必己出，嫌於攬持，乃亦聽司員代擬。日久，遂爲章京之專職矣。高宗日課數詩，皆用丹筆作草，令內監持出付由敦，用素楮楷繕之，謂之詩片。繼之者則劉墉也。高宗又以由敦書法秀潤，命詞臣排次，摹勒上石，曰時晴齋法帖。二十三年卒，贈太子太師，謚文端。彭啟豐，字芝庭，籍江蘇。祖定求，康熙丙辰會試廷試皆第一。官侍講學者稱南昀先生。啓豐於雍正五年會試廷試亦皆第一。授脩撰。張廷玉奏科名與乃祖同。召入南書房。乾隆三年。擢侍講。累遷左僉都御史。遷刑部侍郎。二十八年。晉兵部尚書。越三年左遷。仍貳兵部。又二年。致仕歸。啓豐少逮事南昀先生。受儒家言。自入翰林。刻苦如諸生。遠權勢。簡交游。介然。時有所不爲。奏進經史講義。皆切於治體。國家有試士之典。未嘗不在列。得人稱盛。所歷諸部。皆有建白。初乞養歸。爲奉母故。闢園亭。蓺花竹。高宗賜額曰慈竹春暉。其再歸也。林壑益幽邃。花葯益繁茂。啓豐擁萬卷。日哦其中。每春秋佳日。出遊石湖寒山。士女擁觀塞路。子孫列官內外。而門館蕭閒。一鐙諷卷。几然也。四十九年卒。年八十有四。遺疏入。會尚書曹秀先亦卒。高宗謂廷臣曰。「彭啓豐曹秀先皆不得與千叟宴也。惜哉。」裘曰修。字叔度。新建人。乾隆元年。以廩生薦博學鴻詞。四年。成進士。與館選。八年。御試高等。擢侍讀學士。轉少詹事。累遷內閣學士。晉侍郎。歷吏戶兵工諸部。授禮刑工三部尚書。坐胡中藻事。罷官。踰月復故。後坐捕蝗不力。降官。未幾仍復故。入直軍機。奉敕撰熱河志大學志西淸古鑑祕殿珠林石渠寶笈錢錄諸書。居恆喜賓客。遇事神解超捷。每歷一曹。受一職。手文書。默然數日。後判決如流。二十一年。征伊犂。面奏軍務機宜。高宗大悅。賜御衣冠。命乘傳赴巴里坤治事。會逆酋莽里克遣弟某詭稱押送諸番探信。卡倫。曰修與總兵祖雲龍縛畀總督。發其奸。哈密兵少。有赴巴里坤種地者七百人。復請暫留爲衞。而發麥以餉之。高宗皆獎許。並愛其敏。倚若股肱。凡有事於四方。與劉統勳先後奔走。前命未復。後命踵至。雖侍內廷。綜六部。而英蕩款闕。足跡常半天下。而被命勘水利。前後至八次。其眷倚若此。曰修所莅皆有名績。他人得其一。皆足自名。而其尤關國計民瘼者。則治水爲尤著也。三十八年。病瘇。遣御醫診視。請解職。勿許。賜詩慰問。加太子太傅。越二日卒。謚文達。子行簡署直隸總督。卒謚恭勤。

滿大臣中之顯著者　乾隆初年。漢人則思附張廷玉。滿人則思附鄂爾泰。滿臣中之鄂爾泰。猶漢臣中之張廷玉。其聲華卓著。不啻喤然導其先聲者也。其餘滿臣中如傅恆尹繼善阿桂舒赫德三寶皆不愧爲大臣之選者。傅恆。字春和。姓富察氏。滿洲鑲黃旗人。孝賢皇后之弟也。乾隆五年。授侍衛。歷遷內務府大臣。軍機處行走。晉戶部尚書。領侍衛內大臣。加太子太保。協辦大學士。十三年。大金川不靖。訥親等久無功。命暫管川陝總督。經略事務。拜保和殿大學士。甫入川境。馬匹遲誤。減從步行。高宗嘉其公忠。特命加太保。疏辭不允。比至軍。即誅逋寇良爾吉。賜雙眼孔雀翎。復率總兵哈攀龍等連克碉寨。十四年正月。命班師還朝。嘉奬備至。詔封一等忠勇公。傅恆以金川旦夕攻克。請進兵。幷辭公爵。諭旨不允。謂「匈奴未滅。何以家爲」者。乃驃姚貳師輩。武人銳往立功之概。大學士輔弼元臣。豈與兜鍪闖帥爭一日之績耶。因賜詩三章。有句云「功成萬骨枯何益。壯志何須效貳師」。又云「晉國勤勞予廑念。速歸黃閣贊元功」。會金川乞降。乃獻捷班師。高宗大悅。謂諸葛之七縱威蠻。汾陽之單騎見虜。何以加茲。御製詩有「單騎汾陽休比擬。都因忠赤格蒼天」之句。遂命皇長子率王大臣等郊勞之。二十八年。準部平。論功。圖像紫光閣。列冠首。三十四年。經略雲南軍務。次年班師歸。尋卒。高宗震悼。入祀賢良祠。謚文忠。第三子。福康安。官大學士。雲貴總督。一等嘉勇公。晉封忠銳嘉勇貝子。贈郡王。謚文襄。配享太廟。尹繼善。姓章佳氏。字元長。晚號望山。亦籍滿洲鑲黃旗。雍正元年進士。授編修。未踰年。授廣東按察使。甫到官。遷副總河。未半年。遷江蘇巡撫。嗣晉雲貴廣西總督。召爲刑部尚書。出督川陝兩江。而在江尤久。高宗登極。屢任中外。先後督三江三十年。民相與父馴子伏。每聞尹來。老幼奔呼相賀。尹亦視江南爲故鄉。渡黃河輒心喜。不伎官。不矯俗。不畜怨。不通苞苴。嚴肅儀從。所蒞肅然。將有所施。必集監司下屬曰。「我意如此。諸君必駁我。我解說。再駁之。使萬無可駁而後行。勿以總督語有所瞻徇也。」以故鮮敗事。所理大獄。不妄戮一人。尤以汲引人才爲務。高宗南巡。賜以詩有「幕府山邊開幕府。風規得似茂宏無」之句。乾隆二十九年。拜文華殿大學士。督兩江如故。明年。召入閣。三十六年卒。優詔加贈太保。入祀賢良祠。謚文端。子六。慶桂官大學士。謚文恪。阿桂姓章佳氏。字雲巖。本籍滿洲正藍旗。賜入正白旗。父阿克敦。官協辦大學士。謚文勤。阿桂好讀書。乾隆三年舉鄉榜。由任子補兵部主事。遷員外郎。直軍機處。累遷內閣學士。授副都統。補工部侍郎。高宗念西域既平。地方萬餘里。若不分駐官軍。伏戎必再出擾。且慮爲俄羅斯兼併。命各軍營大臣籌議。僉謂地遼遠難駐守。阿桂獨言守邊以駐兵爲先。駐兵以軍食爲要。因條上屯田方略。高宗嘉其勇往任事。如所請行。又派近臣置辦阿克蘇農器。是秋豐稔。兵食倍足。詔平定西域諸功臣五十人。圖像紫光閣。阿桂居第十七。授內大臣。補工部尚書。旋授軍機大臣。正白旗都統。晉太子太保。緬酋懵駁犯邊。阿桂任副將軍討之。逮乞降而入貢遲慢。總督明德使守備蘇爾相往責。爲懵駁拘留。阿桂遽議大舉。降旨切責。褫職留軍羣效力。及平金川有功。授御前大臣。又圖功臣像紫光閣。居第一。拜武英殿大學士。五十七年，西藏廓爾喀平，復圖紫光閣功臣像，阿桂以參贊帷幄，列第二。嘉慶元年，再舉千叟宴，阿桂進觴上壽，周旋中禮，百寮及外藩貢使，皆驚喜相告，謂重臣耆德，實國家上瑞也。次年卒，高宗優詔贈太保，入祀賢良祠，諡文成。舒赫德，姓舒穆魯氏，字伯容，滿洲正白旗人，釋褐筆帖式，授內閣中書，乾隆二年，擢侍讀學士，次年晉兵部侍郎，十三年，充軍機大臣，長兵部，調戶部，傅恆征金川，參贊軍務，加太子太保。嗣與兆惠等定新疆。二十七年，拜武英殿大學士，兼刑部尚書，會山東壽張賊王倫以邪教倡亂，詔出視師，至則破臨清，盡殲逆黨，倫自燔死，凡六日事寧，授御前大臣，夙夜在公，不事家人產宅，心誠莅事，敏盤根錯節，世人望而氣沮，彼獨紆回籌劃，宏濟艱難，在準回二部，久厥功尤偉，其領閣部也，甄綜庶政，必躬必親，使百執事震動恪恭，不稍即叢脞。四十二年卒，高宗震悼，諭褒為國家得力大臣，贈太保，賜祀賢良祠，諡文襄。三寶，籍滿洲正紅旗，繙譯進士，後任兩湖浙閩總督，入拜東閣大學士。三寶不諳吏事，動為人欺，屢任封疆，簠簋不飭，時以比李昭信。然幼讀宋儒書，大節不苟，乾隆二十八年夏，車駕幸承德，三寶時任直隸按察使，霖雨數日，潮水驟發，高宗乘騎渡河，三寶叩馬諫曰：「千金之子，坐不垂堂，況萬乘至尊，輕試波濤，使御騮自失，雖萬段臣軀，何可追悔。」高宗以滿洲舊俗，宜習勞示武為言。三寶曰：「皇上奉太后乘輿，同至，即使上渡河安，不識太后之輿安，奉何所。」高宗動容，回轡。督閩時，浙撫王亶望丁艱，以營辦衍婚，奪情視事，又不遣眷屬回籍。三寶惡其蔑倫，密疏劾之，王因獲罪。後為上書房總師傅，集古今[illegible]貳事，曰春華日覽，教授諸皇子，詞雖質直，不失師保之體。四十九年卒，諡文敬，取責難於君意也。

三 高宗之文治

聖學之淵博 高宗萬幾之暇惟事丹鉛性尤耽吟詠弱冠時卽以詩文刊樂善堂集厥後時與羣臣相唱和巡幸所至到處留題御製詩初集四十四卷目錄四卷二集九十四卷目錄六卷三集一百卷目錄十二卷通計詩二萬四千二百四十餘首樂善堂集尙不與焉又有御製文初集三十卷凡五百七十餘篇亦可謂宏富已每一詩出令儒臣註釋不得源委者許歸家涉獵然多有翻撿萬卷莫能解者嘗於塞中雨獵詩內用製字衆莫曉高宗笑曰「卿等一代鉅儒尙未盡讀左傳耶」蓋用陳成子製杖以行之意也又出汗卮賦考詞林衆皆誤爲巵尋高宗檢出乃擬傅咸汗卮賦也彭啓豐嘗進呈百韻排律高宗讀之曰「某某出韻」後考之信然其自誇淵博也大率類此又賞鑒書畫最精嘗獲宋刻後漢書及九家杜注命畫苑寫其像於書上復建五經萃室以貯岳氏五經馬和之「國風圖」歷數十年始獲全部藏於學詩堂韓滉「五牛」設春藕齋周鎛「十二鐘」設景陽宮且諳畫學嘗仿李迪雞雛待飼圖墨刻頒賜直省督撫並諭廣爲摹刻徧及藩臬以下有司各官俾知留心民瘼勉奏循良雖游藝餘閒而保赤之懷寓諸楮墨高宗於淸語講習頗深翁方綱散館時以繙繹陶潛桃花源記命題駕出步自西階至其跪所取卷閱之問姓名至再諭曰「牙拉賽音」漢語甚好也次日親定一等一名嗣是纂修祕籍掌握文衡靡役不與遂褎然爲北學領袖矣

儒術之表彰　乾隆鼎盛。海宇承平。故文治稱極隆焉。高宗登極之初。以雍正詔舉博學鴻詞。應試者無多。乃申諭督撫速行保薦。乾隆元年九月。試被薦者百四十六人。依康熙年例。一等授編修。二等由科甲出身者授檢討。未中舉者授庶吉士。劉綸潘安禮諸錦于振杭世駿等五人列一等。陳兆崙劉玉麟夏之蓉周長發程恂等五人。由科甲者。楊度汪沈廷芳汪世鍠陳士璠齊召南等五人。不由科甲者。列二等。逾年。續試者取四人。萬松齡張漢授檢討。朱銓洪世澤授庶吉士。是科御史吳元安言。增首場以經解史論。次場詩賦論。此詞科之略也。至經學之舉。始元年尚書楊名時疏薦進士莊亨陽舉人潘永年蔡德峻秦蕙田吳拔。貢生官獻瑤。監生夏宗瀾七人。詔以爲國子監官。十四年。詔曰。「崇尚經術。有關世道人心。若故侍郎蔡聞之宗人府府丞任啓運研窮經術。近侍郎沈德潛學有本原。今海內昇平。研窮本業。宗仰儒先者。當不乏人。奈何終老牖下。而詞苑少經術也。大學士九卿督撫。其公舉潛心經學者。務擇純樸淹通之士。稱朕意焉。」再詔核實保舉。得陳祖范吳鼎梁錫嶼顧棟高四人。命將箸述呈覽。授鼎錫嶼司業祖范棟高以老辭者。給司業銜。高宗朝嚮用儒術。得人稱盛。尚書楊名時孫嘉淦。大學士趙國麟。咸以耆壽名德。領太學事。相與倡明正學。陶植邦彥。六堂之長。則獻瑤亨陽與蔡德晉。輩皆一時儁傑。每朔望謁夫子。釋菜禮畢。登講座。六堂師率國子生。以次執經質疑。旬日則六堂師分占一經。各於其齋會講。南北學絃誦之聲。夜分不絕。都下號爲四賢五君子云。又嘗諭曰。「儒林亦史傳所必及。果經明學粹。豈以品位拘。如近日顧棟高。輩終使淹沒無聞耶。」嗣是史館特立儒林傳。又朱珪以侍讀學士。授福建糧驛道。

累遷山西布政司按察司黃檢奏珪終日讀書地方事無整頓珪入覲復授翰林學士迴翔中外十餘年仍居原職宦途亦至鈍已然珪在朝一載高宗即命侍仁宗讀書自此外而方伯連帥內則宰相六官謨明弼諧遂爲臯夔伊傅一流人物論者謂爲終日讀書之效其實亦高宗重儒之所致也

書籍之編纂　乾隆一朝承平雅頌媲美康熙其君賦性聰強性喜弄翰以故天章雲爛頗能摺獵華腴而諸臣之目營心維孜孜於編劃之業者亦非徒以自澤其文而銳意於文教之振興者也高宗即位後既已迭命諸臣編纂羣籍復自屢頒殿板欽定諸書儲之庠序而購求遺書之諭又一再頒布冀以大昌文治故於乾隆六年命各省督撫學政採訪近世著作隨時進呈諭曰「從古右文之治務訪遺編目今內府藏書已稱大備但近世以來著述日繁如元明諸賢以及國朝儒學研究六經闡明性理潛心正學純粹無疵者當不乏人雖業在名山而未登天府著直省督撫學政留心採訪不拘刻本鈔本隨時進呈以廣石渠天祿之儲」三十七年又諭曰「古今來著作之手無慮數十百家或逸在名山未登柱史正宜及時採集彙送京師以彰千古同文之盛其令直省督撫會同學政等通飭所屬加意購訪」當時編纂羣籍之多採擬蒐羅頗稱宏富焉御製者除樂善堂全集文初集二集餘集詩初集二集三集四集五集餘集外尚有評鑒闡要日知薈要詩經樂譜全書樂律正俗繙譯五經四書遼金元三史國語解河源紀略盤山志康濟錄校正淳化閣帖釋文古今儲貳金鑑補繪離騷全圖擬白居易樂府八旬萬壽盛典千叟宴詩奉敕撰者則有石峯堡紀略臺灣紀略欽定明臣奏議欽定宗室王公功績表傳欽定蒙古王

公功績表傳欽定八旗滿洲氏族通譜欽定勝朝殉節諸臣錄欽定熱河志欽定日下舊聞考欽定皇輿西域圖志皇清職貢圖欽定盛京通志詞林典故南巡盛典其爲允祿等所主編者同文韻統協紀辨方書祕殿珠林石渠寶笈西清古鑑西清硏譜錢譜唐宋文醇皇清文穎諸書允祹等所主編者大清會典及會典則例也傅恆等主編者有周易述義詩義折中周官義疏儀禮義疏禮記義疏春秋直解律呂正義後編西域同文志清文鑑通鑑輯覽大清通禮皇朝禮器圖式國朝宮史滿洲祭神祭天典禮諸書阿桂等主編者有滿洲源流考授時通考平定兩金川方略滿洲蒙古漢字三合切音清文鑑諸書梁詩正等主編者有叶韻彙輯音韻述微舒赫德等主編者有臨清紀略蘭州紀略張廷玉等主編者有明史來保等主編者有平定金川方略梁國治等主編者有國子監志歷代職官表劉統勳等主編者有平定準噶爾方略蔣溥等主編者有經史講義大清一統志三泰等主編者有大清律例天祿琳琅書目鄂爾泰等主編者有醫宗金鑑歷象考成後編儀象考成劉墉等主編者有續通志續文獻通考續通典皇朝通志皇朝文獻通考皇朝通典諸書至四書文唐宋詩醇則方苞等主編者也綜觀以上所編諸書較康熙時多加倍矣。

四庫全書之編集　高宗獎勵文學而復嚴申文字之禁燬書雖甚多而購求遺書亦甚富其因儲藏之裒輯而成絕大之類書者則四庫全書之編集是也方高宗下詔求遺書朱筠以翰林提督安徽學政奏言翰林院庫藏明永樂大典中多逸書世所未見請開局使采錄且言搜輯之道甚備高宗善之亟下軍

機大臣議行。大學士劉統勳在樞府。顧不喜。謂非爲政之要。欲議寢之。于敏中獨善其奏。與統勳固爭執。乃議上「請擇永樂大典中若干部分分繕以備著錄。其中不恆經見之書。頗有應揀派修書翰林逐一查校。而各門湊合尙可成書者。摘開書名。伏候訓示。」得旨派軍機大臣爲總裁官。並令選定翰林員數專司查校。次日又添派戶部尙書王際華工部尙書裘曰修爲總裁。已而總裁議定條例上聞。高宗卽定名爲四庫全書館。既開時被命爲總裁者。除宗室郡王允瑢允璇允瑆。大學士劉統勳劉綸舒赫德阿桂于敏中英廉程景伊嵇璜及際華曰修外。復命尙侍等官爲副總裁及總閱官。翰林爲纂修等官不敷。統勳保進士邵晉涵周永年。曰修保進士余集舉人戴震。際華保舉人楊昌霖。同典祕籍。後皆改入翰林。時稱五徵君。其中以總纂官紀昀陸錫熊陸費墀幫任館務十有七年。與四庫全書相終始。而昀實綜其成。昀貫徹儒籍。旁通百家。凡六經傳註得失。諸史異同。子集支分派別。以及詞曲醫卜之類。罔不抉要提綱。溯源竟委。每進一書。仿劉向曾鞏例作提要。冠諸簡首。高宗輒覽而善之。又奉詔撰簡明目錄。存書存目多至萬餘種。皆昀一手所訂。評隲精當。識力在王仲寶阮孝緒之上。其後恭進全書表。相傳昀振筆疾書。文不加點。同館莫不歎服。時綜其事者。復令錫熊與學士吳省欽合撰一表。終不愜意。乃以昀所撰表書二人銜名以進。高宗閱未終卷。顧謂諸臣曰「此表必紀某所撰。」遂特命加賞一分。鴻篇奧册。出九淵而光九天。世皆歸功於昀。不知笥河其先河也。是書體例以經史子集爲綱領。此四庫之所由得名。自乾隆三十八年起編。至四十七年告成。一分計存書三千四百六十種。七萬五千八百五十有四卷。存目六千七百六十六部。九萬三千五百五十六卷。其得自永樂大典者凡五百餘部。皆世所不傳本也。方其開館時。卽於翰林院署藏書分三處。凡內府祕書發出到院爲一處。院中舊藏永樂大典內有摘抄成卷彙編成部之書爲一處。各省采進民間藏書爲一處。分員校勘。每日清晨諸臣入院。設大廚供給茶飯。午後歸寓。各以所校閱某書應考某典。詳列書目。至琉璃廠書肆訪查之。及其書已成。乃仿范氏天一閣。特於文華殿後。建文淵閣。始置官典守。雖兼銜貼職。實爲翰詹諸臣清要之任。簡首直閣事。嗣阮元繼充是選。昀遂以印付之元。並建文源文津文溯三閣。各繕一分儲之。謂之內廷四閣。復以江浙爲人文淵藪。更建文滙文宗文瀾三閣。謂之江浙三閣。世亂時移。今所存者。僅文淵一部而已。今者商務印書館與教育部簽訂合同選印是書。使數千年之鉅製。得以資考鏡而廣流傳。誠盛事也。是所望乎審愼從事者。

四　高宗之武功

準噶爾及土爾扈特之內屬　乾隆時承康雍餘烈。喀爾喀青海西藏均隸版圖。惟準噶爾特其武力橫鯁於喀藏之間。雍正晚年雖有乞和之使。卒以邊界問題未能定議。至乾隆四年議始就緒。是時征戍雖撤。而西顧實未釋隱憂。迨十年準酋策零死。準部內訌起。始爲統一之時機。策零三子。次子策妄多爾濟那木札爾嗣立。有暴行。爲其姊壻賽音伯勒克所殺。策零長子喇嘛達爾濟嗣位。部衆不悅。欲立其少子策妄達什。策妄達什見殺。貴族有達瓦齊者。聯合輝特部台吉阿睦撒納。攻入伊犂。殺喇嘛達爾濟而自立。

旋與阿睦撒納有隙。遣兵攻之。阿睦撒納恐不敵。帥所部來降。備陳伊犂可取狀。高宗封之爲親王。會準部驍將瑪木特亦來降。遂以二十年遣班第爲定北將軍。永常爲定西將軍。又遣阿睦撒納爲定邊左將軍。薩拉爾僞隸準部貴族達什達瓦部下。達什達瓦爲喇嘛達爾濟所殺。率千餘戶來附。至是遣爲定邊右將軍。會攻伊犂。達瓦齊敗走。爲烏什城主霍吉斯所執來獻。同時青海酋羅卜藏丹津亦見獲。並送京師。阿睦撒納欲爲準部汗。而高宗之意欲分爲四汗。議不洽。於是阿睦撒納遂號召準部反。高宗遣諸將擊之。均無功。而同時喀爾喀復有青滾雜卜之變。初北路郵驛皆受役喀爾喀各部。至是軍興軍報絡繹。需人馬頗多。郡王青滾雜卜苦之。遂撤其所設臺。又激衆喀爾喀使皆叛。高宗以超勇親王策凌子成袞札布爲定邊左副將軍。破而執之。旋遣巴里坤辦事大臣兆惠出西路。成袞札布出北路。進攻準部。並大捷。窮追阿睦撒納至哈薩克部。其汗阿布賚聞清軍至。遣使朝貢。且設誓擒敵。適阿睦撒納率二十人往投。阿布賚使人收其馬。阿睦撒納驚逸。徒步入俄境。尋病死。理藩院行文索之。俄政府以其屍送恰克圖。餘衆仍出沒天山北路。伺間侵擾。卒爲兆惠所統各軍剿滅。準部悉平。乃於伊犂烏魯木齊塔爾巴哈臺設防屯兵。置伊犂將軍統之。時二十五年也。至三十七年。復有土爾扈特來歸之事。

土爾扈特。故爲瓦剌四部之一。噶爾丹強時。併有其地。其酋和鄂爾勒克挈部人先走俄。屯窩瓦河畔。俄人因稱爲己屬。後四傳至阿玉奇。當康熙末年。嘗遣使貢方物。其部人向習蒙古俗。信黃教。與俄國俗不相容。思慕故土。迨三十六年。阿玉奇曾孫渥巴錫。率人口十六萬餘。自俄境脫走。謀據伊犂。沿途爲哈薩克等人所劫。至翌年達伊犁時。僅餘七萬口。伊犁將軍嚴兵備邊。使人迎詰之。渥巴錫與其台吉議數日。始以願歸中國對。事聞。廷議以容納逃人。懼背中俄恰克圖之約。高宗以降人中有舍稜。舍稜者。附牧伊犁之土爾扈特台吉。以準部敗走俄。勸渥巴錫還取伊犁者也。俄不捕送我。是曲先在俄。折之有詞。決計受降。會是時俄以波蘭之亂。方與土耳其交戰。未暇與清爭曲直。故不致交涉。高宗因封渥巴錫爲汗。號所部爲舊土爾扈特。舍稜爲郡王。號所部爲新土爾扈特。而於伊犁及科布多附近分賜牧地焉。

烏梁海及囘部之統一　烏梁海人錯處貝克穆河流域。庫蘇古爾湖之周圍。及昂噶拉河之上流。向役屬於喀爾喀。準噶爾及俄羅斯諸國。準酋策妄阿布坦嘗利用之。以牽制中國。康熙晚年。始議征之。以分準部之勢。及高宗時。以漸剿撫。附者日衆。迨準部平。其所屬之烏梁海。乃盡入版圖。因分其衆爲唐努烏梁海。阿爾泰烏梁海。阿爾泰諾爾烏梁海爲三部。分隸於烏里雅蘇臺之定邊左副將軍。及科布多參贊大臣。於是北徼咸無事。惟同時又有囘部之經營。囘部在天山南路。舊爲元裔所據。囘教徒和卓木子孫繼之。和卓木者。譯言聖裔。謂教祖摩訶末之裔也。囘人奉爲貴種。信仰甚深。故其子孫得乘元裔之衰。號召徒衆。握南路政教權。準部強時。嘗爲準酋所征服。及乾隆二十一年。清軍戡定伊犁。囘部集兵謀獨立。高宗遣都統雅爾哈善。於二十三年。率兵自吐魯番進攻庫車。囘酋布羅尼特及霍集占兄弟號爲大小和卓木。引軍越大戈壁來援。戰託和奈及鄂根河。清軍皆大捷。布羅尼特等以餘兵保城。旋遁去。高宗以雅爾克善。及諸將縱敵。殺之。乃遣兆惠移師而南。兆惠轉戰至葱嶺南河。爲長圍所困。副將軍富德率兵馳援至葉爾羌河。亦被困。會副都統愛隆阿及巴里坤參贊阿里袞合軍解富德圍。兆惠聞砲聲。亦潰圍突出。同還阿克蘇。集新舊軍三萬人。分擊喀什噶爾及葉爾羌。布羅尼特兄弟遁踰葱嶺而西。巴達克山國王以其酋來獻。於是回部大定。乃於喀什噶爾置參贊大臣。又於諸城分別置辦事大臣領隊大臣以統之。然未幾又有烏什之變。

附紀香妃　回部王妃某氏。國人號之曰香妃。以其體生有異香也。西師之役。將軍兆惠生得之。密疏奏聞。高宗命沿途地方官吏護視起居維謹。既至。處之西內。妃在宮。意色泰然。惟上至則懍若霜雪。百問不一答。令宮人善言詞者諭之。妃慨然出白刃示之曰。國破家亡。死志已決。然決不肯汝汝徒死。必得一當以報故主。上如強逼我。我志遂矣。聞者欲劫而奪之。妃笑曰。無以爲也。吾衵衣中如此刃者尙有數十。且若輩如強犯我者。吾先飮此刃。汝其奈我何。宮人具以語高宗。亦無如何。第命侍者日夜邏守之。妃思自殺。卒無隙可乘而止。妃至中土久。每歲時令節。思故鄉風物。輒潸然泣下。高宗思有以慰之。則於妃所居樓外。建市肆室廬禮拜堂。如西域式。今其地尙無恙也。時孝聖憲皇后春秋高。微聞其事。數戒高宗毋往西內。曰。彼既不肯屈。曷殺之以遂其志。無已則權歸其鄉里乎。高宗卒不忍舍。如是者數年。會長至祀圜丘。高宗先期赴齋宮。太后瞯其出也。亟令入召妃詣慈寧宮。至則命鑰宮門。雖上至不得納。乃召妃至前。問之曰。汝不肯屈志。終當何爲乎。曰。死耳。曰。然則今日賜汝死可乎。妃泣謝曰。太后天地恩。竟肯遂臣妾志耶。妾間關萬里。所以忍辱而至此者。唯不欲徒死。冀得一當以復仇讐恥耳。今旣不獲遂所志。無寧從故主地下爲愈矣。臣妾感且不朽。太后亦爲惻然。乃令人引至旁室中縊之。高宗得報。亟命賜歸。已無及矣。乃厚其棺殮。以妃禮葬之。

烏什者。回部大都會之一。居民達數萬。其伯克阿布都拉。故爲哈密伯克。高宗調遣以理烏什刑事民事者也。性暴戾。縱所役烏什回衆魚肉土著。辦事大臣蘇成。縱酒色不治事。回民無所訴。是時葱嶺西境。布哈爾阿富汗諸國。嫉清之統一西域。又惡巴達克山之獻敵首於清也。乃起同盟軍。襲殺其國王。屠其城。其前鋒軍以乾隆二十八年。達敖罕汗國之霍闡。（今俄領土耳其斯坦之一市）烏什居民聞之。竊通使乞援。遂以二十九年反。守吏均見殺。阿克蘇及庫車之大臣。先後赴援。均見敗。伊犁將軍明瑞。及喀什噶爾參贊納世通。各以兵會剿。相持至七月。會敵軍所期之阿富汗兵不至。諸回城又無一響應者。其謀主遂爲部下縛降。時則參贊大臣特由喀什噶爾移治烏什。於是清國國威。遠震葱嶺以西。迤北則吉爾吉思部落。迤南則敖罕阿富汗諸國。皆嘗遣使通貢。仰清國之保護焉。

貴州台拱苗之鎭定　苗族散處西南。雲貴川廣數省之土司。其俗仍世狉獉。治之良難。清因明制。分設土官。爲平西定南諸藩所鈐轄。吳三桂舉兵時。諸土司頗爲所用。及事寧。清廷以度外置之。未能淸其亂本也。雍正時。鄂爾泰倡改土歸流議。世宗令佩雲南貴州廣西三省總督印。經營凡五年。羣苗咸順。然未幾卽有貴州台拱苗之變。貴州東南境。有苗族所佔大區域。以古城爲中心。周三千餘里。環千有六百餘寨。是爲苗疆。苗疆之綏定也。鄂爾泰入爲大學士。嗣其後者。頗易視苗事。苗疆吏又以徵糧激衆怒。各寨紛變。齊集清江台拱間。陷黃平以東諸城。曾副將馮茂誘殺降苗六百餘。於是苗逃歸播告。以故徒黨詛盟。乃益堅。蔓延幾不可制。乃以張照為撫苗大臣。照以改流非策。倡棄地議。高宗卽位。召照還。授張廣泗七省經略。廣泗乃調全黔兵集鎮遠。以通雲貴往來大路。簡選將士。而授方略。以精兵四千餘攻上九股。四千餘攻下九股。而自統五千餘攻清江下流各寨。所向克捷。乾隆元年春。復增兵八路。苗寨罔不焚蕩剷除。遺孽盡竄牛皮大箐。箐圜苗寨中。盤亙數百里。北丹江。南古州。西都勻八寨。東清江台拱。危巖切雲。老樾蔽天。霧雨冥冥。泥潦蛇虺所國。雖近地苗蠻。亦無能悉其幽邃。廣泗檄諸軍分扼箐口以坐困之。又旁布奇兵箐外。以截捕逃。如陸網獸漁竭澤。自四月至五月。俘馘萬計。六月。復乘勝搜剿熟苗。分首惡次惡脅從三等。斬俘無算。遂設九衞屯田養兵戍之。於是貴州之苗族悉平。

四川大小金川之蕩平　大小金川。在金沙江上游。以山有金鑛得名。其俗故信喇嘛教。康熙時。曾給大金川酋嘉勒巴以演化禪師印。嘉勒巴之孫莎羅奔。復以康熙晚年從征西藏功。授為金川安撫使。至高宗時。莎羅奔浸強。奪有小金川酋澤旺印。其印故順治時所給也。既見奪。佔有其地。復略打箭爐附近諸土司。又擊傷赴援之清兵。高宗遣滇督張廣泗移川討之。地既險阻。而土人又長於防禦工事。築石壘曰戰碉。高逾塔。大小林立。難攻而易守。故師行無功。訥親以大學士為經略。用以碉逼碉策。得一碉輒傷數百人。攻戰數月均無效。高宗賜訥親死。逮廣泗斬之。而以大學士傅恆為經略。與岳鍾琪分兩路進。改圍碉兵為直搗中堅計。莎羅奔原於西藏之役。隸鍾琪麾下。及是遂震懼乞降。未幾。又有兩金川聯合之變。

方涉羅奔之奪澤旺印也，未久卽還澤旺於故地。莎羅奔既降，兄子郎卡嗣掌金川事，復與鄰部構衅。高宗令川督阿爾泰檄川邊九土司環攻之。已而郎卡死，澤旺亦老病，子僧格桑用事，陰與郎卡子索諾木，訂攻守同盟約，同時舉兵。高宗褫阿爾泰職，遣大學士溫福，及川督桂林，分道而入，先圖小金川。桂林旋以挫師被劾，以阿桂代之。阿桂轉戰有功，僧格桑竄大金川。高宗欲乘戰勝之勢，一舉並滅，乃授溫福為定邊將軍，阿桂副之，溫福令提督董天弼守小金川，而自率軍駐木果木。（大金川東境）無何董軍陷，溫福亦戰歿，小金川復陷。乃以阿桂為定西將軍，豐紳額明亮副之，所向克捷，悉復小金川地，進攻勒烏圍（大金川根據地）敵巢。索諾木酖僧格桑，獻其屍乞停戰，阿桂不允，攻益亟。索諾木退入噶爾崖，（大金川根據地）阿桂合諸軍圍之，索諾木率家族出降。於是大金川亦復。時乾隆四十一年也。高宗以小金川地為美諾廳，大金川地為阿爾古廳，並直隸四川省。而於勒烏圍設重兵鎮守焉。

臺灣之三定　康熙末葉，朱一貴既俘，以諸羅北境寥闊，增彰化縣及淡水廳。地大物齋，俗日淫侈。奸宄竊發，官斯土者又日事朘削。會漳泉民之僑居者，械鬥至數萬人，官吏不能制，唯以虛聲脅和，自是民狃於為亂，豎旗結盟，公行無忌，如獄有不能結者，輒誘殺生番以歸獄。於是民益輕官吏，而番亦銜次骨。乾隆五十一年，彰化有林爽文者，恃其所居大理杙地險族繁，恣為盜賊。閩廣間有所謂天地會者，為奸徒結黨名目，爽文藉以糾不逞之徒起事。知府孫景燧至彰化，趨知縣俞峻及副將赫世額，游擊耿世文，率兵役往捕，不敢入，駐營五里外大墩，諭村民捡獻，否則村日毀。先焚數小村怵之。爽文遂因民怨，集衆夜攻營全軍覆沒彰化陷十二月又陷諸羅知縣董啓埏死之淡水同知程峻亦被害鳳山縣盜莊大田乘亂起亦陷其縣知縣湯大奎自殺惟府城總兵柴大紀及兵備道永福等率衆固守賊屢攻不能破大紀禦之鹽埕橋殺賊千計橋距府城五十里扼水陸交大紀自守之賊始不敢窺府城明年正月初旬水師提督黃仕簡陸路提督任承恩副將徐鼎士乃以兵渡海至仕簡檄大紀北取諸羅郝壯猷南取鳳山各帥兵二千唯大紀連破諸賊遂復諸羅壯猷阻兵五十日始進鳳山城已空招民復業民賊相混城復陷游擊鄭嵩死壯猷等逃歸府城二月高宗見兩提督觀望遂巡命總督常青往督師青不得已遷延入臺踞府城人心稍定閩督李侍堯調廣東兵四千浙兵三千高宗益以駐防滿兵一千令將軍恆瑞爲參贊赴府城提督藍元枚廷珍子也亦爲參贊赴鹿港並誅壯猷逮承恩以大紀代之諸將咸思進兵而青畏葸日夜流涕元枚已病卒青等遇敵甫交綏戰栗不能舉鞭策馬走入城急閉門又請增兵一萬賊得暇蠶食各村不從者殺於是遍城皆賊矣大田驅以攻府城爽文驅以攻諸羅諸羅據南北之中賴大紀守之全臺不至盡陷日屢出奇兵奪其峙積詔以大紀用法嚴明載入行軍紀律授爲參贊大臣青與恆瑞坐失機解任以福康安海蘭察代之又命大紀捍衛兵民出城再圖進取諸羅夙無城郭賊百計環攻士民立柵固守百餘日卒獲保全高宗特旨旌獎賜名嘉義縣封大紀義勇伯並令浙撫以萬金賞其家俟大兵克復與福康安同來瞻覲十月抵鹿海港口清軍聲言直搗大理杙而濳趨縣治十一月遇賊崙仔頂海蘭察率巴圖魯侍衛數十衝賊陣矢無不中賊披靡遂怒馬殺之再敗之牛稠山海蘭察卽日抵嘉

義城。翌日。福康安亦至。又克之斗六門。遂克其巢。爽文攜眷走集集埔。又破餘賊小半天。爽文被執。遂移師而南。剿大田於牛莊。逐北至郎嶠。環山圍之。大田亦就俘。臺灣平。唯福康安以大紀不謹禮節。直揭其短。而於畏葸之明瑞。反曲爲庇護。僅止遣戍伊犂。大紀功高竟不獲邀寬典。論者謂與張廣泗不服訥親之劾。而負氣大廷者無異也。

五　西南諸國之服屬

中國與尼泊爾之關繫　自中國統一西藏。漸與印度相接近。亦自鎮定苗疆。復與後印度相接近。於是域外之交涉以起。尼泊爾者。在西藏之南。雪山之陽。居民務農商業。與藏人及英人之在印度者。夙通貿易。嘗奉金葉表貢方物。其地向分三部。以加德滿都爲盟主。乾隆三十二年。爲西境廓爾喀酋所倂入。卽尼泊爾王位。漸掠鄰地。會西藏紅教徒舍瑪爾巴與其兄黃教徒仲巴胡土克圖。以分貲不遂。憤入尼泊爾。引廓爾喀人入寇。時乾隆五十五年也。援將侍衛巴忠等不敢戰。潛令藏人餌敵以歲幣。而以敵甓乞降。冒奏邀功。至翌年。廓爾喀來責歲幣。大舉寇邊。駐藏大臣保泰。擬移班禪於前藏。而以後藏委敵。會仲巴已挈貲先遁。敵軍縱掠而還。並留其半屯界上。全藏大震。高宗以福康安爲將軍。海蘭察爲參贊。於五十七年。自青海越西藏。悉逐敵屯。遂入尼泊爾。廓爾喀以乞降緩淸師。陰通款與英人。以訂通商約要其援師。於是印度總知事。亟派使作調人。而淸軍已六戰六捷。廓爾喀待英兵不至。再使求和。比英使至。而和約已定．無可干涉．自是尼泊爾世貢中國．高宗懲前事．注重藏防．增戍兵．並令駐藏大臣行事儀制．與達賴班禪平等．握其政治財政軍備之全權．本來達賴與班禪係以化身轉世．號呼畢爾罕．積久弊生．往往兄弟子姪．繼登法座．不啻世襲．且其親族．相率夤緣．亦多盤據要津．收攬權利．高宗乃特創掣籤法．頒金奔巴(瓶)二．一貯西藏大招寺．一貯北京雍和宮．凡達賴班禪及內外蒙古大胡土克圖轉生時．遇有爭議．則書名於籤．納諸金奔巴．誦經降神而掣之．亦法座繼承預防爭端之法也．至尼泊爾之東．有不丹國．內分兩族．互相仇殺．曾於雍正時先後赴藏通款．貝勒頗羅奈爲之和解．遂各遣使脩貢．按時無缺云．

中國與緬甸之關繫

明時．緬甸爲中國藩屬．萬曆後朝貢浸廢．及清乾隆時．有吳尙賢者．中國石屏州人也．得開鑛權於緬東卡瓦獨立部．設茂隆銀廠．部酋以輸課作貢．款邊入報．廷議以尙賢違例出境．欲令部酋稱而罪之．旋以部酋奏懇．始免議．尙賢復游說緬甸使入貢中國．然未幾緬甸內部革命．軍興．尙賢又以中飽銀廠之案．爲滇督所陷．瘐死獄中．茂隆銀廠亦爲解散．而國際上和平之局．亦變而爲激烈之風雲．時緬甸各部．不相融洽．南境擺古部聯兵陷國都亞瓦．木疏部長起兵滅之．建新緬甸國．諸部皆服．獨木邦及桂家兩部與之抗．桂家者．明帝由榔官屬之裔．以桂王初封得名．世據波龍銀廠．爲僑緬富豪．合衆成部落．既與木邦同抗新緬甸．又先後同見敗．遂以乾隆二十七年．寄居滇邊．爲內附計．滇督吳達善以索賄不遂．逐之．桂家部長古利宴之家屬財產．爲孟連土司所掠．獻之達善．古利宴妻襲土司殺之而邊吏復誘致古利宴與其妻駢戮之以洩忿是時緬甸已統一全部又見清之官吏貪而狠也遂以邊界土司之舊交涉爲辭舉兵犯邊達善不敢戰緬勢益張已而達善移川陝劉藻楊應琚明瑞等相繼督滇與緬戰均失利高宗以傅恆爲經略阿里袞阿桂爲副將軍進擊緬時緬方用兵暹羅不欲與清重開衅上書請罷兵高宗不許傅恆擬與暹羅訂夾攻之約卒以交通阻滯及暹羅殘破之風說不果行厥後清軍雖獲勝而傅恆阿里袞遘病甚篤諸將亦憚攻亞瓦會緬人來議和遂定議各還俘虜返所侵土司地行表貢之禮時三十四年也議雖定未實行高宗仍飭兵進取後以金川之役暫緩南師及四十一年金川平高宗復遣阿桂赴滇與滇督勘邊增兵備會緬內亂暹羅又以其間復侵地於是緬酋大懼始以五十三年入貢返俘如前約至五十五年賀高宗壽高宗因册封爲緬甸國王定十年一貢之制

中國與暹羅之關係　暹羅自明初受封世貢金葉表厥後凡易三朝與緬甸爲仇敵當清乾隆時國都猶地亞嘗爲緬王所攻破僑暹中國人有鄭昭者結合同志爲暹報仇復猶地亞會故王子亡走柬埔寨衆因推昭爲國王更定都盤谷昭既再造暹羅遣使赴清廷告捷奏稱「自遭緬匪侵陵雖復土報仇紹裔無人茲羣吏推昭爲長遵例貢獻方物」暹使以四十六年至京師而昭已先一年爲怨家所弒其弟華方統兵在外入討賊而即位稱索由提那王五十一年入貢中國五十五年賀高宗壽受册封十年一貢如緬甸嗣是中國人之僑寓者日益衆數達百數十萬多握其商界之實權今緬已亡於英而暹羅尚稱自主焉蓋關係亦甚疏矣

中國與安南之關繫　安南故秦象郡，明永樂時，隸交趾布政司，宣德時，黎利脫明羈絆，建大越國，萬曆時，阮潢據順化獨立，建廣南國，後大越以清康熙五年受封爲安南國王，尋內亂，而廣南阮潢王族，亦爲土豪阮文岳等所滅，其弟文惠復以兵陷安南都城河內，毀王宮，留兵守之，於是安南遺臣阮輝宿奉王族入桂邊，高宗遣粵督孫士毅爲之興師復仇，且郵寄封册，令以便宜從事，時乾隆五十三年十一月也，士毅與提督許世亨帥兵入河內，其王黎維祁匿民間，夜詣營申謝，士毅因以帝意復其王封，時文惠據順化，方擧傾國之兵，乘歲暮潛進，而佯言出降，縱間諜以覘虛實，次年元旦，士毅軍方置酒張樂，昏夜得警報，倉猝自相蹂躪，維祁已挈眷先渡富良江入邊，士毅隨之，斬浮橋以斷後，清軍溺死過半，世亨亦死，高宗以福康安代士毅，文惠懼搆衅大國，事且不測，更名光平，遣其兄子光顯奉表乞降，高宗懲前敗，不願再擧，因與光平敕令於五十五年親詣京賀帝壽，並於安南地方爲世亨及死事將校等建祠致祭，光平聽命，遂封光平越南王，而置其故王於北京焉。

六　高宗之外交

與俄新訂恰克圖互市條約　自世宗與俄締結恰克圖條約，於是內地商民運煙茶緞疋雜貨往庫倫恰克圖貿易者日增盛，乾隆二十九年，以俄人渝約私課貨稅，又逐人互失馬匹，俄人輒以少報多，移文責償，高宗命封鎖恰克圖市場，時庫倫辦事大臣與土謝圖郡王舞弊，私與交易，高宗震怒，三十年，削土謝圖郡王桑齊多爾濟爵誅辦事大臣丑達厲行閉關。三十三年。新辦事大臣慶桂。以俄人恭順情形入奏。高宗命理藩院與俄全權大使修正恰克圖條約。嚴定返還罪人。懲治盜賊之事。始許互市如初。其後四十四年。以俄邊吏庇護罪人不卽會審之故。飭閉關者年餘。五十年。復以俄屬布里雅特人烏埒勒咱等入邊劫掠之故。飭閉關者殆七年。至五十七年。(一七九二年)辦事大臣報俄人誠實悛過。再四哀請之結果。高宗命與俄官新訂恰克圖互市條約五款。列全文如下。(一)恰克圖互市於中國初無利益。大皇帝普愛衆生。不忍爾國小民困苦。又因爾薩那圖衙門(卽俄元老院)籲請。是以允行。若再失和。罔冀開市。(二)中國與爾國貨物。原係兩邊商人自行定價。爾國商人應由爾國嚴加管束。彼此貨物交易後。各令不爽約期。卽時歸結。勿令負欠。致起爭端。(三)今爾國守邊官皆恭順知禮。我游牧官羣相稱好。若爾從前守邊官皆能如此。又何至數次失和。以致絕市。嗣後爾守邊官當愼選賢能。與我游牧官遜順相接。(四)恰克圖以西十數卡倫爾之布里雅特哈里雅特不法。故致有烏埒勒咱之事。今爾國當嚴加約束。杜其盜竊。(五)此次通市。一切仍照舊章。已頒行爾薩那圖衙門矣。兩邊民人交涉事件。各就近查驗緝獲罪犯。會同邊界官審訊明確後。本處屬下人由本處治罪。爾處屬下人由爾處治罪。各行文知照示衆。其盜竊之物。或一倍或幾倍罰賠。一切皆照舊例辦理。是約以五十七年正月由庫倫辦事大臣松筠普福等。與俄官色勒裘特。在恰克圖交換。時俄女皇加他鄰二世在位。注意分割波蘭。與擴張領土於黑海方面。不暇遠顧東方。而邊人以閉關日久。亟欲回復市利。故聽命唯謹。松筠等以俄人感激皇仁。倍深誠敬入告.遂以同年四月開市.又議改良文書.務以公誠信義爲主.自是兩國商民.得保和平互市.自嘉慶初年.至道光末年之半世紀中.兩國國交得確守恰克圖條約無恙.

英使之要求及入覲　自東印度會社社員中.赤普爾至浙江舟山寧波試行貿易.因浙海關稅則.較粵海爲輕.於是內外商人引爲利藪.及乾隆二十年.諸國商船.漸有舍粵就浙之趨向.至二十二年.浙閩總督喀爾吉善.及兩廣總督楊應琚.奏請將浙關稅則.比較粵海之額課.更定征收.高宗以爲「海疆重地.多一利端.即多一弊藪.洋船歲至寧波.徑途日熟.勢將與廣東之澳門無異.而商船頻仍.則有奸牙之勾串.吏胥之需索.及其易貨歸棹.則有絲粟之出洋.鐵器之渡海.日久弊生.難以盡杜.且今日驚趨寧波.異日即可轉移他郡.於民風國防上.均有莫大之關繫」.乃因令更定浙海稅則.比粵海益加重焉.以爲抵制洋商之計.於是英人推廣商利之機謀.及數十年來經營之成效.全被挫折.寧波幾不能插足.商人洪任輝.遂以二十四年.由寧波至天津.將廣東貿易困難狀.哀訴政府.語侵粵海關監督.清廷遣員按問.坐任輝以妄控之罪.拘置澳門獄中.踰二年.遇赦還.當是時.廣東貿易不盛.而課稅過苛.清廷視英人爲異族.不以平等相遇.而國內奸商漁利.向官吏則道英商奸詐無禮.向英商則假官命壓迫.而英商則致書廣東大吏.乞改五弊.道不答.英政府聞之.且怒且憂.冀中國以平等待遇.庶保國家體面.兼全本國商人之利益.於乾隆五十八年.遣正使馬加特尼.副使斯當東等.攜英王國書及贈獻品.來中國.至白河.清廷目爲貢獻使.並強使行叩頭禮.英使自陳不習拜跪.強之止屈一膝.及至殿上.不覺雙跪俯伏.管世銘輯

山堂詩有「一到殿廷齊膝地，天威能使萬心降」之句。馬加特尼等遂以締約請求，提議如下：（一）英國當遣員駐紮京師，照管本國商務。（二）英商船當至浙江之寧波舟山及天津廣東地方收泊交易。（三）英商當仿照俄羅斯之成例，在京師設一商館收貯貨物發賣。（四）求給舟山附近地方之小海島一處，爲居留商人收貯貨之物場所。（五）撥給廣東省城附近小地方一處，居住英商，或准令寄住澳門之英人自由出入。（六）英商於廣州澳門間由內河運輸貨物，請免稅或減輕稅額。（七）任聽英人傳教。是時清廷直認英爲朝貢國之一，此次使節直爲叩祝萬壽而來，因荒遠不識天朝體制，妄行呈請，不足深責。因此一方賜使臣筵燕，優加賞賜，以示懷柔恩意，一方卽下敕諭英王，盛稱天朝之威德，而於英政府之要求，逐條駁斥，遣之回國。馬氏此行，不過齎回敕文及文綺珍玩諸賞品，餘並一無所得。第將途中所見中國內地之實情，一一筆之於書，歸國時卽布之全國，實爲英人莫大之利益云。

七　乾隆衰敝之肇端

游豫之無度　聖祖時，黃淮水災衍溢，故屢舉南巡之典，至再詣盛京，間幸五臺，以及秦豫，翠華所指，蠲減旅行，恩典尤難殫述。高宗有志法祖，亦思率由舊章，凡幸五臺者五，祭曲阜孔廟者五，巡中州及近畿者三，謁三陵者四，幸江浙者六，至秋獮木蘭山莊避暑，亦無非踵其故例。初舉於乾隆六年，越十年以後，夏秋必幸其地。木蘭爲較獵之所，亦謂之哨，哨者，哨鹿也。哨鹿日制，聖祖於五更放圍前出營，令侍衛等分三隊。約出十餘里。停第三隊。又四五里。停第二隊。又二三里。將至哨鹿處。停第一隊。漸聞清角聲揚鹿鳴應和。槍聲一發。咸知神威命中矣。高宗蒐獵木蘭時。於黎明親御名駿。命侍衞等導入深山疊嶂中。尋見鹿羣。命一侍衞舉假鹿頭作呦呦聲。引牝鹿至。亟發箭殪斃。取其血飲之。不唯延年益壯。亦所以習勞也。然此猶可曰習武功於邊徼耳。至因灤陽風景之美而駕幸避暑山莊。雖供奉宴賚皆取之於內廷。然雜植時花。分置亭榭。當時所費。亦屬不貲。故內大臣博爾奔察尚有諷諫之事。高宗幸山莊時。嘗謂奔察曰「此地氣候極清淑。大勝京師。洵無愧避暑山莊也」奔察曰。「陛下就宮內言之耳。若外間城市狹隘。房屋低小。人民皆蝸處其中。兼之戶竈衡接。炎暾之盛。十倍京師。故民間諺云。『皇帝之莊眞避暑。百姓仍是熱河也』」高宗慍然。揮之使出。爲之不快者累日。卽紀昀灤陽歌唱集中。亦多諷頌。然此猶可曰寄遐情於勝地耳。於國家之財賦與民間之風俗。固無若何影響也。而受其影響者。則莫若六次之南巡。

初次南巡。始於乾隆十六年。正月。免江蘇安徽浙江逋賦額賦。並增廣三省學額。二月。奉太后渡河。閱天妃閘高家堰。過淮安。見城北皆水。改建石工。資保障。三月。幸杭州。賜廣東原任侍講劉起振。年逾百齡。赴浙迎鑾。詩章扁額。赴觀潮樓閱兵。渡錢塘江。祭禹陵。還駐杭州。授召試諸生謝墉等三人舉人。回鑾至蘇州。幸宋臣范仲淹祠。賜園名曰高義。臨江寧。祭明陵。御書禁樵採。渡江。試諸生蔣雍等五人。四月。閱蔣家壩。渡河。抵泰安。祀東嶽。五月。還京。二十二年。復南巡。免江浙三省民欠及經過直隸山東江南等額賦十分之三。幸蘇州。視織造機房。抵浙。閱兵嘉興石門。抵杭。禁營伍鐃吹細樂。十餘日。還蘇。渡江。召刑部尚書劉統勳赴行在。籌辦徐州河工。四月還。第三次在二十七年正月。諭曰「巡省江浙。翠華所過。宜沛隆施。着將三省節年緩徵。及未完地丁各項概予蠲免。」經過地方免什之三。二月渡河。閱淸江東壩惠濟閘。渡江。閱京口兵。三月至浙。臨海寧。閱海塘。以潮勢漸趨北大亹。命歲脩老鹽倉一帶柴塘。並尖山塔山間石壩。資保障。復幸觀潮樓。閱福建水師。四月還至河。閱高家堰。諭自濟運壩至運口。接建甎工。渡河命莊親王允祿等奉太后由水路行程。而自登陸由徐州閱河。旋閱黃河岸新隄。又閱嶧山湖。詣孟子廟。謁先師廟。賜衍聖公孔昭煥幣。五月還。第四次在三十年正月。命免三省被災未完之錢糧。經過地方蠲免如上次例。二月抵杭。賜一百七歲訓導王世芳御書扁額及銀幣。命脩築海寧石塘。三月還江寧。四月至德州。命簡親王豐納等奉太后自水程囘。而自登陸還京。第五次在四十五年正月。諭疆吏毋治行宮。毋事繁費。有派累閭閻者罪之。三月至海寧。觀潮。幸尖山。以石塘工程單薄。命改建魚鱗石。抵杭。以郭鍾岳壽百齡。特賜進士。還至江寧。祭明陵奠酒。五月至涿州。有僧率一童子迎駕。云係多羅履郡王允珹第四子。攜入都鞫之。察其僞。斬僧於市。戍童於伊犁。其第六次則在四十九年正月。也命皇十一子允瑆十七子允璘隨駕。二月至泰安。詣岱廟。謁少昊陵。謁孔廟釋奠。三月入浙。幸海寧尖山。閱塘工。又諭督撫添築石塘。並給庫銀五百萬。限五年竣工。至是六度之典乃成。或謂南巡所過都邑。民苦煩擾。御舟行時。塘河兩岸。並令打縴。名曰龍鬚縴。一切民船。驅逐一空。又勒令其地薪炭商供給材料。往往堆積如山。頃刻即盡。又糞商則勒令沿塘徧置盆盎。上加木蓋。以備縴夫之溺。每縣動費千萬。御舟既過。輒爲役夫所破。或御舟復經，又須具焉，俱名曰當役，私家所載，不足爲據，但其所作南巡記，所謂南巡之事，莫大於河工，乃以數千百萬之庫帑，僅注意於海寧石塘之興築也，果何爲哉，故退位後，嘗謂吳熊光曰，「朕臨御六十年，並無失德，惟六次南巡，勞民傷財，實爲作無益害有益，」蓋亦有自悔之心焉。

和珅之顓橫　乾隆一朝滿漢分兩大黨者，前爲張廷玉鄂爾泰，後爲于敏中和珅，敏中植黨營私，既向宦寺交接，復與外官夤緣舞弊，高宗披閱其傳，雖其身已故，猶革其世職，而撤其賢良祠，然究不如和珅柄國之久，得君之專，罪狀之昭著，其於國家治亂興衰之所繫，非淺鮮也。和珅籍滿洲正紅旗，有謂爲伍彌泰外孫者，（吳熊光筆錄）有謂爲郭大昌外孫者，（包慎伯中衢一勺）然皆苦無確證也。珅以一官學生充鑾儀衞校尉，一日警蹕出宮，高宗偶於輿中閱邊報，有奏要犯脫逃者，微怒誦論語「虎兕出於柙」一語，扈從諸校尉及期門羽林之屬，咸愕眙互詢天語云何，珅獨曰，爺（凡內臣稱帝皆曰老爺子或曰佛爺）謂典守者不得辭其責耳，高宗爲霽顏，問汝讀論語乎，對曰然，又問家世年歲，奏對皆稱旨，遂派總管儀仗，旋陞侍衞，洊擢副都統，遷侍郎，在軍機大臣上學習行走，已而由尙書拜大學士，貴爲首輔，爵封上公，弟和琳配饗太廟，子豐伸殷德尙公主，一切龍褂紫韁雙眼寶頂茂典殊榮，靡不崇備，八旂大臣中，寵眷罕有其匹。珅才敏給，遇事機牙肆應，尤善揣人主喜怒，以故高宗倚毗甚篤，設稍感激知遇，移其封殖自利之謀，以協贊軍國，其功名福澤，豈在郭汾陽下，奈何貪得無厭，專以聚斂自豐爲職志，而督撫司道，畏其傾陷，自不得不餽貨權門，結爲奧援，卽朝士亦或奔走其門，鬻爵賣官，招權納賄，無所不爲，且其權勢熏灼，炙手可熱。如孫士毅歸自越南。待漏宮門外。與珅相值。珅問士毅所持何物。士毅曰。「一鼻烟壺耳。」索視之則明珠一顆。大如雀卵。爲雕琢而成者。珅贊不絕口。曰。「以此相惠可乎。」士毅大窘曰。「昨已奏聞矣。少選。卽當進呈。奈何。」珅微哂曰。「相戲耳。何見小若是。」閱數日。復相遇直廬。珅語士毅。「昨亦得一珠壺。不知視公所進奉者若何。」持示士毅。卽前日物也。士毅方謂上賜徐察之。實無其事。乃知珅出入禁廷。遇所喜之物。逕攜之以出。不復關白也。其恣橫若此。又宮中某處陳設有碧玉盤。徑尺許。高宗所最愛。一日爲七阿哥所碎。大懼。謀諸珅。珅出一盤。色澤尙在所碎者上。而徑乃至尺五寸許。乃知四方進御之物。上者悉入珅第。次者始入宮也。又讀焦里堂憶書有宰相食珠一則。謂「吳縣石遠梅。以販珠爲業。恢衷一小篋。錦囊緼褁。赤金爲丸。破之。則大珠藏焉。重者一顆值二萬金。次者值萬金。至輕者亦八千。士大爭購之。唯恐不得。問所用。則曰『所以獻和中堂者也。』中堂每日晨起。以珠作食。故心竅通明。過目卽記。一日之內。諸務紛吝。胸中了了。不少遺忘。珠之舊者與已穿孔者。服之皆無效。今日之貨。無如此物之奇昂者也。」周官有供王食玉之說。此乃有供宰相食珠者。眞異聞矣。珅奸如此。獨怪阿桂稽璜輩。既不能抗疏以糾彈。復不能潔身以引退。雖能不喪所守。而乃委蛇共事。祇求相安。如錢氏記事稿載璜逸事云。「與珅同在政府。一日乞璜楹帖。璜受其紙歸。乃召翰林數人飲於堂。命子彭壽請曰。『墨具矣。』璜叱之曰。『吾方有客。爾何言。』客請其故。而曰。『吾儕正樂觀公之用筆以爲法也。』遂對客書之。甫畢。彭壽攫其紙。璜訶譴。客爲請。乃已。明日。謝珅曰。『徒敗公佳紙。』蓋彭壽攫紙。璜所教也。翰林數人。皆珅門下士使釋見之言於珅以爲信也瓚所以委曲爲是者亦以稱謂故也」錢氏又謂與珅一堂議政使其相水火必激而債事瓚蓋有柔嘉之則者陳康祺壬癸藏札記謂嵇事太曲錢論亦非「設彭壽來請而諸翰林漠不置詢公將何以行其術設明日謝珅而珅復易紙以請公又將何以飾其詞且彭壽一小奴稍不解事漏洩隨之不幾自速其禍乎平日不相趨附而謂偶書楹帖卽玷終身清議不如是之嚴文網亦不如是之密且與珅數年共事斷不能無一刺之拜謁盃酒之往還倘有指爲蹤跡暱密者又將何以巧避乎錢氏漫許爲柔嘉柔嘉本詭恐不其然」阿桂以大學士領袖樞府屢被命赴各省治河又勘獄督師迄無寧歲以阿桂與己不合不願與之比肩以是辦事多不在軍機而自移他處於是御史錢灃慮開朋黨之禍乃上疏曰「軍機大臣應同在公所辦事互相可否此定例也近惟阿桂在軍機處餘或在內右門或在南書房或在造辦處一切咨事書稿司員趨走多歧恐生事端況內右門接近養心殿不能不與內監狎習萬一有如從前高雲從之事雖立正刑辟而所絓已多請飭諸大臣循照舊章同止軍機處其圓明園辦事亦同一體以昭畫一之規」高宗覽奏切責大臣謂錢灃所奏甚是卽令在軍機章京上行走自後珅常値軍機而阿桂除召見議政外仍不與通有時珅就與言亦漫應之而絕不移故處去之既無其力而附之又所不甘亦與瓚同一委曲求全而已雖然同時滿臣如福康安漢臣如董誥輩均不能有所匡抑奚獨咎此二人及阿桂卒高宗諭和珅曰「阿桂宣力年久且有功汝隨同列銜事尙可行今阿桂身故單排汝銜外省無知必疑事皆由汝甚至稱汝師相汝自揣稱否」後遂止寫軍機大臣

不列姓名。著爲例。蓋高宗亦自知珅無功德。不足以稱師相之任也。至謂其貌與世宗貴妃某相似。是言過於離奇。誠不足辨。

官吏之貪黷　高宗柄政。雖整頓吏治。不及世宗之嚴厲。而寓寬於嚴。官吏亦尙知畏法。自和珅尊寵用事。中外多其私黨。而貪財嗜貨。相率成風。吏治益敗壞而不可收拾。如乾隆二十二年。山西布政使將洲以虧帑伏法。三十五年。貴州巡撫良卿。以飲法婪贓被誅。四十五年。雲貴總督李侍堯。以貪縱營私問罪。他如五十一年。及六十年。伍拉納浦霖之贓款纍纍。富勒渾黃梅德明之婪索種種。侵漁動至數十百萬。其貪黷亦可謂甚矣。而皆不如甘肅捐案之穢亂。與國泰營私之苛虐。乾隆四十六年五月。阿桂奏。「甘肅收捐監糧。係王亶望任藩司時。慫恿勒爾錦奏請開例。且一面奏立規條。一面卽公然折色包捐。故王亶望得擁厚貲而去。」清廷大怒。提訊勒爾錦王廷贊。並令浙撫楊魁。會同總督陳輝祖。就近嚴訊王亶望。令其據實供出。時高宗幸熱河。廷贊赴供。甘省糧賤。折色定數。以五十五兩買補還倉。足敷定額。又因捐生多在省城。改歸首府收捐。仍將銀兩發給各州縣。購買糧石。補塡倉儲。按季申報。清廷以捐監收糧。原爲倉儲賑濟。何得公然定數折色。且甘肅每年報災需賑。則糧價必昂。而五十五兩之數。斷不敷採買。既言糧賤。則收成自必豐稔。而揑災冒賑之弊。可以顯然矣。既私收折色於前。復勒買冒銷於後。上下一氣。通同營私。不可不徹底嚴查。因將亶望拏交刑部嚴審。並以廷贊回亂時有守城功。令實供邀免。復傳諭阿桂等。將歷任道府。查明冒銷賑濟勒買分肥狀。逐一參奏。尋奏上。請將前任蘭州知府蔣全迪。皋蘭知縣程棟革職提訊。其曾任本道首府首縣。亦解交蘭州審問。是月行在大學士九卿會審勒爾錦等。按律定擬。勒爾錦王亶望王廷贊蔣全迪先後皆伏法。而程棟陸煒那禮善楊德言鄭陳善蔣重熹宋學淳李元椿王臣許山斗詹耀璘陳鴻文黎珠伍葆光舒攀桂邱大英陳澍伯衡孟衍泗萬人鳳徐澍英陳韶等二十二人立坐死焉。諭旨云「從來未有之奇貪異事」洵不虛也。國泰以和珅私人。官山東巡撫。勒索屬員。虧帑至數十萬。各州縣尤而效之。虧空亦往往至數萬。唯布政司于易簡攫金襪手與國泰埒。乾隆四十七年。錢灃疏劾之。奏言山東吏治廢弛。借納貢名。貪婪無厭。官民苦之。所屬州縣。虧空纍纍。請旨按問。且言嗣後願皇上勿受貢物。俾天下督撫無以藉口。高宗覽奏。即命軍機處傳訊。已而有旨隨同軍機大臣。和珅劉墉諾穆清等往訊。其時珅柄國。而國泰素奔走其門下者。人皆為灃危。及抵境。珅已授意國泰彌縫。輒以危言相恫喝。幸墉深知其弊。常與灃密商。比到省盤查。則珅先揚言不用全數彈兌。抽查至數十封無短絀。珅遽起回館舍。灃請封庫。次日徹底拆封。則多係圓絲雜色銀。蓋借諸商賈以充數者。因詰庫吏得其實。遂出示召諸商賈來領。大呼曰。遲來即入官。於是商賈紛紛具領。庫為一空。復往盤他府亦然。案遂定。珅亦無如何也。於是國泰與易簡俱拏交刑部治罪。高宗嘉之。許為敢言。未幾二人俱伏法。前任濟南知府呂爾昌。經手勒索。歷城知縣郭德平。挪移掩飾。前按察使葉佩蓀。署按察使梁肯堂。同城失察。國泰兄國霖。遣人送信。均革職拏問治罪。語云「批龍鱗易。捋虎鬚難。」錢灃是舉。其不為珅所搏噬也幾希。

軍備之廢弛　自三藩之亂。八旗兵力之衰。昭然若揭。於是綠營兵代之而起。乾隆時威德遠敷。疆圉式廓。數十年間。西南至尼泊爾。東北至庫頁島。十全紀盛。武功亦可謂烜赫矣。豈軍備猶有可議者。豈知兵力之弱點。已暴露於十三年大小金川之役。是役也。金川蠢動。因其地險阻。張廣泗攻之而不克。高宗命訥親爲經略。恃其才。蔑視廣泗。甫至軍。限三日克刮耳崖。將士有諫者。斬三軍震懾。攻擊多傷。訥自是懾伏不敢出一令。每臨戰。避帳房中。遙爲指示。人爭笑之。軍威日損。有三千軍攻碉。遇賊數十人。鬨然下擊。其軍即鳥獸散。惟日乞增兵轉餉。至有欲乞達賴喇嘛終南道士爲之助戰。高宗大怒。立褫其職。令往寨外效力。（見嘯亭雜錄）其軍隊之恇怯可知。逮三十六年。大金川不靖。而又有木果木之敗。汲修主人云明參政亮謂余曰。『兵宜於乘銳直進。若不審敵勢。坐失機宜。兵氣衰竭。欲復振不易也。』宋總兵元俊。乘勝直搗美諾。當時厚集兵力。一鼓殲滅。金川可定。溫福乃狃於易勝。不復調檄各路兵馬。惟日與董提督天弼讌。置酒高宴。額駙色布騰巴爾珠爾。屢勸阻。溫反劾其煽惑軍心。高宗召還額駙。時護軍統領伍岱。遜卓驍士也。見溫所爲。嘆曰。『吾聞速拙。未聞遲巧。焉有屯兵賊境。而日以宴會爲務。吾固遼海健兒。未嘗有若此能致勝者。』溫大怒。以他罪遣戍。綠營兵三五十人取碉卡。有致傷者。溫反責之。人心益懈。海超勇公蘭察至。扣刀諸溫曰。『身爲大將。苟安旦夕。非夫也。今師雖老。使某督之。猶可致勝。』溫拂袖起。遷延月餘。賊偵其弱。乃整勁旅數千攻之。我兵不戰自潰。海蘭察初對敵。即咤曰。『雲氣已頹散。不可戰。余馬首欲東。與諸公期會於美諾。』因馳馬破圍出。溫方雅服督戰。爲賊所捻。師遂大潰。自相踐踏。終夜有聲。吾方結營美諾。見潰兵如蟻。遣人止之。兵少安。適有持銅匜沃水者。誤落地。驚曰『追者至矣』。羣起東走。勢不可遏。其喪膽也若此。」據亮之言。則當時綠營皆暮氣也。且非特綠營然也。乾隆三十二年。高宗巡幸津淀。是日大風。勢難操演。時都統爲奉義侯英俊。年已衰老。所傳號令俱誤。技藝既疏。隊伍復亂、喧嘩不絕。高宗怒。立加裁汰。英俊等降革有差。世宗初念津門附近京畿。海防綦重。設立滿洲水師員兵三千。守禦海口。今乃腐敗若此。則水師之無用亦可見矣。嗚呼。軍備之壞。滿兵之弱。且非獨水師然也。乾隆季葉。福康安以貴族外戚。總長師干。荷父庇蔭。妄作威福。每日羅食珍異。已開營伍奢靡之習。故每一征戰。糜費甚多。征苗之役。曠日持久。益師數萬。降苗受官弁者百餘人。月給鹽糧銀者數萬人、費資鉅萬。臺灣之役。讒殺名將柴大紀。而恆瑞爲其姻戚。以逗遛失機。高宗命入京訊質。福乃故緩其行。乃於戰陣時首列其功。以希免罪。高宗云「使恆瑞果將材。何以汝未至時。並未覩其專戰。而一旦勇健若此。豈以戚畹而袒庇乎。朕深爲汝惜也。」論者謂乾隆末葉政治之衰敗。內壞於和珅。外壞於福康安。豈過論哉。

財用之耗斁　乾隆鼎盛。府庫充盈。既如上所述矣。高宗擬康熙往事。凡六次南巡。苛費騷擾。民庶苦之。而中年以後。任用和珅。尤爲民蠹。聚斂掊克。疆吏畏傾陷。爭輦金事之。是時督撫。如國泰王亶望陳輝祖福崧伍拉納浦霖之倫。贓款之鉅。爲前代所僅見。皆珅黨也。高宗雖一一以法籍之。而貪風不艾、下而何容書吏之侵盜糧漕。高郵糧書之私印冒征。款項亦至數十百萬。而顯而易著者。尤莫如兩淮鹽引案。乾隆三十三年。兩淮鹽政尤拔世奏稱「上年普福奏請預提戊子綱引。仍令每引繳銀三兩。以備公用。共繳貯運庫銀二十七萬八千有奇．普福任內．所辦玉器古玩．共動支過銀八萬五千餘兩．其餘見存十九萬餘兩．請交內府查收．清廷以有蒙混欺蝕情弊．遂密派蘇撫彰寶會同清查．旋覆奏節年預行提引．商人交納餘息銀兩．共有一千九十餘萬兩．均未歸公．前任鹽政高恆任內．查出收受商人所繳銀至十三萬之多．普福任內收受丁亥綱銀私自開銷者．八萬餘兩．其歷次代購物件借端開用者．尚未查出．奉旨解運使趙之璧任．褫前任運使盧見曾．鹽政高恆普福職．逮見曾審訊．讞上．高恆普福盧見曾均伏法．貪墨之風．皆珅一人啓之也．而於珅信用尤篤．厥後珅以嘉慶時抄沒．都計家產百有七號．已估值者．不過二十六號．已合銀二百二十三兆兩有奇．其未估者又三倍於此．舉民間數百兆母財．吸而收之．置諸不生產之地．於是民始患貧．又有清開國以來．綠營兵數六十六萬有奇．額多不足．向以八人領十人之餉．謂之虛糧．武官自提督以下．倚爲津貼．迨四十七年．以庫儲饒裕．令各省虛糧均作正開支．而別募兵以補額．於是額支之款．歲增三百萬．及其季年．已費至四千有餘萬．而帑藏亦告絀．此兵額增加之虛耗也．至歷年所用軍費．自十二年金川事起．軍用七百七十五萬兩．十九年至二十五年．新疆征定．軍需銀二千三百十一萬兩．自三十一年至三十四年．緬甸之役．軍需銀九百十一萬兩．自三十六年至四十二年．金川再起．軍需銀六千三百七十萬兩．外如臺灣千餘萬．安南一百餘萬．而西藏廓爾喀等軍需．尚不與焉．綜計一朝所用軍費．約在一萬二千萬兩以上．以當時國庫所入．年僅三十餘萬兩．則歲出之額．其數亦已鉅矣．蓋乾隆而後之種種亂源．已預伏於此云．

慶典之鋪張　乾隆十六年。十一月。二十五日。爲高宗母鈕祜祿氏。六旬壽誕。中外臣民。雲集京師。舉行大慶。自西華門至西直門外高梁橋。十餘里中。分地張燈。剪綵爲花。鋪錦爲幄。丹碧相映。不可名狀。每數十步間一戲臺。北調南腔。舞衫歌扇。後部未歇。前部又迎。游者如置身瓊樓玉宇中。聽霓裳曲。觀羽衣舞也。其景物之點綴。有以色絹爲山岳狀。錫箔爲波濤紋者。甚至一蟠桃大數間屋。此皆粗略不足道。至如廣東所構之翡翠亭。高三丈餘。廣可二丈。悉以孔雀尾作屋瓦。一亭不啻萬眼。湖北所製之黃鶴樓。形制悉倣武昌。惟稍小耳。最奇者。重簷三層。牆壁皆用玻璃瓶砌成。日光照之。輝煌奪目。浙江所結之鏡湖亭。以徑可二丈之大圓鏡。嵌諸藻井之上。四旁則以小圓鏡數萬。鱗砌成牆。人入其中。一身可化千百億。爲當時所罕觀。以一姓之慶典。而靡費至於如此。先是康熙五十二年。以聖祖六旬大壽。年老者遠道至京。跪獻壽觴。因命賜老人筵讌。六十一年。又召滿漢臣工。及致仕斥退人員年六十五以上者三百四十人。賜宴乾清宮前。名曰千叟宴。乾隆踵其故例。徵年六十以上者三千人。皆入宴。漢大臣與宴者。以嵇璜領班。璜年八十。與高宗同庚。生辰本在六月。値班口奏。臣不敢先君。擬改期萬壽後。高宗許爲知禮。朝鮮國王派六十以上陪臣二三人充正副使。來京與宴。特賜國王宋澂泥倣唐石渠硯梅花玉版箋諸品。禮成。命以千叟宴聯句。頒賞如意壽杖紬綺貂皮銀牌文玩等物。高宗自製詩。依聖祖元韻。曰「抽祕無須更騁妍。惟將實事紀耆筵。追思侍陛髫垂日。訝至當軒手賜年。君酢臣酬九重會。天恩國慶萬春延。祖孫兩舉千叟宴。史册饒他莫比肩。」其侈大之氣象可見矣。雖然。剝極必復。盛極必衰。當時鋪張輝皇之概。嘗溢街衢。至嘉慶初年而教匪縱橫。海疆不靖。國勢遂以漸衰矣。丁口日增。（末年調查凡二萬九千六百餘萬）國庫日絀。而政府又不爲之補救。亂機殆基於此歟。

文字獄之續起　高宗於文字極所注意。巡游所至。輒有吟詠。穹碑巨碣。翼以危亭。意以提倡士夫右文之習。而柔其氣也。故一方循康熙成例開博學鴻詞科。一方則比附妖言律。繼其祖若父而大興文字獄焉。茲述其二事之顯著者。其一爲詩辭之獄。先是大學士鄂爾泰張廷玉兩人相齟齬。其門下士在朝列者各分門戶。胡中藻者。爾泰門生也。文辭險怪。人所共知。累官至內閣學士。旋罷歸江西。其所著堅磨生詩鈔中有「記出西林第一門」之句。（西林爾泰字）推崇爾泰。其述懷詩有云「瑣沙偸射蜮。讒舌浪張箕」。賢良祠有云「青蠅投昊肯容辭」。讒舌青蠅等語。卽以隱斥張廷玉。而爾泰姪巡撫鄂昌復以世誼與唱和。高宗方怒兩黨紛爭。因重懲中藻以垂大戒。乃摘其詩中字句若干條。指爲悖逆。又摘鄂昌塞上吟稱蒙古爲胡兒。實爲忘本自詆。先後逮問。棄中藻於市。賜鄂昌自盡。撤爾泰出賢良祠。其二爲字書之獄。先是新昌人王錫侯作字貫一書。於康熙字典頗多糾正。爲怨家王瀧南所首告。江西巡撫海成稱其書並無悖逆語。奏聞。高宗以凡例內將廟諱御名排寫。斷爲大逆。並將海成治罪。其他類此者甚多。御史曹一士。特疏論之。高宗不之省。嘗於乾隆三十六年。開四庫全書館。網羅古今已刊未刊之書。然意在查勘禁書。被焚燬者甚夥。故當泰西新學發達時期。而我國士林。唯以考據詞章爲目的。糜有用才力於無用之地。致可惜也。然此亦可以見盛衰得失之故矣。

第十章　嘉慶朝之政局

一　仁宗之嗣位

建儲之禎符。乾隆二十五年庚辰。高宗親製歲朝圖。御題有「榑木初輝少海紅」之句。又識云。庚辰元旦試筆。得長律二首。書之幀端。以迓新韶。嘉慶是歲十月初六日丑刻顒琰（初名允琰即位後改）生於圓明園天地一家春。母貴妃魏氏。卽孝儀純皇后。於是少海初輝句已成佳讖。迨三十八年癸巳冬至節。高宗密建皇儲。緘其名於乾清宮正大光明扁額後。明年正月。隨駕南巡。五十四年。封和碩嘉親王。五十五年。隨駕東巡。六十年。高宗默念臨御之初。嘗焚香禱天。若能御極六十年。卽當傳位嗣子。不敢上同聖祖紀元六十一載之數。遂諏吉九月初三日。御門理事。召皇子皇孫王公大臣等入宣示皇十五子嘉親王爲皇太子。並以明年丙辰爲嗣皇帝嘉慶元年。卽移居毓慶宮。以定儲位。兩字紀元。適名嘉慶。論者謂嗣聖篤生。禎符早兆也。皇太子臣等奏言「伏願皇上寶籙崇隮。瑤圖益煥。本至誠悠久之德。兆貞元迭啓之祥。增上壽於期頤。輯鴻猷於章蔀。然後精一傳心。以聖授聖。紀重光之盛瑞。修太上之鴻儀。斯仁壽之符。倍光於前典。聲烈之茂。愈播於來茲。仰乞皇上俯順羣情。卽賜俞旨。」高宗宣諭曰。「覽奏具見至誠。但朕齋心默禱之意。精誠孚格。今若因羣情依戀。勉遂所請。則朕初心焚香告天之語。轉爲不誠。難以聽許。況朕仰承天眷。純嘏有常。一日不至倦勤。即一日不敢懈弛。歸政後。凡遇軍國大事。即用人行政諸大端。豈能置之不問。仍當敕幾體健。躬親指教。」此册立時之預備也。

太上皇之傳位及薨逝　嘉慶元年丙辰春正月朔。舉行授受大典。皇太子侍太上皇帝。詣奉先殿堂子行禮。遣官祭太廟後殿。太上皇帝御太和殿。親授寶璽。皇太子跪受。太上皇帝受賀畢。還宮。太子遂即位受賀。太子六歲就傅。侍郎奉寬授讀。十三通五經。就侍郎謝墉學今體詩。侍講學士朱珪學古文古體詩。懋學稽古。所居書室五楹。取三餘之義。顏以味餘。嘗讀諸史通鑑。御極後幾餘遺興。依史分題製詠。遂成全帙。即位時年已三十有七。是月。奉太上皇帝傳位詔書。頒行天下。復舉行千叟宴。賜親王大臣官員蒙古貝勒貝子公額駙台吉年七十以上者三千人。及回部朝鮮安南暹羅廓爾喀貢使等宴。其一品大臣及年屆九十以上者。太上皇帝召至座前。親賜卮酒。其未入座者。各賞詩章如意壽杖文綺等物。侍太上皇帝御重華宮。茶宴羣臣及內廷翰林。每歲皆如之。自是太上皇仍御殿受朝。大權皆由其主持。二月。仁宗始御乾清門聽政。在圓明園則御勤政殿。東華錄所謂「兩聖同堂三年如一日也」。至嘉慶四年正月三日。太上皇遘疾甚篤。翌日。遂卒於養心殿。上尊謚曰「純皇帝」。廟號「高宗」。詔曰「自古帝王功德顯著。並有隆稱懿號。照垂萬世。我皇考大行太上皇帝御極六十年。撫御萬邦。法天行健。遇郊廟大祀。必親必敬。崇奉皇祖妣孝聖憲皇后四十二年。大孝彌隆。尊養備至。綜覽萬幾。愛民勤政。普免天下錢糧者五。漕糧者三。積欠者再。偶遇水旱偏災。蠲貸兼施以及築塘捍海。底績河防。所發帑金。不下億萬萬。至於披覽章奏。引對臣工。董戒激揚。共知廉法。禮勵舊而敦宗族。廣登進而育人才。征討不庭。則平定準部回部闢地二萬餘里。土爾扈特舉部內附。征剿大小金川。擒渠獻馘。餘若緬甸安南廓爾喀。僻在荒服。戈鋋所指。獻贐投誠。其臺灣等處。偶作不靖。莫不立卽殲除。此十全紀績。武功之極於無外也。而且聖哲多能。聰明天縱。聖製文詩全集之富。尤爲度越百家。又開四庫以網羅載籍。刊石經以嘉惠士林。集石鼓之遺文。復辟雍之古制。精研六律。纂輯羣編。此聖學淵深。又德之昭於千古也。凡茲功德之隆。宜備尊親之典。夫繼統緒則爲守成。論功業則兼開創。自宜崇承祖號。以副鴻名。惟是聖德謙冲。曾面諭萬年後當以稱宗爲是。予不敢上違遺訓。惟至德難名。究非臣下所能擬議。謹按謚法肇紀立極曰高。敬上廟號曰『高宗』。爲百世不祧之廟。」自是以後。仁宗得行使其權矣。

仁宗之待和珅　初。仁宗之册立爲太子也。他人未及知。獨和珅先知之。因遞如意於仁宗。以爲後日固寵計。且以隱示翊戴功。仁宗以爲珅既漏洩秘密。設將此事載入宮史。豈不爲後人所笑。心甚惡之。而無可如何也。既卽位。名義雖更。而大權不屬。則不得不隱爲容忍。且待之甚厚。尊之爲相公而不名。而珅且薦其師吳省蘭。爲仁宗錄詩草。覘動靜。仁宗知其意。吟詠間不露圭角。珅心安之。是時遇有奏太上皇者。皆珅代白。左右有非之者。仁宗曰。「朕方倚相公理四海。何可輕也。」太上皇之訓政也。一日早朝已罷。單傳珅入見。珅至則太上皇南面坐。仁宗西嚮坐一小机。（訓政後每日召見臣工皆如此）珅跪良久。

太上皇閉目若熟寐然。口中喃喃有所語。仁宗極力細聽。終不能解一字。久之。忽啓目曰「其人何姓名」。珅應聲對曰。「徐天德苟文明」。上皇復閉目誦不輟。移時始遣之出。不更問訊一語。仁宗大駭愕。他日。密召珅問曰。「汝前日召對。上皇作何語。汝所對六字。又作何解」。珅對曰。「上皇所誦者。西域祕密呪也。誦此呪則所惡之人。雖在數千里外。亦當無疾而死。或有奇禍。奴才聞上皇持此呪。知所欲呪者必爲教匪悍酋。故竟以此二人名對也」。仁宗聞之。益駭。知珅亦嫺此術。益欲誅之而未得其間也。會上皇崩逝。次日癸亥。卽傳諭四川湖北陝西將帥督撫曰。「我皇考臨御六十年。四征不庭。至內地亂民。如王倫田五等。旬日立殄。從未有勞師數年。糜餉數千萬。尙未蕆事者。自末年用兵以來。皇考宵旰焦勞。大漸之前。猶以望捷成什。迨至彌留。親執朕手。頻望西南。似有遺憾。若教匪一日不平。朕卽一日負不孝之疚。內而軍機大臣。外而領兵諸將。同爲不忠之臣。邇年皇考春秋日高。事從寬厚。卽如貽誤軍事之永保。治罪仍邀寬典。其實各路縱賊。何止永保一人。奏報粉飾。掩敗爲功。其在京請達侍衛章京。無不營求赴軍。其歸自軍中者。無不營置田產。頓成殷富。故將吏日以玩兵養寇爲事。其宣諭各路領兵大小諸臣。刻期滅賊。有仍欺玩者。朕唯以軍法從事」。又諭曰。「太上皇在位。英明仁慈。對於羣臣恩德備施。遐齡既高。仁慈益甚。詎內外文武。不能上體柔懷。反通同爲弊。匪亂屢作。殃及良民。武政之廢。將士驕惰。賴有上皇近臣。爲之緩頰。長此以往。國體何存。威信奚在。且查歷年兵部軍籍。動輒巨萬。執權者從而吞沒。迨及士卒。止十分之一二。非養兵也。爲權臣謀耳。疏忽如是。後將何堪。特著各部院大臣查辦。以修武政。而安天下」

諭旨，屢下，舉朝震駭。於是御史廣興等，給事中廣泰等，列款糾劾，立卽革職逮問。時距上皇之死，僅五日云。

二　仁宗之內治

和珅之罪狀及賜死　和珅旣下獄，同時戶部尚書福長安（傅恆次子福康安弟）亦被逮。仁宗諭曰：「和珅受大行太上皇帝特恩，由侍衞洊擢至大學士，在軍機處行走多年，叨沐恩施，無有其比。朕親承付託之重，猝遭大故，苫塊之中，每思三年無改之義。皇考簡用重臣，斷不肯輕爲更易。今和珅情罪重大，並經科道諸臣列款參奏，實有難以刻貸者，是以朕於恭頒遺詔日，卽將和珅革職拏問，臚列罪狀，特諭衆知。一，乾隆六十年九月初三日，冊封皇太子，尙未宣布諭旨，而和珅於初二日，卽漏洩機密，以擁戴爲功，大罪一。一，嘉慶三年正月，皇考在圓明園召見和珅，騎馬直進中左門，過正大光明殿，至壽山口，目無君父，大罪二。一，又因骽疾，乘坐椅轎，擡入大內，肩輿出入神武門，毫無忌憚，大罪三。一，並將出宮女子娶爲次妻，罔顧廉恥，大罪四。一，剿辦川楚教匪，各路軍營遞到奏報，任意延擱，有心欺蔽，大罪五。一，皇考聖躬不豫，毫無憂戚，進見後，出向外廷人員談笑如常，大罪六。一，管理吏部刑部事務，又兼戶部題奏事件，將部務一人把持，大罪七。一，三年冬，皇考力疾批摺，字畫間有未眞之處，膽敢另行擬旨，大罪八。一，奎舒奏報循化貴德二廳賊番聚衆千餘，搶奪商人牛隻，殺傷二命，在青海肆劫一案，將原奏駁回，隱匿不辦，大罪九。皇考升遐後。朕諭令蒙古王公未出痘者。不必來京。和珅後令已未出痘者。俱不必來京。居心實不可問。大罪十。大學士蘇凌阿兩耳重聽。衰邁難堪。因係其弟和琳姻親。欺隱不奏。侍郎吳省蘭李潢太僕寺卿李光雲等曾在其家教讀。並保列卿貳兼任學政。大罪十一。軍機處記名人員任意撤去。大罪十二。查鈔家產。因知所蓋楠木房屋。僭侈踰制。其多寶閣及隔段式樣。皆仿照寧壽宮制度。其園寓點綴與圓明園蓬島瑤臺無異。大罪十三。薊州墳塋設立饗殿。開設隧道。附近居民有「和陵」之稱。大罪十四。所藏珍珠手串二百餘串。並有大珠較御用冠頂尤大。大罪十五。所藏眞寶石頂數十餘箇。整塊大寶石不計其數。且有內府所無者。大罪十六。家內銀兩及衣服等件數逾千萬。大罪十七。夾牆藏金二萬六千餘兩。私庫藏金六千餘兩。地窖埋銀百餘萬。大罪十八。通州薊州均有當鋪錢店。資本貲本不下十餘萬。首輔與民爭利。大罪十九。步軍統領衙門及巡捕五營所管步甲兵丁。在和珅宅內供廝役者千餘名。大罪二十。交王公大臣會審定擬。外并通諭各督撫將指出和珅各款應如何議罪。又此外有何款蹟。各據實覆奏。已而大學士九卿文武大員等定擬罪名。請依大逆律凌遲處死。福長安亦依朋黨律即行正法。仁宗以皇考寵臣不忍加誅。遂降旨加恩賜令自盡。福長安亦從寬改為應斬監候。秋後處決。並著監提福長安前往和珅監所跪視。和珅自盡後再押回本獄。和琳已死。削奪公爵。撤出太廟。并毀專祠。子豐紳殷德因尙和孝公主為額駙。留襲伯爵。餘斥退。豐紳伊綿革去公爵。斥退侍衛。加恩給雲騎尉。蘇凌阿吳省蘭李潢李光雲降革有差。

仁宗之睿謀　高宗夙稱英敏。乃和珅以疏遠末秩。與前一對。驟被寵任。數年之間。洊升宰輔。恩遇隆渥。誠令人百思而不得其解者。無怪稗史傳述。至謂爲高宗之愛妃轉世。面貌依然。紛紛諸詠之所由來也。及嘉慶四年正月三日。高宗駕崩。四日。仁宗即降諭嚴責統兵將帥詞連宰輔。五日。御史廣興等揭其罪狀。八日革職拏問查抄。十五日。珅於獄中自賦五律一首。十八日賜帛伏法。後其妾長二姑賦七律二章輓之云「誰道今皇恩遇殊。法寬難爲罪臣舒。墜樓空有偕亡志。望闕難陳替死書。白練一條君自了。愁腸萬縷意何如。可憐最是黃昏後。夢裏相逢醒也無。掩面登車涕淚潸。便如殘葉下秋山。籠中鸚鵡歸秦塞。馬上琵琶出漢關。自古桃花憐命薄。者番萍梗恨緣艱。傷心一派蘆溝水。直向東流去不還。」（見慧因雜綴）珅可謂有詩妾矣。至私家所紀查抄和珅家產。殆不下八萬萬兩。核之十五日宣布和珅罪狀。其家產不過數千萬兩。與查抄之單相差迥絕。此事不敢信其必有。亦不敢謂其必無。姑闕疑待考可也。即以數千萬兩論。財本爲利用之源。而擁此鉅款於一人之手。且置之於無用之地。民安得而不窮。又安得而不亂哉。其種種貽誤軍國。仁宗早有欲殺之心。第思稍涉游移。難保不生變故。是以立即辦理。刻不容貸。迅雷嚴霜。須臾而集。蓋謀之有素矣。於何知之。讀味餘書室稿中唐代宗論知之。論曰。「代宗雖爲太子。亦如燕巢於幕。其不爲輔國所讒者幾希。及即位。若明正輔國之罪。肆諸市朝。一武夫力耳。乃捨此不爲。以天子之尊。行盜賊之計。可愧甚矣。」仁宗覽科道彈章。立命儀親王允璇。成親王允理。傳旨逮珅。並命勇士阿蘭保監以行。非一武夫力乎。乃知睿謀久定於中也。

卻貢玉之隱衷　如意物名也．唐宋前已有之．晉王處仲以鐵如意擊玉唾壺．詠老驥伏櫪．志在千里．烈士暮年．壯心未已之語．不覺唾壺已碎．此如意之見於史者．滿洲舊俗王公大臣督撫等凡遇慶典嘉節．則必呈進貢物或如意等品以取兆吉祥．入關後．仍沿其舊．未之革也．以是鐘鼎書畫金玉珍玩文綺之屬．充斥內府．而臣工之獻媚者．久且視爲定規．乾隆年間．曾兩次諭罷貢獻．而言之諄諄．聽之仍藐藐也．仁宗以和珅遞進如意．洩漏宮庭祕密．及旣伏法．乃宣諭嚴禁貢物．並禁止年節呈進如意之例．略言皇考頒諭飭禁．至再至三．止因和珅攬權納賄．凡遇督撫呈進物件．准遞與否．必先向和珅關白．是以屢禁而仍未杜絕．且皇考不過賞收一二．餘盡入和珅私宅．試思外省備辦玉銅磁書畫插屏挂屏等件．豈皆出自己貲．必下取之州縣．州縣又必取之百姓．以閭閻有限脂膏．供官吏無窮朘削．民何以堪．國家升平百數十年．內府物件．充牣駢羅．朕視之直如糞土．朕所寶者．時和年豐．民康物阜．得賢才以分理庶政耳．至應進土貢．本爲日用所必需．如吉林黑龍江之貂皮東珠人參．川廣之藥材．九江之磁器．江浙之綢緞．及徽歙湖筆牋紙茶葉瓜果等項．原不外任土作貢之意．仍准按例呈進．所有玉如意銅磁書畫挂屏插屏等物．嗣後概不許呈進．再年節王公大臣督撫等所進如意．取兆吉祥．殊覺無謂．諸臣以爲如意．而朕觀之轉不如意也．亦著一併禁止」．會和闐辦事大臣徐績等奏．和闐向來玉禁綦嚴．今旣弛禁．應將各卡官兵撤回歸伍．免致藉端擾累．得旨「所辦甚是．總宜恩養回民．寰宇寧靜．是朕之至願．玉之多少有無．何足重輕耶」．且和闐貢玉．業已鑿至陝甘．仁宗卽命無庸解入．一時珠玉之價．驟減十之七八云．

河工之整頓　嘉慶一朝河患頻仍。重以和珅柄政。任河督者多出其門。故河防日疏。而河患日亟。卒至糜費無算。爲財政上一大漏巵。仁宗憂之。每遇水警。必簡派大臣前往堵築。或查勘情形。量爲豫防。是以嘉慶二年八月。碭山楊家壩河溢。命蘇凌阿等馳往。八年。衡家樓河溢。命劉權之那彥寶馳往。十一年七月。宿南廳郭家房河溢。命軍機大臣鐵保等馳往。十三年。南河陳家浦等處頻溢。命長麟戴衢亨馳往。二十四年七月。永定河溢。命吳璥等馳往。八月。儀封北岸黃河溢。復命璥馳往。會琦善堵築。其時河臣最著者璥也。璥由編修擢學士。朝士多推重其文章。獨阿桂薦其饒經濟。可大任。奉旨分巡河南。兼理河務。遂以精練水事稱。前後任東南河督。未嘗有失。而它處潰防。被命塞決者。罔不如期底績。世服桂之識人。百齡爲兩江總督。劾陳鳳翔妄洩湖水。立枷河上。卒驚悸死。其治河首治積年未疏之海口。海口大暢。乃求效於河。大要以謹守東清壩爲要義。蓋宗康熙間治河諸臣之遺法也。其功頗偉。次之爲徐端。端自河工微員。以廉能稱。受特知擢河東總河。久於河防。習知其弊。嘗嘆國家有用資財。濫爲靡費。欲見仁宗瀝陳。同事者慮積弊揭出。株連者衆。故尼其行。致抑鬱而死。貧無以殮。復因查辦賠累至十餘萬。妻子無以存活。識者悲之。至仁宗之於河患。尤惓惓致意。六年夏。霖雨數旬。永定河漫水。掩南苑。漂沒田廬數百里。秋禾盡傷。仁宗減膳撤樂。步禱社稷壇祈晴。命步軍統領明安調賑。有爲水阻者。明親乘木筏施散餅餌。日以數百萬計。建席棚以處災黎。活者數百萬人。特命大臣四出查賑。截南漕數十萬石。以濟築永定西堤。仁宗爲巡視指定方略焉。八年秋。杞縣河溢。衡圯衡家樓。仁宗命那彥寶堵築。經冬未竣。踰歲。仁宗偶泛湖。值東北風甚驟。私念北河若得此風助。庶可竣工。即於舟中拈香禱之。未幾彥寶奏北河合龍信得東北風助。工部侍郎慕瞻蔡云。此爲黃金大壩。康熙中曾漫溢。經數十年始竣工。未能若是之速也。十三四年間。開濬海口。改易河道。費銀至八百萬。合計南河修堵諸費。數年中不下四千餘萬。十六年。春諭言。「河工連年妄用帑銀三千餘萬兩。謂無弊竇。其誰信之。」因派托津初彭齡等前往查辦。托等僅查工員帳簿。空言入奏。奉旨切責。謂此無足爲憑。令於濫用虛糜。妄興工段。及浮冒侵蝕等處。確實具奏。尋查明南河節年銀款工程。分別糾參。諭言十四十五兩年所借銀數十萬六千餘兩。著陳鳳翔分別勒追。其挑挖淮北鹽河工用銀八萬三千餘兩。著吳璥徐端照數賠繳。仍交部嚴議。河臣侵漁冒濫。已見一般。而仁宗嚴旨查辦。使如端者能將弊竇揭破。則無弊之事。安見不因此稍戢耶。

崇實政不尙虛詞 嘉慶四年。高宗既崩。仁宗親政。夏四月朔。會欽天監奏是日日月合璧。五星聯珠。仁宗以此等鋪陳侈言祥瑞。實所不取。命不必宣付史館。用昭以實不以文之意。越十年。又諭。「向來欽天監奏觀候本章。凡遇節氣。就風色方向所宜。鋪陳吉語。俱係先期豫備。朕所素知。即如本日交立夏節。在辰初二刻八分。欽天監奏其時風從東南巽方來。主年歲大熟等語。朕披覽本章。時甫交辰正。該衙門豈能於片刻之間。繕本用印。其爲豫擬。不實可知。朕崇尙實政。屏黜虛詞。嗣後欽天監於觀候本章。務須詳細占驗。據實陳奏。自本年夏至起。每屆節令。均於第三日具題。以備省覽。」此對於天象而求實驗也。五年。湖南按察使百齡密奏請裁汰有名無實之長夫。節省經費。得旨。「承平日久。生齒日繁。站夫之設。原以閒款養閒人．否則又添無數游手好閒之輩．設若盡行裁汰．一應差役．須臨時雇覓人夫扛擡．若遇窮鄉僻壤．一時難覓多人．豈不誤事．唯應以實嚴查．不准僞指百姓．虛申簿籍．況據汝所奏．卽行裁汰．一省所省止萬餘金．合之天下．所省不過十餘萬金．而每省又添無營運之人二千餘名．合之天下．卽有數萬失業之人．朕豈靳此十餘萬金．忍令數萬人失業乎．況前明因裁驛卒．流爲大害．殷鑒非遙．詎可踵其覆轍．本應明發此奏．治汝之罪．因前次條奏．多有可採．是以不卽宣露．密諭汝知之」旋百齡覆奏．感懷下悃．仁宗批曰「常言則言．不當言而言．謂之妄言．人君擇言行政．最爲難事．汝係敢言者．以此訓汝．望汝．詳審進言．有裨國政．勉之」此對於民事而求實效也．至符瑞陰陽之說．尤非所尙．五年冬．卓里克圖親王拉旺進白鷹．科爾沁達爾漢親王丹忠旺布進海東青．十年冬．黑龍江將軍觀明獻白雉．表請宣付史館．以昭瑞應．仁宗謙德不居．詔以時和年豐爲瑞．或僅召畫工繪圖．敕令內廷翰林賦詩紀之．十二年春夏恆暘．光祿卿錢楷請依漢書求雨閉陽縱陰之說．將正陽門石道停工．仁宗曰「五行生尅．大率經生傅會．卽如漢書求雨注內所稱閉南門禁舉火之類．一鄉一邑．或可偶一爲之．京師都會之地．設令正陽崇文宣武三門．暫閉數日．成何政體．從前竇光鼐惑於此說．竟有不開房門出入窗牖之事．豈非笑談．雨澤愆期．惟當勤脩實政．敬迓天和．所奏應無庸議」又可見仁宗見理之明矣．十三年．仁宗誕育皇長孫．中外大臣具摺陳賀．侈陳吉祥．欽奉嚴諭斥責．而提督仙鶴齡摺中至有「誕降重熙．承華少海．玉質龍姿．前星拱極．本支百世．派衍東宮」諸語．仁宗閱之．益爲震怒．將仙鶴齡及擬稿之營書郭裕昆改擬之幕友石先幾。先後降旨褫職治罪有差。此在民間。偶逢喜慶。無不樂士夫之揄揚。藉光蓬蓽。而仁宗勤政。獨能實事求是。亦史牒之所稀者矣。

親諸王與尊師傅　仁宗即位。頗講親親之誼。其於高宗皇八子儀愼親王允璇。皇十一子成哲親王允瑆。尤爲厚待。雖不假以事權。而偶有過失。輒寬容之。儀王性剛愎。在仁宗前。作爾汝詞。成王遇事模棱。多不盡力。仁宗待之如舊。嘉慶十四年。秋。慶郡王允璘遊桃花寺行宮。二十年。秋。儀王奉祭裕陵。私回京邸。有司議黜革。仁宗以宗誼攸關。惟罰鍰示懲而已。明年。春。正月。元旦。乾清宮筵讌宗親。輔國公緜愍誤將食桃拂墮。而慶郡王向奏事太監曹進喜告知。恩遽狀。屬令口奏。仁宗謂「向來與宴臣工。失墜席間器皿。事所恆有。使緜愍自請議處。失儀過小。朕將緜愍示罰。允璘儘可寬免。乃先令曹進喜面奏。咎在於此。不能不加以薄懲。朕聞內廷行走諸王。往往向奏事太監處。探聽內事。其意何居。嗣後儀親王成親王慶郡王允璘肅親王允錫。遇有應奏事件。俱在乾清門外。及出入賢良左門。交外奏事官員呈遞。並令將此旨各錄一通。敬謹閱看。」其裁抑太監。實所以厚愛諸王也。且於諸王子孫。皆封貝勒貝子爵至孩提焉。至於重師傅。尤有可紀述者。乾隆時朱珪爲上書房師傅。珪字南厓。籍浙江蕭山。由編修累遷侍讀學士。出爲福建按察使。署山西巡撫。三十八年。入覲。授侍講學士。四十一年。命侍仁宗學。閱四年。出督福建學政。將行。上五箴於仁宗藩邸。曰養心。曰敬身。曰勤業。曰虛己。曰致誠。仁宗力行之。及親政。亦常置座右。高宗舉經筵。諸皇子侍班聽講。高宗顧謂仁宗曰。「汝師傅所講甚善」。及高宗崩。珪曰。「顧我皇上無宗堯舜自任之心臣敢不勉行仁義事君之道」仁宗嘉納之嘉慶七年以戶部尚書拜協辦大學士加太子少保後晉體仁閣大學士晉太子少傅十一年冬病卒贈太傅諡文正珪清德素修爲時宗仰直上書房時有嘉猷入告惟以仁厚爲本至癸酉林清之變駢戮百餘人仁宗惻然哀憫猶秉珪之教也死之日臥處僅一布被布褥其別舍則殘書數篋而已見者莫不悲感仁宗親賜奠甫至門卽放聲哭御製抒痛詩有云「半生惟獨宿一世不言錢」逾歲仁宗駐蹕趙新店猶命近臣代奠又有「哀我耆輔松楸在望」之諭其知之也深其敬之也至矣

尚賢上　嘉慶一朝朝臣望實高素首推朱珪而與珪名相埒者如劉墉王杰董誥劉權之戴衢亨翟亦皆稱爲良輔雖無赫猷茂績而風政克立自不愧儒雅風流墉已略見上述杰字偉人籍陝西韓城高宗時由修撰拜東閣大學士實與和珅同列凡不附己者輒齮齕之杰接以大體不爲悻悻壯頄之事而遇所當執汔不與珅同卒能密贊廟謨明正其罪此其所以尤難也歲歷遭逢迭司文柄可謂獨際其盛及仁宗親政珅已伏法私念大臣所當爲者非盡於所能言將告歸復上疏言欲杜虧空先清驛站轆移之策無大於此二者纚纚千餘言尤爲切中時弊嘉慶四年病卒諡文端誥字蔗林籍浙江富陽由編修拜東閣大學士綜理禮部兼戶部事充軍機大臣甘肅回平臺灣賊平兩經繪像賜贊仁宗親政晉文華殿大學士兼綜刑部教匪平定多所贊畫仁宗稱其知無不言言無不盡蓋褒其實也珅用事與杰遇事救正雖語祕外莫能知而識力深遠抑可得其大凡已二十三年卒諡文恭權之字德輿籍湖南長沙由編

修擢吏部侍郎。嘉慶七年。授軍機大臣管理戶部三庫事。教匪戡定。多所建白。九年。以禮部尚書拜協辦大學士。坐事降編修。十二年。遷兵部尚書。十六年。晉體仁閣大學士。越二年。考績。仁宗以其夙夜匪懈。予優敍。二十三年卒。謚文恪。疊典文衡。無所私暱。歷京秩五十餘載。人皆服其清操。衢亨。字荷之。籍江西大庾。初由中書直軍機。乾隆四十三年。以一甲一名授修撰。累遷侍讀學士。仁宗嗣位。典禮鉅製。皆出其手。其膺殊眷蓋自此始。六年。長兵部。歷工部戶部。入直上書房。十二年。協辦大學士。越三年。晉體仁閣大學士。管理工部。御製詩賜之。有「鳳閣隨雙彥。鰲頭冠衆英」之句。十六年卒。謚文端。前後直樞庭三十年。敷陳密勿。類非淺近所能測識。論度支。主減費守常賦。論治河。主謹隄防不改道。而論剿匪。則曰當以忠勇將帥驅殄之。勿使文臣支格其間。此卽立朝之大指也。

尙賢下　國家重臣。內而樞府。外而督撫。故欲整頓吏治。則必先愼簡督撫。蓋督撫得其人。天下無不治之人。督撫得其任。天下無不勝之任。仁宗朝督撫之有名者甚多。而求其名副其實者。則無過於孫玉庭。蔣攸銛。吳熊光。岳起諸人。玉庭。字寄圃。籍山東濟寧。乾隆間由編修出爲監司。洊擢臬藩。巡撫大邦。遷兩江總督。清操碩德。爲天下望。生平嚴重識大體。鉏剔姦蠹。撫綏遠人。不邀旦夕不可必之功。銷患未萌。小民陰受其賜焉。且精於治盜。購諜鉤篡。無不立獲。嘗誅盜百七十有奇。其楊阿臘。鄭阿訂。闕念棕。各大盜並弋致之。寘諸法。至治海盜。主堅壁清野之法。海道寧謐。論者稱其計慮深長云。攸銛。字礪堂。籍遼東襄平。隸漢軍旗。由編修轉御史。奏劾外省貪吏。如李奉翰。景安。秦承恩諸人。先後挂網。吏治頓肅。出爲監司。

游擢臬藩。旋撫江蘇。督兩廣。調四川。其爲政明而不苛。淸而不刻。飭武備。澄吏源。尤壹意以培植賢才。扶持善類爲念。所荐達者。多任封圻。躋顯秩。英吉利有護貨兵船擅入內洋。不敢驅逐。乃飭停貿易以懲之。英計絀。始遵約如舊制。是事尤爲得體。熊光字望崑。籍江蘇昭文。初由中書任章京。阿桂甚器之。嘗隨阿剿匪。讞獄。治河。閱海。一日。高宗宣軍機大臣不得。命召章京。唯熊光已上直。入對頗稱旨。在政府六閱月。珅不便其所爲。卽出爲直隸布政使。珅敗。授河南巡撫。時豫患盜。民不聊生。熊光定保甲。聚鄉勇。盧氏東境。盜不敢犯。嘉慶六年。遷督湖廣。閱三年。調直隸。尋復調兩廣。十三年。英將度路利率兵艦三入黃埔。並令三板船入省河。熊光以師老。故務鎭靜。飭令回帆歸國。而英艦遷延至十月始起椗。坐奪職。命往南河效力。旋百齡督粵。復劾其畏葸。譴戍伊犂。抵戍一載。召還。岳起滿洲人。起家孝廉。初任奉天府尹。嗣與將軍不洽。罷官。仁宗親政。授山東布政使。尋調撫江蘇。起自矢淸介。夫人慧而賢。親掌簽押。署中僮僕。不過數人。出門騶從蕭條。瘦騾敝服。居然寒素。禁止妓館游船。無事不許讌賓演劇。吳下奢風少息。御下無疾言厲色。然不假以事權。嘗曰「若輩祇可供灑掃奔走之役耳。署中政事。乃天子付我輩者。安可使之與聞。向來大吏不能令終。皆坐倚若輩爲腹心也。」夫人尤嚴正。起嘗出籍畢弇山家產。歸時已薄暮。小飲面微酡。夫人正色曰「弇山尙書以耽酒色。致有今日。相公觸目驚心。方謹戒之不暇。乃復效其所爲耶。」起長謝焉。後吳人演爲岳靑天歌。以爲湯斌後一人。至阮元畢沅。則以文學著名。長齡百齡。則以功勛震世。當隨事附見。無俟贅陳焉。

三　仁宗時之內變

仁宗承乾隆泰侈之後，財力日絀，又以人口增加，生計銳窘，當乾隆晚年，內閣學士尹壯圖，曾以督撫貪墨病國殃民入奏，爲高宗所駁斥，於是官方益弛，民不聊生，而大亂蠭起。

一曰苗疆之變　方苗地之政流也，苗畏隸如官，官如神，有司視爲利藪，往往以細故緣飾株及全寨，又漢族移殖者寖多，與土著不洽，而苗民以逐客復故地爲辭，遂於乾隆六十年發難於貴州之銅仁，湖南之永綏，而鎮箄乾州等處之苗，復相繼應之，苗疆大震，高宗遣福康安及滇督忠銳川督和琳與湖廣督撫合剿，師久無功，則藉口於暴雨山潦漲阻，乃懸翎頂金錢，廣行招納，降苗受官弁者百餘人，月支鹽糧銀者無慮數萬人，又增調粵桂川滇兵數十萬，來營會攻，餉路崎嶇，轉輸繁費，以鉅萬計，就中鎮箄苗酋自稱吳王之吳八月，雖由降酋吳隴登誘禽，而八月子廷義，復與隴登仇殺負嵎如故，至仁宗即位三年，福康安和琳先後歿於軍，額勒登保統兵進擊，禽斬吳廷義及銅仁苗酋石柳鄧等，遂告苗平，會川鄂教黨方熾，諸將又移師而北，遂以苗疆底定，草草奏聞，於是月糜撫苗銀亡算，而苗勢益張，藉詞和琳苗地歸苗之約，蔓延靡已，時鳳凰廳同知傅鼐（字重庵，浙江山陰人）知徒撫非策，且愈撫愈驕，而兵罷難再動也，乃練兵築碉堡，布置甚周，年餘犄角漸密，苗妨出沒，顧爲湘撫姜晟所忌，因苗焚掠下五峒，將以開邊衅中傷罪，兵備道田灝，復吝出納以窘之，事且敗，會嘉慶四年，鎮箄黑苗吳承受等數犯邊，於是仁宗知苗疆尙未定。嚴責巡撫姜晟捕首逆。鼐立禽之。又於五年殲苗苟君巖。苗氣始奪。然至六年而貴州復亂。蓋湖南環苗東南北三面七百餘里。均由鼐擇要建堡。修繕邊牆。其西南二百餘里與黔接壤。尙未設備。故石硯苗復約十四寨及附近湖南苗同起。鼐亟引鄉勇千五百馳赴銅山。黔撫伊桑阿叱還鼐。謂其越境邀功。而以招撫勘定奏。邊民苦苗赴愬於滇督琅玕。琅玕檄鼐會剿。三日平之。事聞。仁宗誅伊桑阿。以鼐綜邊務。鼐治螺螄堡於黔邊。復徙永綏廳治以扼形勝。廣屯田。卹流民。破苗寨。收苗械。設書院義塾以教之。蓋規畫經十餘年。苗事始大定云。

二曰川楚白蓮教之變。白蓮教者。始自宋亡後。欒城韓山童規復中國。焚香聚衆。倡言彌勒佛降生。刑牛馬告天。謀起兵以事洩。爲元所擒。元末韓林兒。明末王森。徐鴻儒等繼之。皆無成。然其徒侶甚衆。綿衍浸廣。淸乾隆時。曾嚴禁之。而安徽劉松及其黨劉之協。宋之淸。先後謀舉兵。宋與之淸旋被捕。惟之協遠颺。跡於河南扶溝。不獲。淸廷令大索。自豫而皖而楚。三省大吏。轉輾根究。有司奉行不善。逐戶搜緝。胥吏乘之爲奸。苛累平民。民嬰其害。其尤甚者。武昌同知常丹葵。奉檄荊州宜昌。株蔓至數千人。富破家。貧陷死亡無算。會湘蜀黔桂方以苗事困軍興。民多失業。仇官思亂。於是聶人傑。張世謨等起荊州。姚之富。齊嫠婦等起襄陽。四川則有孫士鳳。徐天德。王三槐。冷天祿之屬。陝西則有張士龍。張漢潮。張天倫之屬。皆雲擁蠭起。勞師至五六載。糜餉至數千萬。訖未敉平。至嘉慶四年。仁宗數諸將掩敗爲功玩兵養寇之罪。獎用額勒登保。德楞泰兩人。與楊遇春等共行堅壁淸野之策。止客兵。練鄉勇。於是軍務始漸有起色。劉之協。徐天德等先後均捕滅。至七年全境大定。然生靈塗炭數十萬。政府耗費二萬萬。元氣已大衰矣。至七月。又有寧陝新兵之變。寧陝扼秦嶺之勝。地險糧貴。乃於例餉外。月給鹽米銀人五錢。議三年而減一錢。至是適當減給之期。布政使朱勛併四錢停發。兵大譁。幸遇春與楊芳剿撫兼施。得無事。十二月。四川復有綏定新兵之變。賴桂涵馳至。掩捕殆盡。明年正月。西鄉瓦石營又滋事。羅思舉星馳擊敗之。詔以新兵效尤。皆寧陝縱叛所致。悉誅無赦。嗣是內訌已平。

三曰海疆之變　先是康熙時大開海禁。東南瀕海市舶湊焉。及乾隆末葉。安南阮光平父子以久戰得國。財政不支。乃獎誘海上亡命。資以兵船。令劫內洋商船以佐國用。夏至秋歸。蹤跡飄忽。大爲粵患。謂之艇盜。已而內地刁民鳳尾幫水澳幫附之。受安南總兵或王侯勅印。爲之前驅。深入閩浙。時仁宗新立。明知安南政府藪盜之罪。以川陝教氛方熾。未遑責問。第飭疆吏自防而已。至嘉慶五年。安南艇及鳳尾水澳共二百餘艘。進逼台州。定海總兵李長庚以三鎮水師迎戰於松門山下。颶風雷雨大作。敵船自相撞擊。覆沒殆盡。獲安南侯爵倫貴四總兵。誅之。而以敕印擲還其國。會安南前王黎氏之甥阮福映。藉法人兵力。爲其舅氏報前阮仇。復舊域。新受中國封。遵約束。禁艇盜。自是艇盜失安南保護。其在閩者。皆爲漳人蔡牽所併。又併鳳尾兩幫。與陸地盜黨交通。資其餉械。勢大熾。乃以閩地爲根據。公收出入港口商船稅。握海上霸權。是時李長庚本爲浙撫阮元所奏保。以功擢浙江提督。新造戰艦。配鉅礮。號霆船。防禦甚力。牽以進香普陀。故幾爲長庚獲。乃更造新艦。令高大過霆船。溫州總兵胡振聲爲擊死於浮鷹島洋面。

仁宗以長庚總浙閩水師。牽與粵人朱濆聯合。率艦隊百餘艘。戰漁山附近。復爲長庚所破。於是牽乃不敢復窺浙。惟閩中自乾隆中葉後。歷任督臣。率貪冒不職。吏治軍政。均極腐敗。至是玉德阿林保相繼督閩。益以廢弛。掣長庚肘。而阮元又以父憂去職。長庚愈失臂助。戰歿南澳洋中。牽亦盡喪精銳。遁入安南海。時嘉慶十二年也。明年。牽自安南回。得朱濆助。聯艦弋浙海。會阮元復撫浙。設計離之。濆旋敗死於閩。元遣長庚舊部邱得功王得祿共攻牽。而閩督亦易方維甸。協力進取。先絕陸黨接濟。合邱王兩軍。襲擊牽於漁山外洋。牽舟尙三十餘。惟礮彈已盡。用番銀代之。兩軍以全力注射。牽坐船。牽知不免。舉礮自裂。沈於海。其餘黨及在粵之艇盜。陸續於十五年乞降。而後三省海疆。始獲安枕。

四曰畿輔天理教之變　教爲白蓮支派。自明王森案發以來。政府知禁白蓮教。不知其餘黨別立名目。仍相渾殽。有八卦榮華三香聞香白羽白昜等支蔓延叢雜。天理又八卦之變號也。河南李文成山東林清爲之魁。兩人均以觀天文能豫言人事。稱上下多尊信之。於是林清賄通內監。誘致其黨於宮禁。而約山東河南同時起事。是日爲嘉慶十八年九月十五日也。清黨二百餘人飾農夫。集菜市。潛自宣武門入內城。身懷武器。混酒肆中。日晡。乃直迫東西華兩門。東入者以祝現屈五爲首。西入者以李五宋進才爲首。各以首蒙白巾爲號。太監劉金等引其東。高福進等引其西。閻進喜等爲內應。東華門護軍覺察較早。闌入十餘人。西路闌入者八十餘人。闘集隆武門。時仁宗方狩木蘭。次子旻寧登垣瞭敵。命取槍。槍至無實彈。知內監已叛。亟取衣上銀鈕作丸。於養心殿下。連斃二人。餘黨不敢進。將火崇文門。會諸王大臣。

率禁兵自神武門入．敗清黨中和門外．並內監之叛者搜獲之．旋以十七日擒清於黃村．仁宗於是日亦回京．磔清．駢戮其黨衆．方清變未發時李文成爲滑令所捕．斷其脛下獄．文成黨以事迫．不能如清所定約．已於九月七日．攻滑署令．出文成．於是直隸之長垣東明山東之曹定陶金鄉先後響應．及清已見磔．文成在滑．以脛創不克自臨陣．遣黨據運河險要道口鎮．扼饋道．招徒侶．勢甚張．豫魯直三省督撫．均按兵不敢發．仁宗檄楊遇春．由陝西趣道口．連捷．遂圍滑．滑堅．外砌厚磚．內疊厚土．中實以沙．礮彈遇沙輒止．不易破．文成旋以遁走．故爲遇春軍所迫．自焚死．城亦爲火藥所炸破．居民二萬餘濫殺無算．其後陝西南山江西胡秉輝臨安高羅衣父子．相踵謀變．均以發覺捕獲．未釀大亂．

戡亂諸臣上　額勒登保．字珠軒．姓瓜爾佳氏．籍滿洲正黃旗．由侍衛從福康安討回．征臺灣．平廓爾喀．以功擢都統．仁宗即位．復乾州城．補領侍衛內大臣．克平隴．封威勇侯．川楚教匪亂．遂由苗疆移征湖北．連克險要．坐師老無功．奪爵職．時教匪有青黃藍白綫等號．被命赴陝．協剿白號高均德黃號姚之富齊王氏．會賊目李全等至藍田．欲與高齊合．帥師截擊之．姚齊失援．遂爲德楞泰（伍彌特氏正黃旗蒙古人）等所殲．俄藍號張漢潮入楚．敗之竹山．追入陝境平利．復追入川境太平．並敗白號賊羅其清於箕山．嘉慶四年．殲藍號賊蕭古國張長庚於營山．賞二等男爵．自是每戰必先．所向克捷．八月．詔逮勒保明亮入都．奉命爲經略．德楞泰爲參贊．詔謂自用兵以來．各路將帥．惟額勒登保英勇絕倫．屢殲林之華覃如耀羅其清冷天祿等．且胡齊崙一案．督撫將帥．皆受餽遺．獨彼一人無之．實東三省人傑．九月．即奏定偪賊歸川北之議。而分兵扼廣元棧道。截藍白二號楊開甲張子聰回南江。與王登廷阮正隆苟文明鮮大川合比間冉天元入川。特令楊遇春。（字時齋籍四川崇慶）穆克登布合左右翼全力擊之。左軍不利。敵復以全力攻額勒登保營。血戰竟夜。始退走開縣。於是先後具奏請罪。仁宗以其直陳無隱。且未幾擒王登廷於南江。詔嘉獎之。額勒登保病留太平。遣遇春等與德楞泰夾剿。未幾。額勒登保與德楞泰相繼西上。川東北兵備虛。踰歲川西被蹂躪。詔趣德楞泰回軍赴援。天元乘援蓬溪。川督魁倫。遣朱射斗（字文光籍貴州貴筑）百祥等進擊。射斗被圍力戰死。百祥亦幾殆。魁倫反回屯城內。是時敵所憚者。額德二軍。外惟遇春射斗而已。射斗死。清軍氣奪。已而敵西犯梓潼江油。擬趨龍安北。與陝甘之徒合。德楞泰兼程赴援。邀擊江油之西。額勒登保遇天元等馬蹄岡。步騎數萬分道來攻。至新店子。遇伏被圍。德楞泰以中軍馳救圍解。三月。授德楞泰成都將軍。專辦川西賊。進搗馬蹄岡。又遇伏。德楞泰率親兵數千。誓必死。卒擒天元。是役爲軍興以來。第一血戰。乘勝破之石門寨。時清軍雲集潼川。敵不敢犯成都。乃分軍。一留白號張子聰庹向瑤於川西。以綴官兵。一爲黃號徐萬富。渡潼河。將趨嘉陵江上游。以會甘肅諸黨。四月。德軍破子聰等。追及潼河西岸。擊其未渡後隊二千。禽斬漂溺殆盡。潼西告平。額勒登保自王廷詔一股竄入甘肅後。亟移師追剿。尋與那彥成會師伏羌。并力邀擊。至五年三月。隴州鞏昌間賊徒。盡爲清軍偪歸渭水南。復分道奔竄。或東趨商雒。窺河南。或南出階文。迫川西。額勒登保。與遇春等軍倍道還陝。念川徒入隴。隴徒折秦。必皆由棧道。乃令各軍分扼其要害。而自趨商川。令遇春扼龍駒寨。遏其赴豫。

與恆瑞夾擊。先後禽斬二千餘級。復遣遇春剿冉學勝於孝義廳。時商雒各教徒窺豫不遂。復折奔楚楊辛等犯鄖西。樊人傑犯平利。額勒登保乃議合兵而南。會敵擒渭南令。遇春與楊芳（字誠村。籍貴州松桃）倍道扼其東竄。並遣兵守商雒。五月。額勒登保扼鎮安。遇春等破五金柱首板崖。敵折奔山後。欲東竄山陽。適清軍三路要其前。遇春等兩路躡其後。二十里內之敵皆偪歸銅錢溝。先後禽斬五千餘。復進攻楊辛二張等於茅坪。敵大隊西竄華陽。後隊東竄四畝地。乃留遇春剿東。而大軍西追。時冉學勝張士龍偪秦州。而高馬亦自岷至陝。甘軍皆赴之。額勒登保嚴軍棧道。會豫藩馬慧裕適以六月訪獲教主劉之協於葉縣。檻送京師誅之。仁宗乃製邪教說以「但治從逆不治從教」之旨宣示中外。於時五省之教徒已失其所主。而大局亦漸寧靜矣。

戡亂諸臣下　羅思舉與桂涵。皆東鄉人。並以英勇稱。皆由鄉勇殺賊而擢至節鎮者。思舉之得名也。始於豐城之役。王三槐初起。聚衆數萬於此。四出擄掠。官軍無如何。一日率三千人出擾。將近羅家壩。壩中團勇不請戰。猝遇敵蜂涌至。皆畏懼。思舉見敵前鋒數百。詭呼曰「數十賊耳」。躍前搏擊。鄉民聞敵少。氣稍壯。亦奮身拒戰。多所俘虜。思舉乃獻之游擊羅定國。定國使詗敵豐城。比歸。與定國言願率死士夜擣其巢。並隱兵五百爲外應。可一舉而殲滅也。衆狂之。思舉恚甚。乃自請火藥數斤。夜獨往敵寨。火而焚之。風猛火烈。敵黑夜自相蹂躪。狂竄南壩場。踣死甚衆。是役以一人破敵數萬。川東名震。鄉勇從之者如歸。於是自成一軍。曰羅家軍。嘉慶元年。副都統佛住屯東鄉。思舉隸之。會王三槐徐天德來犯。思舉請增垣浚濠．積石以守．佛住不聽．乃往方山坪．就知縣劉清軍．羅其清故劉部民．甚德劉．劉望之大哭．其清亦哭．卽去所服白袍請罪．蓋白蓮教衣白也．翌日使思舉持檄諭其清．慷慨陳說．終無降意．而徐王已竄踞香爐坪．思舉夜襲其營．敵遁去．於是始以千總將鄉勇．與川東軍犄角．復計敗張長庚於陳家山．三年．冷天祿負嵎安樂坪．縱火燔其巢．川東教徒勢漸蹙．適値德楞泰圍其清等於大鵬寨．三月不下．思舉自山後攀磴脊登．圍斬殆盡．獲其清於山硐．遷守備．四年．隨德楞泰軍生擒冉文儔於通江．自是隨七十五轉戰川陝老林．在房竹間缺糧七日．煮馬韉皮．啗敵肉以戰．追苟文明等入川．向通江巴山．時鄉勇未領餉者半載．衣狗皮．躡草履．人皆稱之曰「丐兵」．及戰勝．則曰「丐兵破賊」．追過達州．獲領兵餉．士氣始飽．嗣張天倫等犯儀隴．屢敗總兵田朝貴．踰歲．思舉赴援．敵狃朝貴易與．專蹈其瑕．思舉乃冒田幟．敵爭趨之．大敗．後復戰東鄉．斬天倫．戰老林．擒劉朝選．戰通江．破齊國點．戰巴州．執張簡羅道榮．積功甚多．而勒保以之予他將．八年．教匪平．思舉以太平協副將．專搜川賊．深窮太平大寧開縣通江各萬山中．又二年．而亂始息．後晉重慶總兵．討中瞻對土酋．討永州苗趙金龍．瀕有功．此「羅必勝」之名之所由來也．而與羅齊名者．有桂涵．初膽智趫捷．橫行鄉里．屢干刑禁．川楚軍興．官募義勇．則往投．嘉慶三年．王三槐據金峩寺．隨朱射斗往討．垂破．反被敵圍數重．涵出截其尾．襲其巢．敵始潰．還攻山旁二硐．以火熏之．又兩山築碉樓．諜來偵者．輒轟擊之．時鄉勇與官軍相犄角．敵乃徙屯香爐坪．射斗躡之．涵與思舉各伏勇伺敵渡溪河．出不意擊之．敵相蹂躪．溪爲不流．五月．官軍追至香爐坪而西．其時達州東鄉太平新寧。民被寇害圖報復者。聞之爭挾矛矢來追。追及淨土庵。德楞泰明亮穆克登阿朱射斗四軍扼其四面。敵攻射斗營。垂破。忽伏勇四出。如潮而至。涵與思舉爭先陷陣。譟聲震天。敵寨火發。烟燄漲天。屍骸山積。殲教首孫士鳳。餘敵二三千。北走太平。緣途寨民爭擊。川徒至是大蹙。五年。追高馬於龍安。又從射斗敗王光祖於雲陽。縱其首李甲歸降者日衆。五年。改隸勒保。始與思舉分路。六年。殲李顯必於店子河。十一月。涵以游擊隨薛大烈追李彬冉天士於通江。抵小中河。乘雪夜奮擊。無倖免者。七年。涵以參將追徐天德至絲羅壩。獲焉。自後轉戰至開縣新寧太平大竹東鄉長壽忠州鄰水江北廳。均有斬獲。擢至四川提督。其有功於海疆者。莫李長庚若。長庚。字超人。籍福建同安。乾隆三十六年。武進士。出為浙江衢州都司。累遷樂清副將。林爽文亂臺灣。調入閩。護海壇鎮總兵。屢捕劇盜。嗣補游擊。時閩浙洋匪。北接山東。西通兩粵。三面數千里。皆盜出沒。其內地曰洋匪。蔡牽最大。朱濆次之。外地曰夷匪。多中國奸民挾安南人為之。鳳尾最大。水澳次之。一艇載數百人。洋匪曰匪艇。夷匪曰夷艇。夷艇至。輒數十艇。蔡牽亦數十艇。朱濆亦數十艇。其大較也。嘉慶二年。遷浙江定海鎮總兵。明年。鳳尾引夷匪自閩入浙。追擊至溫州。沈其一艇。守備許松年等困於盜。長庚返舟入盜圍救出。窮追至甲子洋。遇牽再擊之。仁宗嘉其奮勇。賞孔雀翎。五年夏。阮元奏請總統閩浙水師。得俞旨。長庚申號令。嚴標識。束部伍。信賞罰。自偏裨至隊長柁工水手。耳目皆一。於是水師皆可用。六月。夷艇大至。偪台州松門。長庚帥師進勦。會颶風起。雷雨大作。盜艇覆沒幾盡。其登岸者悉就俘。會安南王為阮福映所滅。新受封。守清廷約束。盡逐奸匪。自是夷艇不復至。其在閩者皆爲牽所併。牽籍同安。奸滑能用衆。旣得夷艇夷礮。凡鳳尾水澳餘黨皆附之。勢張甚。是歲。擢福建水師提督總督玉德。以其籍閩。請迴避。乃調浙。先是匪艇皆高大。官軍仰攻恆失勢。乃與元議造大艇。凌匪艇上。元籌銀十餘萬。交長庚。遣官赴閩造三十艘。至是成。名曰「霆船」。遂敗牽於岐頭東霍等洋。七年。春。獲匪目張如茂等。軍威大震。八年。牽竄定海。長庚帥舟師掩至。牽僅以身免。窮追至閩洋。賊糧硝繂篷索朽。官軍又據上風。不能遁。乃僞乞降於玉德。玉德遣興泉道慶徠招撫之。牽又曰。果許降。勿會令浙師上風偪我。玉德遽檄浙師收港。勿出。牽得以其間繕檣械。備糗糧。揚帆而去。浙師追擊於三沙。於溫州。凡奪舟沈舟燔舟者六。牽畏霆船甚。厚賂閩商造巨艇。大於霆船者。先後載貨出洋。僞報被劫。牽連得大海船。遂能渡重洋。劫臺灣米數千石。分餽濆。而與濆合。九年。連䑸八十餘艘入閩。閩師不敢擊。溫州鎭胡振聲被戕。詔長庚總統閩浙水師。專勦牽。以溫州海壇二鎭爲左右翼。八月。擊賊馬蹟洋。牽濆結爲一陣。長庚督師衝貫其中。斷賊爲二。使鎭兵擊濆。而自冣擊牽。逐至盡山。沈其二艇。又斷牽坐船篷索。卒以船高得遁去。牽責濆不用命。濆怒。遂與牽分。而牽勢亦少衰矣。是冬。敗濆於甲子洋。十年夏。又擊牽於青龍港。其冬。牽聚百餘艘。復犯臺灣。沈舟鹿耳門。以阻官兵。又搆土寇攻府城。自號鎭海王。十一年正月。復敗之柴頭港。二月。復盡焚洲仔尾之柵。與南汕來襲之船。賊大敗。越二日。潮驟漲。沈舟漂起。牽奪門出。長庚追之。奪船十餘。卒以閩師不助扼各港。竟遁去。詔奪翎頂。長庚列狀上聞。乃褫玉德職。逮問治罪。以阿林保代之。時閩文武吏以不協勦。不斷岸奸。獲罪。交譖長庚於阿林保。阿林保卽密劾其逗遛揑報斬獲。疏五上。仁宗密詢浙撫淸安泰．事得白．復敗牽於竿塘．於溫州．十二年．又敗之粵境大星嶼．閩境浮鷹島．十二月．帥福建提督張見陞．追牽入澳．牽僅存三舟．長庚擊破牽艇篷．又自以火攻船壞其後梢．賊亟發梢尾一礮．適中長庚喉．血殞．時閩浙水師合剿．數十倍於賊．而見陞庸儒．見總統船亂．遽引舟師退．牽得遁安南．事聞．追封壯烈伯．謚忠毅．以長庚裨將王得祿邱良功嗣其任．勉以同心敵愾．爲長庚雪仇憤．十三年．牽自安南回棹．濆資之．仍合幫入浙．阮元復蒞任．用間離之．濆復舍牽入閩．爲許松年轟斃．已而浙江提督邱良功．福建提督王得祿．合剿牽於定海之漁山．閱兩晝夜．牽夫婦淹斃黑水洋．盜船一律燒毀．賊矛貫良功脇．得祿亦受傷．卒能禽斬無遺．仁宗大悅．封得祿子爵．良功男爵．奏捷之疏．由閩督主稿．遂有閩幫優於浙幫之語．故恩賞亦稍有軒輊．而良功致浙撫書．謂掃蕩鯨鯢．肅淸海甸．總是大快事．不必計較功伐．眞名將風規哉．

外交問生惡感　仁宗以白蓮天理及海疆諸亂．疲弊國力．深慮宗教迷信與海上貿易．爲致變召寇之媒．故對於外人傳教通商之事．特加限制．嘉慶十年．御史蔡維鈺奏嚴禁西洋人刻書傳教一摺．諭曰．

「京師設立西洋堂．原因推算天文．參用西法．乃各堂西人每與內地民人往來講習．並有刊刻書籍私自流傳之事．向來本定有例禁．著管理西洋堂務大臣留心稽察．如有私刻書籍．卽行銷毀．」復據刑部奏．審明粵民陳若望私代西人德天賜．遞送書信地圖．並究出傳教習教各犯．分別定擬一摺．又諭曰．

「德天賜私行傳播．不惟恐民婦女被其煽惑．卽旗人亦復信奉．並用漢字編造西洋經卷至三十一種之多．若不嚴行懲辦．何以闢異說而杜歧趨．陳若望會長劉朝東趙廷畛朱長泰．漢軍周炳德汪茂德或往來寄信．或展轉傳惑．著照所擬．發往伊犂給厄魯特爲奴．民婦陳楊氏以婦女充會長．尤屬不安本分．著發往伊犂給兵丁爲奴．德天賜著兵部解往熱河圈禁．厄魯特營房．交慶傑隨時管束．餘議罰有差．十六年．又諭西人留京者止七人．有官職差使者．俱有在官人役隨地稽查．不能與旗民人等私相交接．其老病者不許擅出西洋堂外．人亦不許擅入．管理大臣及官員弁兵巡邏嚴密．諒不至有聽其傳教之事．至外省地方本無需用西人之處．卽不應有西人潛住．不可不加之厲禁．除廣東向有西人貿易．勿任私行傳教．不遵者按例懲治．餘著各督撫飭屬通行詳查．如見有西人在境．及續有西人潛來者．並令有司查拏具報．一面奏聞．一面遞交廣東．遣令回國．至二十年．有西人蘭月旺潛入內地．遠歷數省．收徒傳教．煽惑多人．仁宗謂其不法已極．命翁元圻嚴訊．問擬絞決．奏明辦理．此以傳教而與外人生惡感也．至通商之事．嘉慶十年．俄羅斯商船至粵．監督延豐擅許卸貨．有乖定制．仁宗斥其冒昧．至十四年．俄國畢爾納托爾遣使齎書．請於明歲冬令冰凍時．在恰克圖會議．先是俄君遣使來華．庫倫辦事大臣蘊端多爾濟因來使不行叩拜．竟行斥回．至是仁宗傳諭綳武布．令告知准其來會．發給咨文．若提及仍照前次遣使進貢．亦不必過於拘泥駁斥．若其懇詞恭順．卽可據實陳奏．准其所請．諒俄人來京．斷無膽敢不行叩拜之禮．十九年．英吉利護貨兵船違例闖入虎門．粵督蔣攸銛示以兵威．遣使詰責．始謝罪去．二十一年．英使至天津海口登岸．特命蘇楞額廣惠傳旨賜宴．行三跪九叩禮．如未諳禮儀．具奏候旨．其原船勿令駕駛。仍由原路回津泛海還國。蘇等故違旨帶來。又令和世泰穆克登額。迎赴通州演禮。限內尚未如儀。卽行參奏請旨。乃和等既未演禮。復不參奏。而英使又崛強不恭。仁宗恚甚。逐其使臣回國。不治重罪。仍命廣惠護送至廣東下船。此又以通商而與外人生惡感也。是時中外邦交。既生惡感。而鴉片輸入。則又以大吏之顢頇。與奸商之偸漏。日漸增加。遂階後此無窮之隱禍矣。

第十一章　乾嘉以前之狀況

一　疆域

乾嘉以前大勢　滿洲興起。瀋爲陪都。以黑龍江吉林。爲左右馮翊。於是乎有東三省合本部十八省爲二十一行省。直隸山陝邊外。則內蒙古首先歸附。世爲臣僕。書在理藩。康熙間準部之亂。外蒙古喀爾喀。亦已內屬。迨準地蕩平。回藏次第受命。天山南北路新疆之布置。規模粗具矣。苗疆既闢。金川授首。則西南之限。亦越後印度交趾支那而過之。玆卽舉全盛時代之幅員。以見梗概。東瀕黃海。南盡瓊崖。北走外興安嶺。西循葱嶺下青海藏衞。南北長五千四百里。緯度約三十五度。東西廣八千八百里。經度約六十一度。面積四三七八〇〇〇方里。北限長城以內。西並天山。東瀕東海。南接安南暹羅。此謂之本部。本部長約四千四百里。廣約四千六百里。面積一三〇〇〇〇方里。外此外藩屬地。曰內外蒙古。曰西藏。曰青海。又外此朝貢被保護國。曰朝鮮。曰緬甸。曰安南。曰暹羅、綜攬全局之地勢。昆侖東走。爲南北兩幹。其谷則江河流域也。天山北走。東折爲阿爾泰山。外興安嶺。中亙沙漠。絕長至七千五百餘里。內外相繼。海陸相抱。重門疊戶。地大物博。山脈水源。悉歸掌握。亞洲險要。中國實盡有之。誠所謂金甌無缺者也。

二　財政

乾隆間之收入　康雍兩朝。軍輸寖緩。乃專務休養生息。其時物力既紓。國計益裕。蠲江浙逋賦。詔永不加丁。惠民之政。史不絕書。然正用不匱者。事簡俗儉。足以供給而有餘也。雖乾隆中葉。權賄稍張。而恐慌之象。尚未大見。職是故耳。茲據乾嘉間之收入列表如左。

地丁	二九、六一〇、二〇一口
屯賦	五〇三、五五七
鹽課	五、五六〇、五四〇
關稅	四、三二四、〇〇五
蘆課	八九八、二五〇
雜稅	一、〇五二、七〇六
綜計	四一、九四九、二五九

三　官制

乾嘉以前中央官制　入關之始。沿用滿洲官號。其因明制者。內閣六部。兼存漢名。順治間。始諭通用漢字稱謂。且改祕書弘文國史內三院爲內閣名號。十三衙門幷爲內務府。而六部九卿如舊。滿漢並用著爲例。惟理藩院內務府無漢員。武職則京營僅副將以下。餘自宿衞以逮旗門羽林。皆旗籍也。茲將乾嘉前區職統屬綴表如左。

中央官制略表

官署類稱	長官	佐官屬官	長官員數	佐屬官員數	滿漢
宗人府	宗令	宗正宗人府丞等理事主事經歷等	一人	佐五人屬四十二人	府丞主事二人爲漢員
內閣	大學士	協辦及學士侍讀學士侍讀中書等	四人	佐二十人屬二百零九人	滿漢對用
六部	吏戶禮兵刑工部尚書	侍郎郎中員外郎主事司務等	十二人	佐二十四人屬七百餘人	仝上
理藩院	尚書	侍郎郎中員外郎主事等	一人	佐二人屬百餘人	皆滿人
都察院	左都御史	副都御史等監察御史經歷都事等	二人	佐四人屬百十七人	滿漢對用
六科	掌印給事中	給事中筆帖式等	十二人	佐十二人屬八十人	滿漢並用
通政司	通政使	副使參議等經歷知事筆帖式等	二人	佐四人屬十四人	仝上
大理寺	卿	少卿左右寺丞左右評事司務等	二人	佐二人屬十七人	仝上
內務府	總管大臣	郎中員外郎主事等	無定員	屬六百十三人	滿人
武備院	卿	郎中員外郎主事等	二人	屬七十二人	仝上

上駟院	卿	郎中員外郎主事等	二人	屬一百二十三人	滿人
奉宸院	卿	郎中員外郎主事等 又苑丞苑副等	二人	屬一百九十三人	仝上
翰林院	掌院學士	經筵講官侍讀侍講學士侍讀 侍講修撰編修檢討庶吉士等	二人	佐無員限 屬典簿孔目以十五十二人	滿漢並用
起居注館 詹事府	起居注官 詹事少詹事	典簿待詔孔目等	無員限 有銜無職		修撰無 滿人
太常寺	卿	少卿 寺丞典簿等	二人	佐二人 屬一百三十六人	滿漢並用
光祿寺	卿	少卿 署正署丞等	二人	佐二人 屬三十六人	仝上
太僕寺	卿	少卿 員外郎主事等	二人	佐二人 屬二十一人	屬官滿員
鴻臚寺	卿	少卿 主簿鳴贊等	二人	佐二人 屬二十八人	長官對用
順天府尹	府尹	治中通判等 大興宛平縣等	一人	佐三人 屬二十九人	長官不論
國子監	祭酒	司業監丞等 博士助教學正等	二人	佐五人 屬五十二人	滿漢對用
欽天監	監正	監副左右監副等 春夏秋冬中央等五正	二人	佐四人 屬一百三十二人	滿漢西洋參合
太醫院	院使	左右院判等	一人	佐二人 屬一百四十一人	不論
領侍衛府	內大臣	散秩大臣侍衛班領等 一二三四等侍衛	六人	佐無定 屬七百十七人	滿員
鑾儀衛	內大臣	鑾儀使冠軍使等 雲麾使治儀正等	一人	佐無 屬一百十二人	仝上
八旗都統	都統	副都統 驍騎參領 副參領佐領校等	二十四人	佐四十八人 屬一百九十二人 佐領以下無定	滿人

八旗前鋒統領	參領等	二人	佐合二百四十四人	滿人
八旗護軍統領	參領等	十六人	屬合三百餘人	仝上
步軍統領（提督九門）	左右翼總尉等　協尉步軍尉城門領等	一人	佐二人　屬五百三十人	仝上
京營（圓明　健銳　火器　虎槍）營總領	參領等　驍騎校等	各營無定	各營多少不同	仝上
內府三旗　統領	參領等　驍騎校等	三人	屬三百六十七人	仝上

外爲王府屬文武官管領長史之屬．又守護陵寢文武官．

又聖賢後裔世職官．

又京營後設神機等營．俱有總統統領以下等官屬．

按清初內閣爲樞要地．世宗時軍事旁午．大臣皆兼軍機．於是政權漸移於軍機處．通商而後又在總理各國事務衙門．堂司各官如軍機處例．自光緒季年改革官制．區爲十一部．中央分職情形．迥異曩昔矣（新官制見後）．

地方官制　巡撫比元明之中書行省．府縣比守令．大致不甚改革．惟分巡道與總督俱爲定缺．則前明所無耳．武職有八旗地方駐防．頗占勢力．除東三省外．本部十八省之要津皆置設焉．其將軍都統權位．與督撫埒．至官制沿革．代有增損．茲以乾嘉間定制爲斷．大部分巡各道以上治官之官也．府州以下治民之官也．自府縣同城者多．而知府亦幾爲治官之官矣．

地方官制略表

官名	佐屬官名	員數
總督		八人（奉天後設旋改）
漕運總督		一人（後廢）
河道總督		三人（後廢）
倉場總督		一人（後廢）
巡撫		十五人（新疆後設東三省後設廣東福建湖北裁）
學政		十七人（後改）
鹽政		二人（後廢）
織造		三人（江寧後廢）
布政司使	屬有經歷理問都事照磨庫大使倉大使	十九人
按察司使	屬有經歷知事照磨司獄	十八人
分巡各道（糧儲驛傳鹽法）	屬有庫大使倉大使	八十七人
都轉鹽運司使	佐有運同運副運判運提舉 屬有大使倉庫各大使知事巡檢	五人

知府	佐有同知通判 屬有經歷知事照磨司獄茶馬司宣課司稅課司各大使倉大使贊倉大使鹽茶大使遞運所大使檢校長官司吏目	一百八十五人
直隸州知州	佐有州同州判 屬有吏目稅課司大使	五十九人
知州	佐有州同州判 屬有吏目稅庫大使倉使庫大使	一百四十九人
知縣	佐有縣丞主簿 屬有典史稅課司大使倉大使巡檢驛丞	一千二百八十七人
教職	教授學正教諭訓導	二千八百零五人

外有四川雲貴等土官不入

武職表

官名	員數	官名	員數
提督	十四人	營守備	八百人
總兵	八十一人	衛守備	五十二人
副將	一百二十二人	守禦所千總	十八人
參將	一百五十九人	衛千總	二百五十一人
游擊	三百七十三人	把總	三千四百零七人
都司	四百二十九人		

各省長官駐防表

總督所在地

直隸	保定府
兩江	江寧府
浙閩	福州府
兩湖	武昌府
陝甘	蘭州府
兩廣	廣州府
四川	成都府
雲貴	雲南府

巡撫所在地

山東	濟南府
山西	太原府
河南	開封府
江蘇	蘇州府
安徽	安慶府
江西	南昌府
福建	福州府
浙江	杭州府
湖北	武昌府
湖南	長沙府
陝西	西安府
廣東	廣州府
廣西	桂林府
雲南	雲南府

東三省新疆後設不入

駐防所在地

廣東	廣州府
江南	江寧府
福建	福州府
陝西	西安府
四川	成都府
湖北	荊州府
浙江	杭州府
甘肅	寧夏府

新疆未入以上將軍

江蘇	鎮江府
山東	青州府
山西	歸化城
甘肅	涼州府
浙江	乍浦廳

以上副都統不盡舉

官職區別綱要表

- 奉上官
  - 中央
    - 內務府
    - 宗人府
    - 內閣
    - 理藩院翰林院
    - 太常光祿鴻臚各寺太醫院
    - 領侍衛府等武職
  - 地方
    - 漕糧織造等
    - 總督巡撫等
    - 提督學政鹽運使等
    - 將軍都統駐防

- 接下官
  - 中央
    - 六部
    - 順天府尹
    - 大理寺
    - 國子監
  - 地方
    - 府
    - 州
    - 縣
    - 教職

- 承上接下官
  - 中央
    - 六科
    - 都察院
    - 通政司
  - 地方
    - 布政司
    - 按察司
    - 各巡道

軍政　開國至中葉軍制統以陸軍其禁軍及地方駐防占軍事上勢力者皆八旗也而沿明舊制任鎮撫各省地方之職者尚存綠營（以綠旗爲識別故名）唯積弱已成勢難再用八旗至乾隆後亦漸形疲薾教匪及川楚兵變討平之事大抵皆用士兵於是乎始有勇兵水師則康熙間討平臺灣始一用之及仁宗初命李長庚督水師剿海盜然皆在閩浙粵沿海而已

- 陸軍
  - 八旗
    - 宿衛
      - 禁旅
      - 駐防
    - 西藏番兵
  - 綠營
    - 勇兵
      - 練軍
      - 徵兵

此乾嘉來八旗之兵制也禁旅分隸於八都統八都統者八旗各一滿蒙漢都統所統曰驍騎營其隸是營者曰馬甲領催匠役其不屬八都統者曰前鋒營曰護衛營曰火器營曰健銳營各隸於統領及總統

大臣。與領侍衞所屬之親軍。皆司宿衞扈警蹕焉。前鋒護軍八旗之精銳親軍。唯上三旗有之。健銳卽雲梯兵。亦爲前鋒火器。亦卽護軍。皆滿洲蒙古兵。漢軍不得與。漢軍別有驍騎營。亦滿蒙驍騎營所無。唯步軍營領催步軍。則合滿蒙漢以爲營。與驍騎營同。而別隸於統領。他如虎槍營。善撲營。各簡大臣以總之。此禁旅之大略也。八旗兵之在外駐防者。其制與禁旅不同。禁旅滿蒙漢各爲營。而駐防則合滿蒙漢以爲營也。駐防之地。畿輔凡二十五。東三省各城凡四十四。各省凡二十。新疆等處凡八。大抵受治於城守尉防守尉。而統之將軍都統及副都統。其新疆之伊犂烏魯木齊。則以領隊大臣治之。如城守尉防守尉之制。至盛京吉林黑龍江以及福州廣州乍浦。皆於騎步外別設水師營也。

乾嘉間之陸軍兵額可備考鑑者列表如左 據文獻通考

八旗兵 舊名養育兵

滿洲八旗兵	五九五三〇個	蒙古八旗兵	六八四三個
漢軍八旗兵	二四〇五二個	京城巡捕營	一〇〇〇〇個

綠營兵 又名經制兵

直隸營	三九四〇二	山東營	一七五〇四
山西營	二五七五二	河南營	一一八七四
江南營	四八七四七	江西營	一三九二九

福建營	六三一一九	浙江營	四〇〇三七
湖北營	一七七九四	湖南營	二三六〇四
四川營	三二一一二	陝甘營	八四四九六
廣東營	六八〇九四	廣西營	二三五八八
雲南營	四一三五三	貴州營	二七七六九
通計	六九八五九九		
外天山北路	約一〇三〇〇	南路	約五九九〇
東三省	無		
青海	無		
西藏	約一六〇〇		

又舊制陸軍有馬政．水師有船政．皆設官監制．歲報銷於部臣而已．

第十二章　道光朝之治略

一　宣宗之朝局

宣宗冲齡之神武　乾隆四十七年宣宗誕生於擷芳殿中所厥名綿寧仁宗第二子母喜塔臘氏卽孝淑睿皇后幼從編修秦承業檢討萬承風侍學長與禮部侍郎汪廷珍侍讀學士徐頲朝夕講論仁宗課以詞翰其學日進嘉慶癸酉林清之變賊犯大內宣宗方在潛邸讀書上書房聞變諸王貝勒皆倉皇奔避大學士寶興時爲上書房授讀翰林從奏事門下直遙望見之亦走還趣閉門以拒奏事門者景運門也俄而賊已至三館側三館者實錄館國史館功臣館也距禁門祇數百步脫狂奔奪門則大內時益震驚宣宗獨親御鳥槍連發斃二酋賊錯愕不敢前撓賊勢而奪賊氣守門者乃得以下扃鑰乃集羽林虎賁戰一日夜賊乃敗悉就擒仁宗下詔褒異加封智勇親王增俸萬二千號所御槍曰「威烈」遂隱定金匱緘名之局人皆仰聖武之布昭而不知智勇天錫自髫齡時而已然也乾隆五十四年高宗木蘭秋獮宣宗以諸皇孫隨扈時纔八歲耳一日至張家灣行營高宗親率諸王校射宣宗侍側俟諸王射畢亦御小弓矢連發中其二高宗大喜拊其背曰「兒能連中三矢當以黃馬褂爲賚」果三中之卽置弓矢

跪高宗前。高宗問所欲。不對。亦不起。高宗大笑曰。吾知之矣。因命侍臣取黃褂衣被之。倉卒間不得小者。卽以成人之衣衣之。乃謝恩起。而裾長拂地。不能行。乃命侍衞抱之以歸。御製詩集中有詩紀其事。越二年秋。侍高宗行圍威遜格爾。引弓獲鹿。賜翠翎。高宗詩所謂「老我策驄尙武服。幼孫中鹿賜花翎」者是已。嘉慶二十三年。仁宗東巡盛京。展謁三陵。命宣宗隨侍行禮。瞻仰太祖太宗所藏法物。俾知締造維艱。守成匪易。復御製大禮慶成記。首述高宗密建隆恩。卽繼以承先猷而啓後嗣。殆微示付託得人克繩祖武之意歟。

宣宗之嗣位　嘉慶二十五年七月。仁宗駕幸熱河。滿相托津。漢相戴均元。扈蹕陽圍。甫駐蹕避暑山莊。以途中感暑。仁宗驟有疾不豫。變出倉猝。從官多皇遽失措。二相督內臣檢御篋十數事。最後近侍於身間出小金盒。鎖固無鑰。托津乃壞金鎖發盒。得寶書。卽嘉慶四年四月初十日遵家法立皇次子綿寧爲皇太子之旨也。未幾。仁宗崩。二相遂率文武隨瑞邸行禮。乃發喪。中外晏然。服二相之鎮定。（按是則本包世臣大庾神道碑與實錄所紀稍異。實錄謂召御前大臣賽冲阿、索特納木多布齋。軍機大臣托津、戴均元、盧蔭溥、文孚。總管內務府大臣禧恩和世泰。公啓鐍匣。宣示御書云云）於是奉遺詔卽位。以明年爲道光元年。定御名迴避例。遵高宗諭旨。改綿爲旻。並缺一點爲旻。改寧爲寕。惟甯字雖音義皆同不諱。十月。上大行皇帝尊謚曰「睿皇帝」。廟號「仁宗」。卽位時年三十有九。當嘉慶丙辰。賜成大婚禮。一日。仁宗奉高宗幸中所進膳。宣宗捧觴上壽。鞠躬承懽。兩朝恩眷加隆。定省餘閒。日與詩書相砥礪。或呈進歌頌。或賡和天章。日衍月增。積成巨帙。有養正書屋詩文集四十卷。養正書屋者。仁宗初元御書賜宣宗園居之額也。宣宗祇奉訓誨。身體力行。著主敬存誠勤學改過四箴以自勵。臨御後。移璇題於寢殿。前言敬繹。顧諟弗忘。用識終身之慕。且宅心淡定。凡珍奇玩好之物。略不關懷。故繼承大業之初。越南國王阮福映。暹羅國王鄭佛。並遣使請進貢方物。溫諭止之。又顯以儉德著稱。衣非三澣不易。食物價昂。雖嗜弗禦。嘗有御用黑狐端罩襯緞稍闊。令內侍將出。四周添皮。內府呈册。需銀千兩。乃諭勿添。明日軍機大臣入侍。諭及茲事。自是京官衣裘不出風者十有餘年。宮內用款。歲不逾二十萬。內務府堂司各官。皆有臣朔飢欲死之歎。頌之者至謂其三代下第一人。漢文帝宋仁宗。幾莫能及。即論其御門聽政。非不厲精圖治。思舉歷朝之秕政而掃除之。而其臣若陶澍。(字雲汀籍湖南安化由編修任兩江總督)松筠。(字湘浦瑪拉特氏。籍蒙古正黃旗由筆帖式官都統)林則徐。(字少穆籍福建侯官由編修官雲貴總督)之流。類皆盡心輔佐。奮發有爲。夫豈無補救國運之衰微者。然而內變踵起。外患叢生。非常之禍。皆集於道光一朝。時爲之歟。勢爲之歟。推原禍始。不能不痛心於當國之非其人也。

曹穆二相之關繫　曹振鏞。字儷笙。籍江南歙縣。嘉慶間由編修官吏部尚書協辦大學士。晉體仁閣大學士。管理工部。道光初元。拜武英殿大學士。十餘年間。位居要津。論者謂其專希人主風旨。又復拘牽文義。毛舉細故。以箝制天下之人心。宣宗登極之初。下詔求言。一時上書者多務剴直。嗣闕宣宗有厭惡意。遂進言曰。「今天下承平。臣工好作危言。以邀時譽。若遽罪之。則蒙拒諫之名。惟有抉摘其細故之舛謬

者交部嚴議。則臣下震於聖明。以爲察及秋毫。自莫敢或縱」宣宗納其言。嗣後凡遇章奏。有疑誤者。輒
遭譴責。由是中外震悚。不復有敢言者。國家言官。不過數十人耳。即使人人能舉其職。其爲效甚微。今乃
以蟲吟亂聽。而使非仗馬不鳴。不特箝制天下之人心。並且箝執天下人之口。是誰之過歟。又閱陳康祺
郎潛二筆云。「近數十年殿廷考試。專尙楷法。不復問策論之優劣。以致空疏淺陋。競列淸班。甚至有抄
襲前一科鼎甲策。仍列鼎甲者。而讀卷諸公評隲楷法。又苛求之點畫之間。有一字古體貼體。依說文篆
隸而不合時式者。卽工楷亦置下等。康祺偶見廠肆有乾嘉年間殿試策。不爾也。朱侍講逌然云。「其先
德侍郎公及第時不爾也」。此風不知開自何時。後詢之童少宰華云。「宣宗初登極。以每日披覽奏本
外。中外題本。蠅頭細書。高可數尺。雖窮日夜之力。未能徧閱。若竟不置目。恐啓欺蒙嘗試之弊。嘗問之曹
文正公振鏞。公曰。『皇上幾暇。但抽閱數本。見有點畫譌誤者。用朱筆抹出。發出後臣下傳觀。知乙覽所
及。細微不遺。自不敢怠忽從事矣』。上可其言從之。於是一時廷臣。承望風旨。以爲奏摺且然。何況士子
試卷。而變本加厲。遂至一畫之長短。一點之肥瘦。無不尋瑕索垢。評第妍媸。以朝廷掄才大典。效賤工巧
匠雕鏤組織者之程材。而士子舉業偶差。關係畢生榮辱。末學濫進。豪杰灰心。波靡若斯。雖堯舜臯夔之
聖賢。豈能逆料歟。文正晚年。頗以爲悔。故少宰獲聞之」。據此則非特吏治因以日壞。卽士氣亦因之日
靡矣。爲國家重臣。專以取媚人主爲職志。以保持祿位爲目標。雖與兇奸邪佞者不同。而固寵希榮。俯仰
脅卑之顏。逶迤勢利之間。國事之壞。壞於權奸之臣者。顯而易見。壞於庸碌之臣者。則多無瑕隙之可指

也。故道光朝之多事，人皆斥穆彰阿釀之，而指振鏞者蓋少也。穆彰阿柄國，其用陰柔之手段以妨賢病國，舉世皆惡之。蒲城王鼎，爲宣宗時名相，長戶部十年，綜核出入，人莫能欺，管刑部多所平反，先後讞獄九省，彈劾大吏不少瞻徇，勘兩淮鹽務，奏上節浮費、革根窩等八條，並請裁鹽政，由總督兼轄，淮綱爲之一振。道光二十二年，河決開封，被命往治，糜帑少而成功速，皖豫之民至今德之。與穆彰阿同爲軍機大臣，惡之尤甚，每相見輒厲聲詬罵，穆彰阿强爲笑容避之。値英人和議初成，鼎侃侃力爭，大忤穆相。一日兩人適同召見，鼎盛氣詰之曰：「如林則徐之賢，汝何故必令遣戍新疆？是直宋之秦檜、明之嚴嵩耳，行見天下事皆壞於汝手」。穆嘿然不與辨。宣宗反笑視鼎曰：「卿醉矣」。命內侍扶之出。翌日復廷諍甚苦。宣宗怒，拂衣起。鼎亟牽其裾，終不獲伸其說，憤甚，歸而欲仿史魚尸諫之義，草疏置之懷，閉閤自縊，冀迴天聽也。故事，大臣自縊，必奏聞驗視，然後解。鼎既死，家人方搶攘間，爲穆所知。時軍機章京領班陳孚恩方黨穆，穆使其索觀遺疏，大旨皆劾穆之奸而薦則徐之賢也。乃謾謂鼎之子曰：「上怒未解，若以此奏，則館公卹典不可得，而子亦終身廢棄矣。其勿奏便」。家人信其說，孚恩遂滅其疏，別撰遺摺，以暴疾聞。宣宗雖震悼而優卹之，亦不究其事，穆得自若。設當時竟以鼎疏上，穆之斥罷，豈待咸豐初年？英雖狡悍，知中國有人，或不至驕橫如此。吁！朋奸害正，摧我屏藩，滄海鯨波，滔滔靡底，穆罪其可逭乎？馮桂芬顯志堂集有鼎墓銘，稱自河上還，養疴園邸，行愈矣，卒以不起，詞意隱約，殆鼎後人諱言之。朱琦記鼎事，亦言一夕暴卒。惟孫衣言所撰張芾神道碑銘首云「子丑之間，海鯨波山，有臣一個，奮叩其瀾」。又云「領領蒲城。深矉太息。閉閤草奏。忠奸別白。疏成在懷。遂縵以絕。或匿不僩。聞以暴疾。」則情事昭然矣。芾與鼎同鄉。故銘詞借爲緣起。古文家原有此例。

河工及鹺漕諸弊　咸豐河決以前。有兩總督治河。北督駐濟寧。南督駐清江浦。北河事簡費絀。道光中葉。南河歲修銀四百五十萬。而決口漫溢不與焉。浙人王權齋熟於外工。謂採買竹木薪石麻鐵之屬。與夫在工人役。一切公用。費帑金十之三二。可以保安瀾。十用四三。足以書上考矣。其餘三百萬。除各廳浮銷之外。則供職院道。酬應戚友。饋送京員過客。降至丞簿千把總胥吏兵丁。凡有職事於河工者。皆取給焉。歲修積弊。各有傳授。築隄則削浜增頂。挑河則墊崖貼腮。買料則虛堆假垛。大吏臨工查驗。奉行故事。勢不能親發其藏。當局者張皇補苴。沿爲積習。上下欺蔽。瘠公肥私。而河工不敗不止矣。故清江上下十數里。街市之繁。食貨之富。五方輻輳。肩摩轂擊。甚盛也。曲廊高廈。食客盈門。細轂豐毛。山腴海饌。揚揚然意氣自得也。青樓綺閣之中。鬢雲朝飛。眉月夜朗。悲管清瑟。華燭通宵。一日之內。不知其幾十百家也。梨園麗質。貢媚於後堂。琳宮緇流。抗顏爲上客。長袖利屣。颯沓如雲。不自覺其錯雜而不倫也。然而脂膏流於街衢。珍異集於胡越。未嘗有揮金於室。開礦於山者。荄樓華身。而河流飽腹。自上下下。此物此志也。至鹺漕之弊。則尤甚者焉。揚州繁華以鹽盛。兩淮額引一千六百九萬有奇。歸商人十數家承辦。中鹽有期。銷引有地。謂之綱鹽。以每引三百七十觔計之。場價觔止十文。加課銀三釐有奇。不過七文。而轉運至漢口以上。需價五六十不等。愈遠愈貴。鹽色愈雜。霜雪之質。化爲緇塵。鄉曲貧民。有積日累旬堅忍淡食者矣。此非正課致之而商人積弊累之也。諸商所領部帖。謂之根窩。有根窩者。每引抽銀一兩。先國課而坐收其利。一也。運脚公用。額定七十萬。近年十增其五。而用不及半。二也。漢口岸費。每引又派一兩有奇。三也。即此三項。已倍正課而過之。加以鹽院供億。各大憲緝捕犒賞。又豢養乏商子孫。月支萬計。最奇者春臺德晉兩戲班。僅供商人家宴。而歲需三萬金。總商謁見鹽院。一手版數十文耳。而册載一千兩。率由總商妄立名目。取諸衆商。委員王鳳生查請裁革。其浮冒無忌類如此。由是侈靡奢華。視金錢如糞土。服用之僭。池臺之精。不可勝紀。鬪靡爭妍。不數年而資本日絀。虧及公款。則朝廷借帑助之。定法兩年三運。後則一運兩年。積習既深。外腴中瘠。愈斲愈甚。而敝壞不可爲矣。漕弊梗概。陶澍嘗言之。謂漕政首禁浮收。而浮收之原。由於旗丁之索加幫費。旗丁之索費。又由於沿途公用。及通倉胥役。催趲員弁。索費於旗丁。故歷屆兌漕。州縣有協濟之款。積久視爲應得。更思逐漸加增。以倡率停兌爲挾制之端。以揹勒通關爲刁難之具。水手出入淮境。不虎而鼠。首尾帖然。及到江南。則玩易官府。欺凌民船。霸道橫行。莫敢正視。旗丁之爪牙也。衞官在淮。奉法唯謹。不率則漕督褫其章服而扑之。及到江南。挑米色。促兌期。互爲狼狽。又旗丁之羽翼也。此輩既託詞多索於州縣。州縣亦必藉口浮取於小民。加五加三。風篩已耗。蠹書差保。朘削無藝。此在民之害也。州縣一年支用在此。通省攤捐在此。又奏明彌補津貼各款。漕米一石。協濟銀三四錢不等。合計已及數萬。此在官之累也。在顢頇之州縣。未必諒百姓之苦。在顓愚之百姓。亦無由悉州縣之難。下怨上尤。互相詬病。而皆不爲無因。其病民蠹官。大爲漕害者。則相沿之陋規是已。河工。漕運。鹽蠹。俱爲叢弊之所在。道光前期。承平又二十年。官吏恬熙。晏然以無事爲福。嗚呼。國家果能長治久安而一無變耶。

整頓河工　河工濫費。河防窳敗。皆由於河吏之奢侈。國家每歲糜帑數百萬。用之於工程者不及十分之一。餘盡歸官吏攫金之穢手。宣宗亦嘗聞之。遂於道光二十四年正月下諭禁止曰「朕聞近來江南河工。時有過往官員。及舉貢生監幕友人等。前往求助河督及道府等官。礙於情面。不能不量爲佽助。以致往來日衆。竟有應接不暇之勢。不知河工銀兩。絲毫皆關國帑。河員承領錢糧。均有購料修防之責。倘過往官員等視爲利途。紛紛前往。該員等焉有自出己貲之理。無非濫請支領。剋減工程。以爲應酬之費。於河務甚有關繫。不可不嚴行禁止。因思此等游客。不能無因至前。往往向在京官員求索書信。以爲先容。甚至屬託該河督授意屬員。廣爲吹噓。此風可惡之至。著潘錫恩通飭所屬。一律嚴禁。嗣後查有持信往謁。意在干求者。著該河督卽將其人暫行扣留。指名參奏。其有向道廳求助。業經幫助銀兩者。卽一併參辦。概不得意存見好。稍事姑容。並著兩江總督明查暗訪。倘此後仍有前次情弊。該河督未卽舉發。卽行單銜奏參。庶幾懲一儆百。力挽頹風。南河既有此弊。東河亦所不免。著東河總督通行嚴禁。並責成山東河南巡撫。一體訪查。各省鹽務衙門。向來陋習。亦應嚴行杜絕。著通飭各省鹽政。一概禁止。毋任虛糜課餉。」其禁令不可謂不嚴。官吏果能力爲奉行。不再蹈此等惡習。則河工必日有起色。是在乎整飭官方者。不視此爲具文也。

綱鹽改票　鹺政蠹壞之後。如淮南之窩價。淮北之壩積。兩淮之岸費。皆浮糜數百萬。仰食其間者以億計。推其致此之由。大都爲綱法之所縛待。綱鹽之利。不在官。不在民。商人占其利而不能保其利。則幕賓門客等衆人分之。船戶埠行。往往不領脚價。轉賂商宅僕役。圖謀裝載。下至婢嫗。亦月有餽贈。挾私鉅而獲利宏也。船抵漢口。排列水次。次第銷售。謂之整輪。或將待輪之鹽。先期竊賣。候輪到買私塡補。謂之過籠蒸糕。及鹽已賣盡。無力補買。則揑報淹銷。暮夜鑿沈其船以滅迹。謂之放生。陶澍任兩江總督。深知其弊。創立票鹽法。宣宗命戶部尚書王鼎。侍郞寶興。赴兩淮會籌改法。爲課歸場竈之計。澍謂除弊卽所以興利。因條上章程十五則。鼎等遂請裁鹽政。歸總督管理。以一事權。澍於是殫心力以釐積弊。奏裁淮南窩價岸費場費二百五十餘萬兩。淮北則創改道不改捆之議。歸販不歸商之制。其著有成效者約有四端。一曰裁浮費以輕成本。一曰愼出納以重庫款。一曰禁糧私以淸綱銷。一曰革五壩十槓以淸淮北。初。凡富民挾貲赴所司領票。不論何省之人。亦不限數之多寡。皆得由場竈計引授鹽。仍按引地行銷。而擧商大困。怨澍入肺腑。編爲葉子戲。貌其家屬。又一人以雙斧斫桃樹。妄立名目。以肆詆諆。澍據實陳奏。不避勞怨。毅然行之。而鹺務爲之一變。城西北五里曰河下。爲淮北商人所萃。高堂曲榭。第宅連雲。牆壁壘石爲基。煑米屑磁爲汁。以爲子孫百世業也。城北水木淸華。故多寺觀。諸商築石路數百丈。徧鑿蓮花。出則僕從如雲。駿馬飛輿。互相矜尚。其黠者頗與名人文士相結納。藉以假借聲譽。居然爲風雅中人。一時賓客之豪。管弦之盛。談者目爲小揚州。改票後不及十年。高臺傾。曲池平。子孫流落。有不忍言者。舊日繁華。膴有寒菜一畦。垂楊幾樹而已。

試行海運　全漕之歲。糧艘渡黃者九十餘幫。計船四千五六百號。期以夏初報竣。近則挽運漸遲。京倉支放漸絀。於是大學士英和通籌漕河全局。請暫僱海船以分滯運。酌折漕額以備治河。御史胡長庚請預籌積貯。招商買米接濟通倉。事下督撫會議。大吏以採買多弊。窒礙難行。乃先將蘇松等郡冬漕由海道運送天津。事屬創行。剔奸防弊。與夫水師巡哨。備禦洋盜之策。立法甚周。海船畏淺不畏深。畏礁不畏風。惟元人新道最善。今估船所行者是也。就沿海州縣測驗大洋。合計四千餘里。約分六段。自上海至崇明為一段。第二段曰佘山。為東出大洋之標準。第三段北向偏東。至海州鷹游門。是為江省洋面。中經黑水洋。深碧無底。黃河入海自成一線。雖風濤衝擊。與海水不相雜也。第四五段北至廟島。屬山東。六段西北至天津。佘山一名南槎。與文登北槎相對。海行至此始見島嶼。東省北有五島。居民稠密。雞犬相聞。以榮城之石島為最。生長其間者耕種桑麻。男女婚嫁。與內地渺不相通。令人有世外仙源之想。倘所謂十洲三島者。即此類邪。大洋中以針盤定向。以更香計時。而深淺尤特水托。範鉛為錘。繫以長繩。橫如兩臂為一托。自十托至五十托不等。是為試行海運之始。先是海運之策。嘉慶時曾試辦之而未實行。至是江南大吏集議。而上海關儈通倉胥吏及屯船丁役。皆起而阻撓之。不曰風濤。即曰寇盜。不曰霉變。即曰煩費。而宣宗移陶澍自皖撫吳。毅然以身任之。旬月抵天津。無一漂損者。且每石運費止用銀四五錢。視河運費省一倍。朝廷遣重臣赴驗米色。率瑩潔過漕運。人始知海運利國利民。為東南拯敝第一策。次年。澍

復疏陳海運章程八條。冀永甦三吳之困。惜格於部議而未竟也

二　宣宗時之內變

回疆之亂起　先是乾隆朝既統一回部回酋大和卓木子薩木克及喀什噶爾人民相率走敖罕。朝廷慮其勢力滋滋。終為邊患。乃歲給敖罕王銀一萬兩。令約束。時回疆既勘定。各城置辦事領隊大臣。而統於喀什噶爾參贊大臣。並受伊犂將軍節度。歲征錢糧土貢。數十分而取一。其初慎選滿員。回民賴以休息。故得相安無事。及其久也。所遣官吏多用侍衛及口外駐防。以換防為利途。以瓜期為傳舍。相率貪暴無藝。與各城阿奇木伯克阿比為奸。於原定貢稅正額外。歲斂赤銅普爾（回部銅幣。橢圓式。每元合制錢十文）錢。喀什噶爾八九千緡。葉爾羌萬餘緡。和闐四五千緡。又金玉氈裘緞布無算。朋分之。且廣漁回女。奴使獸畜。回民既深怨之。薩木克子張格爾。雄桀復煽亂。天山南路漸動搖。迨嘉慶末葉。南路參贊大臣斌靜。益以荒淫無度。大失回衆之心。張格爾闕有隙之可乘也。因與回部脅逃人自敖罕北走糾布魯特衆數百犯邊。布魯特頭目蘇蘭奇來告警。反為章京綏善所逐。怒而與張格爾合。於是領隊大臣色普徵額帥師討之。擒獲百餘人。而斌靜盡殺以滅口。卽以蘇蘭奇通賊滋事入奏。宣宗疑之。遣伊犂將軍慶祥往勘。具得先後釀變狀。黜斌靜。旋以永芹代之。時道光二年也。永芹亦不善撫馭。四年秋。五年夏。張格爾屢結布魯特入寇。引清軍出則遠遁。又或詭辭乞降。變態百出。九月。領隊大臣巴彥圖出塞掩擊。不

遇。乃縱殺游牧婦孺百餘人而還。其酋汰列克忿甚。率所部二千。追覆巴彥圖兵山谷中。盡殺甚衆。敵勢遂張。宣宗乃以大學士長齡代慶祥鎮守伊犂。而以慶祥代永芹視師喀什噶爾。徐圖進攻之計。

西四城之克復　是時敖罕王摩訶末阿利新立。驁悍善戰。銳意擴疆略。威服附近哈薩克諸部。張格爾知南路兵備單薄。冀乘機席卷西四城。乃遣使敖罕乞援。約於六年入寇。而自率衆五百餘。以六月先入自開齊山路。突至回城。距喀什噶爾八十餘里。慶祥檄協辦大臣舒爾哈善。領隊大臣烏凌阿。引兵剿之。不利。敗還喀城。分其衆為三營。令烏凌阿穆克登布分將之。迎戰渾河。先後殞於陣。及七月。敖罕王始至。見張格爾背約。引兵而還。而張格爾復遣人追陷其衆。遂於八月陷喀城。慶祥死之。於是英吉沙爾葉爾羌和闐三城相繼不守。犂回響應。阿克蘇辦事大臣長清遣百餘騎。騁沙揚塵。鼓譟禦敵。扼守渾河。遏敵東犯。東四城始無恐。將軍長齡與楊遇春楊芳等。率步騎二萬二千。自哈密進中路。抵洋阿巴特。遇敵二萬餘。時軍糧已罄。至是遇敵。爭望殺敵因糧。其地沙漠平曠。敵據橫岡五六里。長齡遇春將中軍。武隆阿居左。芳居右。三路進擊。奪其岡。敵勢蹙。追踰渾水河三十餘里。北至洋達瑪河。次日至渾河北岸。距喀城止十餘里。敵衆十餘萬。方阻渾河列陣。會西南風起。撼木揚沙。天地冥晦。乃出敵不意。渡河燃礮。風沙挾之。聲勢百倍。敵陣亂。迨風息天霽。敵已盡破。乘勝復前所失城。張格爾遁去。旋見獲。

回疆善後之顛末　長齡因檄敖罕布哈爾等國。獻張格爾家屬。敖罕不允。宣宗乃諭那彥成楊芳。嚴守卡倫。絕敖罕通商。那彥成先後奏章程數十。大旨不外安內制外兩策。策既實行。戍兵漸撤。芳等并以九年先後還京。而敖罕遂以十年大舉入寇。參贊大臣札隆阿聞警。出兵拒戰。未幾覆沒。張格爾兄摩訶末玉素普。奪據喀什噶爾英吉沙爾葉爾羌諸回莊。而札隆阿。及葉爾羌辦事大臣璧昌。各據漢城死守。那彥成子容安。爲伊犁參贊大臣。畏敵焰偪人。轉趨無敵之和闐。於是喀城葉爾羌受圍凡數月。附近諸回莊子女玉帛。劫掠殆盡。宣宗將籌對付之法。爲一勞永逸之計。玉素普恐獨力難抵抗。已引兵而西。而敖罕亦慮中國大舉出塞。乞援於俄羅斯不獲。因於十一年上書乞和。議還所虜中國臣民。爲中國約束和卓木族。中國仍許敖罕貿易。並免稅。給還從前所抄敖罕民資產。和遂定。蓋淸廷以玉素普之亂。爲那彥成操切所致。故亟思變計。而甘於讓步也。敖罕之盟既成。宣宗籌策善後。令中外臣工條上意見。交長齡玉麟。（時爲伊犁將軍）會議。遂奏移參贊於葉爾羌之策。自是長齡復請以西四城閒地。招民開墾。以濟軍糈。回疆行屯田法自此始。卽新疆題名亦始於此。此後數年。敖罕王以構衅鄰國布哈爾戰死。王族庫達雅爾嗣立。孱弱不任事。不能約束和卓木族。而國內悍徒。復思嗾張格爾子弟起復仇之師。於是和卓木族加他漢等七人。連合徒黨。復糾布魯特入寇。卒以回部無響應者。遂不戰而遁。是謂七和卓木之變。蓋距張格爾發難之初。先後兵禍凡三起。時二十有七年春也。至此回部始稍寧靜云。此外則有永綏常寧及兩廣猺民之變。湖北崇陽及廉洋狗頭山之變。雖皆賡續敉平。而爾時財政之困難。軍政之窳敗。識者已知其禍亂之不遠矣。

三　宣宗時之外變

鴉片輸入之沿革　鴉片自唐時已入中國。吸食則始自有明。相傳神宗十八年不視朝。實爲鴉片所困。其後此風漸濡被民間。清康熙初。以藥材納稅。雍正七年。曾布禁吸令。是時東洋貿易權。爲葡萄牙人所壟斷。鴉片之輸入。以葡人爲主。銷額尚少。迨乾隆三十年以前。每年多不過二百箱。四十六年。英印度商會。以英政府之許可。壟斷中國貿易。而印度孟加拉地方。又爲鴉片產域。於是輸入浸多。毒民日甚、及嘉慶初元。因嗜者日衆。有嚴禁入口。見卽銷毀之令。顧英商以大利所在。祕密設鴉片躉船。屯聚廣州灣伶仃島。及大嶼山一帶。粤人則以礮艇號「快蠏」及「扒龍」者。爲之運銷偸漏。又設大窰口於廣州。分布小窰口於各地。卽包買戶也。而於沿海官衙。復定有例賄。關胥營哨。上下勾通。以是之故。禁令適同弁髦。鴉片潮流。日增月盛。逮至末葉。每年私鬻至三四千箱。始積澳門。繼移黃浦。道光初。嚴禁。羣聚於伶仃島。是島在老萬山內。水路四達。總督阮元。密奏請暫事羈縻。徐圖驅逐。於是因循日甚。其突增至二萬箱者。則在六年總督李鴻賓設巡船之後。巡船月受規銀三萬六千兩。放私入口。十二年。總督盧坤。始裁巡船。而水師積習已不可挽。十四年。爲印度商會壟斷貿易終止期。英政府欲擴其東方商權。乃先期一年。派監督官律勞卑駐廣東。請推廣商港。坤怒其書用平行式。乃奏停英貿易。發兵阻海口。律勞卑突乘潮入虎門，泊黃浦。未幾以疾去。坤飾詞。謂英人悔罪下澳。仍准貿易入告。無何律勞卑死。羅頻孫代之。坤乃增定防範章程。十七年。總督鄧廷楨復設巡船。而水師副將韓肇慶。專以護私漁利。與洋船約每萬箱許送數百箱。與水師報功。甚或以私船代運進口。於是肇慶反以獲烟功擢總兵。而鴉片遂至四五萬箱矣。時京卿中有奏請將鴉片烟照藥材收稅者。不報。

林則徐之查辦　先是御史朱成烈。鴻臚卿黃爵滋。並請禁鴉片。塞漏巵。鄂督林則徐。所奏尤剴切。言烟不禁絕。國日貧。民日弱。十餘年後。豈惟無可籌之餉。抑且無可用之兵。宣宗謂爲深慮遠識之言。詔以兵部尚書佩欽差大臣關防。赴粵查禁。至則傳洋商伍怡和。索歷年販烟之洋商查頓顚地。查頓已聞風先竄。惟顚地隨英公司領事義律。由澳門至省城。則徐派兵役監守之。其初道光十三年。英公司局散。粵中已無領事。此粵事之第一轉機。而盧坤初至粵。未悉利害。聽洋商言。反行文英國。仍派領事來粵。初至者律勞卑。既搆衅歸國。再至者卽義律。至是被圍省館。不克回澳。始將鴉片呈繳。迫以兵力。乃就虎門海岸。銷毀二萬餘箱。英人自義律以下。皆怏怏去廣州。赴澳門。是時清廷議定新例。凡開設窯口屯積鴉片者。開設烟館者。栽種罌粟。製造烟土者。以及吸食鴉片。於令下後一年半。尚不悛改者。均分別治罪。有斬梟絞流等刑。惟此例祇適用於國內人民。則徐爲永絕來源計。請設專條。凡洋人以鴉片入口圖賣者。分別首從處以斬絞。又布告各國。凡商船入口。皆須具結。夾帶鴉片。船貨沒官。人正法。時葡美諸國。各繳結如所布。於是義律由省下澳。稟言躉船販烟之弊。極須設法早除。如委員來澳會議章程。可冀永遠除絕。幷請准本國貨船。泊卸澳門。此粵事之第二轉機。則徐以澳門向例。惟准設西洋額船二十五艘。若英人既以爲例。不入黃浦。則海關虛設。而私烟夾帶何從稽察。嚴駮不許。義律謂不准泊澳。便無章程可議。遂不肯具結。且聲言必俟國王命定章程。方許貨船入口時義律已具函附貨船回國。往返不過半年。本可少需毋迫也。而五月復有尖沙嘴洋船水手毆斃村民林維喜之事。諭義律交出人犯抵罪。義律拘訊黑夷五人。未獲正犯。懸賞購告犯之人。亦非故意抗違也。七月則徐乃令沿海州縣絕英人薪蔬食物以窮之。且令退出澳門。義律恥見挫辱。遂以失利鼓勵美人。慫恿國主。於是燒烟之衅成。而索逋之師起。

戰事之開端　義律既被逐。乃率眷屬及英人在澳五十七家。同遷出澳。寄居尖沙嘴貨船。度日無食。遂暗招兵艦二艘。武裝貨船三艘。進迫九龍。假索食爲名。開始礮擊。參將賴恩爵揮兵發礮擊翻雙桅洋船一。杉板船二。及英人所僱呂宋舊船一。八月。義律遂介葡人轉圜。願删入正法條。餘悉如約。此粵事之第三轉機。而則徐以與各國結語不符。又得宣宗諭旨有「不患卿等孟浪。但患卿等畏葸」之言。遂堅執不稍讓。且責繳兇犯。旋有英貨船二艘遵式具結。於九月晦入口。而義律遣二兵船阻之。且禀請毋攻燬尖沙嘴之船。以俟國王之信。水師提督關天培以兇犯未繳。擲還其禀。且開礮應之。擊斷洋船頭鼻。西兵多落海死。自是英艦於濱海之川鼻島尖沙嘴一帶。屢行礮擊。而清廷乃有杜絕英人貿易之諭告。是時英國商船先後至者。無慮數十艘。均以和議未諧。未能入口。義律不得已。於十一月婉詞磋商。乞自後遵照大清律辦理。仍聽住澳。俟國王諭至。即開貿易。此粵事之第四轉機。而則徐以新奉諭旨。不便驟更。復嚴斥堅絕。其國貨船。先後駛出老萬山者十餘艘。續至之艘。亦多觀望流連。寄泊外洋不肯去。而粵洋漁船蛋艇亡命之徒．貪薪蔬之厚值．並以鴉片與之交易．趨者如鶩．而北京官吏之主張排外者．氣燄方高．至請封關禁海．盡停各國貿易．賴則徐力諫乃止．惟中英邦交．終以強硬致決裂．而無可挽回．

英政府之出兵與林則徐之戰備　方鴉片之初銷毀也．英政府接義律請派軍艦救援之報．英上下議院．多以此項不道德之貿易．宜停輟．繼接則徐燒鴉片之報．英政府復諭義律．謂「女皇陛下之政府．不能援不道德之商人．自孽自得．須自負責任」．及接已開戰端之報．主戰派漸多．道光二十年二月（一八〇四年四月）英政府向議會要求協贊軍費．大起紛議．費三日激論．卒以九票之多數．協贊出兵．旋命加至義律（領事甲必丹義律另是一人）統陸軍．伯麥統海軍．率印度喜望峯之海陸兩軍萬五千人．軍艦二十六艘．大礮百四十門．於二十年五月．至澳門．時則徐督粵．大治軍備．自虎門至橫當山．鐵鍊木筏．連互周密．購西洋礮二百餘座．列置兩岸．又備戰船六十．火船二十．小船百餘．募壯丁五千．演習攻戰法．號令嚴明．聲勢甚壯．及英船至澳附近．乃發火船十艘．乘風潮攻之．焚其杉板小船二．復大張賞格．殺一白人賞銀百元．黑人（指印度兵）半之．斬義律者銀二萬元．餘以次遞降．然英軍志在通商．無意激戰．見廣東有備．遂乘風竄赴各省．是月．洋船三十一艘赴浙江．先以五艘攻福建廈門．鄧廷楨督兵備道劉燿春．礮中其大兵船火藥艙．沈之．又攻之於南澳港．殲敵兵數十．始遁去．六月．全艘赴浙．泊定海．知縣姚懷祥．總兵張朝發．毫無設備．英軍遂陷定海．朝發中礮折股死．遂占領全島．旋窺錢塘江．攻乍浦．封鎖寧波．七月．伯麥與義律．自定海解纜．巡成山岬．入渤海．進偪白河．是時承平已久．文恬武嬉．沿海空虛．

諸大吏懼禍及頗不悅則徐所爲閩定海警因以蜚語中則徐於是廷議動搖大局忽變義律擾海疆與琦善割香港　時清廷以定海孤懸海中非舟師不能恢復而水戰又英人所長於是朝旨變更七月密詔兩江總督伊里布爲欽差大臣赴浙江寧波視師並敕沿海督撫遇洋船投書卽收受馳奏又命侍郎黃爵滋祁雋藻赴閩查勘適七月伯麥與義律以五艘駛赴天津投書書乃其國巴麥滿衙門寄大清國宰相之詞多所要索一索烟價（初次來書但云貨價及見內地覆書不及禁烟之事遂明索烟價矣）二索廣州廈門福州定海上海爲市埠三兩國交際用對等禮四索償軍費五不得以英船夾帶鴉片貽累岸商六盡裁洋商（經手華商）浮費直督琦善收書奏聞是時英艦並未北上志在求款通商使控馭得宜盟約定就天津道陸建瀛言英人所求前三事大後三事小請以免稅代烟價以澳門爲市埠以海關監督與之平行但必嚴持禁烟爲名以鴉片之至不至決數事之許不許其通商裁費事宜則令仍回廣東與林則徐定議旣可服外人之心亦不失中國之體此英事之第五轉機乃宣宗不能用褫則徐職留粵聽勘而以琦善代之與英議和義律等隨返浙江與伊里布定休戰議撤定海軍艦之半還屯澳門復至廣州與琦善議和局時琦善盡反則徐之所爲撤水師散壯丁廢一切守備冀釋英人之猜嫌允償烟值七百萬元時加至義律病甲必丹義律當談判見琦善易與要索愈奢詞色兼厲在前索六款外加入割讓香港一條琦善方以筆舌之力再三堅拒而伯麥又以艦隊進攻陷虎門外沙角大角兩礮臺琦善驚惶無措卽於烟價外許開放廣州將香港割讓義律亦允將兩礮臺還付草約纔

定。宣宗得英人進兵報。勃然震怒。下旨宣戰。罷伊里布欽差。奪琦善大學士。命宗室奕山爲靖逆將軍。尚書隆文。提督楊芳爲參贊大臣。先後赴廣東。琦善益狼狽。招美妓。列珍味。盛筵款英使。冀遷延時日。徐圖補救。義律覺事已中變。遂與伯麥連䑸入犯。不數日而橫檔虎門各礮臺均陷。則徐往時購置各礮位。盡爲敵有。而同時英領印度總督。續遣陸軍亦至。長驅深入。盡扼珠江咽喉。芳到時已束手無策。會怡良以英人香港告示入奏。宣宗見有「爾等既爲大英國子民。自應歸順」之語。益復大怒。籍琦善家產。鎖逮來京。局勢又大變。

奕山又失敗與義律再擾海疆　時英人見朝旨又變。恐和議永絕。且洋船兵費浩大。亟思通商以濟餉。各國商船。亦以罷市日久。多不直英人。遂由法美兩國商人。因行商伍怡和之介紹。遞書調停。備言義律初無他求。祇求通商與諸國一體。芳等據以入奏。是時門戶已失。敵入堂奧。兵潰民散。礮械俱乏。舍暫款無一退敵緩兵之策。而烟價與香港。皆不索。與琦善未逮以前情形迥異。是粤事之第六轉機。而宣宗得英佔香港報。以祁𡊮代琦善。務求雪恥。不之許。奕山與𡊮到廣東。初用則徐及楊芳議。主張固守不浪戰。已而則徐起用赴浙。奕山誤聽翼長等言。思僥倖一試。遂乘夜襲英軍。至翌朝爲英軍所大敗。附城礮臺相繼陷。不得已。遣知府余保純出城講款。定休戰條約。允於烟價外。先償軍費銀六百萬元。限五日內交。奕山方搜括應付。而英軍之游行市街者。頗肆淫掠。粤民大憤。公起平英團。衆且數萬。將乘英軍退廣時環攻之。義律聞變。馳救。陷重圍不得出。保純以將軍命往解。始免。及償銀已畢。英軍去廣州。奕山等亦如約退屯金山後詭詞入奏僅謂英人祇求如舊通商且以償金改稱還商欠至煙價香港兩問題則一字不及宣宗以為事已妥洽而英人則以此次退兵不過一時之休戰必將上年所索六款及香港割讓事全然承認另訂正約然後能兵屢向奕山索訂正約奕山始以煙價香港二條皇帝不俞允答之英人未饜所欲決再進兵以為威嚇清廷之舉會颶風大作破艦長坐船祁墳乃張皇入告謂擂碎洋船漂沒洋兵無數浮尸蔽海宣宗方發藏香謝海神允祁墳保舉守城文武至數百餘員而英國所遣大使璞鼎查海軍少將巴爾克適至遂率軍艦攻破廈門於是浙之定海鎮海寧波先後皆陷落英軍之聲勢遂日張

援軍之無效與南京之條約　時宣宗為恢復浙東計詔宗室大學士奕經為揚威將軍侍郎文蔚副都統特依順為參贊以粵撫怡良為欽差大臣徙駐福建以豫撫牛鑑總督兩江分任南北沿海之防禦奕經奏調川陝豫新兵六千募集義勇及沿海亡命數萬於道光二十二年正月朔抵杭州十六日抵紹興約於二十八日同時分三路進兵然皆敗潰英軍遂長驅陷大寶山長谿嶺而復返寧波至四月八日陷乍浦五月溯占吳淞陷上海溯長江而上先後拔福山江陰圌山諸要塞直陷鎮江薄江寧如入無人之境清廷雖時有詔諭令大吏率軍禦戰然類皆儒弱庸材徒然喪師而辱國處此屢經敗北之餘上下危懼自不得不出於和議之一途清廷乃令耆英伊里布牛鑑為媾和全權大臣赴南京與英使璞鼎查訂媾和條約約中償銀二千一百萬元放還英俘將來兩國往復文書概用平行式并割香港以和其最關重要之點即開廣州福州廈門寧波上海五口任英人通商任其派領事駐五口約束商民允予秉公議

定稅則時二十二年七月二十四日也。是卽所謂一八四二年江寧條約。中國與外國所締結不平等之條約自此始。蓋割地償金。雖爲戰敗國恆有之事。然迫開商埠。協定關稅。實非對等國家所應有。侵犯國家主權。束縛國家自由。莫此爲甚。其尤異者。此次對於亂源之鴉片。何以隻字不提。卻不能不怪當時政府之顢頇。自此以後。臣民吸用之習俗。蔓延日廣。英商輸入。更屬踴躍異常。而轇轕遂益多矣。公布之後。歐美各國。鼓舞懽迎。北美合衆國法蘭西義大利瑞典比利時和蘭普魯士西班牙葡萄牙相率派領事或公使來廣東。美法瑞義四國。且援英例。求與我國締修好通商條約焉。

戰爭失敗之影響　道光二十四年正月。美國全權大使古心。遂奉其大總統國書。通意我國政府。政府仍命耆英主其事。六月與古心會於澳門。締中美修好條約。七月而法國特命公使拏拉克勒尼亦至。九月耆英與會於黃埔。締中法修好條約如例。其時璞鼎查已歸國。繼其任者爲達維斯。二十六年中國償金已達總額。商埠除廣州外。皆已開放。耆英復與達維斯會於虎門。請「撤舟山及鼓浪嶼兵。并告以粵民鷙悍惡外。廣州開放之事。乞延期二年」達維斯以「舟山列島永不割讓與他國爲條件」始能承認。耆英許之。於是先訂舟山永不割讓與他國之約。達維斯始親赴定海。行還付之式。盡撤舟山鼓浪嶼兵。至此鴉片事件。始完全結局。我國虛弱無能。從此已盡爲外人所洞悉矣。中國既爲所劫持。亦確認諸國爲平等敵體之友邦。凡一切公文照會。禁用夷字。於是中國數千年來以天朝自居之心理。與夫歷朝來閉關鎖港之政策。乃不得不幡然改圖。方戰爭之起也。始誤於奕山之僨事。繼誤於奕經之妄動。而終誤於牛鑑之闇弱與耆英之昏庸。卻宣宗亦自恨自愧無知人之明。屢見之於諭旨。其議和也。則內而樞臣。外而疆吏。第知顯顯望和局之成。如穆彰阿當國。壹意媚外。而耆英琦善伊里布諸人。亦多選懦無遠略。自和議成而軍士灰心。遂有四忠併命之禍。有士人賦詩紀事云。「海外方求戰。朝端竟議和。將軍伊里布。宰相穆彰阿。」亦不惡而嚴矣。及至大錯鑄成。聲威不振。事變乃遂乘之而迭起。寧波之通商也。越二年。有西人在寧波市中。以口角細故。擅殺鄞縣平民二人。而有司不能繩之以法。二十七年夏。英人麥都思等泊舟青浦。亦以與居民口角起衅。糧艘水手從而助之。壞其船。并傷其人。而耆英於緝治水手外。又以賂款作賠完案。蓋中國失權之漸。已開其端矣。此在國際法上之大汚點也。

第十三章　咸豐朝之政局

一　文宗之踐阼

建儲之由來　方宣宗之在位也皇長子奕緯二子奕綱三子奕繼均無祿蚤死其第四子即文宗也道光十一年辛卯六月初九日丑刻生於圓明園之澄靜齋即後更爲基福堂者也厥名奕詝母全貴妃鈕祜祿氏即孝全成皇后宣宗晚年於諸子中最鍾愛第六子奕訢少文宗一歲宣宗謂其類己欲以大業付之金匱緘名時幾書奕訢名者數矣以文宗無失德齒且居長故逡巡未決時濱州杜受田在上書房行走適授文宗讀微知其意之所在思擁戴文宗以建非常之勳一日宣宗命諸皇子校獵南苑故事皇子方讀書者被命外出臨行時必詣師傅處請假所以尊師也是日文宗至上書房左右適無人惟受田獨坐齋中文宗入行禮畢（皇子見師傅皆長揖）問將何往以奉命校獵對受田乃耳語曰「阿哥至圍場中但坐觀他人馳射萬勿發一槍一矢并當約束從人不得捕一生物復命時上若問及第對以時方春和鳥獸孕育不忍傷生命以干天和且不欲以弓馬一日之長與諸弟競爭也阿哥第以此對必能上契聖心此一生榮枯關頭當切記無忽也」文宗既至圍所如所囑行之是日奕訢所得禽獸最多方

顧盼自喜見文宗默坐從者悉垂手侍立怪之問其故文宗曰吾無他但今日適不快弗敢馳逐耳日暮歸復命文宗獨無所獻宣宗詢之具如受田所教以對宣宗果大喜曰「是眞有人君之度矣」立儲之意遂決而且文宗學問日新經史淹博履信書屋詩文積有卷帙亦皆受田啓沃之力二十年正月母氏崩擗痛哀傷宣宗俯鑒肫誠凡值忌辰周年必命躬親行禮用展孝思文宗孺慕銜悲屢形章什二十餘年如一日焉二十六年六月十六日宣宗遂密定皇儲緘其名於鐍匣其所由來者遠矣

踐位後定明禋鉅典道光末葉與英和局既定宣宗退朝後負手行便殿階上一日夜未嘗蹔息侍者但聞太息聲漏下五鼓忽頓足長歎旋入殿以硃筆草草書一紙封緘甚固時宮門未啓命內侍持往樞廷戒之曰俟穆彰阿入直卽以授之并囑其毋爲祁寯藻所知蓋卽諭議和諸大臣畫押訂約之廷寄也自是宣宗遂鬱鬱不樂至二十九年春遘疾然猶每日召對臣工批答章奏未嘗稍自暇逸其年十二月遭孝和睿皇后大故又値孝德顯皇后升遐銜哀積慕疾轉增劇次年正月疾大漸召宗人府宗令載銓御前大臣載垣端華僧格林沁軍機大臣穆彰阿賽尙阿何汝霖陳孚恩季芝昌總管內務府大臣文慶公啓鐍匣宣示御書皇四子立爲皇太子諭曰「爾王大臣等何待朕言其同心贊輔總以國計民生爲重無恤其他」遂崩於圓明園愼德堂苫次奉頒御書硃諭四條內二條有毋庸升配升祔並諭皇六子奕訢封爲親王年六十有九文宗遂卽位於太和殿遣官告祭天地太廟社稷頒詔天下以明年爲咸豐元年上尊諡曰「成皇帝」廟號「宣宗」既嗣位卽諭內閣「朕泣讀大行皇帝硃諭令毋升配升祔

天下萬世觀瞻所繫。是用博諮廷議。茲據集議以聞。聿稽周人郊祀后稷以來。唐宋及明。或三祖並侑。或數帝分配。我朝聖聖相承。均經升配郊壇。永崇禋祀。第配位遞增。而壇壝之規制有定。敬繹硃諭若世世視爲成例。率行無已。豈止有背於古訓。更難示信於後人。定以限制。爲萬世慮者至深且遠。今禮親王全齡等所奏。謂宜仍遵列聖成憲。朕思尊崇之典。莫大於嚴父配天。如我皇考之德澤彌綸。同符列祖。而遽停升配。雖係仰遵遺命。朕心容有難安。展轉詳思。應照王大臣等所請。郊壇大祀。俟祔廟禮成後。恭奉皇考神牌升配。並曲體遺訓。定以限制。嗣後郊祀配位。歷億萬年。總以三祖五宗爲定。自朕躬而下。不復舉行。並恭錄皇考硃諭首條。及朕此次諭旨。懸奉南郊齋宮。垂示久遠。著爲成式。世世遵行。禮經三昭三穆。與太祖之廟而七。宋儒朱子謂百世不祧之廟。如周之文武世室。商之成湯三宗。不在數中。則天子七廟。特禮之常制。非合不祧之室而言。我皇考功德隆盛。允宜祔廟稱宗。凡此仰稽舊典。俯順輿情。而朕權衡審慎。務求協乎天理人情之至。以下副四海臣民尊親愛戴之公心。惟我皇考在天之靈。當亦默垂鑒格也。」其恭奉遺詔。不立聖德神功碑。親撰碑文。鐫石慕陵隆恩門外。配古今之禮意。繼志述事。有足稱焉。

重同氣及敬師傅　文宗初奉遺詔。即封大阿哥二阿哥三阿哥並爲郡王。復封弟奕訢爲恭親王。奕譞爲醇郡王。奕詥爲鍾郡王。奕譓爲孚郡王。其誼切同懷如此。惟訢生而穎敏。冠諸昆。就傅日授千言。少讀即成誦。文宗陳經偶暇。練藝習勞。常製槍法二十八勢。曰棣華協力。刀法一十八勢。曰寶鍔宣威。皆宣宗賜名也。文宗在潛邸時。與訢所講肄者。博慈顏之愉悅。勗同氣以匡襄。而訢覩文宗亦異諸弟。宣宗以訢勤學能文。顏鍾愛之。欲使繼體。嘗於晏房從容示意。訢跽謝。謂文宗長當立。即才武德量亦非己所敢望。宣宗嘉其能讓。遂罷前議。且屬之曰。爾兄少褊急。爾後當輔之。爲令辟。庶毋負予意。而訢退未以告人。宣宗大漸。執訢手謂文宗曰。是嘗讓位於爾者。爾視之當異諸弟。至是人始知前事。再封爲恭親王。賜與輒超諸王上。奕詝忌之。而訢怡怡無矜色。文宗愈重之。大事多令參議。咸豐二年四月。分府。仍內廷行走。三年九月。署領侍衛內大臣。十月。授軍機大臣。四年二月。兼蒙古都統。四月。授右宗正。九月。遷宗令。五年正月。命總理行營事務。九年四月。加授內大臣。十年八月。文宗北狩。命留守京師。特授欽差。便宜行事。全權大臣。督辦和局。十二月。命管理總理各國通商事務衙門。蓋眄遇甚切。倚畀甚隆也。至文宗嗣服。論者謂杜受田導君機變。有以致之。而不知受田之論思典學。啓沃聖聰。其裨益於君德者。至深且久。蓋受田自道光十六年。入直上書房。及文宗御極。前後十有七年。朝夕輔導。未嘗一日或離文宗側。故當踐位之初。即拜爲協辦大學士。朝野皆延頸跂踵於文宗之待受田。與受田之所以輔翊文宗者。有無窮之望。又且嶺嶠盜方熾。承平久。政事多隳廢。左右臣僚。或有隱微難喻。及疏遠陳詞所不易白者。獨特受田從容宣達於密勿之間。尤能擇當世賢才。爲文宗進用。會有詔保舉人材。即首薦林則徐周天爵。向榮在粵軍時謗議沸生。幾蹈不測。亦賴受田數保全之。旋因豐工未合。江南山東兩省。窮黎亟需賑卹。特派馳往查辦。而觸暑遄征。遽至不起。遺疏中感戀靡已。念楚氛未靖。河患未平。尤以敬天法祖。勤政愛民。崇節儉。慎好惡。平賞罰爲言。宣宗聞訃。爲之失聲。親往奠醊。追贈太師。予謚文正。飾終之典。悉視大學士例有加。嘉道以來。漢大臣追贈太師者。僅受田一人而已。蓋非惟報其擁戴之勤。亦以追懷典學之勤也。

正穆彰阿耆英之罪　穆彰阿之庸闇無識。植黨營私。說者以為不減乾隆時之和珅。其當國也。內以遺太平天國之大亂。外以開鴉片未有之奇辱。而不知庸人誤國。甚於凶人。耆英之罪。亦不減於穆彰阿也。文宗窺之稔矣。故當即位之初。即頒硃筆罪穆彰阿耆英。諭曰。「任賢去邪。誠人君之首務。去邪不斷。則任賢不專。方今天下因循廢墜。可謂極矣。吏治日壞。人心日澆。是朕之過。然獻替可否。匡朕不逮。則二三大臣之職也。穆彰阿身任大學士。受累朝知遇之恩。不思其難其慎。同德同心。乃保位貪榮。妨賢病國。小忠小信。陰柔以濟其奸。偽學偽才。揣摩以逢主意。從前夷務之興。穆彰阿傾排異己。深堪痛恨。如達洪阿姚瑩之盡忠宣力。有礙於己。必欲陷之。耆英之無恥喪良。同惡相濟。盡力全之。似此固寵竊權。不可枚舉。我皇考大公至正。惟知以誠待人。穆彰阿得以肆行無忌。若使聖明早燭其奸。則必立寘重典。穆彰阿恃恩益縱。始終不悛。自朕親政之初。遇事模棱。緘口不言。迨數月後。則漸施其伎倆。如英船至天津。猶欲引耆英為腹心。以遂其謀。欲使天下羣黎。復遭塗炭。其心陰險。實不可問。潘世恩等保林則徐。彼屢言則徐柔弱病軀。不堪錄用。及朕派則徐馳往粵西。剿辦土匪。穆彰阿又屢言則徐未知能去否。偽言熒惑。使朕不知外事。其罪實在於此。至若耆英之自外生成。畏葸無能。殊堪詫異。前在廣東。惟抑民以奉夷。罔顧國家。如進城之說。非明驗乎。上乖天道。下逆人情。幾至變生不測。賴我皇考洞悉其偽。速令來京。亦不即予罷斥。亦必有待也。今年耆英於召對時。數言及如何可畏。如何必應事周旋。欺朕不知其奸。欲常祿位。是其喪盡天良。愈辯愈彰。直同狂吠。尤不足惜。穆彰阿暗而難知。耆英顯而易著。然貽害國家。厥罪惟均。若不立申國法。何以肅綱紀而正人心。又何以使朕不負皇考付託之重典。第念穆彰阿係三朝舊臣。若一旦竟寘之重法。朕心實有不忍。著從寬革職。永不敍用。耆英雖無能已極。然究屬迫於時勢。亦著從寬降為五品頂戴。以六部員外郎候補。至二人行私罔上。乃天下所共見者。朕不為已甚。姑不深問。辦理此事。朕熟思審度。計之久矣。實不得已之苦衷。爾諸臣其共諒之。嗣後京外大小文武各官。務當激發天良。公忠體國。俾平素因循取巧之積習。一旦悚然改悔。毋畏難。毋苟安。凡有益於國計民生諸大端者。直陳勿隱。毋得仍顧師生之誼。援引之恩。守正不阿。靖共爾位。朕實有厚望焉。布告中外。咸使聞知。」

二　文宗之內治

重儒學以正風俗　文宗御極。適值邪教流傳。蔓延各省。默思經正民興。庶收實效。即諭內閣曰：「朕念深典學。御極之初。即欲舉行日講。舊典禮臣以乾隆嘉慶年間兩朝訓諭。皆以此事易滋流弊。俱奉命停止。然朕心未嘗不念茲在茲也。尚書曰。辭尚體要。又曰。不由古訓。於何其訓。儒臣盡善於君。援古即以證今。若紛紛論列時事。恐啓挾私逞臆之端。轉失講道沃心之義。朕幾務餘閒。將於翰詹諸臣中。輪流選派。親命題目。各擬講義。分日進呈。在朕既可以古為鑑。且以觀諸臣器識學問。為量能授任之資。庶幾上下交相勉勵。用副朕集思廣益。崇實黜浮至意。」時師宗何桂珍。獨以朱子大學講義進呈。越日。復續成修齊治平四篇恭進。其分班奏對。亦多粹然儒者之言。一時各省聞風興起者。安徽黟縣訓導朱駿聲進呈說文通訓定聲一書。福建舉人林昌彝呈進三禮通釋一書。亦皆留心經訓。上以是求下以是應。儒學之風。誠日盛矣。而文宗就學。其勤尤不可及。杜受田任山西學政。奉召還朝。令直上書房。累遷內閣學士。特命專心講授。毋庸親閣務。以是所造益深。三年二月上丁。文宗親詣太學行釋奠禮。越六日癸未。臨雍講學。玉音朗朗。講中庸致中和一節。尚書皇天無親四句。自王公大臣以及有司百執事。自先聖先賢之裔。以至太學諸生。環集橋門璧水之間者以萬計。是日并特命惇郡王致祭於杜文正之靈。蓋重淵源懷耆舊也。然而廣西金田亂起。河南捻匪橫行。祥符縣吳光漢稱赤天大王。綦江縣馬武成稱赤地大王。英德縣李三文稱赤人大王。均爲各省邪教總目之首。此外貴州有土匪苗匪外來游匪。湖南有紅簿教黑簿教結草教斬草教捆柴教。又有齋匪曰青教。傳道惑人。巨案疊出。論者謂吏治日隳。學風日替。民族日壞。民心日離。皆穆彰阿等有以造成之。空言經正民興無補也。不然。兩江總督陸建瀛奏士子不明正學。請以性理論試士。其論未嘗不正。乃不數年而洪軍南來。建瀛且棄師逃遁。貽禍中原者甚大。又焉怪士論嘵嘵。遂與周禮殃民孝經退敵等誚哉。

省愆咎以戒臣工　文宗踐位。御門聽政。即作述志詩。以示在廷諸臣曰。「大廷術典覲公卿。考訓親承戒滿盈。慎厥修身四時懍。審於出治一心明。屏私圖己兼援友。盡敬愛君必澤氓。宵旰勵精期共勉。閑邪陳善竭丹誠」。復於詩註內訓諭廷臣曰。「朕自幼即蒙皇考誨育深恩。追膺付託之重。諄諄以奉三無私，保泰轉盈為勸，言猶在耳，敢不銘心，是用慎厥修身，克自抑畏，審於出治以正朝廷，爾諸臣亦當知為臣不易，思日贊襄，屏圖己援友之私，庶幾公溥，務愛君澤氓之實，力戒因循。陳善閉邪，勵精圖治，宵衣旰食，朕志不渝，茲於御門聽政，援事成吟，爾諸臣其共體朕意，毋蹈積習，實有厚望焉，」三年，又頒硃筆訓臣工，戒因循，諭曰，「我皇考宣宗成皇帝深仁厚澤，浹於寰宇，予小子受付託之重，懍大業之艱，兢兢業業，已三年矣，追思我皇考彌留之際，諄諄以國計民生為重，勵命諸臣所共知者，試思今日國計未豐，民遭塗炭，朕雖自恨自責，竭力籌維，亦終無成效，豈不有負高深，為天下一罪人乎，內外文武諸臣，攄忠宣力，視國如家者固不乏人，然泄泄沓沓，因循不振，祿位之念重，置國事於不問者，正復不少，朕雖非賢主，斷不忍諉咎於諸臣，試問諸臣午夜捫心，何忍何安，若不痛加改悔，將來有不堪設想者矣，是用誕告爾大小臣工，自今日始，仍有不改積習，置此諭於不顧者，朕必執法從嚴懲辦，斷不姑容，猛以濟寬，正今日之急務也，朕為諸臣計，國計民生，無關於汝之身家，獨不惜一身名節，甘為大清國不忠之臣，不亦愚乎，總之以言感人，其感甚淺，爾大小臣工，若以認真為多事，以朕為可欺，一人在上，欺之固易，翹首上蒼，昭明鑒，吁可畏也，」是歲入春以來，風霾屢作，日色無光，四月四日午刻，日旁忽見黑氣，四圍摩盪，形成圓暈，兼以煙翳冥濛，文宗諭曰，「上蒼示儆，變不虛生，值此賊匪肆擾，徵調頻仍，朕反躬自責，亦非詞言所能喻，著載銓詳考欽天監占驗等書，悉心推測，據實具奏，毋稍隱飾，越日，文宗南郊齋宿，頒硃筆省咎報天恩，諭曰，「朕以薄德，敬承考命，撫育萬方，兢兢業業，已三年矣，深慚治理乖方，愆尤叢集，溯自道光三十年秋。逆醜跳梁。徵調頻仍。迄無成效。將士疲於甲冑。黔黎苦於差徭。自粤而楚。自楚而江。妖氛狂悖。可謂極矣。君人者代天司牧斯民。當今之時。司牧者何事。而吾民塗炭未復。予一人孤恩咎重。夫復何辭。因思空言無補。時值多艱。朕惟有虔籲昊天。速消民劫。期與軍營諸將士共奮安民之志。羣與鼓舞之懷。掃蕩此賊。以蘇民困。此朕之初志。報天恩即符考願也。憶自庚戌冬至。親承大祀。已經九次。每逢詣壇齋宿。無不思逆賊未平。倍覺愧悚。茲又值雩祭前期。因誌吾過。以自儆焉」。

辦鈔法鑄錢及改海運　咸豐三年。諭內閣。「前有旨派左都御史花沙納。陝西道御史王茂蔭。會同戶部堂官妥議鈔法。奏明辦理。茲據花沙納等公同酌議具奏。並繪具官票式樣進呈。朕詳加披覽。所擬章程各條。尚屬周密。著即照所請。定為官票名目。先於京師行用。俟流通漸廣。再頒發各省。一律遵辦。官票之行。與銀錢並重。部庫出入收放相均。其民間銀錢私票行用。仍聽其便。商賈交易。亦無抑勒。洵為裕國便民良法。總期上下相信。歷久無弊。即使國用充裕。官票照舊流行」。旋命各省開採礦廠。備鼓鑄錢文。七月。戶部奏推廣鈔法。以錢准銀。凡地丁雜稅及一切解部之款。均請以錢鈔二千抵銀一兩。如所請行。閱數日。諭內閣。「王懿德奏請添設鑪座。兼鑄大錢。見在京師戶工兩局添鑄當十大錢。與制錢搭放行用。甚為便利。業據戶部奏明通行各直省照式增鑄大錢。酌議章程試辦。茲據王懿德奏請於福建寶福局添設兩鑪。試鑄當十當五十當百大錢。其原設鑪座。仍按卯鼓鑄制錢。與大錢相輔而行。並將大錢式樣呈進。著即照辦理。其銅斤分數。如何配製。各省收放款項。如何通行利用之處。著戶部妥議章程具奏。」十一月。又諭曰。「前因巡防王大臣等。請推廣鑄造大錢。當交戶部議奏。茲據該部查照王大臣等所議當千大錢。以重二兩為率。以次酌量遞減。期於輕重相權。便民利用。著即照部議。所有當千當五百大錢。均用淨銅鑄造。務使磨鑢精工。色澤光明。當百當五十當五大錢。亦須配鑄精良。一律完整。與制錢相輔而行。俾民間咸知寶貴。便於行用。倘製造稍有粗率偷減。著錢法堂侍郎。即將鑪匠人等。嚴行究辦。該管監督大使各官。一併嚴參。並著該部通行各直省督撫。均照此次所定分兩。一體鑄造。以歸劃一。其民間應納稅課錢文等項。均照部議。准以大錢交納。其應交銀者。並准其按照制錢兩串折銀一兩之數抵交。總期出入均平。如有私鑄及奸商居奇阻撓者。均按例治以應得之罪。」此史臣所謂餉不足而更製大錢也。其籌議新漕。而懇請試行海運者。亦宗漢所奏也。文宗謂本年浙江漕船開兌過遲。最後各幫延至九月下旬。甫經輓運出境。即使截剝迴空。斷難如期歸次受兌。所有來歲新漕。亟應變通辦理。以免貽誤。著照該撫所請。改由海運。以期迅速。並准將原辦河運各費。併歸海運支銷。一切章程。即由該撫督飭司道。慎重籌議。妥速奏辦。」此史臣所謂漕不繼而改海運也。

紀戊午科場大獄　咸豐八年。關節案發。為御史孟傳金所劾。首輔棄市。少宰戍邊。內外簾官及京兆闈新中舉子。軍流降革。至數十八之多。可謂科場大獄矣。衆皆咎其多言。相傳刑部定讞時。文宗以大學士柏葰早正揆席。勤慎無咎。且株連過衆。文宗不樂窮治。而端華肅順方用事。肅又官刑部尚書。因得挾刑律與文宗爭。蓋肅順屢有憾於柏葰。而朝臣中起家科目者。又其素所白眼也。九年二月十二日。文宗御勤政殿。召見惠親王怡親王載垣。鄭親王端華。軍機大臣彭蘊章穆蔭匡源文祥。內務府大臣彭麟麟魁存佑文豐。尚書肅順全慶陳孚恩趙光許乃普。正諸臣玩法之罪。顏色慘沮。殆亦以通榜有憑。難於曲宥爾。諭曰。「本日據載垣等奏會審科場案內已革大員並已革職員定擬罪名先行擬結一摺。朕反復審定。有不能不爲在廷諸臣明白宣示者。科場爲掄才大典。交通舞弊。定例綦嚴。柏葰以一品大員。孤恩藐法。至於如是。柏葰身任大學士。內廷行走多年。曾任內務府大臣軍機大臣。且係科甲出身。豈不知科場定例。竟以家人求請。輒卽撤換試卷。若使靳祥尚在。何難盡情吐露。既有成憲可循。朕卽不爲已甚。但就所供情節。詳加審覈。情雖可原。法難寬宥。言念及此。不禁垂淚。柏俊照王大臣所擬。卽行處斬。派肅順趙光。赴市曹監視行刑。已革編修浦安。已革舉人羅鴻繹。已革主事李鶴齡。均著照例斬決。以昭炯戒。副考官戶部尚書朱鳳標。閱其供詞。尚無知情情弊。從寬卽行革職。嗣後秉文衡者。皆當潔己虛懷。杜絕干請。應試士子。亦各立品自愛。毋蹈夤緣覆轍。則朕此次執法嚴懲。正爲士林維持風氣。俯在廷諸臣當能默喻朕衷也。」細繹旨意。文宗具有不得已之苦衷。人言肅順端華修夙憾。良非虛語。且柏俊肯於道光朝以少宰出使朝鮮。朝鮮國王饋五千金。卻之。請益堅。乃攜歸奏聞。請存禮部。還其使臣。清節如此。通榜受賂。豈信讞乎。又有謂戊午北闈之獄外簾實先發端。先是府丞蔣達。以場中供給草率。擅自出闈。赴闈奏事。奉旨革職。府尹梁同新亦降調。治中及大宛兩縣。皆鐫級去。比題名錄出。士論譁然。傳金遂首發大難。陳康祺郎潛紀聞云。譬彼雨雪。先集維霰。信然。信斯言也。則北場鄉試有不利午科之說。且以乾隆庚午科爲例，豈眞數使然歟。

收漕務章程及裁河員浮冗　湖北有漕州縣凡三十有三，額徵北漕正耗米十五萬石有奇，南米十三萬七千石有奇。北漕由丁船兌運京倉，南米由州縣解交荊州諸營及各標綠營。咸豐三年因湖廣漕船停運，部文令變價解部，每石折銀一兩三錢，各州縣仍照舊征收，多所浮勒，大爲民病。六年武漢克復，八年從胡林翼請改定章程：一、有漕州縣，覈減向日浮收之數，分別折價，所有田單串票樣米差費，概行革除。一、折收北漕照部定每石一兩三錢之數，共正耗銀二十一萬四千餘兩，並津貼幫丁兌費銀六萬八千餘兩，均解交糧道庫，暫行提充軍餉。一、各州縣折解南糧，每石酌定一兩五錢，共應解銀二十萬六千五百餘兩，除支發滿漢各營兵食外，尚餘銀八九萬兩，存留藩庫，備災緩撥補之用。一、漕南水脚及隨漕等項銀兩，見因漕船停運，均解交道庫報撥，並暫濟兵餉。一、糧道以下各官漕規及各衙門書吏雜費，概行裁革。一、漕南折價，民間輸將自易，毋許各州縣稍有蒂欠，至將來運河修復，仍設法辦理本色，應令隨時體察情形覈辦。此能取中飽之資，以分益乎上下者也。至汰河工文武官員，酌改操防營伍各事，其新章之改革，亦有可紀述者。讀十年七月諭旨曰：「江南河道總督統轄三道二十廳，文武員弁數百員，操防修防各兵數千名，原以防河險而利漕行。自河流改道，舊黃河一帶本無應辦之工，官多閒冗，兵皆疲惰，虛糜餉需，莫此爲甚。所有江南河道總督一缺，著即裁汰，其淮揚淮海道兩缺亦即裁撤，淮徐揚海兵備道，仍駐徐州，所有淮揚淮海兩道應管地方河工各事宜，統歸該道管轄，廳官二十員內，豐北蕭南銅沛宿南宿北桃南桃北外南外北海防海阜海安山安十三廳．均係管理黃河．見在無工．又管理洪湖之中河裏河運河高堰山盱揚河江運七廳．見在工程較少．均著一併裁撤．惟中河等七廳．有分司瀦蓄宣洩事宜．所有裁下之運河中河二廳事務．著改設徐州府同知一員兼管．裁撤之高堰山盱二廳．著改設淮安府同知一員兼管．裁撤之裏河廳．著改爲淮安府督捕通判兼管．裁撤之揚河江運二廳．著改歸揚州府淸軍總捕同知兼管．至裁撤黃河無工十三廳．原轄各工段汎地．卽著落各該管州縣官管轄．不得互相推諉．其宿州等管河州同五缺．高郵州等管河州判三缺．東台等管河縣丞十九缺．高良澗等管河主簿二十一缺．阜寧等管河巡檢十六缺．均著一併裁撤．淸江地方緊要．添設總兵一員．作爲淮揚鎭總兵．俟平靜後．改駐揚州．原設河標中營副將．改爲鎭標中軍游擊．駐紮蔣壩．淮徐游擊．徙駐宿遷．所有鎭標中營員弁．並右營廟灣洪湖佃湖等五營游擊以下官五十四員仍舊．蕭碭等二十四營．改設蔣壩宿遷蕭睢豐沛桃源安東山阜高郵葦蕩左右等十營．酌留游擊以下八十一員外．其餘六十一員．悉行裁撤．著卽簡選精壯．認眞操演．以資戰守．江南軍務未竣．所有江北鎭道以下各官．均暫歸漕運總督節度．

三　文宗時之內變

太平軍之原始　洪秀全者．廣東花縣人也．豪邁廣交游．嘗以賣卜游江湖間．師事朱九濤．受上帝教．九濤死．衆推秀全爲教主．後赴廣西．傳教於桂平武宣間之鵬化山中．徒黨日衆．自擬基督．以基督爲上帝長子。而己爲其弟。其教旨主平等。由己以下。男子均兄弟之。女子均姊妹之。無尊卑階級。又造眞定寶誥。藉信仰力以固其團體。將起事。先與中表馮雲山。共說楊秀淸。秀淸約其妹夫蕭朝貴。同說鄉紳韋昌輝。昌輝偕行。說富人石達開。六人共誓生死。勢益盛。時水寇羅大綱。擁衆千餘。掠永安敗遁。胡以光。秀全在焉。以光勸歸秀全。官捕秀全亟。乃起兵於桂平之金田村。會桂撫鄭祖琛。老病諱言兵。未上聞。逮提督向榮馳與議。祖琛不得已。始奏狀。褫祖琛職。遣林則徐赴廣西。則徐方臥疾。聞命。星夜兼程。子編修汝舟隨侍。勸節勞。暫息。則徐口占一聯云。「苟利國家生死以。敢因患難避趨之。」乃舁疾亟行。卒於廣寧行館。李星沅代之。提督張必祿。副將伊克坦布。戰死。時道光三十年也。張嘉祥方爲盜魁。造秀全。語不合。掠據潯州。向榮與都統烏蘭泰。賽尙阿。方擊嘉祥。嘉祥敗降。向榮。更名國梁。移師擊秀全。屢敗。永安陷焉。咸豐元年。秀全稱天王。建國號曰「太平天國」。冊楊秀全東王。蕭朝貴西王。馮雲山南王。韋昌輝北王。石達開翼王。洪大全天德王。烏蘭泰等圍之數重。大綱突圍出。烏蘭泰逐之敗歿。大綱假烏軍旗。賺桂林守軍。語訛不得入。攻月餘退。陷興安。屠全州。秀全移全州軍攻長沙。未至。雲山陣歿。移攻道州。陷江華永明。五王皆踐郴州茶陵。朝貴率李開芳林鳳祥。攻長沙。江督陸建瀛。師潰。朝貴中彈死。秀全哀慟。自率全師偪長沙。三月不下。向榮等自外圍之急。渡江逸去。陷益陽。渡洞庭湖。陷岳州。拔漢陽武昌。開科取士。得狀元王彼。建高壘小別山。演說弔民伐罪大義。又採用歸安錢江策。連舟萬餘。順流東指。連下九江安慶太平蕪湖。遂迫金陵。建瀛棄師遁。城攻七日而下。時二年二月也。建瀛吞金死。

建都金陵時之極盛　方金陵之初下也。秀全本欲趨江北。圖汴。定都洛陽。渡黃河以困燕都。或言明祖亦席金陵以有天下。宜先建國。俾天下知趨向。秀全納之。乃定都焉。更名曰天京。置百官。定朝儀。建龍鳳殿。立宣教導。妻賴氏爲皇后。子眞福爲太子。立學校。開科分男女兩榜。晉秀清爲左輔正軍師。錄尚書事。昌輝爲副軍師。達開爲前軍主持。以光爲春官正丞相。兼平東將軍。大綱爲冬官正丞相。兼平西將軍。賴漢英爲夏官正丞相。兼鎮寇將軍。開芳爲地官正丞相。兼平北將軍。鳳祥爲天官正丞相。兼平南將軍。餘文武封賞有差。其軍政則天王自爲元帥。東王爲副元帥。北王翼王爲左右前軍副元帥。特設軍政議事局。內分軍馬。軍糧。軍械。軍衣。軍帳。軍船。軍圖。軍俘。軍車等科。轉運。文書。警告。接濟等局。並以六官副丞相領之。而最高機關。則爲軍機會商局。以東王領之。軍制。每軍一軍帥。統五師帥。一師帥統五旅帥。一旅帥統五百長。一百長統十司馬。萬二千五百人爲一軍。李玉成李世賢林紹璋林啓容白暉懷各統一軍。軍帥上有監軍總制將軍指揮檢點丞相。丞相爲一品。下至旅帥。皆武職。縣爲令。州爲牧。府爲太守。行省文武將帥各一。文方伯。武主將。佐將副之。其民政取男女平權。禁販鬻婢僕。畜妾賣娼。及婦人馬蹄足。各省豪俠紳富聞風響應。相率餽納金錢。謂之進貢。數千里外居民。皆爲所震撼。清廷官吏稱疾。多求去。曾英國艦長西西波林。以各國公舉。自廈門溯長江。探兩軍虛實。至金陵。秀全待遇極厚。旣與歷覽各營。示以軍容之盛。復言此軍實爲民人爭自由。並及通商大局與鴉片問題。語多中要。大爲西西波林所駭服。稱秀全爲東方革命家。秀全隨遣弟仁玕。賚國書赴西洋。以伸睦誼。開國規模。蓋於此時稱極盛焉。

太平軍之勢漸強　自昺羅大綱將本部掠京口揚州天長六合。進攻廬州。胡以光以本部出和州含山巢邑。與大綱會。遂拔廬州城。連下英霍黃梅。大綱渡江。攻克潯陽。林啓容留守。上掠彭澤。以達武昌。以光攻克黃州。下漢陽。韋志俊留守。大綱以光屯鄂。石達開出無爲。廬江舒城。據六安。下桐城。遂破安慶。頓漢英取句容溧水太平蕪湖繁昌南陵池州。楊宜清輔清出溧陽。破廣德徽州。黃文金留守。古隆賢賴文鴻破宣城寧國銅陵。咸豐四年二月。達開使漢英攻豫章。所過湖口吳城皆下。達開掠撫州饒州廣信建昌寧都。並下十三州。惟吉贛未破。合攻豫章。久不下。曾國藩來援。漢英退。國藩逐之。收吳城湖口。國藩偪潯江。秀清徵漢英。漢英畏罪棄室遁。踰月。宜清輔清圖閩浙。先是金陵甫下。秀全將留一軍守江南。而自帥師渡淮而北。直搗北京。誤聽一書生言而止。會向榮自廣西踵至。駐兵孝陵衞。號江南大營。都統琦善等進至揚州。號江北大營。江北大營以腐敗先覆沒。而太平軍則分西北兩支。北支由河南下山西。入直隸。爲林鳳祥所統。西支由安徽下江西。爭長江上流。與湘鄂相聯合。爲豫王胡以晃及漢英石祥貞等所統。北支縱橫津深一帶。後據靜海。分屯獨流楊柳青等處。與清將僧格林沁勝保等相持。西支則擊敗江忠源於田家鎮及廬州。忠源投水死。又敗鄂督吳文鎔於黃州。文鎔亦死亂軍中。太平軍勢益強。

楊韋難作清軍大振　太平以政治革命。宜爲社會所歡迎。復於克金陵後。佔優勝勢。其成功嘗若反掌。顧以帝王思想未能剗除。浸成內閧。楊秀清威權日重。國中惟知東王。不知有天王也。百官皆趨秀清府。天王深居。以時朝而已。章奏必先達秀清。乃上。軍政概不以聞。秀清教令。稱金論。每論至。大吏將帥。於十里外列案跪迎．焚香誦．否則干重譴．閫外皆置監．喜石達開而惡韋昌輝．昌輝曲事之．秀清益驕．秀清嫉秀全．深智雄略出己右．陰有異志．屢圖篡．欲迫秀全禪位．秀全微聞之．適清軍江南大營覆．向榮死丹陽．開盛宴相慶．秀全部下皆呼秀清萬歲．萬歲者．中國專制時代天子之代名辭也．秀全目秀清．謂弟將何以處我．秀清曰．弟爲萬歲．兄爲萬萬歲．秀全默然．密遣昌輝刺秀清．已而又殺昌輝以謝達開．復謀殺達開．機泄．達開縋城走．當是時自諸王以至將校．互爭權利．漸形瓦解．加以沿塗裹襲．兵無定額．餉源不繼．焚掠時聞．所在厭苦．向時民人奮願爲太平軍作耳目者．皆轉而爲清．秀全於是稍失民心矣．又會是時首義之人．運籌出奇．虓怒之旅．如虎如蝎．羣起與太平爲難．就中人才蔚起．而以曾國藩爲之魁．國藩湘鄉人．初以丁憂在籍侍郎．治團練長沙．總統諸軍．頒發營制．稍用明戚繼光兵法訓練．以五百人爲一營．營分前後左右四哨．置哨官四人．統以一營官．自兩營迄十營數十營．視材之大小而設統領焉．或十營設一人．或數十營設一人或數營設一人．無定制．時兵制久壞．旗綠營皆呰窳驕惰．雖徵調四出．迄不獲一兵之用．國藩起則盡屏滑弁游卒不用．專選士人領山農．但求精不求多．以故湘軍所至克捷．且國藩又善延納．豪俊多出其門．與胡林翼駱秉章等相提挈．左宗棠李鴻章彭玉麟及其弟曾國荃等．舉爲所選拔．厥後均以戰功顯．方秀清見刺之年．爲咸豐六年．林鳳祥等已於先一年爲僧格林沁所敗死．太平自是不復遣北伐軍．清軍因得以全力注南方．武昌漢陽經太平軍兩度攻克．卒由清軍擊取．並取江西諸縣．及揚州鎮江．嗣桐城爲秦定三所團．無爲巢縣廬江．亦爲多隆阿都興阿所破．林翼等復九江．和春張國梁偪南徐。破溧水。以再逼金陵。秀全迭詔勤王。而以清軍相拒四方。不暇相救。陳玉成堵黃梅黃州與國藩等日有戰守。黃文金守祁門。韋志俊堵池州與楊載福等迭戰含山和州。復爲勝保所破。清軍勢大振。

李秀成陳玉成釋金陵圍　自楊韋難作。達開遠徙。秀全日益削弱。賴秀成支拄。秀成得張樂行一軍。以障江北。督師攻收南陵銅陵。以金陵糧富不足憂。乃親將譚紹光陸順德等兵三萬人。復合和。次大柳村。爲勝保伏兵所敗。退屯全椒。金陵困年餘。糧將盡。城中洶懼。勤王兵皆不至。秀成以玉成兵最強。請加玉成王號。乃封玉成英王。賜八方金印。便宜行事。然玉成雖專閫寄而威信遠不如秀成。無遵調者。秀全復從仕葵言。晉秀成忠王。都督中外諸軍。錄尙書事。賜上方劍八方金印。便宜行事。撤玉成金印。秀成還浦口。羽檄諸鎭。期明春大會於安徽樅陽。第一鎭左軍主將李世賢。第二鎭前軍主將陳玉成。第三鎭中軍大佐將黃文金。第四鎭王宗提督軍務楊輔淸。第五鎭右軍主將劉官芳暨隆天福賴文鴻。受天福古隆賢。勳天福李遠繼。敬天福胡鼎文。謝天福張朝爵。奉天福黃呈忠。顧天福吳汝孝等上將百餘。以九年二月皆集樅陽。秀成馳至。玉成爲多隆阿鮑超敗於德安。聞樅陽之會。亦來繳印。秀成乃命輔淸進溧水雨花臺。世賢進溧陽。攻句容。官芳進秣陵。偪七甕橋。文金進高橋門。命所部譚陳吳陸四將進赤沙山。攻淳化鎭。國梁營二十壘。世賢旣得句容。疾趨淳化。夾擊國梁。大破之。國梁退入大營。秀成命隆賢文鴻攻東門。世賢包北門之後。自屯鍾山之尾。以遏退兵。玉成兵馳至。大隊攻兩浦。自將精兵渡西梁。進江寧鎭。攻鐵線橋．城中亦自十三門出兵夾擊之．刁斗之聲．連數百里．旌旗若長虹之亙天．是日微雨．諸軍斬關入．勢若崩潮．國樑不能禦．大敗退．俄頃三百餘營．夷爲平地．金陵無清軍之迹焉．圍既解．息兵五日．奉命出師蘇州．而潛山太湖宿松．又爲國藩所陷．玉成赴援．以顧安慶．秀成次丹陽．國樑自金陵退屯於此．出兵拒秀成．秀成勢盛．國樑新敗．不能拒．力戰敗退．躍馬渡河．馬蹶死亂流中．清軍死傷萬餘．河水爲之不流．諸軍攀堞入．遂據丹陽．秀成逐北．奔牛鎮．破營二十餘座．遂據常州．張玉良迎戰．初獲勝．繼乃不戰而潰．沿途大掠．蘇民深恨北軍．而迎秀成．遂進兵蘇州．道員李文炳等迎降．玉良走杭州．其餘郡縣皆傳檄定．自出金陵．不一月．逐北七百餘里．克城六十餘．師止嘉興．太平之勢．既衰而漸盛．

太平失機與清軍得勢　十一年．春．秀成攻廣信．下之．適傅忠信譚體元．將兵六七萬．至自廣西．秀成收其衆．分將攻撫州．汪洋海挾衆十餘萬至．亦命隨征．擊臨安．下之．又益以童容海之衆五六萬．秀成驟增二十餘萬．勢復大振．江西除建昌贛州吉安三府外．其餘十郡皆拔之．又得新兵三十萬．乃悉移江西之師．還取杭州．秀成出師時．兵才五萬．及還師．兵百萬．至金陵．遇世賢．令其將所部取浙江屬郡．嚴衢溫台寧波金華．皆下之．秀成直趨杭州．命部將順德取紹興．徇其旁州縣．皆納降．攻杭城兩月．玉良軍敗．巡撫王有齡等死之．還蘇．明年．援皖．國藩深溝高壘．玉成久攻不下．時環清壘而軍者十餘萬人．玉成不善馭將．故久無功．嗣國藩併力攻城．遂破安慶．玉成卒爲苗沛霖所執．獻之勝保．殺之．秀成聞其死．歎曰．「吾無助矣．」先是．清與英法失和．英法聯軍．方由九龍北上．攻北塘．挐白河．據大沽．向天津．抵張家灣．北京鼎沸．城下盟尙未定．機會極可乘．香山人容閎．會於英法兵北發時．力勸秀全與聯合．內定大局．外睦邦交．秀全不能用．文宗以國藩督兩江．達開欲自貴州入川．不果．玉成方下黃蘄二州．爲國藩所敗．左宗棠及曾國荃．並屢戰獲勝．收取各地．金陵勢又蹙．秀全乃遣秀成等攻浙．分淸軍之力．又遣別將迫上海．上海自通商以來．爲中西國際上重要區域．秀全不能以外交方略．資其軍艦火器．爲己利用．或嚴重交涉．俾守中立．蘇州已爲太平所佔有．巡撫薛煥駐上海．倚泰西諸國爲護符．蘇松太道吳煦．募華兵．又由英法兩國募呂宋兵．均以美人華爾領之．號曰「常勝軍」．所向輒捷．上年之秋．是歲之春夏．均恃以解上海圍．是冬．太平克奉賢南匯川沙．上海震動．於是官紳集議．擬借助外兵．以平內亂．並於上海設會防局．由薛煥奏明．會同西兵防守．

四　文宗時之外交

一　英法聯軍入北京

開釁原因及天津條約　自南京條約成．五口通商．福州廈門上海寧波四處均頗相安．而粵人於約前曾出平英團．憤英人特甚．聞英人在福州城內烏石山建築洋樓．則大恚．合詞訴粵督．無令英人入廣州城．不省．乃謀團練停稅．示抵制．時粵督爲原訂約大臣耆英．英人復以入城請．耆英恐激民變．設詞緩之．期以二年後踐約．已而徐廣縉督粵．葉名琛爲巡撫．英艦闖入粵河．申前約．廣縉潛召鄉團．先後至者踰十萬。而自赴英船告以衆怒難犯。英人見羣情洶洶。懼請修舊好。遂約定嚴禁入城。督撫會疏入告。宣宗大悅。封廣縉一等子。名琛一等男。時道光二十九年也。咸豐二年。廣縉移督鄂。名琛升粵督。憎交涉。馭外人尤倨傲。香港英總督寶林。廣東英領事巴夏禮。均深惡之。輒謀乘機構釁。會六年（一八五六年）九月初十日。有中國商船亞羅號者。揭英國旗自廈門來廣東。由水師千總捕華籍船員十三人去。拔其旗以獲匪報。巴夏禮以為有辭可藉。遽執江寧增補條約。責擅執華傭為不當。侮辱英旗為非禮。要求立釋船員。具狀謝罪。且限期答覆。以不獲即作談判破裂相脅。名琛置不答。亦不為備。并下十三人於獄。於是英人乃下宣戰書。黃浦礮臺及省城先後陷。英以兵數少。得城不守。仍退歸軍艦。粵民以為怯。遂火洋樓覃及美法英各商館。並十三家洋行。巴夏禮等知釁端已成。馳書本國政府。請增兵決戰。英約俄法美諸國。說以合從利。各遣使至京。俄美政府無戰志。唯求改訂商約。法皇拿破侖三世。好遠略。藉口廣西教案。（濫殺法教師事）決與英聯盟。自是粵事益棘手。英使額爾金。法使噶羅。貽書責名琛。法美兩領事願居間調停。名琛不答。及同盟軍致最後通牒。（限四十八小時獻城出降）時六年十一月也。將軍巡撫等就名琛商戰守。猶謂過十五日必無事。（此乩語）同盟軍至期不獲覆。乃陷廣州城。執名琛去。（後客死印度）迫中國改訂商約。增開商埠。酌給償金。俄美二使。亦乘間圖改商約。至八年正月。英法俄美四國使節。合致書大學士裕誠。請派全權大臣至上海協議善後。清廷仍援向例。令就各當地疆吏交涉。英法二使以不遂所欲。遂率軍艦至天津。猛攻大沽礮臺而陷之。文宗懼。命大學士桂良。尚書花沙納。赴津議款、英使持所擬新約凡五十六條。法使持所擬新約四十二款。要求履行。英除議償商虧二百萬兩。軍費二百萬兩。及修改稅則。允准傳教外。其最關重要者。爲增開牛莊登州臺灣潮州瓊州等處爲商埠。又於長江一帶准其選擇三口爲洋艘出運貨物來往之區。法人要索與英相彷彿。軍費賠款。比英減半。桂良等據以入奏。清廷不得已允之。是爲天津條約。事在八年（一八五八年）五月十六日也。及明年。遵例換約。各國艦隊赴津。値入大沽口時。僧格林沁方於大沽口大修守備。向拒不聽。擊沈其小輪船十三艘。殺登岸洋兵數百。於是文宗有「英人全軍覆沒。我軍奮勇異常。分別獎賞」之諭旨。美艦後至。遂遵議改道。時朝野相慶。皆謂外事當有轉機。顧未逾一年。復有聯軍入都之事。

第二次開釁原因及北京條約　英之敗也。誓必報。當退軍時。沿途於旅順威海各要口。咸測量而去。因修船募勇。期來年入犯。香港月報揭載之。華洋各鉅商懼其損害互市也。議集金償餉阻其師。於是英法使臣照會中國通商大臣。請一遵八年原約。卽罷兵。事聞。清廷思乘戰勝餘威。改修前約。故一方以嚴旨斥絕。令其勉就範圍。一方則申戒所司將吏。勿見敵輒先開礮。致妨和局。並留北塘一口。爲通使議和地。北塘者。京津海防之重要地也。僧格林沁於此籌防務。費銀已達百餘萬兩。文宗遽令撤北塘之防。退防大沽。論者惜之。至十年六月。英法艦隊百餘艘北犯。懲前敗。不敢入大沽。詗北塘備虛。合兵萬八千人。駛入內港。抵新河。僧格林沁見敵兵少。率精兵三千禦之。交戰三十分鐘。僧軍如牆潰。戰釁於是再開。聯軍攻塘沽。陷之。再攻大沽第一第二礮臺。城兵不發一礮。加無人焉者。聯軍進壕側。三千守兵投戈乞降。遂立南岸礮臺．讓受條約．聯軍抵天津．訂媾和約三條．清廷以要求過重．又恃僧格林沁尙擁軍在張家灣．並桂良等亦無締約全權．因拒不批准．英法兩使大怒．率兵進偪北京．載垣赴通州議和．不諧．以巴夏禮辭色驕蹇．又聞英使額爾金將衷甲見襲．因潛告僧格林沁．計禽巴夏禮解京．聯軍遂奮攻而北．勝保軍敗潰．僧軍及大學士瑞麟所統軍．均不支．退保京城外．文宗走熱河．以奕訢居守．英人揚言攻城．索巴夏禮甚急．奕訢時受命爲全權大臣．以爭議和地點不協．聯軍遂繞德勝門．攻海淀．禁兵不戰而潰．奕訢避居長新店．巴夏禮本囚於高廟．及是見釋．火圓明園以洩忿．且要奕訢至軍面訂約．速開安定門．脅以三日之限．奕訢允開門延入．而前此與巴夏禮同羈獄中者．比釋放時．已監斃至十餘人．英人檢遺骸．驗刑具．咸大憤．復擾海淀．火三日夜不絕．揚言將犯禁城．奕訢復以和議請．法使居間調停之．先畀卹銀五十萬兩．再以禮部修盟書．其條約於八年原定外．各續增若干條．加闢天津爲商埠．許派公使領事駐中國．償英國銀一千二百萬兩．法國銀六百萬兩．奕訢以聞．文宗悉允之．隨立總理衙門於京師．總理各國事務．乃於十年（西一八六〇年）九月十一日簽訂中英北京和約．十二日簽訂中法北京和約．聯軍遂退北京．清廷遂得相安無事．而中國國民生活．則自此更被層層之壓迫與束縛．中國國家主義．益肘層受其侵奪．蓋此次中英中法所訂天津北京兩條約．除賠款各派公使外．更增加領事裁判權．片面最惠國待遇．允准兩國教士得入內地傳教．協定噸稅等條款．此外英約中除開各處通商口岸外．幷割九龍司一港．爲英租借地．法約中則於英約增開五口岸外．更於福建增淡水一處．於長江增江寧一處．且規定許法國派兵船游弋停泊各通商口岸外國兵船從此得無事直入中國腹地。法約中又規定將廣西林縣知縣張鳴鳳革職。并須將革職事由照會法國。而中國之行政權亦受外人之干涉矣。所損國權。一至於此。是尚得謂之外交乎哉。

二　俄人東西並進之侵略

俄人之改約　咸豐八年英法天津之役。俄美與焉。美於九年訂約時。訂明中國對於他國任給何項利益。為此次約章所無者。亦准美國一體均霑。既飽所欲而去。至俄則蓄望尤奢。我國所受之損失尤大。前後計分三項。

一為愛琿條約　俄處歐亞兩洲之北鄙。欲出而與各國爭雄。勢不能不得一出海口。既不得逞志於西。乃折而求伸於東。思於遠東或印度得一出海口。然兩路皆假我國之邊境。不能通。於是遂成為東西並進之侵略。其東進之侵略。始於康熙時尼布楚條約。陸路通商。僅恰克圖一處。雍正時所訂恰克圖之約。歷代遵行。乾隆時。又設庫倫辦事大臣。綜理邊務。是時國力方強。俄人不敢問鼎。然其屬地西伯利亞東向無通航海口。於競爭上殊不利。俄皇彼得第一。曾言必取黑龍江。女帝耶和德拿第二則頗以祕密經營。使中國不之覺。亞歷山大第一及尼古剌繼之。常搜訪中國邊備及黑龍江航行之各項報告。因得中國之承諾。於黑龍江口。置貿易事務官。逐歲調查。不遺餘力。未幾。俄尼古剌士克港。占領薩哈連北部。實行殖民政策於黑龍江北岸。時道光末葉。域內多故。未暇與交涉也。咸豐三年。太平勢方盛。俄乘間遣使。

謂自黑龍江額爾齊斯河上流。以達於海。未設界標。即爲未定地域。應重訂界約。政府未有以應。至翌年。俄艦隊遂循黑龍江而下。通過愛琿。守吏不能止。防兵多驚匿。大爲俄人所輕。至於沿江諸土族。則自道光以來。俄教士因納根其父子。早以傳教力廣肆牢籠。以艦隊至。又以金屬玩具結土人歡心。以故俄艦所經。如入無人之境。艦長福岳將軍。旋以五年與將軍奕山會議。不就。次年。俄全權大臣普查欽。又自黑龍江至天津。申前議。亦無成。至八年。福岳持強硬手段。以奉本國政府命。殖民烏蘇里河口來告。於是政府不得已。乃遣奕山會議於愛琿。訂條約三條。自是中俄國界。以黑龍江爲限。自烏蘇里江至海。作爲二國共有地。黑龍江烏蘇里江松花江俄人皆得航行權。此爲中國對於俄國第一次之大損失。顧俄之雄心猶未已也。

二。爲天津條約　愛琿之約既定。俄人一方經營滿洲。以所得黑龍江北岸地。置黑龍江省。建省會曰海蘭泡。與南岸之中國黑龍江城相對峙。一方則以軍艦附合英法。同迫天津。及天津礮臺陷。英法和約成。俄據例別訂專約十二條。除兩國陸路。於從前所定邊界通商外。准由海路之上海寧波福州廈門廣州臺灣瓊州七口通商。若別國再在沿海增添口岸。准俄國一律照辦。俄國在中國通商口岸。得設領事官。並派艦停泊。以資保護。

三。爲北京條約　文宗幸熱河。俄使伊格那替業福在北京。時北京已爲英法聯軍所據。奕訢欲應英法公使之召。入城議和。逡巡慮見辱。伊氏因居間作調人。以禮部衙門接近俄使館。保奕訢無恙。因於其地定約章焉。約成。伊氏以斡旋和局有功。乃索厚酬於中國。續訂條約十五條。舉烏蘇里江興凱湖白稜河瑚布圖河琿春河圖們江以東地悉讓於俄。都計愛琿及北京兩約所損失。東西廣至四千有餘里。南北長至二千有餘里焉。先是俄人東進之侵略。因尼布楚條約之挫。乃南下而圖中央亞細亞。故自大彼得令俄商經巴爾搭什湖。往來伊犂河畔。思於新疆邊境。開通商要路。清高宗知俄後患。大營派兵逐喀什噶爾等地之俄商。一時中俄貿易。乃間接由浩罕人經營。道光末葉。俄再請開喀什噶爾爲互市場。復不許。咸豐初元。奕山卒與俄於伊犂訂約。以試行貿易名義。開伊犂塔爾巴哈台兩處爲貿易地。仍拒開放喀什噶爾之請。至十年。伊氏挾功締結中俄北京續約。始以試行貿易名義開放之。復於約中第二款規定伊犂方面中俄國境如下。「西疆尚在未定之交界。此後應順山嶺大河之流。及現在中國常駐卡倫等處。及一千七百二十八年。即雍正六年所立沙賓達巴哈之界牌末處起。往西直至齊桑淖爾。自此往西南順天山之特穆爾圖淖爾。南至浩罕邊界爲界。」其西進之侵略如此。

第十四章　同治朝之治略

一　穆宗即位後之措施

穆宗之踐阼．咸豐十年七月．聯軍偪通州．焚圓明園．烽火連天．不遑寧處．徇協辦大學士肅順等之請．車駕避至熱河．軍興之際．奏報尤繁．自朝至昃．不遑暇食．孜孜求治．勞神焦思．論者謂聖體違和．多由於此．既遘疾．皇長子朝夕侍側．文宗仍治事如常．且在熱河．未嘗一日忘宮闕．逾歲仲春．有詔回鑾．因病緩行．自夏徂秋．浸至大漸．召宗人府宗令右宗正．御前大臣．軍機大臣．承寫硃諭．立皇長子爲皇太子．七月十七日寅刻．崩於避暑山莊之煙波致爽殿．年三十有七．十二月．上尊謚曰「顯皇帝」．廟號「文宗」．方建儲時．年甫六齡耳．初名載淳．六年丙辰三月二十三日未刻．生於圓明園之儲秀宮．母懿嬪．葉赫納喇氏．即孝欽顯皇后．世人稱爲西太后．庚申．文宗三旬萬壽．賜宴臣工．時方五齡．而稱觴祝壽．儀度嫻．文宗大悅．特命出見廷臣．其時瞻仰者．莫不稽首歡呼．既嗣統．尊兩宮爲皇太后．九月．車駕還京師．十月．初九日．即皇帝位於太和殿．詔明年改元同治．初．載垣等擬進祺祥字樣．大學士周祖培奏請更正．至是不用．十一月朔日．孝貞顯皇后．偕孝欽顯皇后．御養心殿垂簾訓政．世人稱爲東太后．同治元年．四月．上徽號曰慈安皇太后。上孝欽徽號曰慈禧皇太后。旋奉母后皇太后居綏履殿。聖母皇太后居平安室。每日親詣問安。自是以爲常。並諭內閣「上年八月。皇考大行皇帝。秋獮駐蹕熱河。該處民情。倍深愛戴。本年七月十七日。龍馭在山莊升遐。百姓久沐恩膏。感戀悲哀。出於至誠。九月二十三日。恭奉梓宮回京。所有經行各處。修治道路橋梁。爭先恐後。朕心深爲憐憫。著將承德府及所屬州縣。並經過畿內之宛平順義懷柔密雲昌平等州縣。明年應徵錢糧。全行蠲免。著直隸總督順天府尹。卽刊刻謄黃。徧行曉諭。俾衆周知。」

顧命八大臣　昔康熙時。聖祖沖齡踐阼。內大臣索尼蘇克薩哈遏必隆鰲拜。並受顧命。同輔政。時號曰四大臣。咸豐十一年。文宗晏駕灤陽。輔政諸臣。躬侍玉几。遂傳諭海內。以載垣端華肅順景壽杜翰匡源穆蔭焦祐瀛爲顧命八大臣。其實八人者。特是日內直之員。文宗疾大漸時。命承寫硃諭。立皇長子爲皇太子。並未以元良付託。而若輩志在攬權。竟敢矯遺詔以養威。引私人以自重。臣罪可誅。臣心不可問也。

按康熙輔政四大臣中。以鰲拜最爲擅權專恣。藐聖祖沖幼。獨攬朝政。遏必隆附和之。索尼年老姑息。皆不能自異者也。蘇克薩哈雖與齟齬。然亦庸碌無足短長。故其時輔政名目。實出於鰲拜付託。曾見聖祖諭旨。其跋扈專橫。時在聖祖前忿爭。或呵叱部臣。張威福以劫衆。後竟伏法。亦固其所。同治朝八大臣。皆名列樞府。而自稱受遺詔贊襄政務。其主謀者。載垣端華肅順等三人。而順秉國鈞。尤威稜懾人。朝士莫敢與抗。順字裕庭。人言少不學。恆以事詐人酒食。而狀貌魁梧。見者亦知其必獵功名。而以亡賴人莫敢近也。同學郎中恩裕閔之。時濟以貲。且爲營求刑部郎。此無稽談耳。順宗室也。鄭親王第六子。由應封宗室。授輔國將軍。委散秩大臣。除奉宸院卿。步軍統領額恆倭調令司讞。且薦其才。召見日。請嚴禁令。重法紀。鋤奸宄。所言皆當上意。遂獲心簡。兩歲間。驟遷至侍郎。仍兼右翼總兵。俄入贊密勿。其初亦守介節。後始少通賄賂。復驕蹇。喜專斷。柏俊以科場關節逮問。文宗欲貸其死。順謂非正法不足儆在位。竟寘重典。又以錢票案羅織成大獄。於是左右側目。而帝寵益固。聯軍犯京師。順誘英使巴夏禮囚之。旋從車駕走熱河。順不知兵。對外夙主戰。自經是敗。疑洋兵通神術。勿可敵。恐還京復爲所乘。於廷臣之請回鑾者。皆置不報。及至自以爲輔政。而孝欽謀垂簾。與載垣等力沮之。數爭后前。聲色俱厲。后不能堪。乃以密旨畀奕譞。召勝保兵入衛。返京日。立傳垣等與順。隨文宗梓宮至。亦就逮。然順敬禮漢人。力舉曾國藩。復解左宗棠之獄。治事勤劬。案無留牘。誠亦有足多者。第暴戾恣睢。爲朝士所惡。故不保首領。世亦無寃之者。蓋前之顧命四大臣。與後之顧命八大臣。皆出於冒託。故鰲拜之死。與肅順之死。事同一律。

正載垣端華肅順之罪　穆宗即位後。諭王公百官等。「上年海疆不靖。京師戒嚴。總由王大臣等籌畫乖方所致。載垣等徒誘獲英國使臣。以塞己責。致失信於各國。淀園被擾。我皇考巡幸熱河。嗣經總理衙門王大臣等妥理各國應辦事宜。都城安謐如常。屢召王大臣議回鑾之旨。而載垣端華肅順朋比爲奸。總以外國反覆。力排衆論。皇考宵旰焦勞。更兼口外嚴寒。以致聖躬不豫。龍馭上賓。朕搶地呼天。追思載垣等從前蒙蔽之罪。非朕一人痛恨。實天下臣民所痛恨者也。御史董元醇。請皇太后暫權朝政。並簡派親王一二人輔弼，又請簡大臣一二人充朕師傅，雖我朝向無太后垂簾之儀，朕受皇考付託之重，惟以國計民生爲念，豈能拘守故常，特諭載垣等如所請行，而王大臣奏對時曉曉置辨，已無人臣之禮，擬旨時復陽奉陰違，擅自改寫，作爲朕旨頒行，是誠何心，此非專擅之實蹟乎，若再事優容，何以仰對在天之靈，又何以服天下公論，載垣端華肅順著卽解任，景壽穆蔭匡源杜翰焦祐瀛著退出軍機，派恭親王會同大學士六部九卿翰詹科道，將應得之咎，分別輕重按律具奏」又諭恭親王桂良周祖培等傳旨，將載垣端華肅順革去爵職，拏問，交宗人府會同諸臣嚴行議罪，並派睿親王仁壽醇郡王奕譞逮肅順，鎖送來京，十月朔日又諭內閣「肅順接奉逮問諭旨，咆哮狂肆，目無君上，且恭送梓宮回京，輒敢攜眷行走，尤爲法紀所不容，派春佑籍熱河家產，西拉布籍京師家產，毋稍隱匿」閱數日王大臣等擬定載垣等罪名，復諭內閣曰「皇考升遐，載垣等卽以贊襄政務王大臣自居，實則我皇考彌留之際，但面諭載垣等立朕爲皇太子，載垣等乃造作贊襄名目，諸事並不請旨，擅自主持，卽兩宮皇太后面諭之事，亦敢違阻不行，御史董元醇條奏皇太后垂簾事宜，載垣等獨擅改諭旨，並於召對時言彼等贊襄朕躬，不能聽命於太后，且言親王等不可召見，意存離間，此載垣端華肅順之罪狀也，肅順擅坐御位，進內廷當差，出入自由，目無法紀，擅用行宮御用器物，於傳取應用物件，抗違不遵，兩宮皇太后召對時，詞氣互有抑揚，意在構衅，此又肅順之罪狀也，王大臣等按律擬罪，請將載垣端華肅順凌遲處死，當卽召見議政王奕訢等，面詢有無一綫可原，據稱載垣等跋扈不臣，罪大惡極，國法無可寬宥，朕念載垣等均屬宗人，遽以身罹重罪。悉應棄市。能無淚下。惟前後一切專擅跋扈。實屬謀危社稷。是皆列祖列宗之罪人。非獨欺凌朕躬也。即如所擬凌遲處死。實屬情真罪當。惟國家本有議親議貴之條。尚可量從末減。姑於萬無可貸之中。免其肆市。載垣端華均著加恩賜令自盡。至肅順之悖逆狂謬。亟應申國法而快人心。惟朕心容有所未忍。著加恩改為斬立決。即派睿親王仁壽刑部右侍郎載齡前往監視行刑。以為大逆不道者戒。又王大臣等擬請將景壽穆蔭匡源杜翰焦祐瀛革職發往新疆效力贖罪。均屬咎有應得。惟以載垣等兇燄方張。受其箝制。均有難於爭衡之勢。情尚可原。御前大臣景壽。著即革職。加恩仍留公爵並額駙品級。免其發遣。兵部尚書穆蔭。著即革職。加恩改為發往軍臺效力贖罪。吏部左侍郎匡源署禮部右侍郎杜翰。太僕寺卿焦祐瀛。均著即行革職。加恩免其發遣。

孝欽與肅順之齟齬　孝欽后者。帶印脫逃革職安徽徽寧池太廣道贈三等承恩公惠徵之女。咸豐元年。被選入宮。初賜號為懿貴人。四年冊封懿嬪。方文宗之寵幸孝欽也。暇輒至其寢室。旋即有娠。六年三月。生皇長子。是為穆宗。晉懿妃。時文宗心喜甚。故有「庶慰在天六年望。更欣率土萬斯人」之詠。已而孝欽非復從前之柔順。文宗漸覺之。每與肅順言。欲廢之而卒未忍。當咸豐末葉。肅順以閒散宗室。不數載驟躋協揆尚書入贊樞密。得君甚專。不時得入內廷。諸妃嬪皆謹事之。孝欽時亦在魚貫列。不能獨異也。庚申七月。英法兵犯淀園。穆宗倉皇出狩。得宮中一車以行。后妃嬪御。悉雇市上車相從。車既敝。舊騾尤羸瘠。且飢驅兼程。乘者不勝其苦。及次月入山行。崎嶇升降。痡瘏益甚。簸蕩益不可耐。孝欽方在車中啜泣。忽睹肅順驟馬自車傍經過。亟搴帷呼曰。「六爺。吾車敝極。盍爲我易一堅好者。」順漫應曰。「中途安所得車。俟前站再議可也。」須臾至某鎮市少憩。孝欽使呼肅順。則方在穆宗前奏事。內監俟其退。語以故。順不顧曰。「此何時。吾尚有暇辦闕防差使耶。」后妃所乘車。謂之闕防車也。有頃復啓行。適順騎又過孝欽車旁。孝欽復乞請。順厲色曰。「危難中那比承平時。且此間何處求新車。得舊者已厚幸矣。爲不觀中宮亦雇街車乎。其羸敝亦與是車等耳。乃猶思僭中宮上耶。」孝欽尚欲有言。順已策馬去數十步外矣。孝欽雖不敢言。然由是深銜順。迨文宗幸熱河。遘疾甚篤。即密書遺詔。付東宮孝貞后曰。「西宮援母以子貴之義。不得不並尊爲太后。然其人未必可倚仗者。即不有事。汝亦當專決。彼果安分無過。當始終曲全恩禮。不然。汝可召集廷臣。將朕此旨宣示也。」迨文宗崩。孝欽謀垂簾。順等力沮之。且聲色甚厲。孝欽更不能堪。由是殺順之心乃決。

孝貞皇太后之儉德　孝貞在清列后中。儉德當首屈一指。居恆御布衣。帷帳檯罩椅披等。不用綉品。舶來品尤所忌。以爲適觀而不適用也。繡襪則督令宮女爲之。底必取諸市。每歲須自繡一雙。以爲倡導。或逢歲時。官寮有所陳獻。則峻卻之。居嘗謂孝欽曰。若輩多一分供獻。百姓即多受一分飢寒。可不戒歟。平時一舉一動。必本諸禮法。著不露體。澡浴不用人伺候。非禮服則不敢見上。坐不欹邪。行不趣速。無疾言遽色。文宗嘗目之爲女聖人。且憚孝貞之方正。而樂孝欽之和易。故於孝欽寵愛雖深。而敬禮則有所不逮。孝貞進言。文宗嘗嘉納之。稱爲賢內助。穆宗幼稟母教。深知儉爲德之本。故踐位之始。即諭知總管內務府大臣．「朕奉母后皇太后聖母皇太后懿旨．所有應行添製金銀器皿等件．均有成例．惟念列聖家法．以節儉爲天下先．卽民物豐阜．亦當防奢侈之漸．矧值四方多故．物力維艱．豈復容以宮闈器用．耗天下之財力．此項金銀器皿．除典禮攸關．必須添製外．其餘各項．並著該管大臣．詳覈辦理．日後遇有此等事件．該管大臣等．宜各仰體此意．以力行節儉爲要．朕仰蒙慈訓諄切．實深銘感．總管內務府大臣．其遵諭行．」又奉懿旨．「金八件．著改用黃銅鍍金．輿轎十件等項．著改用鐵鍍銀．繖扇旗纛金頂．著改用黃銅．以昭節儉．」穆宗諭旨明言奉兩宮皇太后．實則孝貞儉德．中外同稱．而孝欽用度之奢侈．雖以孝貞之乖戒．而言者諄諄．聽者仍藐藐也．則謂穆宗之儉．稟承孝貞之母教可也．

惜圓明園之費及裁南河之員　圓明園．創始於雍正．大備於乾隆．土木既極其華麗．而耳目玩好．又皆積世之精華．有淸宮制嚴．自興居以及飲食服御．各有定制．帝厭苦之．因以園爲游宴自便之地．咸豐末葉．英法聯軍入京．論者謂內閣中書龔自珍之子鞏祚導之．放火燬園．盡掠所有以去．同治初元．大難方夷．內外臣工．啓欲貢諛．有重建圓明園之議．恭親王奕訢力斥之．一日詣宮門請見．穆宗問曰．亦來諫阻建園乎．朕志已決．且朕居彼．與爾等討論國是．亦甚善．奕訢叩頭言．當今內患雖平．外難日亟．庫藏無存蓄．圓明園憲純兩廟所修．當時財力．遠過今日．且純廟諭旨．後世子孫．勿得踵事增華．今建園簡陋．無以備翠華之臨幸．復舊則國帑不足．以某之愚．不若少緩便．穆宗默然．奕訢更言祖制不可違．歷數祖宗所以訓儉者．侍御史沈淮．亦奏請暫緩修園．穆宗曰．見在帑藏支絀．水旱頻仍．軍務亦未盡蕆．朕躬行節儉．

爲天下先、豈肯再興土木以滋繁費、所奏雖得自風聲、不爲無見、惟兩宮皇太后保佑朕躬、親裁大政、十有餘年、劬勞倍著、而尚無休憩游息之所、以承慈歡、朕心實爲慊仄、是以諭令總管內務府大臣、設法捐修、以備聖慈燕憩、用資頤養、但物力艱難、事宜從儉、安佑宮爲供奉列聖御容之所、暨兩宮皇太后駐蹕之殿宇、並朕辦事住居之處、略加修葺、不得過於華靡、其餘概毋庸興修、以昭節省、」次年又諭總管內務府大臣謂「本年開工後、朕親往閱看數次、見工程浩大、非剋期所能蕆功、朕仰體慈懷、甚不欲以土木重勞民力、所有圓明園一切工程、均著即行停止、」聖政之重民力如此、乾嘉以後、承平日久、國家崇尚寬大、不復校及細微、自海上多故、軍謨地險、時有變更、贅吏冗兵、所在皆是、而南河尤甚焉、同治間奏裁南河各官、計當時裁去河督一缺、河廳十缺、佐雜六十四缺、武員七十六缺、新舊總兵一缺、改二十四營爲十營、留舊操防兵二千七百餘人、以修防改爲操兵五千九百餘人、每歲省工程銀一百三四十萬兩、省廉俸銀二萬餘兩、曾國藩嘗謂近來大政、此事爲最有條理、洵然、

設總理衙門及同文館　自中西立約互市、清廷剏設總理衙門、以大學士以下、九卿以上數人、爲總理各國事務大臣、多寡無員限、其章京則以閣部司員考充之、如軍機處例、泰西諸國、均於都城列使館、事言哤雜、部族蕃多、諸國駐京使臣、其自稱曰全權大臣、凡遇交涉事件、多赴總理衙門、與中朝諸大臣定議、顧彼族狡譎、往往恃其機器舟械之利、出語驕橫、不可制、總理衙門嗣增至十數人、多儒臣、不諳邊務、同治一朝、賴文祥寯藻忠清誠實不欺、默化其驁悍之氣、遇事持以定力、雖敵情萬變、而不爲所撓、五省

通商邊事尙不至釀成大釁者，祥一人力也。陳康祺郎潛紀聞云：「聞西人每屆歲首，輒遣書通商諸大臣，以爲履端之賀。其稱文相國，必曰忠鯁淸廉，而微嫌其與彼爲難。餘皆以圓融識時務譽之，否或盛稱甲第之華美，與車騎之都麗。謂太平宰相，安富尊榮，固應爾爾。嗚呼！雖在異類，豈無人心哉！詩曰：『肆不殄厥慍，亦不隕厥問。』若文忠者，或庶幾焉。」陳氏固熟悉當時情勢者，諒不至阿其所好也。同文館者，聘西人爲教授，凡中國搢紳至齊民家聰穎子弟，均許投牒赴館，學習天文句股造船製器諸法。月有課，歲有會，其尤儁異者，優其廩餼，獎以淸秩，蓋宦途之終南也。當剏議初，樞府諸公擬選編檢庶常並五品以下由進士出身之京外各官，及舉人恩拔副歲優貢等，送館學習西藝。御史張盛藻疏奏，謂天文句股，宜令欽天監五官正天文生研究，製造工作宜責成工部考校，文儒近臣不當崇尙技能，師法夷裔。奏入，奕訢等堅持初議。時倭仁方以首揆掌院，亦言：「立國之道，尙禮義不尙權謀，根本之圖，在人心不在技藝。」又曰：「天文算學，爲益甚微，西人教習正途，所損甚大。伏乞立罷前議，以維大局而弭隱患。」遂疑倭仁迂闊阻大計，迺奏派充同文館大臣，仁策蹇莅任，忽墮馬，以足疾請，而部院庶僚亦自以下喬遷谷爲恥。考其時正當日本初次遣人出洋受習之時耳。以議若行，中學與西學不至劃爲兩途，而正途出身之士夫，莫不研心西法以待用，用以更新百度，力圖富強，則天下事未可知也。而惜乎盡於用夷變夏之說也。

福州船政概略　船政剏設在同治五年，時洪軍平，外交益棘手，歐美之人，不憚數萬里踵接而至，其擾粵。援閩。援浙。援江南天津。使沿海各省。幾無寧日。特有輪船航海之便耳。中興諸名臣。知中國負海陸國之資格。有陸軍不可無海軍也。有海軍不可無輪船也。製輪船不可無自製之廠也。於是設船政之議起。湘鄉左宗棠時督閩浙。實剏是局。相地之宜。以馬尾爲最。議既定。移督陝甘。舉侯官沈葆楨以代。斯時中國於汽機製造之學。一無聞見。不能不借才異地。聘訂法員日意格德克碑。爲正副監督。幷法員匠數十人以爲導。使國人就而學焉。師其所長。卽以立海軍之基礎。以法國優於製船學。乃覓工師於法。以英國優於駛船學。乃求教員於英。合英法所長者而組織之。此船政剏辦之緣起也。於時購地設廠。日役數千人。慮地力不足以任重也。乃加釘木樁。更填以灰石。慮江岸之易崩圮也。乃砌築石墻。以遏其橫流。又以蓋造廠屋安配機器之需時也。乃先建船台以製船身。購機於外洋。運廠鬭合。故至八年已有第一號「萬年清」輪船造成。一面建築廠屋學堂。一面續造各式船艦。興學課工。日不暇給。迨十二年六月。華匠徒之技。漸能悟會。廠屋機器。亦漸臻完備。遂於是年十二月。遣散洋員匠回國。計九年之間。洋人所經理全成者十二號。餘三號則皆華人完成之也。此船政初辦之成績也。

中興名相 軍興已來。漢臣得大學士者。多以疆臣受鉞。獨難敵氛。曾國藩釋褐爲翰林。官至侍郎。洪軍起。初出治團練。秉義而行。動用重典。然計事輒敗。及父喪再起。易以巽順。遂成大功。總南北師旅十二年。任兼圻十年。治兵重節制。主實戰。凡荒誕之謀。桀驁之材。舉所弗取。動與西人兵學合。故諸將莫不從命。效死靡他。至咸同中興。楚材蔚起。其識拔而獎成之。展轉推挽。以應名世之期者。駱秉璋也。坐鎮楚蜀。經此儲胥論者以蕭何關中寇恂河內為比以湖南復湖北以湖南北復東南諸行省雖勛望不逮國藩之赫赫而功亦偉矣湘陰左宗棠晚歲詆諆國藩遂見惜士論然其立功浙壤遂總師干追西北救平雖漢班超亦不是過當初議出關廷臣什九多不謂然李鴻章阻尤力而時踰四年即奏膚功宜其以勛績誇衆矣之三公者雖未嘗一日內召而豐功茂伐彪炳琅書倘入贊綸扉其相業必有可述滿臣若官文者初由侍衛任荆州副都統擢將軍吳文鎔死難攝湖廣總督然武漢未復趦趄莫敢進嗣胡林翼以兵迎之乃赴任不必有赫赫之功而推賢讓能度量越衆與林翼相處尤善林翼約文但坐鎮無掣諸軍肘告捷則推其領銜入奏自是林翼所言文無不從文所請朝議亦無不從以故厥庸顯然然亦仕京朝之日少居關外之日多至於倭仁之守正不阿清操絕俗文祥之匪躬盡瘁馴擾強蕃方之姚宋忠唐范韓翊宋殆無減色咸同二朝名宰相彬彬盛矣使林翼享年稍永其勛名豈在國藩下即此清釐湖北漕糧一事為民間省錢百四十餘萬緡為庫項增銀四十餘萬兩提存省銀三十餘萬兩民與國兩受其利其功之不沒者已如此合肥李鴻章當其統師南下規復三吳亦自果毅堅貞克紹曾門衣鉢轉旆討捻收效尤神厥後坐鎮畿輦毗倚愈專時艱愈棘中外臣庶瞻仰愈切而責備亦復愈叢論者謂正天意磨厲賢相之時也辛丑之役直隸各要城先後已為聯軍所據唯東南各省以兩江總督劉坤一之發起兩廣總督李鴻章之主持聯合鄂督督撫相約不奉孝欽之亂命與各國領事訂互保之約得安然無事至所訂條約縱半年之往返折衝人皆謂為玄黃再造雖其失可議要其功自不可掩也

中興名將僧格林沁。內蒙古科爾沁人。父額駙。幼扈衛京師。以樸勇為宣宗所喜。封僧親王。文宗朝數出禦寇。洪將李開芳林鳳祥。率兵五萬北犯。秀全詔之曰「師行間道。疾趨燕都。無貪攻城糜時日」。開芳攻潁州。旬日未下去之。攻汴梁。亦旬日未下。遂渡黃河。皆行間道。時隆冬。南兵不習寒。耳鼻凍裂。師止卽熾火。潰爛者十六七。抵天津甚憊。僧格林沁迎擊大敗之。退屯商州。鳳祥出募兵。僧王決黃河水灌之。城不沒者三版。一軍皆哭。開芳衣黃袍張繖乘筏而出。僧王禽殺之。盡坑其卒。鳳祥聞敗。截鬚匿地穴中。亦搜殺之。自是洪軍不敢北犯。庚申。治軍津沽防英法。亦大勝。後授欽差大臣。征捻爵。僧廉勇愛士。士皆願為效命。剿追寇曹州。遇伏戰死。諡曰忠。配享太廟。至今內蒙人猶畏服之。多隆阿者。滿營中之健將也。初以馬甲入關。南征。臨敵奮不顧身。擢至協領。鄂境肅清。功績獨著。胡林翼愛重之。令自領一軍。厚其餉糈。東下攻皖。克安慶。遷副都統。旋晉都統。時稱多鮑。謂超與隆阿也。孝欽后欲治勝保罪。乃授多西安將軍。欽差大臣。督陝西軍務。果執勝保。就司敗。當回匪圍西安。與提督馬德昭數出卻敵。城賴以完。俄而川匪藍大順。已自漢中北竄。自出省禦之。轉戰皆捷。一日攻城。為敵礮所中。面目皆被創。猶擊鼓督戰。不少衰。衆掖之始退。踰夕沒。賜男爵。諡忠勇。多猛鷙不亞鮑超。而軍紀甚肅。所過無犯。既死。家無餘貲。其廉威足。媲美額勒登保云。奉節鮑超。以戰兵從征湘。立功授守備。援鄂。擢游擊。受知胡林翼。令自立一軍。號霆軍。東征。解曾國藩祁門圍。名遂大著。超軍無甚紀律。而戰則將校先進。士卒隨之。驃銳馳驟。死鬬不可敗。洪軍憚甚。他人被圍。有言霆軍幟得脫者。江寧平。封子爵。未幾撤兵議起。所部潰變。時超方臥病。乃以婁雲慶宋國永分領其軍征捻屢勝而功爲淮軍所冒益憤七疏請罷庚辰集舊部防山海關甲申出雲南備法旋師未久遂沒諡忠壯然國家征討洪軍自長江規設水師軍事始有歸宿而水師統帥惟善化楊岳斌（原名載福）衡陽彭玉麟忠勇樸誠始終其事其功績爲獨多咸同二朝之詔令曾胡諸公之章奏以及中外士大夫婦人孺子之稱述莫不以長江千里再造於楊彭手陳康祺曰京口爲長江咽喉其地夙有楊彭嶺豈偉人未生嘉名先錫青山無恙戰跡常留事皆前定不信然歟繼李成謀爲統帥力濟巨艱功與楊彭埒者黃翼升也翼升忠忱耿耿戰績洸洸訓士則以匈奴未滅爲激昂論功則以雍齒且侯爲慰藉卒諡壯勤無愧色矣蓋剿蕩洪軍著名將帥盡隸湖南征捻之役參以皖將將才輩出亦頗隨地脈爲轉移然苟非一二命世者提倡忠義物色英雄訓練而羈縻之恐穰吳頗牧之材沈淪草澤或反桀驁爲鄉里患者豈少也哉

二　穆宗朝之武事

太平軍之滅亡　借助洋兵之議由薛煥上聞會穆宗新立兩宮皇太后同臨政允如所請由是清軍勢浸強同治元年春李鴻章攻清浦嘉定自上海至松江二百餘里連營二百餘壘勢張甚秀成率兵五萬禦之鴻章藉洋兵戰屢勝蕪湖太平亦爲曾國荃所破逼雨花臺金陵圍亟秀成攻國荃師久無功而勳超軍破巢縣含山和州江浦相繼告警國荃據雨花臺秀全亟詔還救乃東還濟師半渡爲楊載福彭玉麟

水師邀擊之。大敗後軍不得渡。乃退降於李昭壽軍十萬之師。覆其太半。金陵愈危。常勝軍將華爾瀕有功既死。美人白齊文繼其任。亦屢戰獲勝。以索餉未遂。詣太平獻北征策。秀全不能用。方白齊文去時。與倫領其衆。旋以戈登領之。屢獲大捷。清軍自是所向輒利。鴻章國荃玉麟等皆屢勝。而浙撫左宗棠亦八府復其六。浸至陳炳文棄杭州。黃文金敗湖州。太平英王陳玉成見執於壽州。石達開見執於四川之老鴉游河。秀成亦屢失利。會國藩謀先取金陵。拔太平根本地。會諸軍圍之。城中無食。外援間阻。秀全見大事已去。憂憤疾篤。足暴腫。悔不從秀成遷都之言。病革。託孤於秀成。遂卒。時同治二年四月也。衆奉秀全子福瑱即位。秀成爲太平諸將中之最忠勇者。至是日綜政務。夜則巡軍。寢食並廢。憔悴骨立。國荃開地道直達城下。地道崩。城陷焉。清軍既取金陵。執秀成斬之。並平餘黨。福瑱亦被磔於石城。都計太平自勃興至滅亡。前後共十有五年。縱橫凡十有六省。爲清代未有之勁敵。既滅後。清廷於政治問題。蓋未爲根本上之戒備。惟封賞有功諸臣。以資鼓勵云。

捻變之顚末 太平革命之事業。未能速解決。於是羣寇乘之。以淫殺焚掠爲目的。於兩戰團均無所裨補。而民生苦矣。捻其一也。捻之起原。相傳在康熙時。山東游民相聚拜輻拜捻。其後捻日益多。淮徐之間。因以一聚爲一捻。當咸豐二年頃。山東有蘭山輻盜。曾以拒捕殺把總。勢猶不甚熾也。而同時山東捻掠徐州。安徽捻掠鹿邑。寧陵豐沛曹單間。亦騷然不靖。厥後太平軍取金陵。宿蒙亳壽皆爲捻所滋蔓。就中以張洛行爲之魁。洛行據雉河集爲老巢。分五旗。馳突徐宿曹歸。又與太平通款。太平諸王頗與聯絡。顧捻利子女玉帛。雲集烏合。意在擴充其行盜區域而已。非有政治上改革觀念也。迨同治初。太平勢寖衰。洛行亦於二年春。爲僧格林沁所擊死。洛行族子張總愚領其衆。適直隸山東教黨變起。僧格林沁引軍而北。有鳳臺張沛霖者。本以諸生爲團練長。據有壽州。旣與捻合。復款太平。橫行於江淮南北。謂之練黨。曾爲勝保所招撫。而陰持兩端。兼擁太平封號。及清廷所賜官職以自豪。及僧軍北上。因乘機據城邑。煽亳蒙。圍臨淮。脅衆百餘萬。連營百餘里。清軍莫敢攖其鋒。僧格林沁復引軍而南。擊斬之。練黨悉定。會金陵已破。太平餘黨。多入於捻。敢戰攻堅。捻勢益壯。僧軍屢敗。捻遊弋四省。僧軍倉卒尾之。亦奔走四省。跡蹤所至。生靈塗炭。而士卒疲敝極矣。已而攻捻於曹州。水套中伏。軍潰。僧王被創死。時同治四年也。穆宗遣曾國藩督師代其任。國藩以捻剽忽無常。跡同流寇。利迎擊不利尾追。乃於江蘇之徐州。安徽之臨淮。山東之濟寧。河南之周家口。分設四鎭。重兵並募北人。練騎隊。設黃河水師。期以有定之兵。制無定之寇。於是征捻始有定策。至五年。國藩又於直魯一帶。增隄置柵。畫地分防。汛守黃防運之法。捻渡沙河。復議扼守於此。捻合股趨中牟。乘汴梁濠牆未成。潰口而出。擾山東。攻運河牆。凡三晝夜不克。大爲防軍所敗。自是捻黨。斷爲二。西捻竄陝西。以總愚爲魁。東捻自湖北竄山東。以任柱賴文光爲魁。未幾國藩病。還金陵。李鴻章代之。一如國藩策。督諸軍殲之淮揚。徐海間。柱與文光先後皆被殺。東捻平。西捻與陝回合。左宗棠擊之。捻自山西竄擾直魯豫境。各省軍協力兜剿。圍之天津以南。茌平以北。宗棠扼吳橋。鴻章扼德州。築長牆。東昌南北。以固運防。國藩檄水師助之。會黃河水漲。遂迫捻於徒駭黃運間。竄無路。掠無食。郭松林劉銘傳馬隊要擊之．總愚赴水死．西捻亦平．時同治七年也．都計捻自起事之初．迄於撲滅．爲時十八年．縱橫七八省．幾與明季張李之禍相伯仲云．

回變之顚末　回教徒之雜居內地也．始於唐而盛於元．本與土著氣類不相洽．主持政教者．不能溥大同主義合同而渾化之．而地方有司．復不能持法律之平．往往遇仇殺案件．多爲左右袒．以致細故釀成巨變．遞至變出．則惟苟求息事．循例剿撫．不能爲根本上之融解．亂源未清．乘間輒發．以故當太平革命時．回變亦踵起．先是道光時．雲南漢回屢搆衅．林則徐爲總督．訊保山漢回鬭殺案．有「祇分良莠．不分漢回」之語．藉以稍安．及咸豐五年．太平軍事方日棘．而永昌回杜文秀起蒙化．襲據大理城．提督褚允昌敗死．巡撲省城．總督恆春自縊死．布政使鄧爾恆擢陝撫．將發其輜重．爲羣回所覬．遂出而殺掠．巡撫徐之銘不之問．之銘荒淫誕妄．議者謂之銘實主之．故回燄益熾．劉福灝福濟．先後授滇督．皆不至．以潘鐸代之．回弁馬榮率數千人入省城．駐五華山．鐸自往諭之．被害．時同治二年也．布政使岑毓英就署作守禦．而陰使人趣馬如龍入援．夾擊大破之．省城略定．明年．毓英攻曲靖馬龍霑益諸城．皆下之．斬馬榮．迤東稍靖．五年．劉嶽昭爲巡撫．督楚軍入雲南．以如龍專迤西軍事．七年．嶽昭擢滇督．因以毓英爲巡撫．時回勢甚張．環省城西南北皆敵壘．延袤十餘里．所擁兵號稱三十萬．楊玉科自蜀以援兵至．省城人心始略定．玉科迭克名城．頗能彈壓回衆．至十一年．玉科克大理．文秀仰藥死．十二年．玉科克順寧．別將李維述克騰越．全滇肅清．蓋距始變時已十有八年云．方雲南不靖時．陝甘回亦騷動．初．咸豐末葉．瑛撫嚴樹森、在陝募回勇六百赴汴防捻。俄遣歸團練大臣張芾復招之。穆宗初元。捻與太平餘黨合西入武關。全陝震動。回勇聞警皆散。道經華州強伐漢民家竹。被戕兩人。附近回民糾衆爲兩人復仇。會雲南亂回赫明堂任五逃歸倉渡。遂乘機號召。結合回勇。焚屠漢民村鎮。華陰耀州等處漢民亦聚衆殺回民。芾聞變。馳赴臨潼。欲招撫之。爲任五所害。於是同州西安均見擾。甘回復響應之。勝保多隆阿先後入關。勝保提敵不敢進。多隆阿往來督戰。至盩厔中礮死。穆圖善代之。師久無功。乃以楊岳斌督陝甘。提督雷正綰等。屢戰屢捷。而餉饋不繼。合營謀變。正綰自刎不殊。諸將擁之退。諸回乘之。自蘭州至西安。烽火不絕。岳斌方發蘭州。將督軍靖南路。而蘭州標兵復以餉缺變。岳斌馳還。誅首事百數十人。省城始稍定。隨以左宗棠代岳斌。督雷正綰及劉松山金順張曜等軍。所向皆捷。松山乘勝銳攻金積堡回酋馬化龍之老巢也。松山中礮卒。其從子錦棠接統其軍。化龍窮蹙。率衆乞降。受之。安插其衆於華亭靈州等處。斬化龍父子及其副吏八十餘人。於是關內以次略定。時同治八年也。其變亂期蓋較雲南爲短。而地方糜爛。則過之矣。

第十五章　光緒朝之多故

一　德宗之初政

穆宗薨逝及德宗繼統　同治十三年十月。穆宗病痘。仍治事如常。命軍機大臣李鴻藻代批章奏。旋諭內閣。「朕於本月遇有天花之喜。經醇親王等合詞籲懇靜心調攝。朕思萬幾至重。何敢稍耽安逸。惟朕躬見在尚難耐勞。自應俯從所請。但恐諸事無所稟承。深慮曠誤。再三籲懇兩宮皇太后俯念朕躬。正資調養。所有各衙門陳奏事件。呈請披覽裁定。仰荷慈懷曲體。俯允權宜辦理。朕心實深感幸。將此通諭中外知之。」十二月。疾大漸。兩宮皇太后御養心殿西煖閣。召惇親王奕誴。恭親王奕訢。醇親王奕譞。孚郡王奕譓。惠郡王奕詳等入。孝欽后泣語諸王曰。「帝疾不可爲。繼統未定。誰其可者。」或言溥倫長當立。惇親王言溥倫疏屬不可。后曰。「溥字輩無當立者。奕譞長子今四歲矣。且至親。予欲使之繼統。」蓋醇親王嫡福晉。即孝欽后親妹也。孝欽利幼君可專政。倘爲穆宗立後。則己爲太皇太后。雖尊而疏。故欲以內親立德宗也。諸王皆愕。不知所對。醇親王大驚。哭失聲。伏地暈絕。奕訢叱之。令內侍扶出。諸王不敢抗后旨。議遂定。是日。穆宗崩於養心殿。壽十有九。或曰。被生母皇太后葉赫納喇氏暴驚。致痘陷而崩。或又曰．帝崩非痘．實微行．致蘊毒使然．然皆不能明也．（見清皇室四譜）帝入居宮中．帝名載湉．文宗弟．奕譞第二子．同治十年．六月．二十八日．子刻．生於太平湖藩邸之槐蔭齋．母卽葉赫納喇氏．時年四歲．明年．乙亥．正月．卽帝位於太和殿下．詔以光緒紀元．三月上大行皇帝尊謚曰「毅皇帝．」廟號「穆宗．」遂用兩宮太后旨．「皇帝龍馭上賓．未有儲貳．不得已以醇親王奕譞之子載湉．承繼文宗顯皇帝爲子．入承大統．爲嗣皇帝．俟嗣皇帝生有皇嗣．卽承繼大行皇帝爲嗣」醇親王憤鬱成疾．疏言「臣侍從大行皇帝十有三年．時値天下多故．嘗以整軍經武．期覩中興盛事．雖肝腦塗地．亦所甘心．何圖昊天不弔．龍馭上賓．臣前日瞻仰遺容．五內崩裂．已覺氣體難支．猶思力濟艱難．盡事聽命．忽蒙懿旨下降．擇定嗣皇帝．倉猝間昏迷．罔知所措．迨舁回家．身戰心搖．如癡如夢．致觸犯舊有肝疾等病．委頓成廢．惟有哀懇皇太后恩施格外．洞照無遺．曲賜矜全．許乞骸骨．爲天地容一虛糜爵位之人．爲宣宗成皇帝留一庸鈍無才之子．使臣受帡幪於此日．正邱首於他年．則生生世世．感戴高厚鴻施於無旣矣」諭令王公大學士六部九卿會議具奏．旋詔准開去各差使．以親王世襲罔替．醇親王具疏懇辭．詔不許．

孝欽后當國及吳可讀尸諫　兩宮皇太后垂簾聽政．其實孝欽一人專之．初穆宗寢疾．時謂宏德殿行走侍講王慶祺．導之冶游．致疾不起．御史陳彝假他事劾之．詔褫慶祺職．封穆宗皇后爲嘉順皇后．李鴻藻徐桐翁同龢廣壽請開去宏德殿行走．許之．罪總管太監張得喜等戍黑龍江．內閣侍讀學士廣安奏．略謂「大行皇帝皇嗣未舉．賴兩宮皇太后擇繼咸宜．以我皇上承繼文宗顯皇帝爲子．俟嗣皇帝生有皇子．卽承繼大行皇帝爲嗣．仰見聖算悠遠．立子卽是立孫．不惟大行皇帝有皇子．卽大行皇帝統緒亦得相承．計之萬全．無過於此．惟是宋太祖尊杜太后之命．傳弟而不傳子．而太宗偶因趙普一言．傳子竟未傳姪．是廢母后成命．遂起無窮斥駁．使當日后以詔命鑄成鐵券．趙普安得一言間之．然則立繼大計．成於一時．尤貴定於百代．設或有以普言引用．豈不負兩宮皇太后詒厥孫謀之至意．請飭下王公大學士六部九卿會議．頒立鐵券．用作奕世良謨．」奉兩宮懿旨．「前降旨俟嗣皇帝生有皇子．卽承繼大行皇帝爲嗣．茲經明白宣示．中外咸知．茲據廣安奏請飭廷臣會議．頒立鐵券等語．冒昧瀆陳．殊堪詫異．廣安著傳旨申飭．」穆后本失愛於孝欽后．穆宗病．孝欽后以穆后不能防護．掌責之．又以孝欽不爲穆宗立後．以寡嫂居宮中．滋不適．乃仰藥殉焉．二年四月．命翁同龢夏同善授讀毓慶宮．御史潘敦儼請表揚穆后．以光潛德．詔稱孝哲毅皇后已加謚號．豈可輕議更張．該御史逞其臆見．率行奏請．已屬糊塗．幷敢以無據之辭．登諸簡牘．尤爲謬妄．下吏議奪職．五年三月．火葬穆宗毅皇帝孝哲毅皇后於惠陵．吏部主事吳可讀先以御史請誅烏魯木齊提督成祿落職．穆宗登極．起用主事．可讀慮大統授受之間．類多變故．鑒宋太宗明景帝故事．思以尸諫．而堅爲穆宗立後之信．乃請於長官．隨赴惠陵襄禮．還次薊州馬伸橋三義廟．於閏三月五日夜間飲毒畢命．遺疏請吏部長官代奏．疏云．「奏爲以一死泣請懿旨．預定大統之歸．以畢今生忠愛事．竊罪臣聞治國不諱亂．安國不忘危．危亂而可諱可忘．則進苦口於堯舜．爲無疾之呻吟．陳隱患於聖明．爲不祥之舉動．罪臣前因言事忿激．自甘或斬或囚．蒙我先皇帝曲賜矜全．既免臣於以斬而死.復免臣於以囚而死.又復免臣於以傳訊而觸忌觸怒而死.犯三死而未死.不求生而再生.則罪臣今日未盡之餘年.皆我先皇帝數年前所賜也.乃忽遭十三年十二月初五日之變.即日奉兩宮皇太后懿旨.大行皇帝未有儲貳.不得已以醇親王之子.承繼文宗顯皇帝爲子.入承大統.爲嗣皇帝.俟嗣皇帝生有皇子.即承繼大行皇帝爲嗣.特諭.罪臣涕泣跪誦.反覆思惟.以爲兩宮皇太后一誤再誤.爲文宗顯皇帝立子.不爲我大行皇帝立嗣.既不爲我大行皇帝立嗣.則今日嗣皇帝所承大統.乃奉我兩宮皇太后之命.受之於文宗顯皇帝.非受之於我大行皇帝也.而將來大統之承.亦未奉有明文.必歸之承繼之子.即謂懿旨內既有承繼爲嗣一語.則大統之仍歸繼子.自不待言.罪臣竊以爲未然.在廷之忠佞不齊.即衆論之異同不一.以宋初宰相趙普之賢.猶有首背杜太后之事.以前明大學士王直之爲國家舊人.猶以黃竑請立景帝太子一疏.出於蠻夷.而不出於我輩爲愧.賢者如此.遑問不肖.舊人如此.奚責新進.名位已定者如此.况在未定.不得已於一誤再誤中而求一歸於不誤之策.惟仰祈我兩宮皇太后再行明白降一諭旨.將來大統仍歸承繼大行皇帝嗣子.嗣皇帝雖百斯男.中外及左右臣工.均不得以異言進.如此則猶是本朝傳子之家法.而我大行皇帝未有子而有子.即我兩宮皇太后未有孫而有孫.異日繼繼繩繩.相引萬代.皆我兩宮皇太后所自出.而不可移易者也.罪臣所謂一誤再誤而終歸於不誤者此也.彼時罪臣即以此意擬成一摺.繼思廷臣忠直最著者.未必即以此事爲可緩.今罪臣復用.又已五六年.環顧在廷諸臣.仍未念及於此者.玆逢我大行皇帝永遠奉安山陵.則已迫不及待矣.

仰鼎湖之仙駕。瞻戀九重。望弓劍於橋山。魂依尺帛。謹以我先皇帝所賜餘年。為我先皇帝上乞懿旨數行於我兩宮皇太后之前。惟望我兩宮皇太后我皇上憐其哀鳴。勿以為無疾之呻吟。不祥之舉動。則罪臣雖死無憾。宋臣有言。凡事言於未然。誠為太過。及其已然。則又無所及。言之何益。可使朝廷受未然之言。不可使臣等有無及之悔。今罪臣誠願異日臣言之不驗。使天下後世笑臣愚。不願異日臣言之或驗。使天下後世謂臣明。等杜牧之罪言。雖逾職分。効史鰌之尸諫。祇盡愚忠。罪臣尤願我兩宮皇太后我皇
上體聖祖世宗之心。調劑寬猛。養忠厚和平之福。任用老成。毋爭外國之所獨爭。為中華留不盡。毋創祖
宗之所未創。為子孫留有餘。罪臣言畢於斯。命畢於斯。謹以大統所繫。貪陳慺慺。自稱罪臣以聞。」吏部以其疏上。朝野驚愕。詔言同治十三年十二月初五日降旨。嗣後皇帝生有皇子。即承繼大行皇帝為嗣。此次吳可讀所奏。前降旨時。即是此意。著王大臣大學士六部九卿翰詹科道將吳可讀原摺會同妥議具奏。可讀甘肅皋蘭人。遺命葬於薊州。謂出薊州一步。即非死所。並遺書誡其子曰。「先皇賓天時。即擬就一疏。欲由都察院呈進。嗣因友勸不必以被罪之臣。又復冒昧上言。且疏中援引近時情事。未盡確實。故留以有待。今不及待矣。甘心以死自踐前日心中所言。以全舉生忠愛之忱。所以遲至今日者。以國家正有大事。豈可以小臣擾亂宸聽。故不遽引決。正為俟朝廷大事竣耳。」

廷臣集議及兩宮懿旨　吳可讀疏上之後。徐桐翁同龢潘祖蔭連銜一疏。寶廷黃體芳張之洞李端棻各一疏。均付王大臣併議。四月。禮親王世鐸等奏遵旨於本月初一日齊赴內閣。將吳可讀奏摺公同閱

看。據奏內有仰乞我皇太后再降諭旨。將來大統。仍歸承繼大行皇帝嗣子等語。臣等恭查雍正七年上諭有曰「建儲關繫宗社民生。豈可易言。我朝聖聖相承。皆未有先正青宮。而後踐天位。乃開萬世無疆之基業。是我朝之國本。有至深厚者。恐人固不能知也。欽此。」跪誦之下。仰見我世宗憲皇帝詒謀之善。伏思繼統與建儲。文義似殊。而事體則一。建儲大典。非臣子所敢恭議。則大統所歸。豈臣下所得擅請。我皇上纘承大位。以文宗之統為重。自必以穆宗之統為心。將來神器所歸。必能守列聖之成憲。奉天下以無私。而非此時所得預擬者也。況前者穆宗龍馭上賓。業降諭旨。俟皇帝生有皇子。即承繼大行皇帝為嗣。是穆宗毅皇帝將來繼統之義。已早賅於皇太后前降諭旨之中。何待臣下奏請。吳可讀以大統所歸。請旨預定。似於我朝家法。未能深知。而於皇太后前此所降之旨。亦尚未能細心仰議。臣等公同酌議。應請毋庸置議。又徐桐翁同龢潘祖蔭奏。謂宜申明列聖不建儲之彝訓。將來皇嗣繁昌。默定大計。以祖宗之法為法。即以祖宗之心為心。總之紹膺大寶之元良。即為承繼穆宗毅皇帝之聖子。揆諸前諭則合。準諸家法則符。又寶廷奏。謂宜引伸前旨。以喻天下臣民。又言王大臣所議。非不得體。惜未盡妥。諸臣既奉命會議。當將前降懿旨之意。引伸明晰。預擬一盡善之策。留以備異日皇上御覽。以釋今日天下臣民之疑。若仍渾涵其詞。何取此盈廷一議也。此未妥者一。廷議又謂繼統與建儲文義似殊。事體則一。似也。今不分別詞意。漫謂我朝家法。未能深知。則日前懿旨。即是此意之謂何。天下聞之。不更滋疑乎。此未妥者又一。故不顧煩瀆。又張之洞奏言不必慮者三。未及慮者三。今日之事。約有二說。淺之為穆宗計者。則但如諸臣之議．令皇上轉多難處．深之爲穆宗計．而卽爲宗社計．惟有因承統者以爲承嗣．一法皇子衆多．不必遽指定何人承繼．將來纘承大統者．卽承繼穆宗爲嗣．此則本乎聖意．合乎家法．伏請兩宮聖裁．卽以此意明降諭旨．又言此次懿旨中卽是此意一語．乃此議之緊要關鍵．天地神祇．實所共聞．朝野臣民．咸所共喻．且懿旨上言預定．下言卽是．語意相連．今不爲之疏解分明．以妥議具奏．始以無庸置議．終傳之四方．實駭聞聽．黃體芳又奏．亦謂應如何明降懿旨．自有聖裁．李端棻又奏．歷敍五難．諸臣知其難．惟以斟酌盡美．昭示無私．望之於皇上．微臣知其難．則以爲籌及兩全．折衷一是．惟在乎兩宮．臣知聖慮深淵．不惟有兩全之道．並可貽百世之謀．奏入．奉兩宮懿旨．前於同治十三年十二月初五日降旨．俟嗣皇帝生有皇子．卽承繼大行皇帝爲嗣．原以將來繼緒有人．可慰天下臣民之望．第我朝聖聖相承．皆未明定儲位．彝訓昭垂．允宜萬世遵守．是以前降諭旨．未將繼統一節宣示．具有深意．吳可讀所請頒定大統之歸．實與本朝家法不合．皇帝受穆宗毅皇帝付託之重．將來誕生皇子．自能愼選元良．纘承統緒．其繼大統者爲穆宗毅皇帝嗣子．守祖宗之成憲．示天下以無私．皇帝亦必能善體此意也．所有吳可讀原奏．及王大臣等會議摺．徐桐翁同龢潘祖蔭聯銜摺．寶廷張之洞各一摺．並閏三月十七日及本日諭旨．均著另錄一分．存毓慶宮．至吳可讀以死建言．孤忠可憫．著交部照五品官例議卹．

垂簾訓政及樞臣樹黨　初兩后復臨朝．遂下書曰．「郅治之隆．詢事考言．嘉乃丕績．我朝列聖御極．俱頒詔旨．褒答直臣．廣開言路．方今皇帝寅紹大統．尙在沖年．百度艱虞．不得已而有垂簾之舉．萬幾綜理．

宵旰不遑因思人之聰明智慮有所未周必兼聽並觀以通上下情志況民生多艱水潦頻仍宜采讜言用資治理大小臣工竭誠抒悃各陳所見無得徒託空言至乃敦尚節儉力祛浮華朝廷已屢加訓勅去泰崇實端始宮中此後紛奢靡麗之品及耳目玩好之娛一概不得呈進服用之具俱以樸素爲先中外臣庶咸體斯意」又飭疆臣清訟獄勤緝捕修營伍整吏治孝欽性尤剛果既與孝貞稱制遣戍七太監黜大臣尤無狀者若貴寶文錫一時大事多決於孝欽光緒六年孝欽病帝爲諭各省保醫士八年疾愈道員薛福辰等進官時孝貞已崩孝欽獨當國以奕訢在軍機久罷之命奕譞參機務言官諫親王不宜干政后不從然亦不假以權所任謁者李蓮英尤倖奕譞巡北海蓮英從御史朱一新言其僭后怒降調主事十二年后將以歲正歸政於帝羣臣固請再訓政允之故事帝親政加母后徽號后出懿旨諭百官毋得請至十五年帝大婚后始撤簾帝度清漪園舊址修葺頤和園爲后頤養祝釐所又增葺西苑頤和園密邇各省海關效進於后歲時駐蹕焉至其朝局亦有可紀述者同治中興至光緒初年文祥正色立朝與奕訢同心輔政海內稱乂安焉自奕訢兩次被譴挫折之餘漸致畏事苟安取容文祥晚年多病樞廷高陽李鴻藻吳縣翁同龢以次相繼當國鴻藻雖正人而性頗偏執奕訢陽尊禮之心嚮同龢鴻藻自謂文祥逝世政權當屬己而爲同龢所扼心頗怏怏不平然猶以同龢亦多病知不能久遂忍以待及同龢自知不起乃援引仁和王文韶由湖南巡撫內召入樞府兼總署奕訢亦推心任之鴻藻乃大怒其時北人惟南皮張之洞最負時望力引驟遷內閣學士同龢心知爲勁敵乃與文韶合謀擠爲山西巡撫實

以去鴻藻之臂助也（當時隱語號南皮爲高陽臺南皮外用時有撤去高陽臺之謠）鴻藻黨徒亦悟故張佩綸陳寶琛諸人密謀推倒文韶累疏而無效於是雲南報銷之獄起矣蓋言路之發紓始於爭改俄約狃於斯役遂復搆成法越之戰事鴻藻本無深略旣藉此以排異己又欲賴其助以有建樹遂爲諸少年所劫持奕訢內餒莫能裁制文韶旣被逐一年之內易督撫已過半羣囂推波助瀾互相攻訐蜩螗沸羹不可思議張陳等本欲藉越事以預政柄及徐延旭唐炯失事（延旭鹿傳霖之親家傳霖張之洞之姊夫並與鴻藻有親唐炯之洞之婦兄皆互相汲引者）東朝憂懼奕譞久欲排訢以去掣肘於是政局大變鴻藻同歸於敗濟寧孫毓汶獲漁人之利而厭惡言路遂請以吳大澂會辦北洋事宜陳寶琛會辦南洋事宜張佩綸會辦福建海疆事宜請君入甕一網打盡矣其時南人中常熟潘祖蔭頗負時望而落落寡合言不輕發至甲午一役始擠毓汶而去之然亦無以善其後二十年中翻雲覆雨而國不可爲矣（見越縵堂日記）

二　內變之迭起

新疆之紛擾　新疆於陝甘不靖時阿渾妥明據烏魯木齊先後陷南路八城北路九城號爲清眞王惟和闐回衆不願附別立主遣人告敖罕敖罕國王方與俄搆兵乃遣和卓木族張格爾之子補諸洛偕咥補卜將軍帥兵赴和闐道經喀什噶爾喀什噶爾老城已爲回人席第所據轉攻新城及補諸洛至回人

以其爲和卓木族．教祖之裔胄也．爭歸依之．遂取葉爾羌．陷新城．併和闐．破阿先蘇．烏什庫車亦往附．聲勢大振．惟皆啞補卜力也．補諸洛昏於酒色．軍民嗟怨．旋被逐．於是啞補卜乃於南路稱王．而阿渾妥明．已爲漢人徐學功擊敗走死．當是時．北路糜爛．各部雲擾．漸涉俄地．而國際上之重大交涉起．先是康熙時．中俄定界．於常住卡倫外．有甌脫地數千里．聲明兩國人民．均不得居住．當咸豐時．中國多事．政府方議棄南八城．封啞補卜爲藩屬．英使威妥瑪．復數爲之請．獨左宗棠以領土見削．懼日蹙國百里．堅持不可．時光緒初元也．當啞補卜之據南路也．疆域所及．東西長三千六百里．南北寬一千二百里．設官選將．多用敖罕人．約束土人極嚴厲．且深得約縱連橫法．與敖罕土耳其阿霸科爾等諸回教國相聯絡．復以通商政策．羈縻英俄．故英使爲之請．宗棠既決議收復．督師出關．次第克北路諸城．然伊犂仍爲俄占領．土魯番以西．則屬啞補卜．遂以兵迫喀什噶爾．時敖罕及阿霸科爾．方被俄兵．不能分兵援助啞補卜．於是啞補卜勢衰．部下多內叛．而敖罕阿霸科爾又同時見滅於俄．北歸無路．遂仰藥而死．諸城悉降．南路悉復．時三年也．於是中國兵欲進收伊犂．索之俄國．俄謂中國能保境上安甯．且償歷年代治伊犂之費．則可允諾．政府乃特遣崇厚爲全權大臣．赴俄定條約．以伊犂還我．償俄銀五百萬盧布．讓特克斯河流域與俄．計結約十八條．廷議以崇厚擅許割地．削職下獄．改遣曾紀澤自英赴俄．廢約重議．由是兩國各出兵境上以備戰．宗棠軍哈密．俄陸軍大臣鴻夫曼．亦於伊犂增兵備．並以軍艦游弋海上．震搖動京師．乃召宗棠入樞府．而以劉錦棠督關外軍務．曾國荃李鴻章鮑超等嚴守海防．紀澤與俄抗爭．乃雙方讓步。改訂約章。以霍爾果斯河迤西地代特克斯河兩岸地。加償俄銀四百萬盧布。計結約二十條。是爲伊犂條約。伊犂復爲中國有。時七年也。至八年。改新疆爲行省。十年。以錦棠爲甘肅新疆巡撫。辦理改建行省事務。次年九月。新疆南北郡縣之制度始定。

臺灣之膠葛　臺灣爲中國南方之天府。林礦豐饒。農產富有。東西二百三十餘里。南北七百餘里。幅員遼闊。康熙時得諸鄭氏之手。僅置一府三縣以轄之。雍正時分建二府八縣。除知事外。惟總兵兵備道各一員。又以遙遠。故官此者多貪狡不職。自鄭氏後。除朱一貴林爽文兩大變亂外。若吳球劉卻陳光愛陳周全等。亡慮八九起。政府例以兵力勘定之。未暇謀善後也。會太平爲清所滅。同時日本亦覆幕中興。以同治八年遣使通好。十一年復派遣領事。綜交涉事務。未幾即因臺灣之事。而膠葛以起。臺灣番人分生熟兩種。熟番衣食彷華人。生番生長深林密箐間。四出剽掠。性極殘忍。清廷向來任其生活。以化外視之。此次日人漂流臺灣。爲生番所殺。日本謂生番非我領土。遂直接興問罪之師。乃以陸軍中將西鄉從道。任番地事務總督。率兵艦五艘至臺灣。擊破番人。斬牡丹社酋。十八社酋長俱震懾往降。從道遂營龜山。務剿撫。未以商之中國也。惟生番之在中國。與蝦夷之在日本。事同一體。勢不得以非領土強評之。於是中國乃請日本撤兵。日本不聽。又風聞日本兵將襲臺灣西部。乃遣船政大臣沈葆楨。統福建舟師往察其形狀。日本以參議大久保利通。任全權大臣。由上海抵北京。與政府議臺灣所屬。數日不決。利通見議不協。忿然去。英使威妥瑪居間調停。奕訢及軍機大臣寶鋆文祥等共會議。議定日本撤其所駐兵。由中國償軍費銀四十萬兩。又撫卹銀十萬兩。利通遂至臺灣撤兵而還。政府惟從鴻章議。遣公使駐日本及西洋通商各國而已。未暇爲臺灣謀久遠也。時同治十三年之事。迨至光緒十年。法人又以安南之事擾臺澎。攻陷基隆。十一年。和議成。法兵乃退。政府自是始知臺灣爲南洋門戶。關繫緊要。宜有大員以資控制。乃援新疆改建行省例。將福建巡撫改爲臺灣巡撫。常川駐紮。以臺北爲省城。增置臺南府。並設布政使按察使等官以專責成云。

孝欽后專恣及戊戌政變　穆宗之崩也。孝欽后利立幼君以專政。德宗方在襁褓之中。故見立。法越戰起。奕訢等罷。孝欽命奕譞總樞機。臺諫交章言不便。不允。世鐸等自是奔走於譞邸。蓋隱若首輔。以天子父不令入直也。德宗稍長。不得孝欽歡心。因爲種種之虐待。內監寇連材嘗於筆記中載之。迨光緒十六年。孝欽歸政。然仍隱握大權。不稍假。內而宮官李蓮英。外而軍機大臣孫毓汶。皆孝欽之耳目。所以監視德宗者甚嚴。二十年。以蓮英驕蹇無度。廷杖責之。譏亦斥蓮英通外納賄。孝欽深銜之。會中日戰事作。德宗於中外情勢平時既不令與聞。而樞府及將帥又皆孝欽舊人。馴致大敗。孝欽卽於是時陰謀廢立。以奕訢力爭而止。奕訢者。文宗同母弟。嘗受文宗遺詔令節制孝欽者也。故孝欽憚而遠之。方是時。士大夫憤起。皆言變法圖自強。勢不可緩。工部主事康有爲。召對大稱旨。德宗深以無權自餒。有爲乃引進其黨譚嗣同楊銳林旭劉光第楊深秀梁啓超並其弟康廣仁等。不次擢用。亟謀翦除舊臣。以殺孝欽之羽翼。而冀伸帝權。於是衝突漸起。先是孝欽雖以奕訢言未廢德宗。然德宗每召見羣臣。必遣內監於屏風後竊聽。德宗芒刺在背。不自安。翁同龢者。德宗師傅也。時直軍機。仍兼毓慶宮行走。德宗每於毓慶宮。獨召見同龢一人。與深譚。復用同龢言。能斥孫毓汶。孝欽大怒。立飭同龢出毓慶宮。隨革工部侍郎汪鳴鑾。兵部侍郎長麟。侍讀學士文廷式等職。並斬內監連材。以其皆黨德宗也。會奕訢以二十四年卒。是歲即戊戌年也。有爲獲召見。德宗一方與有爲等籌議改革事。孝欽則一方與榮祿裕祿等籌議廢立事。各不相謀。孝欽以銳敏手段。褫同龢職。逐令回籍。德宗無如何。惟孝欽自是忽放任。恣德宗所欲爲。德宗遂日下革新詔。改文武科試。各省府廳州縣。徧立學堂。工商諸業。有能剏新制者。予保獎及專利。汰冗員。減舊兵。平心而溯新運。帝不得謂無提振功。當詔書之屢下也。親貴大臣。多於孝欽前乞禁止。孝欽笑而不言。或以變亂祖制。大局若何。私問榮祿。榮祿亦嗤之。是時孝欽命榮祿督畿輔。北洋兵權。實在其手。已與孝欽籌有定局。突於八月之變。孝欽自頤和園還宮。持帝手。哭詈曰「我自爾數歲。以帝位授汝。辛勤鞠育。至於長成。汝乃負心欲廢我耶。」復出訓政。捕德宗黨。有爲啓超以迅走獲免。嗣同等六人殲焉。餘自同龢以下。禁錮謫戍降革者。凡數十人。而凡新詔所設施。則一切罷棄。復其舊。方事亟時。孝欽與親貴諸臣。倉猝無以處德宗。乃幽之瀛臺。日言帝病重。求醫海內。謀廢立。聞各國有違言。復以廢立意。濟詢各疆吏。江督劉坤一不從。各省紳商。復連電示意於政府。議乃寢。德宗則終爲其所軛。而政權則仍爲孝欽所把持云。

載漪釀亂及庚子拳變　義和拳起嘉慶時。民間私相傳習。燕齊之間。多有祕傳其術者。光緒二十六年。

毓賢爲山東巡撫。民間傳習義和拳。以扶淸滅洋爲幟。各省多鬧教案。民情益憤。聞滅洋說。爭鼓吹之。拳匪遂蔓延於直隸。孝欽以戊戌政變。康有爲遁。英人庇之。大恨。踰年。端王載漪謀廢立。先立漪子溥儁爲大阿哥。天下震動。東南士氣激昂。經元善連名上書至千數人。孝欽怒。逮元善。元善走入澳門。屢索不與。載漪使人諷各國公使入賀。不應。載漪憤甚。日夜謀報復。聞拳匪以滅洋爲幟。大喜。乃言諸太后。力言義民起。國家之福。時拳匪漸入北京之西南。乃遣剛毅趙舒翹往招致。至者數萬人。美其名曰義和團。拳黨謂鐵路電綫皆洋人所藉以禍中國。遂燬鐵路。焚電綫。搗洋房。凡家藏洋圖洋書皆號二毛子。捕得必殺之。於是各國使館。咸集兵自衛。聯牘詰總理衙門。輒模棱答之。載漪及莊王載勛等方親統拳黨。日夜攻使館不能下。而日本書記杉山彬。德公使克林德。先後並遇害。京城內外。香烟蔽城。結爲黑霧。而匪勢愈熾矣。當是時。政權悉任載漪手。徐桐剛毅等爲之爪牙。袁昶許景澄等均以力諫死。復矯詔徵集勤王軍。李秉衡鹿傳霖等應之。復傳檄各省。促殺逐外人。雖南北督撫。自劉坤一張之洞袁世凱等不奉亂命。而各國聯軍。已齊集大沽。以德將瓦德爲統帥。聶士成馬玉崑苦戰二十餘日。漸敗退至天津。士成惡拳黨。且深知開戰之非策。以此見怒於政府。當前敵時。裕祿掣其肘。拳黨毀其家。士成大憤。天津之戰。陷陣死之。津城旋陷。聯軍乘勝長驅。連陷北倉楊村黃村及通州。裕祿秉衡先後死。京都大震。孝欽挈德宗出珍妃泣而從。道井旁。孝欽推墮之。走宣化。未幾。由太原至西安。載漪之當國也。排外檄達關東。黑龍江將軍壽山應之。時東淸鐵路保護之俄兵。亦嚴陣以待。壽山遂攻哈爾濱。並自愛琿入俄境。俄兵迎擊之。進陷齊齊哈爾。壽山自殺。俄軍大肆屠虐。復經吉林。入奉天。所過劫殺。以哥薩克騎兵爲尤殘忍。嘗迫黔爾莫勒津屯內之滿人。凡數萬入黑龍江以死。時聯軍已陷山海關。關以外悉入俄掌握。俄置兵十八萬鎮壓之。而挾吉林奉天兩將軍以號令所屬。已而聯軍入北京。搜滅拳黨。復攻保定。陷之。慶王奕劻與李鴻章先後至京開和議。光緒二十七年和議定。償兵費銀四億五千萬兩。燬大沽礮臺及天津城。拓京師各使館界。各國駐兵京師護使館。仇教各府縣停試五年。懲辦罪魁。除徐桐剛毅先死外。毓賢啓秀徐承煜斬決。載勛英年趙舒翹賜自盡。載漪及其弟載瀾發邊外永禁。分遣醇親王載灃侍郎那桐赴德日兩國謝罪。改總理衙門爲外務部。班六部上。聯軍退。孝欽挈德宗自西安還。以大阿哥溥儁爲罪人子。懼貽笑中外。廢之。孝欽自還京。毅然思與民更始。下詔以母子一心示中外。又以懿旨誡婦女纏足。弛滿漢通婚之禁。制作紛然。而諸王浸益用事矣。

俄日戰爭及中立政策　拳亂既劇。其風潮因此而澎湃者。凡三大案。戰氛熾時。劉坤一等與各國訂互保之約。各國置戍兵於上海。和議成。各國藉詞不肯退。至光緒二十八年秋。始定議撤回。是爲東南撤兵之案。聯軍之在直隸也。關內京津盧保之鐵路。英法實轄之。關外則俄人司之。而天津則爲軍隊共管之區。和議成。聯軍自京退津。時直督袁世凱與之議。至二十八年春。始次第收回。是爲交路還津之案。俄之據關東也。見列國守津定議交還。乃迫於公議。與政府訂立撤兵約。二十八年春。約成。是爲交還東三省之案。惟第三案雖已訂約。忽變而爲東亞之極大風雲。第一撤兵期如約。至第二撤兵期。俄關東總督阿克寒力夫將第一期所撤之兵。悉數調回。並徵調海軍以阻他國之干涉。實行其殖民政策。於營口立民政廳。皆強迫進行。不與中政府協議。其公使則要求別訂新約。至第三撤兵期。俄兵有增無減。以新約未定爲口實。政府無如何。而日本乃乘機而起。日以還遼之舉。甚不慊於俄人。乃與英締結同盟。約俄聞之亦與法同盟。以相抵制。時美人欲擴張其東亞商務。與日英兩國力勸中政府。將關東開放。俄使百計阻撓。趣訂新約。清廷左右爲難。雙方均不敢承諾。日政府乃與駐日俄使直接會商。俄終不肯棄關東。而陰許日擴權力於朝鮮境內。時朝鮮號稱獨立。實居日俄勢力範圍之下。日與俄協商數回。卒未就緒。俄欲據關東全部。又欲佔朝鮮北部之利權。一方以議局周旋日人。一方則亟修戰備。日人見事機危迫。爲先發制人之計。擊敗俄艦於仁川。又敗之於旅順。於是兩國始行宣戰。卽二十九年十二月二十四日也。自朝鮮進奪旅順。陸軍一面攻取遼東半島。俄調波羅的海艦至東。大敗。日生擒其兩提督。於是美總統出而勸兩國議和。約大略如下。(一)樺太島讓與日本。(二)俄撤退滿洲兵。保全中國領土。開放門戶。(三)南清鐵道及沿海州漁業權。讓與日本。當日俄之鏖戰也。中國政府乃於域內援局外之例。宣告中立。概不與聞戰事。日遂與各公使約定。劃出戰地。警告政府。不得有偏袒舉動。嗣因俄屢徵軍需於蒙古。且留軍艦於上海港內。幾致破壞中立。既而日俄媾和。清廷亦派奕劻瞿鴻禨袁世凱等與日本外部小村壽太郎。公使內田康哉。議定十二款。大約收回土地。開埠通商。而南部鐵道權。仍歸日本管理。至東省所產木材。中日合設公司採伐云云。於是我國始改東三省官制。設總督巡撫。布置一切新政焉。此三十一年八月以後事也.

藏約之糾結.西藏與英領印度之間.向以廓爾喀哲孟雄布魯克巴三部為屏蔽.於外交上無所糾葛.乾隆末.鑿師入後藏.藏地始無廓夷患.廓爾喀至光緒二十六年.尙修職貢.其後貢使不至.三十四年.廓使噶箕來朝.此其最末次也.哲孟雄接壤後藏.與布魯克巴同為藏屬.自英併印度.與哲布毗連.光緒二年.哲布兩部長.以英人有窺藏心.籲請駐藏大臣籌備.寘弗理.哲人漸昵英矣.十三年.藏人設卡隆吐.諭駐藏大臣文碩.令撤之.文碩謂實藏地.卡無可撤.嚴旨責焉.以升泰代之.嗣印兵毀其卡.藏人圖復仇.升泰嚴止之.馳赴邊界議約.與英官保爾會於納蕩.保爾要求奢.力折之.英掠哲全境.招印廓游民墾荒.廷議以哲事無從挽救.諭升泰勿問.布魯克巴地數倍哲.西人呼為布丹國.光緒間.尙入貢.升泰以藏哲舊界本在雅納支木兩山.其後商人來往之咱利.為新開捷徑.升泰議於咱利山分藏哲界.英不允.謂西金界內藏番不得有權.升泰諾焉.十月.奏言英人擬撤兵後.悉照向章.不必辦理通商.與另立新約.十六年及十九年.與英立約.開亞東為商埠.設關互市.是時俄人謀擴權於中國西部.特遣使入藏.與達賴相款洽.並僞奉喇嘛教.博達賴歡心.誘使從俄.俄又續派探險隊.赴藏調查.達賴知俄國力強.有倚賴心.且以俄人之崇拜喇嘛也.誤以俄為同教國.遂親俄而遠英.英所定約.迄未實行.俄人又為達賴畫策.購置軍火.意圖抗英.英諷知之.而無如何也.會達賴殺第穆呼圖克圖.沒收其財產.藏人頗冤第穆.而不直達賴.達賴漸失眾心.而俄又於遠東方面.為日本所困.不及顧西藏.英遂藉事稱兵.時三十一年也.政府遣駐

藏大臣裕鋼往解之。達賴特俄人為謀主。不欲和。思與英人戰。乃止裕鋼行。並調集各路土兵。西藏土兵。以乍丫為最強。然無紀律。甫抵拉薩。卽圍攻駐藏大臣衙署。死者數十人。嗣經藏官鎮壓。開往前敵。未交綏均潰變退走。嗣是藏兵屢敗。英禍日迫。乃褫裕鋼職。以有泰代之。復與達賴商。願自往阻英兵。達賴尼之。然亦無他策。惟日令箭頭寺護法誦經。詛咒英兵速死而已。已而英兵長驅直入。達賴大懼。倉皇北走。有泰以其誤戎機。且擅離招地。請革其名號。英員榮赫鵬與藏官會議於春丕。暫留駐藏兵。俟應償兵費二百五十萬盧比繳清。再行撤退。並開江孜噶大克及前約所訂之亞東為印藏互市場。誘有泰畫押。朝旨切責。有泰謂已與英官籌商。至再先行簽約。朝旨嚴斥之。又以藏約蔑主權。八月。以津海關道唐紹儀改三品卿。加副都統銜。赴藏全權議約。與英使薩道義磋商。將藏約作廢。英不允。乃另訂正約六條。以救前約之失。英承認西藏為我國領土。藏人應償兵費。由政府代償。英人始無辭。遂於三十二年。在北京簽押。而以三十年之英藏條約為附條。一切承認之。惟改稱中英條約而已。旋以聯豫代有泰。開學堂。設報館。建商品陳列所。官印書局。施醫局。將以開風氣。淪民智。提藏人於昏夜中而旦之也。後又遣張蔭棠赴印度議商約。三十四年。始議定。於是藏中交涉日漸繁難。達賴展轉至京。政府不加之罪。而反錫以封號。卒於宣統二年。以叛走印度。革封號。遂留住印度云。

憲局之紛擾　日俄戰後。外侮日亟。蒙回見偪於俄。西藏受制於英。越南朝鮮次第摧削。海疆虛設。內亂時聞。於是世界各國。咸知專制之不能持久。俄也。暹羅也。波斯也。土耳其也。先後由專制政體。改而為立憲政體中國士民困於專制淫威亦多數主張立憲各省疆吏咸以爲言時孝欽當國亦思施行新政以救危局乃分遣載澤端方戴鴻慈徐世昌紹英（以炸彈受驚改派李盛鐸尙其亨）五大臣赴東西各國考察政治未幾回國隨於光緒三十二年七月十三日下預備立憲詔謂「本朝自開國以來列聖相承謨烈昭垂無不因時損益著爲憲典見在各國交通政治制度皆有彼此相因之勢而我國政令積久相承日處阽危受患迫切非廣求智識更訂法律上無以承祖宗締造之心下無以慰臣庶治平之望見載澤等回國陳奏皆以國勢不振實由於上下相睽官不知所以保民民不知所以衞國而各國之所以富強者實由於行憲法取決公論君民一體呼吸相通博採衆長明定權限以及籌備財用經畫政務無不公之黎庶又兼各國相師變通盡利政通民和有由來矣時處今日惟有及時詳晰甄核仿行憲政大權統於朝廷庶政公諸輿論以立國家萬年有道之基但目前規制未備民智未開若操切從事徒飾空文何以對國民而昭大信故廓清積弊明定責成必從官制入手亟議先將官制分別議定次第更張並將各項法律詳愼釐訂而又廣興教育淸理財政整頓武備普設巡警使紳民明悉國政以預備立憲基礎著內外臣工切實振興力求成效俟數年後規模粗具查看情形參用各國成法妥議立憲實行期限再行宣布天下視進步之遲速定期限之遠近著各省將軍督撫曉諭士庶人等發憤爲學各明忠君愛國之義合羣進化之理勿以私見害公益勿以小忿敗大謀尊崇秩序保守和平以預儲立憲國民之資格有厚望焉」是詔頒下制作益紛嗣於三十三年夏下各省督撫實行預備立憲政詔更於三十四年

秋。下九年籌備立憲詔。並先後設會議政務處。考察政治館。憲政編查館。憲政籌辦處。又設資政院於京師。諮議局於各省。以立議院基礎。孝欽本極專恣。於新政多所阻滯。而此次主張立憲。實迫於內外之呈請。故其所謂預備也籌辦也。於憲政無所進步。而其品目張皇。無非注重君權。銷沮民氣。以之靖國。不益囂乎。

三　屬國之分離

其一緬甸　緬甸自乾隆五十五年。遣使賀八旬萬壽。乞賜封及開關通市。高宗敕封為緬甸國王。自是奉貢不絕。緬甸在雲南邊外。其所屬麻爾古（萬國史記作麻六甲）地方與印度孟加臘接壤。自英征服印度。兩國毗連日久。數起兵爭。道光六年。英人謀取孟加臘灣。以印兵一萬攻緬甸。緬王擊敗之。既而英艦入內港。緬人奮力應戰。而紀律不嚴。進銳退速。為英人礮火所轟。大敗。英軍亦不習水土。地險糧艱。瘴惡多疾。因欲退兵。反聲言直取阿瓦。（緬都城）長驅而進。緬軍屢衄。氣沮。國內諸城。望風降。卑辭求和。乃割阿臘干等地與之。復償英人兵費。許英公使駐劄阿瓦。始罷兵。兩方舉未以是關中國。迨咸豐二年。英緬釁又起。緬君臣闇於海外形勢。思張國威以厭服外人。既課重稅於貨物之出入。又阻公使駐京之約。英人固惟恐其無隙可乘也。及是遂率艦至郎昆。與緬人戰。敗之。於是北古全土。悉歸英屬。同治中。英復侵佔朗谷。設分埠。光緒十一年。英人索緬甸寶石木場等廠。並欲於阿瓦新街兩處。駐紮英兵千人。

緬人不從。十月。英艦自新街折回漾貢。抵模臣。為緬人截住。緬王並遣人赴逆姑木廠印商孟德家搜獲所存槍礮。遂於初七日發水陸各兵。於是夜前進。翼日遣將分赴門蠟洞烏洞盤（三處皆英緬交界要地）各地扼守。是時英艦自朵強駛至青棒埠交界地。開礮轟擊。緬人迎戰。壞英輪一艘。餘船折回。旋英艦復駛而上。揚言送緬世子孃偶還國。換立緬王。並致書誘和沿江將帥。信以為真。望風皆退。英艦直抵緬都。二十一日。英官慈列勢與緬人會議。緬人願孃偶歸承緬祚。英人遂令緬官繳械為信。明日英艦直抵新部曼德來。王大懼。將其第二子屬其臣孃蕊攜而遁。又明日。英人將緬王及其母妻等執下輪船。二十四日開往漾貢。英人遂據緬都。緬官悉附。英分緬為上下兩部。置總督府於仰光。事為中國所聞。乃與英抗議。英人許代緬納歲貢。事遂寢。顧納貢亦虛言。厥後初未實踐云。

其二暹羅　中國未嘗煩尺寸之兵。而通貢受封。一如前例。其著者。緬甸而外。又有暹羅。暹羅者。以暹降於羅斛而得名。（在元順帝至正時）與緬世仇稱兵。清初嘗入貢。有居留華民特別繁盛之關繫。乾隆三十二年。為緬甸所滅。中國未過問。其遺臣鄭昭起兵圖恢復。衆奉之為王。昭。粵人也。以四十六年。遣使航海通貢。且告捷。目暹羅復興。中國越緬兵事。恆以間接之關繫而受其益。緬甸孟雲之降附。與安南阮光平之來朝。皆暹羅擾其南境之故。昭死。其嗣王法耶沙基利。尤雄武。緬人畏之。既與越南分東埔寨地。又北收老撾之隆勃剌邦。（在瀾滄江上游）及撣人之景邁（在湄濱江上游）諸部。嘉慶間。上表以攻緬獲勝告。仁宗頒敕諭解之。厥後歐力東漸。其南境舊柔佛部之新嘉坡島。麻爾古部之內埠。及西南吉德部之檳榔嶼。先後爲英人割據。又於北境扼湄公河之上流。以通我雲南。法人亦以湄公河東地付屬越南爲辭。迫暹羅割讓。暹羅不能抗。遂許之。英恐其妨害滇緬交通。因與法協議。於湄公河上流指立中立地。約一百四十餘里。誓兩國不相侵佔。凡以上種種大交涉。中國均未參與其間。於是暹羅雖以英法交競而幸存。而中國數百年來所稱爲炎服屏藩及天南樂國者。至是已非我有矣。

其三安南　安南自阮光平據有後。其前王黎氏甥阮福映。逃至暹羅。藉法兵力驅光平子孫而代之。一方以中興申告清廷。改號越南。乞封爵。一方則於國中自稱大安南皇帝。政府循例敕封之。固未一覈其內容也。乾隆五十七年後。福映既求援於法。與法定盟約十條。允於功成後。以化南島酬法。迨功已成。又心忌法人待遇淩薄。至法路易十八卽位。乃發使責前約。福映不答。並誡其子弘光言法人當敬愛。至土地則尺寸勿割與。弘光夙抱排外主義。兼仇天主教。旣嗣位。法以教士也義爲公使。復申前約。寘勿理。弘特繼之。仇教益甚。中國駐法公使聞之。嚴辭詰問。且戒勿殘殺。不聽。已而法艦至。拘安南軍艦五艘。要以前約之答辭。時弘特方設計謀殺法將事洩。法將怒。礮燬其二艦。餘艦揭白旗降。是爲法越交戰之始。弘特卒。弘任立。縣賞購法教士。亟波及西班牙教師。法西聯軍攻之。陷西貢。時咸豐九年也。越三年。法越和約成。遂割西貢與法。法人旋溯富良江至雲南。經營甚力。同治十二年。開富良江爲商埸。光緒二年。再訂條約。聲明安南國王有自主權。他國不得統之。法國遇安南有事。則當輔助。意以排斥中國也。方西貢陷後。未幾。北圻有黎興之亂。已復有李揚材之亂。富良江兩岸。亂民蝟起。法藉保護爲名。駐兵河內海防兩府調知西北山富煤礦潛爲開採計東京知事黃崇英憚之崇英擁衆數萬號黃旗軍乃舉劉永福爲三省提督永福故爲太平餘黨後據保勝所部爲黑旗軍既受安南招撫墾天府一帶山地招賢豪鍊士卒不數年間天府屹然成巨鎭故崇英將利用之以抗法是時法內閣議長佛雷乃責安南王不守條約罪遣將利威爾於光緒八年擊安南陷河內爲黑軍攻復之一時黑軍善戰名紛傳中外安南王遂決意親中國敵法人利威爾旋敗死孤拔繼之率兵攻陷山西（爲東京極堅城堡）時淸廷亦發兵援安南並見敗與黑軍退守北寧明年法又遣將布里耳攻陷北寧迫諒山鎭復攻順化城及其礮臺佔之訂順化府條約割讓東京自是安南爲法保護國約成始告中國而中國猶未遽言復戰也先是東京戰事將起李鴻章曾與法使布烈及脫利克先後兩開議均不協時中國公使曾紀澤亦在法京與法相佛雷抗爭語甚烈亦無效於是政府以全力治軍備復有黑軍爲之援應彭玉麟張樹聲等各南下爭安南主權不意爲法軍所敗鴻章乃與法艦長非爾尼議平和條約六款廢去中國之安南保護權開商埠於雲南及鄰省中國兵撤退東京法亦不索償兵費於中國約既定而中國兵之在諒山者尙未奉政府明文而法軍已按約收諒山爲中國兵所擊敗法政府責中國違約要求賠款二千萬鎊淸廷拒之一方遣曾國荃爲全權大臣與法使巴迭諾特開議一方仍由紀澤與佛雷抗爭均無成議戰端復起法以海軍犯福州窺馬江張佩綸飭水陸軍毋先開戰法艦突入我兵還礮擊之大敗兵輪礮壘悉爲法破法又犯臺灣劉銘傳擊敗之轉寇寧波浙撫劉秉璋遣將禦之礮燬法艦二其陸軍在安南者復闖入鎭南關提督馮子

材奮擊卻之。乘勝追至諒山。軍威大振。越民靡然響應。子材將率全軍薄北寧。不意政府遽頒停戰令。遂棄諒山諸城還。時清廷尚未知諒山之捷也。而法使巴特納遽議和罷兵。於是訂約十條。其要旨與鴻章所訂原約無異。惟不索償金而已。政府貿然允諾。自是安南遂爲法有。時十一年也。

其四琉球　琉球國小而貧。自明太祖賜以閩人善操舟者三十六姓。修職貢惟謹。（見瀛寰志略）入清後。受封中山王。其貢舟二年一至。凡國王嗣立。必請命於中國。中國派遣正副使持節航海册封之。咸豐時。日本乘中國多事。滅琉球而存其王號。然在同治初年。國王尚泰繼立。仍請襲受封如例。中國主權固儼然尚在也。迨至十三年。臺灣生番有殺琉球難民之事。其時琉球人與日人同漂流至此。既並見殺。日人卽聲言琉球隸日本。致起交涉。清廷倉皇與日本訂約。祇求臺灣無事。不復與爭琉球。而琉球之主權。不啻陰讓於日本矣。至光緒五年。日本遂遣使至琉球。傳日皇諭旨。命琉球勿入貢中國。並改易正朔。琉球國王以久爲中國藩封。世修貢職。不便擅自更張。爲婉辭以謝之。復遣使向中國告亟。政府以新疆事務未畢。重以中西交涉頻繁。未遑兼顧。寘弗理。日本乃發兵艦數艘。執琉球王以歸。尋廢之。而夷其國爲沖繩縣。中朝始出而抗爭。不得直。比法越約定。日本援以爲例。中朝遂不復問琉球事。惟擬立海軍爲防禦計云。

其五朝鮮　朝鮮世爲中國東藩。乾隆後。基督教徒至者寖多。同治二年。國王李熙嗣立。年尚幼。生父大院君李昰應當國。排外仇教。連歲與法美諸國開釁。日本自明治維新後。又求通商於朝鮮。大院君不許。

乃以兵艦駛入江華島。朝鮮轟擊之。光緒二年。遣使議江華礮擊事。因與立約通商。已而日人謀進取朝鮮。鮮人忌之。大院君又謀鎖國。八年。襲日使館。殺兵官數人。日興師問罪。中國乃遣道員馬建忠與提督吳長慶丁汝昌率陸海軍至仁川。執大院君歸。自是中日兩國各駐兵朝鮮京城。朝鮮本中國藩屬也。而日本既縣琉球。復思攫朝鮮權利。乃設法使朝鮮內部黨爭迭起。自相鷸蚌。然後加以干涉。冀得漁翁之利。而朝人不知也。時大院君雖廢。悍妃閔妃專制。朴永孝等議變法。與外戚意不合。國中分新舊兩黨。舊黨袒中國。新黨則與日本相鉤連。暗鬭明爭。風潮日烈。識者早知中日戰爭之不能免矣。熙本庸暗。爲閔妃所制。命永孝等殺舊黨首領閔泳翊。突入王宮。戕閔族貴官。擁國王頒新政。乞援日本使館。日使竹添進一郎率兵進。王族急請兵於駐韓通商委員袁世凱。世凱以兵迫王宮。國王來奔。新黨敗。日遣使來議善後。伊藤博文與鴻章議約天津。嗣後派兵朝鮮。互相照會。光緒十一年。我國正有法越戰事。日本所以不乘機構衅者。因英俄兩國各欲逞志於朝鮮。故未敢輕發難端也。約既成。世凱充辦理朝鮮通商事務全權委員。附日新黨益失勢。泳孝與金玉均等或死或逃亡。日人深嫉之。謀朝鮮益亟。初各國之與朝鮮通商也。皆以中國爲主國。清廷苦外交棘手。多謝絕不與聞。各國遂有介日本爲先容者。日人在朝之勢力。早與中國不並容。顧欲去中國之勢力。必先去朝鮮藩屬之分。於是遂與朝鮮訂平等條約。各國之介日以通朝者。皆如日本例。中國既不問其外交上締盟結約之權。自是朝鮮一國。世莫不認爲獨立國。而中朝不之覺也。會是時孝欽后柄國。銳意治兵。陸海軍備。歲費千餘萬。至十七年。遣海軍提督丁汝昌率戰艦巡洋艦六艘東巡日本。越二年。鴻章大閱海軍威海衞。有能戰之艦十餘艘。聲勢甚盛。日本舉國震悚。日夜籌戰備不少怠。二十年。朝鮮又以東學黨倡亂。告急於我。內亂既平。我迫日本撤兵。日以改革朝鮮內政爲名。與中國發難。突於豐島擊我運船。又攻我軍於牙山。廷議宣戰。左寶貴死。衞汝貴等遁。再戰黃海。鄧世昌又死。日遂進渡鴨綠江。陷遼東諸廳縣。又陷旅順及威海。盡燬我艦隊於劉公島。營口田莊營相繼不守。澎湖羣島又猝見奪於日軍。清廷大震。介美使請和。日本不允。乃遣鴻章赴日議和。認朝鮮爲自主國。割遼東半島臺灣澎湖畀日。償金二萬萬兩。開沙市重慶蘇州杭州四口市場。議成。中外大譁。會俄以遼東讓日。於己不利。乃糾德法責日以遼東地歸我。日增索銀三千萬兩。是爲馬關條約。事在二十一年。臺灣人民聞割臺畀日。懇收回成命。不報。乃奉巡撫唐景崧爲民主。理兵無術。兵鬨城內。倉猝內渡。時劉永福駐臺南。與所部謀拒日。兵敗亦遁歸。自是臺灣遂不我屬矣。

四 各國之交涉

中俄交涉 俄以干涉日本返還遼東半島於中國。遂藉口報酬。窺伺東方。始行市惠政策。命俄法銀行應借清廷公債一億兩。思以引起清廷聯俄之心。時光緒二十二年四月。爲俄皇加冕大慶。俄使喀西呢慫恿清廷派李鴻章爲全權專使往賀之。鴻章固恨日而欲聯俄者。抵俄京聖彼得堡後。俄派財政大臣微德與鴻章會議莫斯科。防他使之窺探也。於是結中俄密約。既成議。鴻章漫游歐洲。俄使向清廷要求批准。並遣鄔多穆斯契來報聘。濟賄朝貴。中朝遂於其年七月二十日命駐俄公使許景澄與俄訂立契約。設立華俄道勝銀行。越三日。復與道勝銀行締結滿洲鐵路條約。卽約定西伯利亞鐵道線得穿吉黑之境。所謂東清鐵路是也。而此後俄國所獲實權。更時逸出條約範圍之外。總之俄陽假干涉遼東之報償。與共同防禦日本之侵略爲口實。而陰定攫取滿洲爲己有之政策。我國昧然不知。步步趨入俄之網羅中。俄遂得以一合立銀行與一私立公司之名義。奪北滿洲置於己國勢力範圍之下。至是已告成功。

二十四年。德人據膠州。俄亦以責報爲名。命西伯利亞艦隊入旅順口。旋以防禦他強國侵犯滿洲爲辭。要求租借旅順大連二港。謬託二十五年租借之期。日夜修戰備不輟。同時又接展南滿鐵路枝線。巡遂旅順。我皆允之。而黃海霸權。已儼然在俄人掌握矣。時英日兩國。對俄。雖有議論。而俄之對日。則謂不過暫時占領。將來須在山東得一適當之港口。對英則謂各海軍國皆於中國有海軍根據地。俄不應獨無。遂於三月初六日締旅順大連租借條約九條。月餘。復於聖彼得堡締旅大租借續約。二約締結之後。俄向各國宣告大連爲自由貿易港。至此三國干涉返還之遼東半島。一變而爲俄所有。旅俄政府改建關東省。置總督治之。以旅順爲首府。其視二十五年租借期爲虛設之具文。已可想見。其後英俄協約。卽規定「揚子江流域。爲英之鐵道築造範圍。長城以北。爲俄之鐵道築造範圍。互相承認。不相侵害」。於是滿洲蒙古之地。俄固明認爲己國有自主權。我國亦不能如之何。此協約不經中國之認可。僅由英俄二國自爲議定。卽生效力。以視十九世紀列強之處分亞非利加。祇爭一間耳。

中德交涉　俄既得北滿種種權利矣．德國尙未藉口三國干涉．而向中國索報酬也．而當時俄與英大利暗相結託．維持巴爾幹半島之現狀．於是德有孤立之勢．思得親俄之機會．發展勢力於極東．初李鴻章嘗疏論膠灣形勢重要．命漢納根視察其地．光緒十八年．始決議建築膠灣靑島礮臺．以登州鎭總兵章高元率所部嵩武廣武等四營移駐之．二十年．鴻章大閱海軍．擬就其地築船渠．修鐵路．會中日戰事起．寢其議．二十三年春．俄使告我曰「膠州灣者．山東咽喉要地也．貴國無力整治．俄國願代成其工」（或云喀西呢密約中國曾允以膠灣借俄）我政府於是亟謀再舉．擬先建礮臺．繼築船渠．遣員查勘．至八月而始決命道員蔣兆奎爲工程總辦．將以明年之春．剏始建築．不知德已窺伺其旁．與俄預有約也．曹州教案起於十月初七日．至十九日．德兵艦卽入膠州灣．德商禪臣洋行之龍門汽船亦自上海運糧械至膠．非其夙有預備．不能如此．又俄對於此事．絕無異言．故世人疑俄德先有密謀云．時法國某報評之云「德三年前．爲中國驅逐日本於遼東．今之占領膠灣．是分內之酬報也」英京泰晤士報則曰「德之占領膠灣．適當之舉動也．我英亦當以此爲法」德軍既抵膠．中朝驚愕無措．非徒恃口舌所能爭駁．遂於二十四年二月十四日．與德使訂膠州灣租借條約三章．此約性質租借期內．德國除不能租與他國外．有完全主權．又許於鐵道鑛山權與全省開辦事務之優先權．及英德協約（二十四年八月津鎭鐵道協約）成．自天津至山東南境之鐵路．又歸德國所有．於是德國勢力所及．且超過山東範圍之外矣．英法報章所評如此．故不一月而俄占旅大．繼則英據威海．法有廣南．紛然而並起．

中英交涉　光緒元年印度政府派探險隊請自滇邊入勘緬甸北境使者馬加利爲土民所害英使威妥瑪分遣艦隊入渤海示決裂中朝請和命李鴻章赴烟臺與議先後訂約二十六款亦稱芝罘條約賠卹銀二十萬兩增開重慶宜昌蕪湖溫州北海（在廣東廉州海口）諸港迄十二年英滅全緬而有中英緬約五款十六年英又收服哲孟雄與我議西藏交涉事卒開亞東（在藏南卽靖西關）爲商埠而有藏印商約十二款（十九年始定）此爲後來滇緬藏印界務商務各約之張本先是曾紀澤使英謀自普洱順寧邊外之南掌（卽老撾）撣人諸土司盡爲我屬議未定而歸薛福成繼之申前議至二十年始立界務商務二十款滇之西南界頗有展拓中日戰役法德居間調停後贈法以湄江上游東岸之江洪江場地英遂藉口翻改薛約二十三年復有附款之訂其前收回各地割棄大半其原因則以薛約第五條有孟連與江洪之全境或片土不得讓別國而我卒以江洪畀法故英得有辭二十四年以俄占旅大爲言英使瑪德納特提出四項要求（一）揚子江沿岸各省土地不得租割與他國（二）開放內河（三）二年後開長沙爲商埠（四）總稅務司永久聘雇英人中朝次第允之三月中朝對法使許不割讓兩廣雲南三省與他國又廣州灣之租借亦將承認英以己國對於中國南部數省之勢力將被法國蹂躪爲口實遂要求租借九龍以爲抵制九龍半島北方高巒層起俯瞰香港巒上若建礮臺則香港街市瞬刻可碎故英政府乘機要求之中朝始爲拒絕英使憤然曰「若能拒法不租廣州灣英亦不租九龍」時法租廣灣大體已經承認不能反齒九龍租借之議遂定以九十九年爲期當英政府聞俄租借旅順

之說．一方勸中國拒俄要求．一方忠告俄國開旅順爲通商口岸．俄不許．且申明旅順爲軍港．於是英援均勢之例．亦租借威海衞．時旅順已爲俄據．而威海衞尚以擔保賠款爲日軍所占領．清王大臣等多設口實．希圖拒絕．然英使強硬不少屈．不得已．乃於五月十三日．締租借威海衞條約．觀以上兩約．英對中國之勢力擴大可知．且大鵬深州二灣．面寬水深．足資大軍艦自由操縱．較之廣州灣之形勢．實遠過之．英國東洋海軍大根據地．至此已十分完備．其後復與我締山西河南採鑛契約．關外鐵道借款契約．及英德協約．劃分山東南境至鎮江之路．由英築造．英俄協約．劃揚子江流域爲英國勢力範圍．觀此則英國對於我國之侵略．不爲戎首．僅以均勢抵制之名義．爲要求之口實．而其所定之勢力範圍與利益範圍．北與俄國均勢．南與法國平衡．合俄法所獲之權利利益．英國兼取之．於是舉吾國精華富裕之區．全括之於其範圍之內．其外交手腕．蓋俄以巧猾勝．英以敏捷勝也．

中法交涉　清季至光緒二十四年．列國對中國之形勢一變．卽正月十八日．英結揚子江不割讓與他國之約．二月十四日．德結租借膠州灣之約．三月三日．俄租旅順大連．三月四日．日本約福建不割讓與他國．列強之宰割如斯．法政府豈能袖手旁觀．因以保均勢爲詞．向我國提出要求四項．(一)廣東廣西雲南三省．不割讓與他國．(二)自東京至雲南府之鐵道．由法國築造．(三)租借廣州灣九十九年．(四)郵便事務．由總稅務司（英人赫德）分下時．用法人承辦．第四項以英之反抗．不能成議．第一第二兩項．總理衙門承認之．第三項之廣州灣租借．雖大體承認．然區域與期限問題．兩相抗議．不易協定．至次年夏。忽廣州灣附近遂溪縣。法士官二人。宣教師一人。被地方殺害。法以剿暴徒爲名。率艦隊直逼港內。我國不得已讓步。法亦縮小區域。遂於二十五年十月十四日。締中法廣州灣租借條約。(一)陸地自遂溪所屬通明港。沿官道北至志滿墟。東北轉至赤坎。更東進調神島北部。又東至吳川縣所屬西礅臺後面之間。水面自吳川海口外三海里(中國十里)起。沿岸西進至南通明港口外三海里間。又東海島(卽湛川島)硇州島之全部。皆爲租借區域。(二)租借期限爲九十九年。(三)期限內全屬法國管轄。得爲軍事上設備。對人民得發布法令。但不妨害中國之主權。(四)中國船舶往來。準中國各通商口岸同一待遇。(五)赤坎至安鋪間。法國得設鐵道電線。廣州灣內水深。東口南口共逼狹。足防外敵。法據此爲海軍根據地。一足以爲東京方面之防衛。一足以保兩廣之利益。且與香港對峙。足與英國保平衡之局。至此法國對於中國所獲之勢力範圍利益範圍。較之各國不稍有遜色。又同年四月。法宣教師伯爾德納。被戕於廣西。法政府更要求南寧北海間之築造鐵道權。以爲賠償。總理衙門亦承認之。

中日交涉　日本松方內閣。缺乏統一。外交方針不能確定。俄租旅順時。日本不能向俄國施干涉遂東之報復。英租威海衞時。日本尙以兵屯駐其地。不能以抵制俄租旅大爲辭。以拒英國之要求。至光緒二十四年春。伊藤博文第三次內閣成立。命駐京日使。以福建省與臺灣相接。利害關繫甚大爲辭。要求我國以公文申明。福建省及沿海一帶。永不租借割讓與他國。總理衙門備文承認之。此日本之勢力範圍劃定者也。

中伊交涉　當各國齊向中國提出要求時，伊大利政府，亦欲援均勢主義，於中國海面得一海軍根據地，旋派軍艦數艘，向中國出發，同時命駐北京公使瑪爾七諾，向中朝要求租借三門灣，為其國東洋海軍根據地。總理衙門嚴拒之，返其要求書。先是伊政府以三門灣在福建舟山間，於提議之前，先照會英日兩國政府，英政府曾附言「希望勿用兵力」及中朝返還其書，伊公使不待本國政府之訓令，逕向我發最後通牒，伊政府聞之，以其背英政府之附言，直取消其最後通牒，其後雖數次談判，卒無所成功，遂自舉直隸之秦皇島，江蘇之吳淞，福建之三都澳，開放為商埠，以杜各國之要求。

中美交涉　俄既藉索還遼南，席捲南北滿洲，而置諸己國勢力範圍之下，德法兩國相繼攫取膠州灣廣州灣而去，英在中國，遂以保持均勢為言，既得威海衛於北，復擴張九龍租借區域於南，日本至是亦遂結不割讓福建之約，瓜分之局，蓋已迫於眉睫。黃海中有英德俄日四勢力之對峙，西南諸省有英法二勢力之對峙，利害衝突，在在伏有危機，一觸即發，故是時中國之問題，實已成世界問題漩渦之一。於是美總統麥荊萊以超然第三者之地位，謀世界公共之和平，於光緒二十五年（一八九九年）先後命國務卿海約翰向英德法俄日等宣言開放中國門戶，希望各國承認三項之條件（一）各國對於中國所獲得之利益範圍或租借地域或別項既得之權利，互不相干涉（二）各國範圍內之各港，無論對於何國入港商品，皆遵中國現行海關稅率賦課（自由港不在此例）其賦課關稅，概歸中國征收（三）各國範圍內之各港，對於他國入港船舶，不課高於本國船舶之入港稅，各國範圍內各鐵道，對於他國貨物不課高於本國貨物之運貨費.美國之爲是言.一半因謀弭各國之爭端.以免世界和平之破裂.一半亦以己國商工業發達日盛.不容此絕大之市場爲各國所分割壟斷.故首贊成此宣言者.卽爲英國.蓋英亦工商業先進國.不容此大市場之分崩離析也.英既贊成.各國亦各以其自己之利害關繫.而發贊成之覆牒.拳匪之亂.俄雖極欲打破此保全中國領土之原則.而卒一遏於英德協約.再遏於日俄戰役.於是此原則賴以維持.而均勢亦遂確立.中國之形勢爲之一變.各國以相互之利益.爲相互之約束.從前對中國單獨競取之利己主義.一變而爲列強統一合議之緩和行動.是則開放門戶之宣言.實救出中國於瓜分場中.而開爲世界之公共市場.中國保全.依此利益均沾之新主義而定.就表面觀之.美國出於公平正義.謀世界公共之平和.然亦係謀本國利益之所出.況自合布哇領菲律以來.門羅主義之國.是早移轉於帝國主義之方針.乘機調和列強之衝突.希擴張本國經濟勢力於中國.是其裏面之原因也.

第十六章　淸季之狀況

一　光宣間之朝局

德宗晏駕與孝欽遺詔　淸代軼聞。德宗天表靜穆。廣額豐下。於法當壽。穎悟好學。有以聖學叩翁同龢者。則以魯鈍對。蓋知孝欽忌之不敢質言也。德宗有儉德。衣皆經澣濯縫紉。聲色狗馬之好。泊如也。孝欽嗜梨園曲。不能不預。然畏孝欽甚。平素本口吃。遇責問益戰栗不能發語。歸自西安。尤養晦不問事。寄位而已。左右侍閹。俱易以長信心腹。德宗枯坐無聊。日槃辟一室。光緒三十四年秋。突傳聖躬不豫。徵中外名醫診治。請脈時。德宗以雙手仰置御案。默不出一言。別紙書病狀陳案間。或有所問。輒大怒。或指爲虛損。則尤怒。入診者僉云六脈尚平和。七月二十一日。有大星從西北來。掠屋檐過。聲如雷。尾長數十丈。光燦燦照庭宇。至東南而隕。都市喧傳紫微星墜。羣訝爲不祥。十月初十日。孝欽萬壽。忽奉懿旨。皇帝臥病在牀。免率百官行禮。輟侍班。孝欽亦已病瀉數日矣。是時謠傳甚盛。無稽之言。不敢羼入。十六日。尚書溥良。自東陵覆命。直隸提學使傅增湘陛辭。孝欽就德宗於瀛臺。猶召二臣入見。數語而退。第見孝欽神殊憊。德宗顏色黯濟而已。十八日。慶王奕劻奉懿旨往普陀峪視壽宮。二十一日。始返命。十九日。禁門增兵衞稽出入伺察非常。諸閹出東華門淨髮。昌言駕崩矣。次日午後宮中傳醇親王監國之諭矣。蓋前夕孝欽以帝崩於寢宮。卽夜出書以醇王載灃之子嗣穆宗兼祧大行皇帝。授載灃攝政王。是夕后病劇。於帝崩之明日亦崩。其遺詔云「予以薄德祇承文宗册命。備位宮庭。穆宗幼冲。與孝貞顯皇后同心撫視。夙夜憂勤。仰荷天庥。削平大難。雖穆宗卽世。大行入嗣。時艱孔殷。不得不再允訓政。前年宣布預備立憲詔書。今年頒示立憲年限。萬幾叢脞。心力俱殫。夏秋以後。時有不適。復遭大行皇帝之喪。悲從中來。不能自克。遂至彌留。追念五十年來憂患迭經。兢業之心無時或釋。攝政王及內外諸臣。其協心翊贊。固我邦基。嗣皇帝尤宜以國事爲重。喪服二十七日而除。」時年七十四。后臨朝凡四十七年。專恣自用。其待德宗尤嚴厲。然明達善知人。委左宗棠以西事。任李鴻章北洋。各盡其用。庶吉士嚴辰散館進卷有女中堯舜語。后以其開迎阿之漸。嚴飭之。御史屠仁守請太后仍覽封事。后曰。若是天下後世視予何如人耶。罷仁守官。百寮仰成。外戚亦無假恩澤者。遭國多故。怵於變法。其下立憲之詔。亦仍偏重君權云。

宣統嗣位與載灃攝政　宣統嗣立。決於張之洞。鹿傳霖世續三相。本屬名正言順。按之近支。則以恭王承繼爲適合。其次則有倫貝子。故恭王與傳霖大生惡感。而奕劻且於孝欽賓天之次夕。率親軍二百人入宮。內監禁止。獨不聽。內監大叱曰。有旨。親軍皆逡巡而退。奕劻亦無如之何。宣統入宮時。醇親王嫡福晉大哭。以爲殺我子。復戕我孫。雖擁皇帝虛名。實等終身圈禁。抱宣統不釋手。諸臣婉勸。謂不可抗旨。始由侍衞及諸王公大臣擁而去。（見紅冰碧血館筆記）帝名溥儀。德宗弟醇親王載灃長子。光緒三十二年．正月十四日．午刻．生於十剎海藩邸．母卽福晉瓜爾佳氏．大學士榮祿女也．三十四年十月二十一日入嗣．時年方三歲．既入宮．遂於十一月初九日．卽皇帝位於太和殿．詔以宣統紀元．上大行皇帝尊謚曰「景皇帝」．廟號「德宗」．本生父載灃攝政．初德宗在位．素恨宗室近支不求學術．日肆游惰．嘗戒勉醇親王多留心政治．故德宗每聽講時．醇王常侍立於帝側．醇王爲人頗正直．惟失於懦弱．遇事少決斷．且口稍吃．語言不甚清晰．然遇事必循軌範．拘守小節．當其初入軍機時．對於慶王世續諸人．頗甚恭謹．頗得孝欽后歡心．朝儀亦因之稍整肅．先是帝未陞殿時．王公大臣皆先集朝房．人聲喧雜．朝房則任人毀壞．故房桌椅多損．褥墊皆無．醇王既入樞府．氣象爲之一新．至朝房則各依順序入內．時帝未至．醇王卽鵠立屏氣以待．其餘則非至口號傳出不整肅．（口號者卽帝將入坐．先有內監以口吹哨也）帝有致祭事．則各城皆開正門．其扈從王公候帝過．則亦由正門過．而醇王則由偏門過．讀書貴冑學堂時．自騎馬往來街市．並無護從．庚子之役．充德國謝罪使．冠佩雖穠．常服遠人．當攝政命下．亂象紛呈．王亦能處以鎮靜．內外翕然．及披閱章奏．則摹倣世宗御批．雖不足擬其萬一．然亦無甚疵謬．論者謂清之興也．與於攝政王．淸之亡也．亦亡於攝政王．王無大過．亦何負於淸哉．蓋此中有天意焉．

宣統時繳呈德宗遺詔　宣統元年．楊銳之子．詣都察院上書．敬繳德宗硃諭．既奏上．監國詢奕劻云何．劻言此詔不當宣布．以傷孝欽后地下之心．乃僅付國史館敬藏而已．亦不敢卹楊銳也．是詔當時多錄存者．羅惇曧賓退隨筆．謂榮縣趙熙汾陽王式通先後錄以見示．足見德宗絕無廢太后之心．特當時造諸以重變法諸臣之罪耳詔蓋戊戌七月二十八日所賜也詔云「近來朕仰窺皇太后聖意不願將法盡變並不欲將此輩老謬昏庸之大臣罷黜而登用英勇通達之人令其議政以爲恐失人心雖經朕屢降旨整飭並且有隨時幾諫之事但聖意堅定終恐無濟即如十九日硃諭皇太后已以爲過重故不得不徐圖之此近來爲難之情形也朕豈不知中國阽危皆由此輩所致但必欲朕將舊法盡變而盡黜若輩昏庸之人則朕之權力實有未足果使如此朕位且不保皇論其他今朕問汝果有何良策俾革故而鼎新黜昏庸而登英俊致中國轉危爲安化弱爲強而又不稍拂聖意爾等與林旭譚嗣同劉光第及諸同志等妥速籌商密繕封奏由軍機大臣代遞候朕熟思審處再行辦理不勝焦急翹盼之至特諭」同日賜康有爲詔云「朕惟時局艱難非變法不足以救中國非去守舊衰謬之大臣而用通達英勇之士不能變法而皇太后不以爲然朕屢次幾諫太后更怒朕位幾不保汝康有爲楊銳林旭譚嗣同劉光第等可妥速密籌設法相救朕十分焦灼不勝企望之至特諭」此詔由楊銳帶出又八月初二日賜康有爲詔云「朕今命汝督辦官報實有不得已之苦衷非楮墨所能罄汝可迅速出外不可遲延汝一片忠愛熱腸朕所深悉其愛惜身體善自調攝將來更效馳驅共建大業朕有厚望焉特諭」此詔由林旭帶出即康有爲之所謂衣帶詔也又有謂德宗彌留時醇王入侍問帝狀帝無言手授遺詔一紙未幾醇王取懷鏡接近帝嘴見無噓聲即匆匆出相傳詔無多言大旨謂「亡我淸者必袁世凱也朕死後汝速誅之毋使貽害」此雖未見明文然都下喧傳未必無因乃援有聞必錄之例以見德宗知人之明處事之

決。惜醇王懦弱。第罷其官。而不敢正其罪。乃不三年而世凱爲臨時大總統矣。舉清社而屋之。微斯人其誰與歸。

論親貴諸臣及憲局譸張　光緒間。奕訢屢起屢罷。其間不入內廷者幾十年。甲子。朝日戰作。復爲軍機大臣。領譯署事。卒以李蓮英譖而罷。奕訢去而奕劻起矣。劻本罪宗允璇裔。初爲四品閒散宗室。後繼承綿準嗣。襲貝子。旋晉貝勒。德宗御極。晉郡王。領譯署。孝欽后六秩慶典。封親王。非近支。無軍功。循封即至親王。清室數人而已。庚子。偕李鴻章議和約。辛丑。回鑾。以親王世襲罔替恩禮駸駸。視訢矣。以外務部管理大臣。兼領樞府。據要津。秉要政。日以納賄爲事。所慮者失孝欽旨。乃進其寡女爲內侍。通消息。自呼李蓮英爲弟。月餽以三千金。嘗寄貲六十萬某銀行。適其司事者。被辱於載振。告御史蔣式惺劾之。時振長農工商部。聲勢烜赫。不亞乃翁。彈章入。命孫家鼐等察復。劻令亟銷簿籍。雖奏上。謂事勿實。而是金已爲司事等朋分。劻無如何。恚甚。袁世凱勸始止。世凱其門人也。月餽貲三萬元。充邸中日用。錫良岑春煊皆而斥其貪庸誤國。劻無赧色。庚戌辛亥間。屢爲資政院所劾。載灃雖惡之。而終不能去。迨鄂事棘。猶力舉世凱總師干。隆裕后猶慮其跋扈。劻以百口保。遂起用。果擁兵入京師。逼載灃謝政。嗾諸將兵諫遜國。清宗室皆咎劻。多面讓之。亦無赧色。唯亟亟出貲營屋天津而已。及死。請謚。宣統曰。是喪吾國者。何謚爲。數請。乃謚曰密。載灃原以拏亂時。謝罪赴德國。兼歷東西洋。又倚孝欽專恣之後。海內顒顒。望治甚切矣。顧既以立憲籠絡人心。而於憲政無所進步。而惟是鰓鰓然號於衆曰。化除滿漢也。中央集權也。而試叩其所以化除之道，與夫集權之方，則不外使肅王善耆長民政，以銷阻潮流，使貝子載澤長度支，以網羅財賄。且外而督撫與諮議局相衝突也，則袒督撫以抑諮議局。內而樞府與資政院相詰責也，則袒樞府以抑資政院。又值是時間島問題，片馬問題，諸未解決，士民皇皇，公舉代表上速開國會之請願書，斷指瀝血，以叩君門。載澧絀於口才，祇以國民程度未及爲詞，而思藉此以延長其年限。嗣以士民愈激愈奮，一請不獲，繼之以再，再請不獲，繼之以三，不得已乃改九年籌備期爲五年。於宣統三年夏組織內閣，以奕劻爲總理，載澧弟載洵，載濤分領軍諮海軍，以及善耆，載澤，毓朗等亦莫不秉執樞要。士民以皇族內閣不利國家，兼礙皇室，公私兩方均蒙絕大之危險，堅請另行組織。載澧不允。自茲以往，國事日非，民心乃大去。

改訂內外官制　清初釐定官制，職儀粗具。中更六七作，存改洄沿，世不同矣。延及德宗，外患蹈迹，譯署始立，繼改專部，商，警，學部，接踵而設，併省府寺，迺分十部。嗣議立憲，匡違致新，理藩改部，軍諮設處，諸部正名，吏，巡警爲民政，戶爲度支，商爲農工商，兵爲陸軍，附隸海軍處，刑爲法，別立大理院，復以工部所司輪路郵電，專設郵傳部，增埤前事，又益後端。宣統紹述，命樞於閣，省吏部，增海軍部，餘悉如故。改禮部爲典禮院，鹽政處爲鹽務署，猶慮閣權過重，設弼德院以相維繫，資政院以爲監督，取臬殊方，詭更昔憲矣。先是建官設職，官以待賢，職以待能，滿漢雖分，官多稱職。厥後各部分科治事，（軍諮府陸海軍部與各部官制通則異）滿漢漸合。（翰林都察兩院如故）然官既濫冗，職尤棼雜，甚至有官者無職，有職者無官或穹秩而涖瑣務。或下僚而居要劇。此其概也。階資官品。肇域未區。簡奏咨補。故實斯在。筌拾檔冊。輯而存之。具載左簡。

(內閣)總理大臣協理大臣各一人。(特簡)國務大臣十人。(各部大臣兼充)丞一人。承宣廳廳長副長各一人。制誥敍官統計印鑄四局。局長副長各一人。(以上俱請簡)其屬有僉事印鑄藝師(俱奏補)藝士錄事(俱咨補)各員。所轄法制院。院長副長各一人(請簡)參議四人(請簡)參事(奏補)僉事錄事。視事繁簡酌置。

(各部院)大臣副大臣各一人。(特簡各部同)承政廳左右丞。參議廳左右參議各一人。(請簡陸軍海軍兩部無丞參)參事四人。(奏補)有郎中員外郎。主事。小京官。(俱奏補)司務錄事(咨補)等

(外務部)設四司。曰和會考工榷算庶務。別設儲才館。

(民政部)設五司。曰民治警政疆里營繕衛生。別設習藝所。有警官藝師醫官(俱奏補)

(度支部)設十司。曰田賦漕倉稅課筦榷通阜庫藏廉俸軍餉制用會計。別設幣制局

(學部)設五司。曰總務專門普通實業會計。所轄國子丞一人。(請簡)典簿(奏補)典籍(咨補)各四人。別設大學堂。八旗學務處。督學調查圖書各局。編訂名詞館。圖書館。

(陸軍部)設六司。曰承政。軍制。軍衡。軍需。軍醫。軍法。有參事。檢察官。部副官。(俱正參領以次軍官充之)錄事(額外軍官及中下士充之副參領以上請簡協參領以下奏補額外軍官軍佐咨補)司有司長。(副都統正參領充處長同)副官。(正副軍校充)科長。(正副參領充)科員。(一等副協參領充二等協參領正軍校充三等正副軍校充)監長。(協參領或正軍校充)監副。(正副軍校充)司法官。看守官。(軍律學官充)譯員。司電員。遞事官。繪圖員。藝師。藝士。(陸軍官佐充)法規總編

纂員編纂員（文武出身相當者充之）其暫設者二司曰軍實軍牧。一處曰軍學官佐同。

（海軍部）設七司曰軍制軍政軍學軍樞軍儲軍法軍醫有一二等參謀官。（海軍學生充）參事官祕書官（資格相當軍官充）餘同陸軍部別設主計處有計長（正參領充）科長等。

（法部）設八司曰審錄制勘編置宥恤舉敍典獄會計都事所轄司獄有總管守長正管守長。

（農工商部）設四司曰農務工務商務庶務有一二等藝師（奏補）藝士（咨補）別設農事試驗場工藝局勸工陳列所化分礦質所度量權衡局商標局商律館。

（郵傳部）設四司曰船政路政電政郵政所轄郵政總局鐵路總局各省路局電政總局各省分局電話局。

（理藩部）設六司曰旗籍典屬王會柔遠徠遠理刑皆滿蒙人爲之。

（軍諮府）軍諮大臣二人（特簡）軍諮使二人（副協都統正參領充）有副官（協參領正副軍校充）遞事長遞事員（陸軍官佐充）分四廳有廳長（協都統正參領充）科長（正副參領充）一等科員（副協參領同副協參領充）二三等科員（協參領正副軍校及同協參領同正副軍校充）別設測地局三角地形製圖三股。

（鹽政院）鹽政大臣一人（國務大臣內特簡兼任）丞一人總務廳廳長參議各一人南北鹽廳廳長各一人（俱請簡）有參事（奏補）一二三四等僉事（奏補）一二三等錄事（咨補）等。

（大理院）正卿少卿各一人（特簡）刑科民科推丞各一人（請簡）推事二十有八人（奏補）有典簿廳都典簿典簿主

簿。俱奏補錄事。附設總檢察廳廳丞一人。請簡檢察官六人。奏補有主簿錄事等。看守所所長一人。奏補所官奏補錄事等。

（典禮院）掌院學士。副掌院學士各一人。特簡學士。直學士各八人。請簡有總務廳廳長。簿正。典簿。司庫俱奏補等。分四署。曰禮制。祠祭。奉常。精膳。署長各一人。奏補一二三等僉事。鳴贊。奏補序班。錄事咨補等。讀祝官。贊禮郎。陵寢各官。悉如其故。

（弼德院）院長。副院長各一人。特簡兼任顧問大臣三十有二人。特簡兼任秘書廳秘書長一人。秘書官一二等各三人。三等六人。俱奏補

（資政院）總裁。王大臣內特簡副總裁。三品以上大臣內簡充各一人。秘書廳秘書長一人。一二三等秘書官各四人。議員。宗室王公世爵十有六人。滿漢世爵十有二人。外藩王公世爵十有四人。宗室覺羅六人。各部院官三十有二人。碩學通儒。納稅多額者各十人。各省諮議局六人。

以上為宣統三年之官制也。至外省官制。初無更改。光緒間。議興學校。改學政為提學。謀鞏法權。改按察為提法。凡地方要政。仍與布政使會議。列入考成。時號藩學臬為三司。又以新政繁興。職多不舉。別就省會置巡警勸業二道。分科治事。並議省守巡道。酌留一二帶兵備者。未果。宣統之季。復停各道兼鹽法矣。至康熙間裁損推官。州縣兼之。各省法權頹紊。德宗末葉。亟謀統一。設三審制。京師內外顯若兼一。此其大略也。唯東三省地處邊要。自改建行省。執政者藉口變通例章。自詭高掌遠蹠。張皇幽眇。然塗飾耳目

而已。國將亡。必多制。其略則如下方。

奉吉黑三省各設公署。皆以總督爲長官。巡撫爲次官。如京師尙侍制。以下分設二廳。(一)承宣。(二)諮議。以左右參贊領之。(尊省)分七司。曰民政。交涉。(奉吉置宣統二年直蘇鄂浙閩粵桂滇繼之)旗務。(奉置宣統初省)度支。(奉吉黑置宣統初省)蒙務。(未置)提學。提法。(與各省同)均設分科。科設僉事各一二三等科員。

二 外交之侵略

各國投資之競爭　自美國提出門戶開放。以保全中國領土爲原則。後各國各以其自身利害之關係。而發贊成之覆牒。拳匪滋擾。俄雖欲破壞此原則。而卒一遏於英德協約。再遏於日俄戰爭。而均勢亦遂賴以維持而不敗。吾國國民。且自迭受中法中日戰役與日俄戰役之激刺。亦憬然覺悟。痛已切膚。不似前此任當局之昏昧。而絕不過問。中日之馬關和約。德之租借膠澳。士民皇皇。皆聯名上書。請拒絕。收回路礦自辦之運動。幾徧於有關係之各直省矣。各國先既贊同門戶開放原則。以維持此世界絕大之市場。自不願以前此顯而易見之政治侵略。干中國士民之怒。而妨其通商之大利。於是一轉而爲經濟之侵略。壹意從事於投資之競爭。易向者所劃定之勢力範圍。而爲利益範圍。易分割土地之競爭。而爲承攬借款之競爭。蓋中國當時政治之無軌範。社會之不安寧。各國早知其無統治能力。故力爭爲中國之債權者。以使中國有他問題發生時。得以債權國之地位。出而宰制一切。至屆時宰制權之大小。同爭視債權之大小爲衡。此卽各國競爭承攬借款之用心也。考各國對吾國此種承攬借款之競爭。實始於光緒二十一年（一八九五年）之俄法借款。時値中日甲午戰敗後。吾國須償日本二萬三千萬兩之巨額賠款。自非大借外債不足以支應。乃首以詢之總稅務司英人赫德。俄國時正有大欲於滿洲。雅不願對華投資事業。是英人所壟斷。遂濟與法國聯合。於是年六月。與駐法中國公使簽訂向俄法兩國借款四萬萬佛郎之合同。由俄政府爲擔保。英政府聞之。亟提出抗議。德本與俄法聯名干涉遼南事件者。至是不得與聞俄法借款。亦大恚。轉與英親。遂於次年力趣中朝訂借款一千六百萬鎊之約。實爲各國對華借款競爭之始。嗣是因中俄密約之締結。及德國之強租膠澳。各國更由借款競爭進而爲租借地競爭。及鐵道築造權之競爭。其後因美國門戶開放政策之主張。及中國士民收回路權之狂熱。則又捨棄其鐵道築造權之競爭。而爲鐵道投資之競爭。自此以訖於清末。英美法德四國銀行團成立。各別競爭之投資。遂一變而爲協調之投資矣。

各國對華鐵路投資之變遷。　初俄國旣攫有東淸鐵路之利權。頗思與法在西南粵桂滇之勢力聯成一氣。成一對峙之局。以控制中國。而適値中國有築造京漢鐵路之議。美人正在承攬借款。俄聞之。亟與法人聯合。嗾一不爲各國所疑懼者之比利時出來。以鐵道擔保之輕條件。與鐵道督辦盛宣懷訂借款築路之約。（時一八九七年）蓋此路爲貫通南北之幹路。亦俄法控制中國計劃中之幹綫也。次年比忽藉口條件過輕。要求改訂。乃遂更訂契約。而規定「自保定至漢口之鐵道建築費由華俄道勝銀行出資。該銀行卽得承認辦該鐵道之權」從此大江以北之幹綫。遂爲俄國所攫取。同年。華俄道勝銀行。更承借山西商務局修築正太鐵路之借款而伸其勢力於煤礦豐富之山西。先是英之福公司。本與山西商務局已訂有借款採礦附設鐵路之約。至是英旣忌俄承攬京漢路借款伸其勢力於長江。復以俄之伸足山西。爲有妨害於其已得之利益。遂向清廷要求築造天津鎭江間。山西河南襄陽間。九龍廣東間。上海南京間。浦口信陽間。蘇州杭州寧波間。各鐵道之全權。更由滙豐銀行與鐵道督辦胡燏芬締結關外鐵道借款契約。建築山海關鐵道。一以伸其勢力於滿洲。一以斷俄之東清鐵道與京漢鐵道之聯絡。於是英俄勢力之衝突日迫。明年在俄京訂立英俄劃定勢力範圍之條約。規定「長城以北。爲俄國建造鐵道範圍。揚子江流域。爲英國築造鐵道範圍」當英之要求築造天津鎭江間鐵道全權也。德以有妨礙其在山東之勢力與利益。起而爭之。八月由英德兩公使自行協定「自天津至山東南境。由德築造。自山東南境至鎭江之路。由英築造」綜上所敍。吾國較繁盛饒沃之區。其路權幾無不爲英俄法比德等國所壟斷。國人大憤。各省士紳旣醵金主張商辦。路政當局。亦盡力折衝。主用外資而保留管理之權。其時各國亦正恐以此等衝突。引起糾紛。而爲投資競爭之障礙。於是除在各國勢力範圍內之鐵道外。各路管理權。皆得陸續收回。惟以較輕或較重之條件。任各國之投資而已。此各國對華鐵路投資之概略也。

鐵道築造表

路線	築造者	路長以公里計	附說
株萍鐵路	本國	九〇公里	
廣三鐵路	仝上	四九公里	一九〇五年自中美興業公司購歸者
京綏鐵路	仝上	四九五公里	
漳廈鐵路	仝上	二八公里	以上由本國自築
南滿鐵路	日本	一一五〇公里	先爲俄所經營日俄戰後讓與日本
東清鐵路	俄	一七二二公里	
滇越鐵路	法	四六五公里	
山東鐵路	德	四九三公里	以上爲外人經營

鐵道投資表

路線	關係國投資額數	路長以公里計	附說
津浦鐵路	英德六百萬鎊	一一〇六公里	原議津鎮後改北段歸德南段歸英
滬杭甬鐵路	英百五十萬鎊	二八六公里	原議蘇杭甬後改
京漢鐵路	比二百二十萬圓	一三一三公里	比惟出面俄法實操縱之先路權皆歸俄比法一九〇八年贖回以上由本國管理工程師與總會計則用外國人
京奉鐵路	英百六十萬兩	九七五公里	
正太鐵路	俄法二萬五千萬佛耶	二四三公里	
滬寧鐵路	英六十五萬鎊	三二七公里	

汴洛鐵路	比二千五百萬佛郎	一八五公里	
道清鐵路	英七十萬鎊	一五〇公里	
廣九鐵路	英百五十萬鎊	一三〇公里	此路尚有三十五公里在租借地內者由英出資
吉長鐵路	日本二百十五萬日金	一三〇公里	以上名義歸本國而實權則操之債權國者

據二表觀之。則中國完全自築之鐵道。止此株萍廣三京綏漳廈等四路。而當時各國對華投資競爭之劇烈。亦可以見矣。

粵漢贖路與湖廣借款　初。一八九八年時。清廷嘗擬築造粵漢鐵路。因不願此貫通南北之幹綫。落於野心勃發之英德法諸國。乃與中美合興公司締結借款契約。合興公司本此契約投股時。股票乃多落於比人之手。此蓋仍爲俄法聯成一氣之原定計劃。特假比人之手。以掩世人耳目耳。國人大譁。於是粵漢贖路案發生。其始議廢約之時。未嘗云及贖路也。或議另借鉅資。主張以美接美。或議自聘律師。赴美與合興涉訟。其第一說。緣有美國人柏士。自稱華豐公司代表。願借資中國。助我與合興廢約。而以此路歸其承辦。其實柏士即合興之所使。以美接美。廢猶未廢也。其第二說。則合興已豫爲之地。彼國富商濼根。已重價收回比股千二百股。美政府以合興爲無背合同之處。設與興訟。必不得直。最後始定爲贖約辦法。而合興索價以美金千數百萬元爲言。磋商再四。始定爲六百七十五萬元。然於七日中限定付還第一期款美金二百九十萬元零。約合華銀三百數十萬兩。其意以中國一時無款可集。則此約可全翻也。

鄂督張之洞貸款一百十萬鎊於香港政府，先償還其一部，此路遂由湘鄂粵三省醵資自築，卒以償還香港政府之借款，資金缺乏，不能進行，之洞復向日本正金銀行交涉借款，築湘鄂兩段，格於英之抗議而罷。（一九〇七年）翌年，之洞被命為督辦粵漢鐵路大臣，兼湖北省內川漢鐵路督辦大臣，轉向英國資本團借款，以條件過苛，歸於停頓，時德國頗思由山東向西伸其勢力於揚子江，乘機提出較輕之條件，之洞遂於次年轉與德締結借款草約，英法兩國又共同提出抗議，英法德三國資本團知非聯合不足以解決爭執，乃於巴黎會議，決定由三國共同分擔借款，是歲夏與之洞訂共同借款之約，美見三國所為，恐有妨其門戶開放之政策，亦以前此與是路發生關係為辭，出而力爭加入，三國不得已，允其請，復於一九一〇年，在巴黎調印，成立四國銀團，更以四國銀團名義，與之洞訂湖廣借款草約，無何之洞棄世，湘鄂士民又欲收回自辦，四國銀團堅執草約不能無效，屢向清廷要求訂結正約，會盛宣懷長郵部，主張利用外資開發實業，因擬實行粵漢川漢兩路借款，先於宣統三年（一九一一年）三月公布鐵路國有之諭旨，四月即與四國銀團代表訂結借款正約，以建築自武昌至郴州之粵漢路線，與自廣水至夔州之川漢路綫，一時人心大歧，此約亦遂擱置，此亦受均勢主義之影響也。

日俄維持滿洲現狀二次協約　日本戰勝俄後，與中國結東三省善後條約，正式繼承俄國在南滿之權利，并設南滿鐵道株式會社，壹意經營，會安奉鐵路（安東瀋陽間）問題發生，又值孝欽德宗先後逝世，日本要求我國派員勘路，并收買地基，總督錫良力持不許擴張軌道，尤不許改變路綫，日政府不之理自由行動。令南滿鐵路會社卽日起工。同時海陸軍皆有所警備。且以最後通牒。壓迫我國。清廷不得已。悉依其要求而與之談判。日本又欲其他縣案亦同時解決。宣統元年。外務部與訂東三省交涉五案。（一）中國如築新民屯至法庫門鐵路時允與日政府先議。（二）中政府承認將大石橋至營口支路爲南滿鐵路支路。俟南滿鐵路期滿。一律交還。並允將支路末端展至營口。（三）中政府認日本政府開採撫順烟台兩處煤礦權。日允向中政府納稅。惟應按他處最惠例另行協定。中政府於煤觔外運時徵收亦如之。（四）安奉鐵路沿綫。及南滿鐵路幹綫沿綫礦務。除撫順烟台外。應照光緒三十三年東省督撫與日總領事議定大綱。由中日人合辦。細則屆時協定。（五）京奉鐵路展進至奉天城根一節。日政府允無異議。其辦法由該處兩國官憲及專門技師商定。此外如間島問題及新奉吉長借款問題亦完全協定。至是所有滿洲諸縣案。以安奉鐵路問題自由行動之壓迫。悉依日之要求而解決。奉天吉林路礦兩種權利。全爲日所壟斷。當此滿洲新約發表時。美人大譁。以爲日本違背門戶開放主義。破壞機會均等原則。於宣統元年十二月。突向中俄日英法德六關繫國。提出「滿洲鐵路中立」之議。主張由各國共同出資。使中政府爲債主。收買滿洲諸鐵路管理權。歸投資各國公有。以保列國機會均等主義。日本勝俄之後。與俄法德所訂協約。及日英新同盟。日美宣言。雖皆以保全中國領土維持各國機會均等爲其口頭禪。實亦不過藉此以自古東方盟主之地位。其囊括滿洲之心。固未嘗一日忘也。俄雖挫敗。北滿固猶在其勢力範圍之內。哈爾濱行政權問題。松花江航權問題。正在對中國迭施壓迫。此其特殊地位。

當然亦不甘放棄。此外英牽於與日同盟。法牽於與俄協約。則又各依日俄兩國爲向背。德在遠東勢力。本不如英俄法日四國。因此「滿洲鐵路中立」之提議。非特不能得各國之援應。反以趣日俄兩國接近之機。宣統二年。日俄維持滿洲現狀之二次協約。遂以發表。英法德首承認。美次之。中國不得已附不侵害中國主權之宣言。而亦承認之。日在南滿。俄在北滿。特殊之地位。遂以確立。宣統三年秋。革命軍起。清室失其統治力。英俄乘機唆使藏蒙獨立。日本遂亦思窺東蒙矣。

三　清室遜位及民國肇興

清末革命　先是中朝因政治之不良。內亂時聞。外侮日亟。各處屢起變亂。勃發而不能遏。廣東孫文乃剏設興中會。在廣州謀起事。事洩。走澳門。因赴南洋羣島。復組成革命同盟會。未幾。即有史堅如謀刺粵督德壽之事。時光緒二十四年也。堅如埋火藥於署旁。轟擊之。而外援弗至。事遂敗。唐才常起義武昌。發難輕率。徒孤壯志。自是桐城吳樾又謀炸五大臣於天津。山陰徐錫麟又槍斃恩銘於安慶。江都熊成基又謀舉事於安徽。長沙黃興又圖舉義於雲南河口。汪兆銘張榕黃復生等。復謀炸攝政王載灃於北京。此仆彼興。並不稍止。中朝不知改良政治。爲根本上之解決。第循例嚴飭逮捕。以防復起。迨至宣統三年。溫生才等又槍斃孚琦鳳山。陳敬嶽等又謀刺李準。趙聲等復在廣州謀發難。辛亥春之攻廣州。即是秋起義武昌之張本。以軍隊不附從。一致陸敗。凡死難者。叢葬之黃花崗。至七十有二人。時稱爲黃花崗諸烈云但革命進行。仍異常激烈。朝廷方分電各省疆吏。爲嚴密之防範。而遏之甚力。發之愈多。鄂督瑞澂。搜獲黨人最夥。電奏朝廷。得旨嘉獎。自以爲捕黨人最有功矣。而不意民軍已風發雲湧於武昌。

鐵路風潮　奕劻之總理內閣也。盛宣懷上鐵路國有政策。其時風雲日亟。外人之覬覦我路權者。日甚一日。而各省所籌路線。財力既絀。人心復離。往往緩不及事。政府以財政困難。艱於支應。則亦利用此策以大借外債。並下諭有抗爭者。以違制論。於時爲籌備憲政之第四年。凡一切政策。均應交資政院協議。經內閣議決。政府懼資政院反對。不交院議而輒行。鄂湘川粵各省人民。請暫緩收路。均嚴旨申飭。川省因路事風潮正烈。學校停課。商賈罷市。輟租稅捐納。爲迫切之要求。乃命趙爾豐爲川督。爾豐既蒞事。即拘保路會代表鄧孝可蒲殿英等若干人。代表等皆川中民望。紳民環署求釋放。爾豐不顧。又槍殺四十餘人。而以謀叛報政府。政府又命端方督兵入川。會四川諮議局副議長蕭湘自京至漢。亦以嫌疑爲瑞澂所囚。川亂愈熾。政府復命岑春萱赴川。爾豐聞之。心不自安。又揑辭以成都解嚴。亂事敉平入告。並以亂事漸平。電各省。於是端方瑞澂合奏鄂境內川漢粵漢兩路。已實行收爲國有。第亂機環伏。已有無法挽回之現象矣。至八月十九日。武昌一帶之軍人。遂掣清陸軍肩章。袖纏白布。號稱民軍。直攻督署。瑞澂及統制張彪。悉棄城逃走。衆推協統黎元洪爲民國鄂軍都督。隨下漢陽。奪軍火於兵工廠。軍勢大盛。

六鎮兵變　六鎮基址。實蛻於武衛右軍。即袁世凱所練之新建陸軍也。初更名右軍。自山東從世凱來直。散舊易新。成六鎮。時段祺瑞爲統制。後易吳祿貞。稍變營制。又欲易將弁。未果。而軍中向背各半。辛亥秋，鄂民軍起，祿貞請前敵，不許，乃以協統李純統一協去。祿貞頗怏怏。祿貞籍湖北雲夢，少從唐才常起事武漢，敗走日本，卒武學業，歸，務進取，從徐世昌向日索間島，得親貴信嚮，授副都統，佩邊務大臣印，皆六鎮統制，駐保定，頗延攬同志，思以易舊弁伺機圖事，廕昌等知之，而不能去，則惟斥其所舉員弁李眞等，眞樸勇，最歸心祿貞，又爲北士所深信者也。六鎮新黨合北方士紳，謀舉事保定，衆推眞，以意見不一，直隸布政使凌福彭又曲結留保二鎮將弁，嚴預備，故其事未成。祿貞在京，聞灤軍張紹曾等上書，要十九信條，事大動，頓足曰：好事讓人爲之。乃詭詞入灤軍，約紹曾等共濟事，淸廷允灤軍請，勢稍頓，會晉軍變，殺巡撫，據娘子關，淸廷以祿貞統六鎮餘兵往剿，祿貞抵關不攻，率數騎叩關，請面晉將，晉軍納祿貞，面其將，說以合兵伺機，晉軍降，淸廷授以巡撫，留關上，其協統某請回石莊，石莊正太京漢鐵路之衝，六鎮後路及京旗兵所扼處也。既歸，會南征軍軍火過，祿貞友陸軍部員張世膺來報，冀留之，某陽諾而激祿貞參謀何緒基等留火藥車，已乃陰電部，誣祿貞，淸廷遂以祿貞所斥之鎮將潛往，懸巨賞，令與某圖祿貞，祿貞歸，聞扣車事，責某輕發，副官周維楨與世膺共勸祿貞，卽白所志，旋舉兵以定河北，祿貞電約灤軍，令維楨草疏，請誅廕昌等，正焚殺漢口罪，罷兵講和，不允乃頓兵石莊，祿貞駐車站票房，夜與賓僚飮，衞軍十數，皆某管帶人，祿貞止一僕而已，晏罷，祿貞已被酒，聞車聲遠至，僕人入，舉手示危，祿貞起，某管帶聲言賀巡撫，擁衆入，槍刃猝集，祿貞與維楨世膺並遇害，某管帶斬祿貞首去，時宣統三年九月十六夜分，實十七早一鐘後也。李眞在糧台，聞槍聲，令同志弁調兵，擊槍獨往，遇伏，冒彈至票房，見祿貞頭已失。胸洞二孔。腸出矣。引氈覆之出。又遇伏。翻站牆出。爲同志軍救免。十七日晨。石莊大亂。鎮兵京旗兵互鬭。晉兵從祿貞來者。劫六鎮糧台。祿貞黨應之。西去。十八日。祺瑞自北挾駐灤三鎮兵來。六鎮散兵復集。仍駐石莊。段先從南軍開灤石之變。繞歸河北定亂者也。論者謂灤石事敗。實示清廷以根本動搖。而速民國之成立云。

清室退位 自醇王監國。親貴多膺典兵各要政。論者早知其不祥。張之洞在樞府。讀白樂天以心感人人心歸樂府云「誠感人心心卽歸。君民末世自乖離。豈知人感天方感。淚灑香山諷諭詩」。此首爲廣雅絕筆之作。因與攝政王載澧爭親貴各據要津。不聽。椎心嘔血。一病至死。遺疏有守祖宗永不加賦之規。凜古人不戢自焚之戒云云。天下誦而悲之。（見石遺室詩話）宣統季葉。改組內閣。親貴如故。時謂之皇族內閣。士民堅請另行組織。載澧實弗理。及武昌起義。警報日至。又傳各省民軍。以次響應。清廷大震。於是下罪己詔。解開黨禁。取消前此所組內閣。起用前外務部尚書袁世凱爲內閣總理大臣。頒布憲法信條。到太廟宣誓。分遣各省宣慰使。第被簡各員。目睹大局已去。無可宣慰。大多數都未赴職。清廷又分遣水陸將校。規復武漢。與民軍激戰。燬漢口華界。進下漢陽。論戰之結果。清廷本占一部分優勢。但民軍蠭起。卽清室發祥之東三省。亦揭民軍旗幟。紛紛號召。且當時各省人心。皆靜極思動。翕然爲改革政體之要求。由是廷臣開御前會議。或謂以家賊烏合之衆。遣將興師。不難指日剿滅。隆裕后涕泣斥之曰。「民爲邦本。以擁戴孤兒寡婦之故。而致生靈於塗炭。予心何忍。且列祖以來。均以愛民爲主義。在天之鑒。應共鑒之」載灃於是不得已辭退監國攝政職。派世凱爲全權大臣。即由世凱派唐紹儀爲全權代表。與民軍代表伍廷芳會議上海。南北之戰局乃停。

民國肇興 議和之際。適同盟會首領孫文已由海外回國。由十七省代表公舉爲臨時大總統。就職南京。改用陽曆。中華民國元年元旦。卽宣統三年十一月十三日也。定國旗爲五色旗。隨舉黎元洪爲臨時副總統。組織內閣。是爲南京臨時政府初成立之概略。和議以兩方爭持之故。迄未就緒。因撤消唐紹儀代表權。由電報直接協議。議定清室退位條件。計分甲乙丙三大項。

(甲)優待皇室八條(一)存清帝尊號。以待各外國君主之禮相待遇。(二)歲給清室經費四百萬。(三)以頤和園爲清帝住所。(四)保護清宗廟及陵寢。(五)修清德宗崇陵。(六)從前宮內各項執事人員。可照常留用。惟以後不得再招閹人。(七)保護清帝原有之財產。(八)原有之禁衛軍歸民國陸軍部編制。額數俸餉悉如舊。

(乙)待遇清皇族四條(一)清王公世爵概仍其舊。(二)清皇族對於民國國家之公權及私權。與國民平等。(三)清皇族私產。一體保護。(四)清皇族免當兵之義務。

(丙)待遇滿蒙回藏七條(一)與漢人平等。(二)保護其原有之財產。(三)王公世爵照舊襲封。(四)王公中有生計過窘者。設法代籌生計。(五)先籌八旗生計。於未籌定之前。八旗兵弁餉俸仍舊支放。(六)從前營業居住等限制。一律蠲除。各州縣聽其自由入籍。(七)原有之宗教。聽其自由信仰。

當此清室退位問題發生時。清廷以南方士民。屢有退位之請求。北方將領。亦灑退位之幸福。卽內外蒙古亦組有聯合會。贊成共和。清廷又開多次御前會議。不能不如所請。行退位條件既議定。乃用正式公文照會各國駐北京公使。轉達各國政府。用昭大信。於是宣統卽降退位諭旨。略言「國體一日不決。民生一日不安。特將統治權公諸全國。定爲共和立憲國體。近慰海內厭亂之心。遠協天下爲公之義。」詔書下時。舉國懽慶。自此以往。帝制於以告終。民治卽於是開始。

有清一代概論

清儒　順康之世。南方則黃宗羲顧炎武王夫之。北方則孫奇逢李中孚顏元。皆以經世之學。啓導來者。於時江浙間又稱二陸。一陸世儀。一陸隴其。推理學正宗焉。桴亭終布衣。稼書官於朝。著治績。與湯斌皆以名儒而兼名臣。大江南北。至今稱之。第自炎武作唐韻正易詩本旨。古韻始明。肇開江戴之風。閻若璩撰古文尚書疏證。定東晉晚書爲僞作。遂啓惠江之業。張爾岐明儀禮。胡渭闢易圖。疏禹貢。並爲鉅儒。然草創未精博。時雜宋明讕言。其成家言。著系統者。自乾隆朝始。一自吳。一自皖。吳始惠棟。皖始戴震。惠氏三世傳經。至定宇所得尤邃。弟子知名者。江聲余蕭客。能大其傳。而王鳴盛錢大昕孫星衍洪亮吉輩皆羽翼吳學而興者也。戴從江永學。淹貫如永。而長於考辨義理。必衷訓詁。講學不蹈空虛。其後若洪榜汪萊程瑤田凌廷堪輩皆羽翼皖學而興者也。戴氏弟子段玉裁王念孫。傳其訓詁之學。任大椿傳其典章之學。而阮元從王氏任氏問故。爲海內宗師。可謂盛矣。然自惠戴盛言漢學。其時力與之對壘者。桐城也。

方苞姚鼐劉大櫆。以古文辭名家。並尸程朱之傳。蓋宋學也。姚戴宗旨既異。於是江藩著國朝漢學師承記。方東樹亦著漢學商兌。漢宋兩家。始相水火。自漢學既盛。說經之書充棟。治其業者碎細卑狹。文采黯然。於是有常州今文之學。道咸之際。改尊今文。以與惠戴競長。言易宗施孟梁邱京氏。言書宗歐陽大小夏侯。言詩宗魯齊韓。言春秋宗公羊。而詆斥周官毛詩費氏易左氏春秋及馬鄭尙書。大體以公羊爲主。始自莊存與治公羊氏。作春秋正辭。猶稱說周官。其甥劉逢祿宋翔鳳。咸傳莊氏之學。劉氏主張公羊。難鄭玄申何休。宋氏作漢學今古文考。謂毛詩周官左氏傳咸非西漢博士所傳。而李兆洛侈言經世之術。亦雜治今文家言。由是今文之學大昌。別有龔自珍魏源。皆從劉氏問故。自珍治公羊。篤信張三世之例。源著書古微詩古微春秋董子發微。皆主今文。詆馬鄭毛甚力。斯時繼龔魏而起者。邵懿辰信士禮十七篇爲完書。以逸禮爲僞作。王闓運則以公羊並注五經。弟子廖平亦著書數十種。常州學派遂起而奪吳皖之席。就漢學言。梅定九江愼修爲皖派先驅。算術精深。豈讓西哲。今文一派。若李申耆魏默深之流。通經濟。言世務。亦無愧爲通儒。就宋學言。梨洲夏峯之宗仰陸王。自船山楊園視之。必不喜也。而同歸於高義。二陸以後。桐城一派。恪守程朱。與漢幟並峙。咸同之際。海內多故。湘中諸賢。自曾國藩以下。羅澤南劉蓉輩。皆以理學名臣。著中興之績。自茲以往。又以外患激刺。從事實驗之學。中西文明交相印證。循而復始。以合吾周秦古學。發揮而光大之。爲新學盛行時代也。

學校　清承明制。自國子監外。有宗學旗學。皆滿蒙漢三文並授。各府州縣。皆設有學宮。然作士者實在書院。督撫提學所駐之城。多者五六。道府之治。每至三四。至教育性質。大率注重乎科學。故登科之彥。出於書院者。什常六七。學官之設。有類奉祀。院長之貴。禮比賓師。康熙朝。國子監兼設俄羅斯館。以課俄人之居京者。士之入貢國學。雖嘗嚴講肄之條。致殊方之幕。而所造甚淺。且終不能出科舉之範圍。視漢唐宋之分途並進。又彌不及也。是爲學校虛具時代。海通既久。外侮漸迫。咸同之季。歐力東漸。曾國藩李鴻章輩。知非習常守故。可以應世變也。乃請設製造局。立船政水師學堂。並請選幼童出洋習藝。以造人材。當時士論。謂西國之長。在兵強器利。故設學僅此而止。光緒初。設同文館於京師。是爲京師有學堂之始。然亦僅儲舌人。由同文館出者。卽舌人亦無上選。甲子中日戰後。士大夫漸奮發言自強。康有爲上書請變法。遂及興學。梁啓超爲侍郎李端棻草奏。請立大學堂於京師。御史王鵬運亦有是疏。中旨允行。其時奕訢等在樞府。厭言新政。請緩行。丙申丁酉之際。京師首建大學。江海各省。次第建舉。庚子奇變。內憂外訌。益不可以終日。乃更奮起直追。以興學智民爲務。纔設各項學堂。乙巳設學部。頒布學堂章程。初等小學。取國民教育普及主義。高等小學及中學。卽授以普通知識學問。高等預備科。爲預備入專門之用。大學分科。卽授以專門精深學問。又爲養成中小學教員計。設初級師範科。及優級師範科。於是京師有官立大學堂。及順天府五城中小學堂。各省亦有官立高等學堂。及師範學堂。中小學堂。又因選舉制度不良。廢除科舉。人才統由學堂出身。興學之風。極爲踴躍。至此外務部所轄之俄文學堂。度支部所轄之財政學堂。銀行學堂。陸軍部所轄之陸軍學堂。水師學堂。（督撫創辦。雖非部轄。然其事亦隸之）法部所轄之法律學堂。郵傳部所轄之交通傳習所。農工商部所轄之工業學堂。無不同時並舉。至關於軍事教育。各省均設有陸軍小學堂。又直隸奉天江南福建湖北廣東陝西雲南等省。設立陸軍中學堂。復在保定設兵官學堂。專授軍學術。北洋南洋及福建廣東濱海省會。又均設有海軍學堂。專授海軍學術。此清末興學之大凡也。

軍制　有清開國之初。惟資禁旅。建州海西海東野人諸衞之良。厥惟滿洲。蒙古漢軍。後先疏附。合為旗營。著定區夏。京營駐防。區分兩種。京營環衞京城。都統副都統轄之。駐防分布各省。將軍都統副都統轄之。綠旗兵者。皆明舊兵。戡定三藩。效用為衆。亦名綠營。漢人充選。歸提鎮管轄。受督撫節制。二者皆經制兵也。訖乎末造。綠營裁汰十居其七。駐防之屬。東夏伊犂察哈諸旗。實合兵民。內蒙各盟兵。隸其長。外蒙各盟。本隸定邊。新疆青藏蒙回番兵。各從所隸。各省土兵。亦屬近鎮。立功殉軍。獎卹無間。又有新軍。光緒時創辦。參泰西徵兵章程。仿漢唐調兵府兵制度。由督撫遴員會同州縣。募選土著。備充額數。曰常備軍。次續備軍及後備軍。統帶管轄。都統統領。以至總統。並董帥之。亦曰經制。有恆額焉。非經制兵。亦有二種。一是勇營。嘉慶以後。鄉勇為盛。以補綠兵。未別為制。白蓮教匪。剿蕩殆盡。羅桂二將。功耀旗常。讀嚴如熤前後鄉兵行。猶虎虎有生氣。咸同之間。太平軍與回捻縱橫。旗綠疲苶。湘淮楚豫諸軍勃興。所向風靡。虓怒之羣。中興著績。法越之役。銳氣慚盡。一是練軍。直隸剏始。又挑綠兵。減省軍額。兵餉加厚。抽練壯丁。俾成勁旅。各省效之。以為可恃。甲午不競。肄習洋操。癸卯而後。定名陸軍。昔日勇練。又不可廢。新軍既練。思謀統一。逐漸裁改。總之旗營綠營。以及新軍。皆有定額。謂之經制兵。勇營練軍。皆無定額。謂之非經制兵。清代兵備。此其概也。我國往古本無海軍。亦越有清。江湖近海。水師著目。海通以後。交涉頻興。始知海軍。大爲有用。基礎之立。閩廠肇始。北洋創軍。大購海艦。北洋水師。屬北洋通商大臣。南洋水師。屬南洋通商大臣。廣東水師。屬兩廣總督。福建水師。屬閩浙總督。特置專署。統各水師。經營十年。糜費不少。東溝劉島。帥夷軍燼。後雖購置。不復成軍。宣統末葉。復設專部。第良好軍港。租借無遺。民軍起義。海艦先附。國遂以亡。

國用　攷泰西各國歲出歲入之款。每屆歲終。則登之報章。布告全國。雖婦孺皆能言國用者。吾國則不然。官無成書。吏無專牘。通才碩學。博極羣書。至問以左藏之所掌。則愕眙而不能言。卽司農大臣。老於其任者。亦多束手攢眉。付之不可知之數。然亦有約略可述者。經用之常。歷修會典。備列其目。會計之成。始於雍正。光緒甲申。戶部上奏。統覈出入新舊畢列。約八十兆。較雍正倍之。夫自祖宗盛時。歲入不及今日半數。然其時太倉之粟。紅朽相仍。府庫所儲。動逾億萬。天下殷富。戶有蓋藏。江淮之間。尤爲奢侈。而盈絀若是其懸殊者何也。考康熙初年。軍務河工。需用浩繁。三藩轄地。正供未收。乃至四十八年。戶部庫銀。尙存五千餘萬。乾隆一朝。大兵大役。散財不貲。重以普免錢糧多次。而庫銀尙存八千萬。（見洪北江庚戌祝釐詩）卽謂四十六年增兵之案。添兵六萬有奇。歲費銀二百餘萬。而嘉道兩次裁兵一萬六千。計可省銀五六十萬。至道光年間。一耗於交涉。再耗於庫案。三耗於河決。以及秦豫旱災。東南六省水災。並咸同二朝。剿洪軍。剿捻回。入少出多。不可數計。然自中興以迄末世。以地丁計。光緒初年所入。較承平時約減三成。以漕糧計。較承平時米加少而銀實加多。（見翁同龢摺）以鹽課計。較承平時有盈無絀。以各關常稅計。較康熙間幾不啻倍增。又況洋稅釐金。昔無而今有乎。乃鹽漕改法。黃河北流。外患萌芽。海疆多故。駐兵轉餉。天下騷然。內訌相乘。毒流宇內。竭天下之全力。僅乃平之。而後乃患貧矣。乙未辛丑。賠款之鉅。前史未聞。生財多端。加賦不恤。厥後新政。耗蠹孔熾。戊申所上。逾二百兆。豫算初草。至三千億。加之新軍餉重。辦學款多。財耗不足用。政府又定籌款之法。曰烟酒加稅。曰加抽土藥稅釐。曰廣鑄銅元。曰抽收房捐膏捐。曰酌提州縣平餘。及隨漕公費。曰鹽斤加價。幷整理課釐。曰整理釐金及常關稅。曰整理契稅。加抽牙稅。曰設官銀號官錢局。曰奏辦彩票。然亦入不敷出矣。

刑律　自班固志刑法。而歷史所載。但陳綱要。不述律文。陳義同科。此史法也。順治定鼎中原。依據明律。參用滿律。始成大清律十卷。康熙九年。校正刊成三十卷。乾隆之世。合律與例爲一集。嘉慶以後。律例屢改。宣統初年。芟易舊律。改用新律。名曰現行。以有詳議。尚未頒布。其餘寬恤之令。審斷之制。笞拾檻阱。原委斯在。此固一代典章也。有清諸帝。於刑法恆再三審慎。重民身命。實邁往古。入關之初。廢明代廠衛之苛。除滿洲割筋之酷。仁厚巳肇其端矣。惟於治盜。特從嚴科。又刑官審判。往往動用非刑。勒索口供。名曰刑訊。此種刑罰。顯與各國通行法律相抵觸。通商以來。各國恆以中外法律不同爲口實。要求領事裁判權。於是中國之治外法權。全爲外人所剝喪。變法之後。思欲挽回法權。不得不以改良審判爲入手。兩江總督劉坤一。奏請流徙以下。不准刑訊。修訂法律大臣伍廷芳等。亦奏請輕刑。禁用刑訊。清廷雖允。而官吏仍視若弁髦。又誅殺大臣。代所恆有。順治譚泰。康熙蘇鰲。時稱大獄。世宗苛察。羹堯諸人。不保首領。純廟嚴明。文武大吏。誅將至百。嘉道咸同。雖較寬厚。亦所不免。光緒一朝。緣坐凌遲。詔並省罷。而袁許五忠。同罹不測。然以今衡古。猶懸絕也。舊律之要見之條目。新律之要見之爭論。彙而觀之。遷變之樞可得已。

禮樂　遷史禮樂分二書。漢書合爲一志。厥後或分或合。隨世繁簡。清世祖入關。定鼎五禮之典。多循明舊。蓋其時沿關外舊俗者十得四三。存前代餘意者十得五六也。授受盛儀。一見嘉慶。垂簾聽政。適亙同光。配天之祀。終止於道光。議祧之案。卒未成事實。康雍兩朝。尅鞠方命。武功極爲烜赫。親征大閱。命將獻俘。國範朝章。皆所特著。延至季世。討論軍禮。不厭求詳。斟酌前王。擇其令典。冠昏喪祭。民間之所行者。多仍鄉俗。而令甲所布。非盡皆率由者也。聖祖高宗。車駕巡幸。省方巡狩。卜征考祥。農蠶諸祀。靡歲不舉。臨雍釋奠。同光闕如。堂子諸祀。奉先壽皇。設竿跳神。家祭所行。國俗斯見。中祀羣祀。多近豐昵。文昌之祀。至比宣聖。亦云過矣。德宗之世。孔升大祀。關升中祀。誰云弗宜。其餘封祠。迺無紀極。朝貢宴賚。館譯禁令。綏柔之用。終於丁未。皆禮典也。鹵簿儀駕。概從古制。章甫縫掖。至清始革。冠服不沿不襲。始參滿制。晚採外制。軍警之服。又異國俗。是亦一代之特制也。清代樂制。樂律樂音樂器樂章。法隆往古。女樂散樂。率皆蠲除。且綏懷之盛。定安南則有安南樂。撫緬甸則有緬甸樂。廓爾喀來歸。則有廓爾喀樂。他若苗蠻舞牌樂。西番舞巾樂。舞斧樂。大小鍋莊樂。兜離僸佅。靡所不具。可謂盛已。至韶樂清樂大樂隊舞笳吹鐃歌。以殿其末。蓋所以保鴻名而重武功也夫。

貨幣　世界各國。多以金幣爲本位。其以銀爲本位者止印度暹羅墨西哥俄羅斯諸國。清自太祖開國。圜法惟有銅幣。私鑄私毀皆懸厲禁。國家即以銅幣爲本位。京師有寶泉局寶源局。外省有鑄錢局。滇銅起運。歲計千九百萬。日本之銅。亦間採用。對於世界金融之潮流。受虧甚巨。道光以後。外局多停。咸豐時國用支絀。更鑄寶鈔大錢。詔命通行。而行之不善。致起大獄。商民且受其害矣。穆宗時遂廢。當十之錢。但行都市而已。且爾時銅幣之外。兼用銀塊。各地銀秤大小既殊。成色又不統一。足銀紋銀。顯有區別。商民用途。頗多阻滯。因之通商口岸所通用者。無非西洋銀幣。每歲利權之損失。不可數計。厥後銅元專以侔利。匪特病民。且以病國。及至晚季。又出楮鈔。民窮財盡。國已疲苶。錢荒既甚。各省所用。且無足百者。京錢東錢。其別不一。新疆西藏。各有專幣。幣制紛亂。遑言統一。光緒變法。始自鑄銅元及銀元。漏巵既深。補救亦云小矣。按各國通例。發行紙幣之權。爲國家銀行所專有。吾國自宋元明以來。國家所發之鈔券信用。久形廢弛。及至清代。遂任商人自由發行。而各國紙幣。復流行於我國之市場。國家無限制之能力。光緒間雖設有大清銀行。而發行紙幣之特權。竟未能收爲國有。欲挽利權。坐言而已。

客卿　傳曰。楚材晉用。秦賓由余。漢使日磾。尚已。唐宋閉關。流風闃寂。自明季葉。二瀛洞通。利瑪竇鄧玉函。翟挾其孤藝。牽息偕來。清之世祖。張天造曆。極深研幾之士。接武巖廊。咸同之間。干戈亟動。曾李專閫。旁甄爪牙。電掃吳越。大難甫夷。新猷飆起。樓船橫海。下瀨伏波。艫舶懋遷。殊征瓌權。以及皇華原隰。飛檄馳書。靡不借才遐荒。聲勤克舉。今並擬之著於篇。湯若望。字道未。籍日耳曼。哥倫精曆法。明崇禎二年來華。清順治二年。建議用西法二百年恆年表。於是西法始行。命掌欽天監。累擢太僕太常寺卿。敕賜通微教師。並鑴碑。允傳教。今其文尚存羅馬教院。十四年。秋官正吳明煊劾之。坐誣論如律。康熙四年。又為新安衛官生楊光先劾罷。仍用大統。九年。復西法。官監時。著有算法西傳新法表異。十七年卒。其預定七政交食表。未成。南懷仁續之。南懷仁。字勳卿。籍意大利。當明煊疏列若望罪。命大臣召懷仁與監官質辨。擢監副。成九年時憲書。晉監正。著有坤輿圖說及外記。紀利安者。亦官監正。命製地平經緯儀與地平象限合儀。併兩用於一器。更精覈。又監正戴進賢。雍正時。命修日躔月離二表。乾隆二年。詔與監副徐懋德增補表解圖說。越二十餘年。蔣友仁來華。進增補坤輿全圖及新製渾天儀。又以其明水法。徵入養心殿造辦處。於地形山曜諸理。言之綦詳。太平軍之役。有華爾者。籍美國紐約。會蘇州陷。上海將治兵。蘇松太道吳煦識其才。俾領印度軍。自陳願隸中國。咸豐十年。松江陷。令募西兵數十為前驅。復其城。身被創。令守松江。復募江浙義勇軍。以綠帕首。時號為綠頭軍。同治初元。松江被圍。逐敵北辰山。再被創。力疾與戰。敵始退。高橋之捷。加四品翎頂。值蘇撫李鴻章帥師至滬。迺隸戲下。令立常勝軍。益募兵三千。俾教練。進復嘉定。克清浦。晉副將銜。秋。寧波戒嚴。鴻章遣其南下。敵犯慈谿。華爾方以遠鏡瞭敵。忽槍丸洞胸背。越二日卒。以中國章服斂。從其志也。予寧波松江建祠。鴻章用華爾遺言。令其副白齊文。法爾思得接統其衆。白齊文初劓松江。連破之迎旗濱。亦自陳願隸版圖。嗣平滬中敵壘。加二品職銜。賞花翎。至是檄攻九洑洲。稱疾不往。施赴松城。閉門譁餉。復赴上海。劫餉而去。即日解兵柄。治罪。法爾思得。亦美人。助守寧波。屢獲勝。攻奉化。斬級千。釋難民二千餘。事寧。帥所部還滬。勒伯勒東德加理尼阿爾伯依都額爾。籍法國加爾穖多。咸豐十一年。來華。同治元年從軍克寧波。乃募壯丁千五百爲洋槍隊。亦自陳願伍中國臣民。明年。權授浙江總兵。頓謝家橋。轟擊上虞。敵衆。拔其城。赴蟶浦。略紹興。以上虞敵遺士破往。破裂。負傷而死。下所司優卹。迺以法參將法爾第福。爲江蘇副將。領其軍。退守百官。法爾第福又名買忒勒。能讀華書。後攻紹興。遇害。浙撫左宗棠疏稱其忠義奮發。予優卹。鴻章又令德克碑領其衆。未至。會英總兵𠰻樂德。克奉其國主命。駐防寧波。以衞彼族商旅。巡道史士良請權代之。不可。曰「我國法。駐防官不能出百里外。」士良強而後可。迺以出獵報提督。遂帥衆駐守江北。巡道張景渠與要約。至三江口。旋復寧城。官軍以次下慈谿奉化上虞。又明年。克紹城。𠰻樂德克俱在行間。戰最力。𠰻因擅離汛地。爲其提督劫罷。寧人籲留。不可。餽萬金爲贐。卻之。曰。「我國法人臣不能受鄰國饋也。」無已。留二千以犒軍士。曰。是從我與中國捍患者。」臨別。謂士良曰。「我承寧人相愛。雖死弗去。洋槍隊訓練成。賊平。亦不可撤。留以自衞。且可備意外虞。」遂去。鴻章聞之。曰。「此中國士夫所難能者。不意得之島客也。」所部參將三人。科諾華。戰寧波。賫齡。戰紹興。俱殞於陣。卹白五十金爲塋墓。麥去司。死尤烈。卹金二百。又有戈登者。英國人。同治二年。鴻章檄領常勝軍二千。攻常州。福山營圍解。權授江蘇總兵。攻太倉。毀南門敵卡。轟潰二石壘。官軍爲承。克之。規崐山。奪四壘。譚紹洸來爭。與諸軍大破之。踰月。程學啓攻東城。戈登自巢湖河奄至。分道疾攻。敵奪西門走。阻水殲焉。遂留駐崐山。策應各路。所向摧靡。移師攻花涇港。毀城外敵壘。次日敵降。收吳江震澤而還。旋攻蘇城。與學啓俱稍薄城外敵壘。李秀成來援。屢敗。紹洸所部每戰猶致死。郜雲官以下。皆萌貳志。乞歸命。迺與學啓乘單舸會雲官等洋澄湖。備得要領。令斬秀成紹洸以獻。學啓與督戈登證之。未幾。秀成遁。雲官殺紹洸。開齊門迎降。朝廷嘉之。賞頂戴等功牌銀幣。並犒其軍。復進規常州。破南門。復與鴻章畫所應掘濠築牆以敗之。論功賞黃馬褂。花翎。賜提督品級章服。初與學啓為昆弟交。每戰必偕。及誅降酋。頗不直其所為。捧雲官首而哭。以其養子送入崐山蘇城。誓不與見。後英國埃及人亂起。督師討之。遇害。朝廷遣使往弔焉。法國司意格。初駐防上海。同治初。改調稅務司。徙寧波。復郡城。頗有功。餘姚四門鎮陷。勒兵往討。踰月。直搗上虞。被創。進攻奉化。與諸軍克之。浙平。宗棠令與德克碑討浙西。邦製造。仿造小輪船。試行西湖。五年。宗棠度定福州馬尾山為船廠。章約多所參定。充船政局正監督。明年。籌設繪事院。小鐵廠。七年。加提督銜。賞花翎。十三年。船政教導功成。賞銀幣。德克碑亦法參將。初攻奉化。旣樂。德克碑略東門。德克碑略其北。姜山敵來援。分道迎擊。破之。先是德克碑請募兵千。宗棠不許。至是以索紹民犒賚。數與官吏齟齬。奉其公使檄。將受代歸。謁宗棠。宗棠撫諭之。益感服。願易服色。受節度。攻富陽。有功。搗杭州。頓饅頭山。轟潰城數丈。敵勢蹙。趨援嘉興。乘閒克望江門外三石壘。燬鳳山門。敵奔湖州。攻安吉思溪。克三壘。撤兵還滬。五年。充船政局副監督。七年。督役興工。賞花翎。九年。宗棠平回亂。檄調甘肅。隸戲下。十三年。錄經始船政功。與膺懋賞。其管稅務者有赫德。字鷺賓。英國倍爾發司人。咸豐四年。來華。

充寧波領事署繙譯官．升廣州領事署正繙譯．九年．充香港督署書記官．旋改粵海關副稅務司．受中國職自此始．十一年．總稅務司李泰國西還．令購水師戰艦．以赫德權代之．既受事．卽赴長江新開各口岸．先置不收稅新關．同治二年．李泰國回任．購艦至．或摘其違誤．去職．赫德遂實所授．徙居上海．時蘇州新復．戈登與鴻章有郤．帥軍還崐山．敵勢益獗．赫德爲調護．戈登始臨敵．迺克收未下郡邑．三年．置臺灣南北新關．還駐京邑．加按察使銜．八年．晉布政使銜．歲餘．赴沿海各地度置鐙樓塔表．光緒二年．定烟臺條約．參晝功多．十年．赴金陵．與法國巴使議越南案．未蕆事．適飛虎巡船置鐙樓於臺灣洋．爲法虜捕．乃遣駐英稅務司金登幹．赴巴黎．申理．乘機與議和．詳定停戰草約而還．明年．賞花翎．並雙龍二等第一寶星．十二年．赴香港澳門．條議洋藥稅釐．置關九龍拱北．十三年．葡使來華．與訂澳門草約．十五年．英兵闌入藏．赫德遣稅務司赫政馳往．與駐藏大臣會籌劃界諸事．其通商交涉游牧．至十九年始定議．賞三代正一品封典．二十五年．與德國海使籌置膠海新關．明年．各國聯軍入兩宮西狩．贊襄和議．保護東南．與有功．事寧．晉太子少保．三十一年．與德國穆使更議膠關章程．改行無稅區地法．尋與日本林使籌置大連灣新關．稅則一如膠海．三十三年．分東三省爲四大區．遣各稅務司度地置關．踰年．謝病歸．加尙書銜．辛亥國變後．病卒．仍優卹之．稅務司德璀琳．德國人．累加二品銜．越南議案起．法索兵費甚巨．與道員馬建忠往議．力與駮斥．賴以中止．越十年．中日有違言．德宗以其誠實幹練．詔趣東渡議款．鴻章赴俄賀加冕禮．奏充參贊官．並稱職．至創辦郵政之帛黎．法國人．同治八年．來華．充福州船政學堂教員．十二年．賞五品銜，予雙龍獎牌。明年，調充江海關稅務幫辦。歷鎮江、北海、甌海、臨海、澳海諸關。二十二年，朝議行郵政，以赫德兼領其事，帛黎實參治之。凡都會省城，通商口岸，漸次設局，因命曰大清郵政。語詳交通志。尋徙拱北。二十六年，還京。遷郵政總辦，晉二品銜，置蕪湖代辦局。二十九年，河南、山東、山西、貴州復設副總局。自是內地城鄉村鎮街，郵偏設。時尚未入萬國郵政公會，即已與日本及英屬印度、香港聯約，並見施行。三十年，賞雙龍三等第一寶星。以擴充煩費，白外部入奏，貸新關銀以濟，而郵費始贍。並與法、德及英屬那達聯郵。其往來互寄合同，皆經別定，著爲章程。帛黎廁身奉職，成郵政六百餘局，代辦四千二百餘所。方其剏始，衆情惶惑，臺諫疆臣交章阻止。帛黎以民不可與慮始，而可與樂成，不憚艱難，殫心引導，行之有年，始言不便者，有來言便者。宣統三年，改隸郵傳部，設總局，被命爲總辦。郵局設官自此始。乃更力籌郵便儲蓄，爲足國裕民計。郵務益秩然。國變後，遣赴日斯巴尼亞，與萬國郵政博議大會事。竣回華，後乞病歸，仍食歲祿。未幾，卒，予銀幣治喪。見會典事例、疇人傳、銜使見聞日記、吳中平寇記、曾李奏疏、平浙紀略、中興將帥別傳、勒伯勒東原粵匪問齊鐙記、兩浙軍事日記、戈登所上書、沈文肅政書、左文襄年譜、赫德自作小傳、籌洋芻議、掌故彙編、帛黎履歷事蹟、郵傳部沿革概略。

論曰：湯若望、南懷仁，耶教徒也，以治憲傳其教。華爾、戈登、璧西，將弁也，以殄寇銜其商。日意格、赫德、帛黎諸人，或仰機利，或籌船算，或速郵傳命，其所爲謀，乃其所自爲者非邪。以彼非我族類，而能委身勤力，贊成鴻業，且善持其功名，若此視古客卿，何多讓焉。

敬啟

『民國專題史』叢書，乃民國時期出版的著名學者、專家在某一專題領域的學術成果。所收圖書絕大部分著作權已進入公有領域，但仍有極少圖書著作權還在保護期内，需按相關要求支付著作權人或繼承人報酬。因未能全部聯系到相關著作權人，請見到此説明者及時與河南人民出版社聯系。

聯系人 楊光

聯系電話 0371-65788063